말씀과 기도가 있는 구역 만들기 5

비전을 이루는 사람들

| **정명철** 지음 |

쿰란출판사

머리말

성경은 "하나님의 말씀을 듣고 지키는 자가 복이 있느니라"(눅 11:28)고 말씀하였습니다. 신앙생활은 하나님의 말씀을 통해 이루어집니다. 하나님의 말씀을 들으면 믿음이 생기고, 하나님의 말씀을 듣고 내 마음속에 하나님의 말씀을 담으면 내 영혼이 깨끗해집니다. 그리고 하나님의 말씀을 따라 살면 하나님께서는 우리 인생을 축복된 길로 인도해 주십니다.

하나님은 하나님의 사람들에게 생생하게 비전을 주시고, 그 비전을 이루게 하셨습니다. 하나님께서 우리 도림교회에 크고 귀한 비전을 주셨습니다. 그 비전을 이루기 위하여 우리는 먼저 말씀으로 하나님을 만나고, 그 말씀을 통해 하나님의 역사를 바라보아야 합니다. 그럴 때 우리는 비전을 이루는 주인공이 될 수 있습니다. 이런 의미에서 이번 책의 제목을 《비전을 이루는 사람들》로 정하였습니다.

하나님의 은혜 가운데 제5권 《비전을 이루는 사람들》의 개정증보판을 출간하게 되었습니다. 첫 번째 책을 출판할 때에는 원문을 요약하였는데 개정증보판에서는 원문을 다 싣게 되었습니다. 이 책은 우리 성도들이 하나님의 말씀을 가까이 하고, 매 주일 한 번은 가정에서 예배드리며, 말씀과 기도가 있는 구역이 되도록 하려는 취지에서 집필하게 되었습니다.

《비전을 이루는 사람들》 개정증보판이 나올 수 있도록 허락하신 하나님께 감사드리며, 이 책이 출판될 수 있도록 힘써 주신 모든 분들과 도림교회의 비전을 이루기 위해 헌신하는 모든 성도들에게 이 책을 바칩니다.

2019년 8월

정명철 목사

차례

1.

요단을 건너라

» **본 문:** 여호수아 1장 5~9절
» **찬 송:** 347장(허락하신 새 땅에, 통 382장)
» **요 절:** "내가 네게 명령한 것이 아니냐 강하고 담대하라 두려워하지 말며 놀라지 말라 네가 어디로 가든지 네 하나님 여호와가 너와 함께 하느니라 하시니라"(수 1:9)

새해 첫 주일 하나님 앞에 나와 예배드리는 여러분을 주님의 이름으로 축복합니다. 우리는 지나간 한 해도 주님의 은혜 가운데 살아왔습니다. 역사가 E.H.카아는 역사를 정의하기를 과거의 역사를 반추하여 오늘의 지평에서 미래를 바라보는 것이라고 하였습니다. 역사는 과거에 대한 바른 해석이 있을 때 미래를 설계할 수 있다는 말입니다. 신앙인의 역사는 과거에 하나님께서 베풀어주셨던 은혜, 축복, 죄 사함의 은총을 오늘에 감사하며 미래를 향하여 나아가는 것입니다. 아직 우리는 아무것도 한 것이 없습니다. 새해 첫날 예배드리기 위하여 나온 것입니다.

하나님은 예배하는 자를 기뻐하십니다. 예배는 하나님의 얼굴을 대면하는 자리입니다. 하나님께서는 예배를 통해 우리의 죄를 사해주십니다. 우리는 예배를 통해 정결한 새 옷을 입고 하나님의 백성으로 나아가는 것입니다. 하나님은 예배를 통해 새힘을 주십니다. 예배를 통해 꿈과 비전을 주십니다. 과거에 있었던 일이 역사가 되기 위해서는 의미가 있어야 한다고 했습니다. 의미가 없으면 역사가 아니라 하나의 사건에 불과한 것입니다.

지금으로부터 100년 전 LA의 아주사 거리에서 윌리엄 조셉 시무어 목사와 일곱 명의 청년들이 마구간 건물에서 기도하기 시작하였는데 이곳에서 뜨거운 오순절 운동이 일어났습니다. 그 영향이 전 세계로 급속히 번져 오늘날 전 세계의 교회가 오순절 운동의 영향을 받고 있습니다. 마구간 건물에서 시작된 기도가 기독교의 위대한 역사가 되었습니다.

오늘 우리의 예배가 그저 지나가는 사건이 아니라 역사가 되기 위해서는 이 예배의 자리가 여러분 인생의 요단을 건너는 의미가 되어야 합니다. '내가 올해에 하나님을 내 인생의 중심에 모시고 살겠다. 내가 올해를 지금까지 경험하지 못했던 은혜와 축복의 해로 삼겠다'는 결단이 있기를 바랍니다.

오늘의 말씀은 애굽의 노예로 있던 이스라엘 백성들이 40년 광야 생활을 마치고 이제 가나안의 문턱에서 하나님의 말씀을 받는 장면입니다.

1. 두려워하지 않아야 합니다

지금까지 이스라엘을 이끌어온 모세는 불세출의 지도자입니다. 모세는 지팡이 하나로 애굽의 바로와 맞서 싸운 사람입니다. 모세의 말 한마디에 10가지 재앙이 나타나기도 하였습니다. 하나님의 영광이 나타나 사람들이 모세의 얼굴을 바라보지 못한 때도 있었습니다. 모세는 시내 산에 올라 하나님께서 주신 십계명을 직접 받아온 사람입니다. 백성들이 모세에게 대적할 때 땅이 갈라져 사람들을 그 자리에서 삼키기도 하였습니다. 이런 모세가 이스라엘을 이끌 때에도 쉽지 않았습니다. 사사건건 백성들은 불평하였고 모세에게 돌을 던지기도 하였습니다. 그런데 지금 모세는 더 이상 없습니다. 하나님께서는 모세를 퇴장시키셨습니다. 이제는 여호수아가 백성들을 이끌고 가야 합니다. 모세는 위대한 지도자였고 왕자의 수업을 받은 엘리트였지만 여호수아는 시종의 아들입니다. 사람들이 쉽게 따라오지 않을 것입니다. 평생에 한 것이 노예생활입니다.

더구나 가나안 땅은 임자가 없는 빈 땅이 아닙니다. 이곳에 사는 가나안 족속은 굉장히 호전적인 족속입니다. 거인족 아낙 자손의 후예들도 있었는데 이들은 철기문화를 가지고 있었습니다. 힛타이트 문명이 여기에서 나왔습니다. 이들에 비해 이스라엘은 나무로 만든 병기를 가지고 있을 뿐입니다. 이들은 왕권도 가지고 있었고 군대도 있었습니다. 왕이 있다는 것은 부족국가에서 발전한 힘 있는 나라라는 뜻입니다. 그러니 두려울 수밖에 없었습니다. 조건을 보면 이길 수 있는 것이 하나도 없습니다. 이때 하나님께서는 여호수아에게 "네 평생에 너를 능히 대적할 자가 없으리니 내가 모세와 함께 있었던 것같이 너와 함께 있을 것임이니라 내가 너를 떠나지 아니하며 버리지 아니하리니 강하고 담대하라"고 약속을 주십니다.

여호수아는 지금 내가 하려고 하니 두려웠습니다. 믿음은 나의 능력이 아니라 하나님의 능력을 믿는 것입니다. 하나님은 여호수아에게 강하고 담대하라고 하셨는데, 이 말씀은 하나님을 믿으라는 말씀입니다. '내가 너와 함께 하겠다'는 것입니다. 이 말씀을 듣고 여호수아는 아멘하고 받아들입니다. 오늘 말씀 뒤 10-11절을 보면 여호수아는 즉시 관리들을 소집하여 "이제 전투식량을 준비하라 사흘 안에 진격할 것이라"고 명령하고 있습니다. 이 믿음을 하나님께서는 귀하게 여기시고 가나안의 영광을 주셨습니다.

우리 성도들이 올해에 아멘 하는 믿음으로 살기를 원합니다. 아멘은 하나님께서 주시는 복을 받는 방법입니다. 아버지가 자녀들을 불러모아 놓고 "큰아들아, 너는 앞산의 밭 1,000평을 갖거라. 둘째야, 너는 저 집 뒤의 논 500평을 갖거라." 그러면 "예" 하면 됩니다. 그것이 아멘입니다. 하나님 말씀에 "예" 하는 것이 아멘입니다. 아버지가 말씀하셔도 될 줄로 믿는데 우리 전능하신 하나님이 말씀하시는데 얼마나 확실한 약속입니까? 이 성경에 약속된 수많은 말씀을 "예, 믿습니다" 하면 하나님께서 이루어 주시는 줄로 믿으시기 바랍니다.

여러분, 우리에게는 두려운 일들이 참 많습니다. 새로운 일을 시작하려고 하면 두렵습니다. 부흥하지 못하는 교회와 부흥하는 교회의 차이는 새로운 일을 담대히 시작하는 교회와 새로운 시작을 두려워하는 교회의 차이입니다. 하나님은 담대한 사람을 사용하십니다. 뱀이 쥐를 사냥하는 것을 보니 쥐 앞에서 가만히 노려보고 있습니다. 쥐가 뱀을 못 본 것이 아닙니다. 뱀을 본 순간 다리가 움직이지 않고 얼어붙는 것입니다. 그래서 불쌍하게 잡혀먹고 마는 것입니다. 어떤 분이 "새우도 깡이 있고, 양파도 깡이 있는데, 성도가 깡이 없어서 되겠는가?"라고 했습니다. 새우만도 양파만도 못해서야 되겠느냐 하는 말입니다.

이 종은 이만 성도, 이십만의 비전과 일천 선교사 파송의 꿈을 기도했습니다. 그런데 참으로 놀라운 일은 우리 교회 장로님들로부터 시작하여 모든 성도들이 같은 기도를 하고 있습니다. 웬만한 교회 같으면 "목사님이 말도 안 되는 기도한다"라고 하지 않겠습니까? 그런데 우리 교회 성도들은 그러지 않았습니다. 같이 기도합니다.

여러분, 기도하면 하나님께서는 이미 움직이기 시작하십니다. 주보를 보면 우리가 섬기는 교회가 몇 년 사이에 몇 갑절로 늘어나고 있습니다. 말로만 선교가 아니라 실제로 힘을 다하여 선교지를 늘려 나갈 때 하나님께서 복을 주실 줄로 믿기 때문입니다.

우리 성도들이 선교헌금을 매해 늘려갈 수 있도록 하나님께서 은혜를 베푸셨기 때문입니다. 우리가 믿음으로 나아갈 때 하나님께서 이미 복을 주시는 줄로 믿습니다. 축복의 사람을 보내주시고 하나님의 역사의 주인공으로 세워주시는 줄로 믿으시기 바랍니다.

2. 하나님은 준비된 사람을 쓰십니다

여호수아서는 "모세가 죽었다"라는 말로 1절을 시작합니다. 그러나 하나님께서는 이미 여호수아를 준비해 놓으셨습니다. 하나님께서는 사람을 통해 일하십니다. 사람을 갑자기 세우시지 않습니다. 지도자로 세우시기 위해서 단련을 시키십니다. 여호수아의 아버지가 누구입니까? 1절에 "모세의 수종자 눈의 아들 여호수아"라고 했습니다. 이 짧은 말씀 속에는 하나님의 놀라운 섭리가 들어 있습니다. 우리가 잘 아는 바와 같이 여호수아는 믿음이 굉장한 사람입니다. 가나안 땅을 정탐하러 갔을 때 모든 사람이 불평하고 부정적인 의견을 말할 때 오직 여호수아와 갈렙만이 긍정적인 말을 했습니다.

"하나님께서 말씀하셨으니 그들은 우리의 밥이다"라고 했습니다. 밥이라는 것은 내가 마음대로 해도 된다는 뜻입니다. 내 밥을 내가 비벼먹든 볶아먹든 물에 말아먹든 내가 하고 싶은 대로 합니다. "이미 가나안 족속은 우리의 식탁에 올라와 있는 존재다. 이제 숟가락 들고 먹기만 하면 된다"는 말입니다. 이렇게 여호수아는 믿음의 사람이었습니다. 또 용맹한 사람이었습니다. 아말렉과의 싸움에 앞장선 용사입니다. 충성된 사람이었습니다. 모세를 한결같이 충성으로 섬긴 사람입니다.

그런데 이것만 가지고는 안 됩니다. 그래서 하나님께서 모세의 수종자로 눈을 선택하셨을 때 이미 여호수아를 보고 준비하기 시작하셨던 것입니다. 하나님께서 모세를 이스라엘의 지도자로 세우시기 위해서 80년 전 나일 강가에 갈대상자에 담아 띄웠습니다. 사람의 눈으로 볼 때에는 버림받은 존재, 생명을 보장할 수 없는 존재였지만 모세를 물에서 주운 사람은 핫셉수트(Hatshepsut) 공주였습니다. 핫셉수트 공주는 투트모세 1세의 무남독녀였습니다. 법적으로도 공주는 왕위를 계승할 수 있는 유일한 위치에 있었습니다.

그러나 그는 왕위를 계승하지 않고 그의 남편으로 하여금 계승하게 하였습니다. 그 남편이 투트모세 2세입니다. 그러나 공주에게는 아들이 없었습니다. 궁녀의 몸에서 아들 하나를 얻었으나 그만 그가 자라기 전에 바로는 일찍 죽었습니다. 그러므로 어린 아들인 투트모세 3세가 지배하던 약 20년 동안은 핫셉수트 공주가 나라를 다스렸습니다. 역사를 보면 그녀는 통치를 아주 잘했습니다. 막강한 권세를 가진 바로의 딸 핫셉수트의 아들로 자라는 모세는 왕궁의 법도와 정치와 경제와 군사와 모든 것을 왕궁에서 보고 배웠습니다.

하나님께서 모세를 왜 이런 자리에 보내셨습니까? 이스라엘 백성들을 이끌고 행진하며 전투를 하며 나라를 세워야 하는 막중한 임무를 맡겨주시려고 이미 훈련시키신 것입니다. 이것이 하나님의 섭리입니다. 요셉이 왕의 감옥에서 수많은 스승들을 만나게 하신 것도 총리로 쓰시기 위해 훈련시키신 것이요, 다윗이 사울 왕의 가장 가까이에서 하프를 켜게 하신 것도 왕궁의 법도와 정치와 경제, 문화를 익히도록 하기 위해서 섭리 가운데 보내신 것입니다. 그저 어떻게 하다 보니 그 자리에 있게 된 것이 아닙니다. 하나님은 이처럼 철저하신 하나님이십니다.

그러므로 지금 여러분이 있는 자리는 우연히 있는 자리가 아닙니다. 여러분에게 맡겨주신 직분이 그저 우연히 된 것이 아닙니다. 하나님께서 섭리하시는 자리인 줄로 믿으시기 바랍니다. 여러분, 이 종도 우습게 보지 마세요. 하나님께서 놀라우신 섭리 가운데 축복받을 이 교회로 보내주신 것을 믿는 것입니다. '왜 나는 지지리도 복이 없을까? 왜 나는 하는 일마다 안 될까?' 하고 생각하지 마시기 바랍니다. 그것은 불신앙의 생각입니다. 모세는 80년을 훈련받고 비로소 쓰임을 받았습니다. 여호수아도 80년을 훈련받았습니다. 40년을 노예로 살았습니다. 다시 40년을 광야에서 훈련받았습니다. 그리고 30년을 쓰임 받는 것입니다.

연단의 시간을 줄이는 방법이 있습니다. 그것은 내가 믿음으로 나가면 됩니다. 옛날에는 초등학교를 졸업하려면 6년이 걸리는데 공부를 잘하면 월반을 했습니다. 그래서 3년에도 졸업하고 4년에도 졸업했습니다. 중국 같은 경우에는 지금도 이 제도가 있습니다. 그런데 신앙에도 월반이 있는 것입니다. 여호수아의 아버지는 모세의 가장 측근에 있었습니다. '수종자'라고 성경에 기록되어 있는데 옛날 성경에는 '시종'이라고 나옵니다. 시종자는 종, 노예보다는 좀 더 책임감을 가진 자리입니다. 모세를 보좌하는 자리입니다. 요즘으로 말하면 비서 정도 되는 자리입니다.

그러니 여호수아의 아버지 눈은 모세의 일거수 일투족을 다 파악하고 있습니다. 모세의 의중을 가장 먼저 알고 있습니다. 이런 아버지 밑에서 여호수아는 지도자 수업을 착실하게 받은 것입니다. 좋은 사람을 만나게 하시는 것도 하나님의 축복입니다. 우리는 사람을 잘 만나야 합니다. 아무리 좋은 나무라고 해도 나무꾼을 만나면 땔감이 되어 아궁이로 들어갑니다. 하지만 목수를 만나면 대들보로 쓰이기도 하고 기둥으로도 쓰입니다. 아주 훌륭한 목수를 만나면 왕궁의 대들보가 되기도 합니다. 그러므로 우리는 좋은 사람을 만나도록 기도를 많이 해야 합니다.

하나님은 지도자를 함부로 세우시지 않습니다. 충분히 훈련시켜서 세우십니다. 여호수아는 지금까지 조연이었습니다. 그런데 이제는 주연으로 세워주십니다. 지금까지는 모세의 지도를 받아 충실히 일하는 일꾼이었습니다. 여러분, 교회에는 조연이 많아야 행복합니다. 다른 사람을 섬기기 위해 애쓰는 사람이 많아야 교회가 행복합니다. 조연을 잘하면 주연이 되는 날이 오는 줄로 믿으시기 바랍니다.

3. 요단을 담대하게 건너시기 바랍니다

기독교는 건너는 종교입니다. 홍해를 건너고 요단강을 건넜습니다. 우리 앞에 가로막는 것이 있으면 그것을 건너는 것이 신앙입니다. 문제가 가로막고 마귀 사탄이 가로막아도 물러서면 안 됩니다. 가난이 가로막으면 가난을 건너가야 합니다. 계속 가난하게 살면 안 됩니다. 축복받는 인생이 되기 위해 기도하고 담대하게 건너가야 합니다. 질병이 가로막으면 질병을 건너가시기 바랍니다. 여러분의 신앙을 가로막는 것이 있으면 건너가시기 바랍니다.

지구상에 비옥하고 풍요로운 나라 중에 대표적인 한 나라가 호주입니다. 호주는 1788년에 영국의 식민지가 되었습니다. 그리고 영국의 죄수들을 격리시켜서 수용하던 곳이었습니다. 처음에 죄수들을 모여 살게 한 곳은 해안 쪽의 작은 지역이었습니다. 세월이 차츰 흘러가면서 인구가 늘기 시작하자 농토가 더 필요하고 살아야 할 땅이 더 필요하게 되었습니다. 그런데 문제는 땅이 없었습니다. 남쪽은 사막지대이고 북쪽은 늪지대였습니다. 동쪽은 바다였습니다. 유일하게 갈 수 있는 곳이 서쪽인데, '장벽산맥'이라고 별명이 붙은 높은 산이 가로막고 있었습니다. 전에 그 산을 올랐던 사람들 가운데 돌아온 사람은 한 사람도 없었습니다.

이런 상황 가운데서 사람들은 절망하기 시작합니다. 바로 이때,

용기 있는 세 청년이 그 산에 올라가 보겠다고 선언했습니다. 주변의 많은 사람들이 만류했습니다. 그들은 "우리의 미래를 위해 이 산은 반드시 정복되어져야 합니다"라는 말을 남기고 그 산을 오르기 시작했습니다. 많은 고생과 굶주림과 죽음의 위기를 이기고 드디어 1812년 그 산의 정상에 오를 수 있었습니다. 산꼭대기를 오르는 순간, 그들이 본 것은 끝없이 펼쳐진 대평원이었습니다. 이것이 오늘의 비옥한 호주를 이루는 출발점이 되었다고 합니다. 많은 사람들은 높은 산 앞에서 절망했습니다. 오히려 그 산에 오르려는 청년들을 막았습니다. 그러나 세 청년은 그 산에 도전하였고 그 벽을 뛰어넘었습니다.

요단을 건너는 것도 이와 같습니다. 오늘 우리가 건너야 할 요단강은 지리적 의미가 아닙니다. 우리 인생의 축복을 가로막는 사탄의 방해를 건너가는 것입니다. 불신앙의 습관들을 건너가는 것이 요단강입니다. 우리의 이 세상의 싸움이 다 끝나면 우리는 요단강을 건너갑니다. 장례식장에서 부르는 "며칠 후 며칠 후 요단강 건너가 만나리"라는 찬송은 승리의 노래입니다.

사랑하는 성도 여러분, 이제 새해가 밝았습니다. 여러분을 우울하게 하고 낙심하게 만들고 은혜 받지 못하게 만드는 요단강을 건너 축복의 새해가 되시기를 바랍니다.

적용

ⓐ 오늘 말씀의 주제 파악하기:

ⓑ 오늘 말씀 중 은혜 받은 부분 나누기:

ⓒ 삶에 구체적으로 적용하기:

함께 드리는 기도 제목

1. 매 주일 예배를 통해 정결한 새 옷을 입고 하나님의 백성으로 살아가게 하옵소서.
2. 두려워하지 말고 준비된 하나님의 일꾼으로 살아가게 하옵소서.
3. 요단을 담대히 건너 승리하는 한 해로 살아갈 수 있도록 도와주옵소서.

2.

보물을 하늘에 쌓아 두라

» **본 문:** 마태복음 6장 19~24절
» **찬 송:** 502장(빛의 사자들이여, 통 259장)
» **요 절:** "오직 너희를 위하여 보물을 하늘에 쌓아 두라 거기는 좀이나 동록이 해하지 못하며 도둑이 구멍을 뚫지도 못하고 도둑질도 못하느니라"(마 6:20)

연예인 중에는 기독교인들이 많습니다. 가수 이문세, 비, 장나라, 김건모, 탤런트 최수종, 정우성, 차인표, 김희선, 개그맨 김미화, 신동엽, 권진영 등 수없이 많습니다. 독실한 기독교인으로 알려진 김장훈이라는 가수가 지금까지 기부한 누적금액이 110억 원이 기사화 되면서 화제가 되었습니다. 김장훈 씨는 "팬들의 사랑으로 기부할 수 있었으니 결국은 팬이 기부한 것이다"라고 했습니다. 내가 가지고 있다고 해서 내 것이 아님을 가르치는 성경의 물질관입니다. 그의 어머니는 "남자가 돈이 있다고 돈 갖고 장난치는 게 가장 치사하다"라고 가르쳤다고 했습니다.

성경이 말씀하는 물질관은 소유하는 데 있는 것이 아니라 나누는 데 있습니다. 일전에 어떤 분이 꿀을 가져다주시면서 하시던 말씀이 "꿀은 부자간에도 못 믿습니다. 그런데 이 꿀은 진짜입니다. 설탕이 안 들어간 꿀입니다"라고 하셨습니다. 부자간에도 돈 때문에 못 믿는 것이 있습니다. 어떤 친구가 물었습니다. "야! 술하고, 밥하고, 떡이 있는 데 너는 무엇을 먹을거냐?" 다시 말하면 세 가지 중에 어느 하나를 택하라는 말입니다. 그때 이 친구가 하는 말이 "술에다 밥을 말아서 떡을 안주로 먹겠다"라고 말을 했답니다. 사람의 욕심은 한도 끝도 없다는 것을 예로 보여주는 말입니다.

성경은 재물이란 하나님이 맡겨주신 것이라고 말씀합니다. 하나님이 맡겨주신 것이므로 우리는 재물을 소중히 생각하고 아름답게 사용해야 합니다. 재물은 원래 아름다운 것인데 추하게 사용하면 한없이 추해지는 것이 재물입니다. 물질을 다스리면 가장 좋은 충신이 되지만, 그렇지 못하면 물질은 가장 잔인한 폭군이 된다는 탈무드의 이야기가 있습니다. 성경은 보물을 땅에 쌓아 두지 말아야 할 이유를 말씀하였습니다.

19절에 "보물을 땅에 쌓아 두지 말라"고 했습니다. 먼저 우리가 살펴보아야 할 것은 보물에 대한 개념입니다. 흔히 '테사우루스'라고 표현하는 '보물'이라는 단어는 흔히 생각하는 재물과는 다른 것입니다. 원문을 자세히 살펴보면 '쌓아 놓다'라는 동사인 '테사우리조'와 이 보물이라는 '테사우루스'는 같은 말입니다. 즉 예수님께서는 바로 '내가 어디엔가 쌓아 둘 가치가 있다'고 느끼는 모든 것이 바로 나의 보물임을 가르쳐주고 계십니다.

어떤 사람은 학식을 쌓기 위하여 전력을 다합니다. 그래서 평생동안 공부만 하다가 갑니다. 어떤 사람은 명예를 얻기 위해 평생 동안 전력을 다합니다. 학식과 명예가 그 사람의 보물입니다. 자녀를 가장 아끼고 자녀를 위해 모든 것을 희생하고 살아왔다면 그 자녀가 보물입니다. 이러한 나의 가장 귀한 보물을 하나님 나라에 쌓아 두라고 말씀하십니다. 많은 사람들이 보물로 생각하는 것이 재물입니다. 세상의 많은 사람들이 재물욕을 가지고 살아갑니다. 돈만 있으면 세상에서 행세하며 살아갈 수 있습니다. 그런데 착각하지 않아야 합니다. 사람을 보고 고개 숙이는 것이 아니라 돈을 보고 고개를 숙이는 것입니다. 물질이 목적이 되면 그만 눈이 어두워지게 됩니다.

그러므로 22-23절에 눈에 대한 말씀을 주십니다. 물욕, 탐욕에 빠지게 되면 영안이 어두워지게 된다는 것입니다. 그래서 바로 이 보물을 나를 위하여 땅에 쌓아 두지 말고 하늘에 쌓아 두라고 말씀하고 계십니다. 나의 보물이 학식이면 그 학식을 나를 위하여 쌓지 말고 하늘에 쌓으라는 것입니다. 하늘에 보물을 쌓아 놓는 사람은 하늘을 보며 삽니다. 이것이 축복입니다.

하늘에 보물을 쌓으라고 하신 이유는 첫째, 좀이 해하기 때문이라고 하였습니다. 좀이 의복을 갉아먹습니다. 두 번째, 동록이 해하기 때문이라고 하였습니다. '동록'은 쇠붙이가 녹스는 것을 말합니다. 화학 작용에 의해서 쇠붙이를 점점 산화시키는 것을 뜻합니다. 세 번째, 도둑 때문이라고 하였습니다. 예수님 당시에 팔레스타인의 집들은 벽이 얇았습니다. 그렇기 때문에 도둑이 벽을 뚫고 들어와 보물을 훔쳐 가는 일이 있었습니다. 이렇게 세 가지 이유로 좀과 동록과 도둑의 위험 때문에 보물을 땅에 쌓아 두지 말라고 하였습니다.

왜 보물을 하늘에 쌓아야 합니까? 우리는 유한한 존재이기에 그렇습니다. 재물이란 언제까지나 가치 있는 것이 아니기 때문입니다. 우리가 가장 귀하게 여기는 금이나 보석을 보세요. "금 보기를 돌같이 하라"고 한 이야기도 있지만 사실은 보기 나름입니다. 아무런 쓸데없는 금을 장롱에 넣어놓고 바라보며 즐거워하는 것이 인간의 탐욕입니다. 어떤 분이 재미있는 이야기를 했습니다. "천국에 가면 금은 도로 포장재다. 천국은 황금길로 되어 있는데 그 도로 포장재를 뭐가 좋다고 몸에 걸고 다니고 장롱에 모셔 놓고 좋아하느냐"는 것입니다.

세상의 것은 영원하지 않습니다. 보물이 있는 곳에는 마음도 있기 때문에 보물을 하늘에 쌓아야 합니다. 보물을 몸에 지녀보면 거기에 관심이 갑니다. 사람은 투자한 곳에 마음이 가는 법입니다. 주식을 사게 되면 신문을 받자마자 주식란부터 보게 됩니다. 성경은 "너희의 보물을 하늘에 쌓으라"고 말씀합니다. "보물이 있는 곳에 마음도 있다"는 말은 우리가 우리의 보물을 하나님께 드리면 그 사람의 마음은 천국에 가 있게 된다는 말입니다.

"네 보물 있는 그곳에는 네 마음도 있느니라"(마 6:21)고 하였습니다. 이 말씀은 성도들의 마음이 두 곳에 동시에 있을 수 없음을 말씀합니다. 그러면 어떻게 보물을 하늘에 쌓을 수 있습니까? 보물을 하늘에 쌓는다는 것은 하나님을 위한 선한 일에 물질을 쓰는 것을 말합니다. 하나님의 일을 위해 헌금을 드리는 것, 어려운 사람, 재난당한 사람, 병자들을 돕고 구제하는 것입니다. 보물을 하늘에 쌓아두면 어떻게 됩니까?

1. 보물을 하늘에 쌓아 두면 하나님 나라가 확장됩니다

하나님은 일하실 때에 사람을 통해 일하십니다. 사람을 훈련시키시고 준비시키셔서 사용하십니다. 이것이 하나님께서 일하시는 법칙입니다. 그러므로 하나님의 일을 많이 하면 많이 할수록 개인에게는 하늘에 보물을 쌓는 일이요, 또한 하나님의 나라가 확장되는 일입니다.

2. 보물을 하늘에 쌓아 두면 쌓는 자가 복을 받습니다

"또 누구든지 제자의 이름으로 이 작은 자 중 하나에게 냉수 한 그릇이라도 주는 자는 내가 진실로 너희에게 이르노니 그 사람이 결단코 상을 잃지 아니하리라"(마 10:42) 하셨습니다. "네 재물과 네 소산물의 처음 익은 열매로 여호와를 공경하라 그리하면 네 창고가 가득히 차고 네 포도즙틀에 새 포도즙이 넘치리라"(잠 3:9~10)고 말씀하였습니다. 오늘 본문은 "오직 너희를 위하여"라고 말씀합니다. 즉 하나님께 드리는 것은 사실은 나를 위해 드리는 것입니다.

성도 여러분, 나를 위하여 하늘에 보물을 쌓아 두는 여러분이 되시기를 바랍니다. 이 종의 보물이 무엇이냐 묻는다면 '우리 교회'라고 대답할 것입니다. 여러분의 영혼이 구원을 받고 여러분이 축복된 인생을 사는 것이 이 종의 보물입니다. 여러분의 보물은 무엇입니까? 우리 교회의 보물은 복음이기를 원합니다. 예수님이기를 원합니다. 우리 교회 성도들이 가장 아끼고 귀하게 여기는 가치가 주님의 말씀이 전파되는 것이기를 원합니다.

오늘은 특별히 대외전도헌금을 작정하는 주일입니다. 대외전도헌금은 이 나라와 세계 선교를 향해 쓰여지는 헌금입니다. 오늘 우리나라가 이처럼 축복을 받은 것도 우리 믿음의 조상들이 주님께 정성을 드렸기 때문입니다. 오늘 우리가 받은 축복을 우리는 복음을 위해 사용해야 합니다. 우리는 거의 매달 선교하는 교회와 기관, 나라를 확장시켜 왔습니다. 여러 나라에 우물을 파주고 먹을 것을 보내주었습니다. 우리나라에서도 노숙자들, 어려운 환경에서 공부하는 학생들, 외국인 노동자들을 위해 우리가 섬겨오고 있습니다.

필리핀에 농장을 구입해 주었는데 이곳에서는 빈민들에게 염소를 무상으로 나누어줍니다. 그러면 이들이 새끼를 낳아 다시 한 마리를 가지고 옵니다. 이것을 관리하기에 쉽지 않기 때문에 50마리를 요청을 받았습니다. 염소 한 마리면 아이들이 우유를 마시고 이 염소를 키워 어린이들이 학교를 갑니다. 염소 한 마리로 희망을 잃었던 한 가정이 살아나는 것입니다. 우리가 넉넉해서 그런 것이 아닙니다. 우리 교회도 늘 빚이 많습니다. 그런데 여러분, 빚 많은 교회가 부흥합니다. 찬송에도 있잖아요. "태산을 넘어 험곡에 가도 빛 가운데로 걸어가면…"

여러분, 주는 교회가 복된 교회입니다. 하나님께서 우리 교회를 부흥시켜 주셨으니 이웃과 함께 나누는 것입니다. 우리 교회가 수많은 교회를 일으키고 있습니다. 노회에서도 가장 많은 교회를 섬기는 교회가 되었습니다. 이 얼마나 감사한 일입니까? 우리 교회가 많은 교회를 섬긴다는 것은 하나님께서 장차 우리 미래에, 우리의 후손들에게 축복해 주실 것을 보장받는 가장 확실한 방법입니다. 오늘 대한민국은 세계 선교에 있어서 미국과 함께 가장 많은 나라에 선교사를 보내고 있습니다. 이 종은 늘 강조합니다. 한국교회가 선교를 많이 하고 이웃을 많이 도와야 한다고….

한국교회가 혹시 책망 받을 일이 있어도, 한국을 무너뜨릴 일이 있어도 우리가 선교하고 지원하는 수많은 불쌍한 이들을 위해 하나님께서 그 손을 거두신다고 강조합니다. 그러므로 이 전도의 헌금은 너무나 귀한 일이기에 전교인이 함께 참여하고 작정하는 것입니다. 내 보물 중에 물질을 통해 한 영혼이 구원을 받고 한 영혼이 생명을 얻는다면 얼마나 복된 일입니까?

복음을 전하는 일은 가장 귀한 일입니다. 복음을 전하는 일은 은혜 받는 일입니다. 복음을 전하는 일은 축복을 약속받는 길입니다. 복음을 전하는 백성을 하나님께서는 지켜주십니다. 복음을 전하는 일을 우리는 최고의 사명이요, 교회의 가치로 삼아야 합니다.

성도 여러분, 가장 가치 있는 것이 무엇인지, 내 인생을 걸어야 될 일이 무엇인지를 말씀을 통해서 깨닫고 남은 인생 동안 하나님의 나라에 보물을 쌓고 그의 나라를 위해 보물을 사용하는 성도들이 됩시다.

적용

ⓐ 오늘 말씀의 주제 파악하기:

ⓑ 오늘 말씀 중 은혜 받은 부분 나누기:

ⓒ 삶에 구체적으로 적용하기:

함께 드리는 기도 제목

1. 보물을 땅에 쌓아 두는 어리석음을 행하지 않게 하옵소서.
2. 하나님의 일을 위해 하늘에 보물을 쌓는 우리 구역과 가정들이 되게 하옵소서.
3. 하나님 나라에 보물을 쌓고 하나님 나라를 위해 사용하게 하옵소서.

3.

성도의 사랑으로 은혜로운 교회

» **본 문:** 마태복음 5장 18~24절
» **찬 송:** 218장(네 맘과 정성을 다하여서, 통 369장)
» **요 절:** "이 계명 중의 지극히 작은 것 하나라도 버리고 또 그같이 사람을 가르치는 자는 천국에서 지극히 작다 일컬음을 받을 것이요 누구든지 이를 행하며 가르치는 자는 천국에서 크다 일컬음을 받으리라"(마 5:19)

새해를 맞아 성도들이 함께 더욱 노력해야 할 신앙적 주제가 있습니다. 그것은 사랑과 섬김입니다. 신앙은 완성이 없습니다. 사랑도 섬김도 완성이 없습니다. 신앙은 진행형입니다. 이것을 성화라고 합니다. 믿음은 예수 그리스도를 닮기 위해 천국에 들어가기까지 애쓰는 것입니다. 우리 성도들은 한 해 동안 하나님의 말씀을 따라 사랑과 섬김에 힘쓰는 한 해가 되시길 바랍니다.

오늘 말씀은 산상수훈이 시작되는 마태복음 5장에서 8복에 대해 말씀하신 후 이어서 주신 말씀입니다. 산상수훈은 복음을 전하기 위해 주신 말씀이 아니라 이미 믿는 자들을 향해 주신 말씀입니다. 당시 예수님의 행동은 유대인들에게 많은 말거리가 되었습니다. '예수님은 율법을 무시하고 전통을 무시한다, 파격적인 행동을 한다'고 생각했습니다. 그때 예수님께서는 "아니다. 나는 율법이나 선지자를 폐하러 온 것이 아니라 완전하게 하러 왔다. 성경을 이루려고 온 것이다. 성경의 일점일획까지 다 이루어질 것이다"라고 말씀하셨습니다.

일점일획이라는 말은 헬라어로 'ι' 즉 '이오타'입니다. 헬라어 중에서 가장 쉽게 쓸 수 있는 단어입니다. 그저 점만 찍으면 됩니다. "이런 점 하나도 그냥 보지 말라, 성경대로 다 이루어질 것이다" 하는 말씀입니다.

그리고 가르치는 자들에게도 말씀을 주십니다.

> "이 계명 중의 지극히 작은 것 하나라도 버리고 또 그같이 사람을 가르치는 자는 천국에서 지극히 작다 일컬음을 받을 것이요 누구든지 이를 행하며 가르치는 자는 천국에서 크다 일컬음을 받으리라"(마 5:19).

말씀을 가르치는 자들도 책임이 있다는 말입니다. 열심히 한다고 되는 것이 아니라 하나님의 말씀을 있는 그대로 전하라는 것입니다.

오늘 주의 종들은 하나님의 말씀을 받아 성경의 말씀 그대로 전해야 할 책임이 있습니다. 목사는 씨를 뿌리는 자입니다. 여러분은 마음의 밭을 각기 다르게 가지고 있습니다. 돌밭과 같은 마음, 길가와 같은 마음, 가시덤불과 같은 마음 그리고 마지막으로 옥토와 같은 마음이 있습니다. 여러분은 모두가 옥토와 같은 마음 밭이 되시기를 바랍니다. 올 한 해 동안 사랑에 대해 세 가지 지켜야 할 주제를 말씀 전하려 합니다.

1. 가정을 사랑하는 한 해가 되시기 바랍니다

한국사회가 급속도로 변화하고 있습니다. 영화 '도가니'로 인해 온 세상이 흔들리는 듯했는데 요즘은 학교폭력 문제가 대단한 사회적 이슈가 되고 있습니다. 학교의 폭력이 조직화되고 학생들로부터 수억 원의 상납금을 받은 일이 언론에 보도가 되었습니다. 폭력조직

뿐 아니라 학급 내에서 서로를 괴롭히고 심지어 친구를 왕따 시키는 일들이 일상적으로 일어나고 있습니다.

며칠 전 텔레비전에 나온 어느 학생의 어머니는 왕따 당하는 것을 너무 괴로워하다가 아파트 창문에서 뛰어내려 자살하려는 아들을 우연히 보고 발목을 잡고 끌어올렸다는 것입니다. 그리고 둘이 그저 부둥켜안고 한참을 울었답니다.

얼마 전 한 학생이 스스로 목숨을 끊었습니다. 학생의 일기를 보면 "라디오 선을 목에 휘감은 채 개처럼 끌려 다니면서 과자 부스러기를 주워 먹어야 했고, 물로 고문당하고, 단소로 맞아가며 친구들의 온갖 심부름과 게임과 숙제를 대신해야 했다"고 기록되어 있었습니다. 학생들의 학교 폭력이 생각할 수 없는 끔찍한 지경에 이르렀습니다.

왜 이런 일이 벌어지고 있습니까? 사회가 병이 들었습니다. 단순한 가해자와 피해자가 있는 것이 아닙니다. 앞으로 이 사회가 다 피해자가 되는 것입니다. 얼마 전 폭력사건을 조사하며 과거에 대한 설문조사를 했더니 놀랍게도 폭력배들의 100%가 과거에 소위 일진이었다는 것입니다.

문제는 모든 것에 앞서 가정입니다. 가정이 행복하면 사회가 행복합니다. 가정이 바로 서면 이 사회가 바로 서게 됩니다. 가정은 사랑을 체험하는 곳입니다. 가정은 인내를 배우는 곳입니다. 가정은 치유하는 곳입니다. 세상에서 어떤 상처를 받고 와도 가정에서 다 치유가 됩니다. 그래서 가정으로 돌아오는 것입니다. 아이들도 가정에 돌아올 수 있어야 합니다. 남편도 아내도 가정으로 돌아올 수 있어야 합니다.

가정은 어른 존경을 배우는 곳입니다. 가정이 잘못되니 밖에 나가 사랑을 할 줄 모릅니다. 어른이 없습니다. 가정에는 어른이 있어야 합니다. 어른이 있으면 큰 소리를 내지 않습니다. 그래야 제대로 된 가정입니다. 사랑이 있고 웃음이 있고 행복이 있는 가정에서 자란 아이들은 절대로 잘못되지 않습니다.

여러분에게 늘 강조하는 것이 믿음으로 자란 자녀들은 절대로 잘못되지 않는다는 것입니다. 하나님을 믿고 성경대로 살려고 하는 믿음만 있으면 절대로 잘못된 길로 가지 않습니다. 더 중요한 것은 하나님께서 그 자녀의 길을 보호해 주십니다. 자녀를 사랑하는 것은 좋은 학원에 보내는 것이 아닙니다. 유산을 물려주는 것이 아닙니다. 하나님을 믿는 믿음을 자녀들에게 분명히 심어준다면 이 자녀는 반드시 축복의 인생을 살아가게 되는 것입니다.

얼마 전 여성가족부에서 설문조사를 했습니다. "친부모를 가족으로 생각하느냐?" 하는 질문에 78%가 "그렇다"고 대답을 했습니다. 이는 불과 5년 전보다 15.2%가 하락한 수치입니다. 그러면 "배우자 부모를 내 가족으로 생각하느냐?" 하는 질문에 51%가 그렇다고 생각했습니다. 이는 5년 전보다 28%나 하락한 수치입니다. 결혼할 때 양가 부모님을 만나서 뭐라고 합니까? "평생 아버지, 어머니로 모시고 살겠습니다"라고 합니다. 이 말을 다 믿지 마세요. 부부관계도 하루가 멀다 하고 변하고 있습니다. 옛날에는 웬만하면 다 참고 살았습니다. 그런데 이젠 못 참겠다고 합니다. 못 참으면 어떻게 하겠다는 것입니까? 갈라져 살겠다는 것입니다.

우리는 성경으로 다시 돌아가야 가정이 행복합니다. 하나님께서는 가정을 만드시고 가정에 복을 주셨습니다. 가정이 행복하면 교회도 행복합니다. 가정에서 찬송이 나오면 교회에서도 찬송이 나오는 것입니다. 우리가 가정에 대해 더 많이 기도해야 합니다. 미국 190주 연속 베스트셀러, 전 세계에서 1억 부 이상 판매라는 경이적인 기록을 세운 《영혼을 위한 닭고기 수프》의 저자 잭 캔필드는 《사랑하지 못한다는 건 죽음보다 더한 고통이다》라는 책을 썼습니다. 그는 가족은 '지금 사랑하는 것'이라고 했습니다. 후일에 사랑하겠다고 하면 후일은 없다고 했습니다.

성도 여러분, 우리 교회는 가정마다 매주 예배를 드리라고 했습니다. 말씀대로 순종한 가정들은 이미 축복을 받은 줄로 믿으시기 바랍니다. 새해에는 가정을 사랑하기 위하여 힘을 쓰시기 바랍니다. 남편을 아내를 더 사랑하기 위하여, 자녀를 더 사랑하기 위하여 힘을 쓰시기 바랍니다. 사랑하되 주 안에서 사랑해야 가정이 복된 길로 갑니다. 부모를 공경해도 주 안에서 순종하라고 했습니다. 새해에는 한 해 동안 하나님의 말씀을 붙들고 모두가 가정을 더 깊이 사랑하여 가정의 기적을 체험하는 성도들이 됩시다.

2. 교회를 더 사랑하는 한 해가 되시기 바랍니다

"너희 의가 서기관과 바리새인보다 더 낫지 못하면 결코 천국에 들어가지 못하리라"(마 5:20)고 말씀하십니다. 예수님께서 지금 산 위에 올라와 말씀을 듣는 제자들과 성도들에게 심하게 몰아붙이고 계십니다. 서기관과 바리새인들은 우리가 생각하는 것처럼 형편없는 사람들이 아닙니다. 자기들은 철저하게 의롭다고 생각하며 구제와 매일의 기도와 금식에 소홀함이 없는 사람들이었습니다. 박하와 회향과 근채의 십일조까지 드렸다고 했습니다. 사소하게 얻는 식물, 심지어 마당 뜰에 심는 채소까지도 십일조를 구분하여 드렸다는 말입니다. 오늘 우리가 이런 바리새인들의 철저함을 어떻게 따라갈 수 있습니까? 그러면 우리는 결코 천국에 들어가지 못한다고 했습니다.

예수님의 말씀은 서기관과 바리새인의 마음으로는 천국에 들어가지 못하나 천국은 은혜로 들어간다는 말씀입니다. 바리새인들이 이처럼 철저한 모습을 보였으나 이들에게는 은혜가 없었습니다. 바리새인들이 모여 있는 교회는 은혜가 없습니다. 서로를 정죄하고, 지적하고, 판단하며, 용서가 없습니다. 예수님의 제자들을 보세요. 이들은 세리와 어부들이었지만 이들이 세상을 변화시켰습니다. 이들에게는 사랑이 있었기 때문입니다.

만약에 마가가 베드로에게 "당신, 그때 뭐했어? 사내 대장부가 소녀에게 거짓말을 세 번씩이나 하고 그래가지고 무슨 수석 제자라고…" 하면서 비난을 했다고 합시다. 그러자 옆에 있던 야고보가 마가에게 이야기합니다. "예수님을 따라가다가 잡히게 되니까 벌거벗고 도망친 사람이 무슨 말이 그렇게 많아?"라고 이야기합니다. 예수님의 제자들 가운데 서로 사랑과 용서가 없었다면 이들은 위대한 사역을 감당할 수가 없었을 것입니다. 베드로는 새 힘을 얻어 초대 교회를 세워나갔습니다. 마가는 알렉산드리아에 복음을 전하고 전 세계로 복음이 전파되는 일에 굉장한 역할을 했습니다.

교회는 사람의 방법으로 세워지는 곳이 아닙니다. 착각하지 않아야 합니다. 교회는 하나님의 방법으로 세워지는 곳입니다. 교회는 크게 두 가지 역할이 있습니다. 내적으로는 하나님을 예배하며 은혜와 축복을 받습니다. 성도들은 하나님을 예배하며 죄 사함을 받고 말씀을 통하여 믿음이 자라고 은혜의 생활을 합니다. 성도는 예배가 없으면 믿음이 자라지 않습니다. 외적으로 교회는 복음을 전하는 곳입니다. 하나님께서는 복음을 전하라고 교회를 세워주셨습니다. 그러므로 교회는 한 사람이라도 더 영혼을 구원하기 위해 힘써야 합니다.

예수를 고상하게 믿고 멋있게 믿으려고 하는 사람들이 있습니다. 예수 믿으면서도 "내 생각에는" 하는 사람들이 있습니다. 분명히 말씀합니다. "내 생각에는" 하고 예수 믿다가는 결코 구원받지 못합니다. 구원은 내 생각으로 받는 것이 아닙니다. 주님을 믿는 믿음으로 전적인 은혜로 받는 것이 구원입니다.

교회를 사랑한다는 것은 이 두 가지를 우리 교회가 잘 감당할 수 있도록 내가 교회를 섬기는 것입니다.

첫째, 일 년 동안 우리 교회가 하나님을 예배하는 일에 가장 앞장서는 교회가 되도록 교회를 사랑하십시오. 찬양대는 나의 찬양을 통해 가장 은혜로운 예배가 되도록 교회를 사랑하십시오. 교사는 교사로서, 센터에서, 식당에서, 구역에서 하나님을 예배하는 일에 모든 성도가 함께 힘써 교회를 섬기십시오. 직분자는 나의 직분을 통해 가장 은혜로운 예배가 되도록 힘쓰십시오. 목사는 모든 성도들이 은혜를 받고 축복을 받고 한 사람도 빠짐없이 구원받는 성도들이 되도록 힘쓰는 것입니다.

둘째, 일 년 동안 우리 교회를 통해 한 영혼이라도 더 구원받도록 교회를 섬기십시오. 이것이 교회를 사랑하는 것입니다. 내 생각을 하기 전에 예수님을 먼저 생각하면 교회는 사랑과 섬김으로 은혜로워지는 것입니다. 교회는 일꾼으로 부름 받은 공동체입니다. 일주일에 한 번 왔다가 돌아가는 것이 교인이 아닙니다. 참석하는 신자가 아니라 참여하는 신자가 되어야 합니다. 예수님의 일꾼이 되어야 합니다. 일꾼이 되면 주님께서 그 인생을 변화시켜 주십니다. 주님을 닮아가도록 우리를 변화시켜 주십니다. 우리 주님께서 세워주신 우리 교회 안에 있다 보면 변하지 않는 것 같아도 여러분은 해마다 변화되어 갑니다. 나도 모르게 감사하게 되고 기뻐하게 되고 긍정적인 사람으로 변화되며 은혜를 사모하는 사람으로 변화되는 곳이 교회입니다.

황제 펭귄은 수만 마리가 함께 모여서 삽니다. 이들은 물고기를 잡으러 교대로 바다로 나아갑니다. 새끼들과 함께 있는 펭귄들은 서로 모여 체온을 유지합니다. 밖에 있는 펭귄은 조금 후에 정확하게 원의 안으로 들어옵니다. 이렇게 서로 교대합니다. 내가 춥다고, 내가 강하다고 안에서 밖으로 나가지 않는 펭귄은 없습니다. 만약 안에 있는 펭귄이 밖으로 나가지 않는다면 밖에 있는 펭귄은 영하 50도의 추위를 견뎌내지 못하고 얼어 죽습니다. 밖에 있는 펭귄이 얼어 죽기 시작하면 결국은 모두가 다 얼어 죽게 됩니다. 서로를 보호하는 것입니다. 교회가 그렇습니다. 교회는 서로를 이렇게 보호하는 곳입니다.

교회는 약한 사람이 와서 강하게 되는 곳입니다. 교회는 병든 자가 와서 치유를 받는 곳입니다. 교회는 슬픈 자가 와서 위로를 받는 곳입니다. 교회는 사랑을 서로에게 주는 곳입니다. 성경은 하나님께서 우리를 사랑하신 하나님의 LOVE STORY입니다. 그 사랑의 최고 정점이 예수님의 십자가입니다. 교회는 십자가가 있는 곳입니다. 우리 교회 출신 김석균 목사님이 작곡한 "위로의 말 한마디"란 찬양이 있습니다.

1. 위로의 말 한마디 긴장을 풀어주고
   용서의 말 한마디 치유를 가져옵니다.
   겸손의 말 한마디 존귀히 여김 받고
   교만한 말 한마디 멸망을 가져옵니다.
2. 쓰디쓴 말 한마디 증오를 씨 뿌리고
   잔인한 말 한마디 영혼을 파괴합니다.
   격려의 말 한마디 새소망 심어 주고
   지혜의 말 한마디 인격의 향기입니다.
3. 무례한 말 한마디 다툼을 일으키고
   저주의 말 한마디 축복을 거둬갑니다.

사랑의 말 한마디 생명을 불러오고,
생명의 말 한마디 사랑을 키워 줍니다.
후렴) 가장 아름다운 말 미고사축
미안해요, 고마워요, 정말 사랑해요,
그리고 당신을 축복합니다.

우리의 성도들은 금년 한 해 동안 이렇게 서로에게 이야기하면서 사랑하고 교회를 섬기는 성도들이 됩시다.

3. 이웃을 사랑하는 한 해가 되시기 바랍니다

오늘 말씀 21절 이후에서 주님은 형제 사랑에 대해 말씀하셨습니다. "율법에 살인하면 심판을 받게 된다고 기록되었는데, 나는 너희에게 말한다. 형제에게 노하는 자마다 심판을 받을 것이다. 형제에게 '라가'라 하는 자, 즉 돌대가리, 멍청이라고 하는 자는 공회에 잡혀가고, 미련한 놈이라 하는 자들은 지옥 불에 들어가게 될 것이다"라고 말씀하셨습니다. 예수님께서 가르치시는 사랑은 적극적인 사랑입니다. 율법에 나오는 사랑은 수동적인 사랑입니다. '해서는 안 된다' 하는 것을 말하는 것이 율법입니다.

그러나 예수님은 적극적이고 능동적인 사랑을 말씀하십니다. 형제에게 원망들을 만한 것이 생각나면 먼저 화해하고 와서 예배를 드리라고 했습니다. 예수님의 사랑은 능동적인 사랑을 말씀하기 때문에 어렵습니다. 사실 이야기만 하면 속을 뒤집는 사람들, 위선자들, 악한 자들이 세상에는 많습니다. 그래서 사랑이 참 어렵습니다. 예수님은 세상을 사랑하시되 끝까지 사랑하셨습니다. 십자가에서 조롱을 받으시면서도 사랑하셨습니다. 우리는 예수님의 마음을 깨닫게 되면 저절로 능동적인 사랑을 하게 됩니다. 능동적인 사랑의 결론은 이들이 모두 구원받는 백성이 되는 것입니다.

우리는 새해에 이웃을 사랑하기 위해 교회 내에서도 여러 가지 훈련들을 시작할 것입니다. 수술비가 없는 환자들을 위해 사랑의 천사운동을 할 것입니다. 끼니가 없는 이웃들, 노숙자들을 간접적으로 지원해 왔으나 이제 사랑의 떡국집도 운영하려고 기도하고 있습니다. 외국에도 계속해서 예수님의 사랑을 나누어 갈 것입니다. 필리핀에 우리농장을 세웠는데 이 농장을 통해 빈민들이 염소를 무상으로 제공받고 이들은 염소를 통해 젖을 먹고 새끼를 낳아 한 가족이 살아가게 될 것입니다. 1년 후에는 다시 새끼 염소를 반환받아 또 다른 가정으로 나누어 줄 것입니다. 이 일을 지난주 4부예배시 설교를 통해 말씀했는데 필요한 분량이 다 채워져 버렸습니다. 때가 되면 광고하려고 했는데 4부 예배에 참석하신 분들이 예배가 끝나자마자 다 헌금했습니다. 얼마나 감사한 일인지 모릅니다. 우리 교회에는 보이지 않는 섬김의 손길들이 많습니다.

이 나라의 현실을 보면 가망성이 없습니다. 그러나 이 나라에는 보이지 않는 사랑과 섬김의 손길들이 많이 있습니다. 기도하는 사람들이 많이 있습니다. 말로 표현을 하지는 않아도 묵묵히 교회를 사랑하는 살아 있는 성도들이 많이 있습니다. 그러므로 대한민국은 가망성이 있습니다. 하나님께서 이 민족을 도우십니다. 금년 한 해 동안 사랑으로 가정과 교회와 이웃을 섬기며 성화되어 가는 성도들이 됩시다.

적용

ⓐ 오늘 말씀의 주제 파악하기:

ⓑ 오늘 말씀 중 은혜 받은 부분 나누기:

ⓒ 삶에 구체적으로 적용하기:

함께 드리는 기도 제목

1. 가정을 더 깊이 사랑하며 가정의 기적을 체험하게 하옵소서.
2. 우리 교회에 예수 그리스도의 사랑이 넘치게 하옵소서.
3. 사랑으로 가정과 교회와 이웃을 섬기게 하옵소서.

4.

성도의 섬김으로 은혜로운 교회

» **본 문:** 요한복음 13장 12~15절
» **찬 송:** 465장(주 믿는 나 남 위해, 통 523장)
» **요 절:** "내가 주와 또는 선생이 되어 너희 발을 씻었으니 너희도 서로 발을 씻어 주는 것이 옳으니라. 내가 너희에게 행한 것같이 너희도 행하게 하려 하여 본을 보였노라"(요 13:14~15)

금년 한 해 동안 우리 성도들은 특별히 서로 사랑하고 섬기며 더 은혜로운 교회로 만들어 가야 합니다. 지난주에는 사랑에 대하여 말씀을 전했고, 오늘은 섬김에 대하여 말씀을 전하려 합니다. 섬김이라는 말은 희랍어로 디아코니아(diakonia)입니다. 오늘 교회에서 집사라는 말을 영어로 디콘(deacon)이라 하는데 디콘이 디아코니아에서 나왔습니다. 즉 집사란 '섬기는 자'라는 뜻입니다. 오늘의 말씀을 통해 은혜를 받고 일 년 동안 주님이 말씀하시는 섬김의 사명을 감당하는 여러분이 되시기를 바랍니다.

유월절 전날 예수님께서 제자들과 마지막 식사를 하고 계셨습니다. 예수님은 마음이 착잡하셨을 것입니다. '이제 조금 후면 나는 너희를 떠난다. 이제는 너희들이 복음을 전하며 살아야 하는데…' 하지만 제자들은 아직도 철이 없었습니다.

이때 예수님은 제자들에게 마지막 가르침을 주십니다. 예수님은 식사를 하시던 도중에 그 자리에서 일어나셨습니다. 그리고 겉옷을 벗고 수건을 가져다가 허리에 두르셨습니다. 대야에 물을 떠다가 느닷없이 제자들의 발을 씻기기 시작하셨습니다.

우리가 아무리 바쁜 일이 있어도 식사하다 말고 일을 하지는 않습니다. 그러므로 예수님의 행동은 아주 강렬한 것이었습니다. 교부 크리소스토무스는 예수님께서 제일 먼저 가롯 유다의 발부터 씻기셨다고 했습니다. 오늘 말씀 앞에 보면 마귀가 유다의 마음에 예수를 팔려는 생각을 넣었다고 했습니다. 예수님께서는 식사하시다가 가롯 유다의 마음속에 마귀가 들어가는 것을 보시고 황급히 일어나셨습니다. 예수님은 마귀가 번개처럼 떨어지는 것도 보셨고 마귀가 틈타는 것도 다 보셨습니다. 유다는 불순한 의도에서 예수님을 따랐습니다.

3년 동안 예수님을 따랐으면 변화되었어야 하는데 변화되지 않았습니다. 여전히 자기의 생각을 가지고 있었습니다. 유다는 예수님을 바꾸려 했습니다. 혁명을 일으키는 자로 자기의 생각대로 예수님을 바꾸려 했습니다. 지금 유다가 할 일은 예수님을 만났으니 구원받는 것이 가장 중요한 일입니다. 그런데 가장 중요한 선물을 잃어버리고 예수님을 바꾸려 했습니다. 악한 일은 갑자기 하는 것이 아닙니다. 평소에 악한 생각을 가지고 있으니 결국은 악한 마귀에 의해 쓰임을 받고 마는 것입니다.

베드로의 차례에 이르렀을 때 베드로는 "주여, 주께서 내 발을 왜 씻기십니까?" 하고 물었습니다. 예수님께서는 "내가 하는 것을 지금은 알지 못하나 이후에는 알 것이다"라고 말씀하셨습니다. 베드로가 "주님께서 절대로 내 발을 씻기지 못할 것입니다"라고 말하자 예수님은 "내가 너를 씻어주지 아니하면 네가 나와 상관이 없다"라고 말씀하셨습니다. 베드로는 "그러면 내 발뿐 아니라 손과 머리도 씻어주십시오" 하고 간청을 합니다. 베드로는 영적인 욕심이 많은 사람이었습니다. 영적인 욕심에 있어서는 어린아이와 같은 사람이었습니다. 예수님이 풍랑 가운데 오실 때에 바다 위로 달려간 사람도 베드로입니다. 이런 마음을 보시고 예수님께서 수제자로 삼아주셨습니다.

예수님은 "이미 목욕한 자는 발밖에 씻을 필요가 없느니라 온몸이 깨끗하니라 너희가 깨끗하나 다는 아니니라"고 말씀하셨습니다. 예수님께서 제자들을 끝까지 사랑하셨다고 했는데 "너희가 깨끗하나 다는 아니니다"라고 말씀하시며 마지막까지 유다에게 기회를 주셨다는 뜻입니다. 빨리 깨닫고 회개하라는 것입니다. 그러나 유다의 귀에는 예수님의 말씀이 들리지 않았습니다. 영적인 귀가 막히면 생명의 소리가 들리지 않습니다. 이것이 오늘 본문 앞에 나오는 배경입니다.

1. 예수님은 섬기러 이 세상에 오셨습니다

지금 예수님께서 식사 도중에 일어나셔야만 했던 이유가 있습니다. 말씀의 정황을 보면 아직 제자들은 식사 전에 발을 씻지 않았습니다. 무척 피곤하고 시장했던 모양입니다. 그래서 서둘러 식탁에 앉았습니다. 유대인의 관습에 의하면 손님이 오면 종을 시켜 발을 씻겨줍니다. 종이 없는 일반 평민의 집이면 지위가 낮은 사람이 높은 사람을 씻겨줍니다. 삼촌이 오셨다든지 어른이 오시면 발을 씻겨드리는 것입니다. 그런데 서열이 정해지지 않았으면 서로가 발을 씻겨주기도 합니다. 낮은 사람이 먼저 발을 씻겨 주는 것입니다.

지금 제자들은 먼 길을 걸었을 것입니다. 당시 유대인들은 샌들을 신기 때문에 중동의 흙먼지가 발에 가득 묻었을 것입니다. 제자들은 서로 "누가 높으냐? 누가 발을 씻겨야 하느냐?"를 가지고 신경

전을 벌이느라 예수님의 발조차 씻겨드리지 못했습니다. 이들은 서로 높은 자리에 오르려는 마음을 가진 자들이었습니다. 제자들이 예수님을 따른 목적은 높은 자리에 오르는 것이었습니다. 예수님이 왕위에 오르시면 미래를 보장받으려고 했습니다. 그러니 양보하지 않는 것입니다.

야고보와 요한의 어머니는 예수님께 와서 절하며 예수님의 나라가 이를 때에 자기의 두 아들을 좌우편에 앉게 해 달라고 했습니다, 좌의정, 우의정을 하게 해달라는 말입니다. 야고보와 요한의 어머니는 예수님의 이모입니다. 그런데도 절을 하며 요구했습니다. 치맛바람이 대단합니다. 치맛바람을 영어로 'Jewish Mom' 즉 '유대인의 어머니'라고 부르는데, 예수님 당시에도 대단했던 모양입니다. 다른 제자들은 이를 보면서 분을 내었다고 했습니다. 서로 높아지려는 경쟁이 대단했었다는 말입니다.

이러한 모습을 보며 예수님은 말없이 물을 떠다가 수건을 허리에 동이시고 제자들의 발을 씻겨주십니다. 예수님은 겉옷을 벗었습니다. 그리고 수건으로 허리를 동이셨습니다. 이것은 종이 하는 옷차림입니다. 아마 예수님의 옷은 가장 좋은 옷감이었을 것이라고 학자들은 추측합니다. 수많은 사람들이 예수님을 흠모했으니 좋은 옷을 만들어 드렸을 것입니다. 그래서 로마 병정들이 예수님의 옷을 십자가상에서 제비뽑아 나누어 가졌습니다. 그런데 지금 그 옷을 수건으로 질끈 묶으시고 예수님이 낮아지셨습니다.

예수님은 이 땅에 오실 때에도 낮은 곳으로 오셨습니다. 베들레헴의 마구간으로 오셨습니다. 왕궁이나 학자의 집에 오시지 않았습니다. 목수의 가정에서 자라셨습니다. 세리와 창녀의 친구로 지내셨습니다. 돌아가실 때에도 죄수의 모습으로 십자가에서 돌아가셨습니다.

오늘도 예수님은 낮아지셔서 제자들의 발을 씻겨주십니다. 스승이 제자의 발을 씻기는 법은 없습니다. 그러므로 베드로는 절대로 '내 발을 씻기지 못할 것'이라고 했습니다. 베드로는 지금 예수님을 이해하지 못했기 때문입니다. 예수님께서 발을 씻기시는 의미는 너희도 이와 같이 낮아져야 한다는 것입니다. 예수님을 만나려면 낮아져야 합니다. 은혜를 받으려면 낮아져야 합니다.

여러분, 교회의 부흥, 심령의 부흥은 은혜를 받아야 시작되는 것입니다. 은혜 없이는 아무것도 되지 않습니다. 여러분은 우리 교회에서 가장 은혜 받는 성도들이 되시기 바랍니다. 예배시간마다 은혜를 충만히 받기를 바랍니다. 그래야 성령 충만하고 사탄을 이기고 축복받는 신앙생활이 되는 것입니다.

이것이 신앙생활을 잘하는 비결입니다. 신앙생활은 예수님의 낮아지심을 깨닫는 것입니다. 그리고 내가 십자가 앞에 낮아지면 예수님이 찾아오십니다. 낮아지는 것이 먼저입니다. 주님은 낮은 자에게만 오십니다. 주님이 찾아오시면 좋은 일이 일어나기 시작합니다. 여러분을 쉴 만한 물가로 인도하십니다. 좋은 꼴을 주시고 생수를 공급해 주십니다. 여러분의 손을 붙잡고 동행해 주십니다. 가정을 지켜주시고 잘못된 길로 가지 않도록 보호해 주십니다. 그러므로 영적으로 강건한 성도가 되는 줄로 믿으시기 바랍니다.

2. 교회는 섬기는 공동체입니다

예수님은 세족지도를 행하신 후에 "너희도 이와 같이 서로 섬기라"고 하셨습니다. 교회는 성도들이 서로 섬기는 곳입니다. 그리고 나아가서 세상을 섬기는 것입니다. 교회에는 높은 분도 많습니다. 세상에서 지위를 가진 분들도 많습니다. 그러나 교회에서는 낮아져야 합니다. 서로를 섬겨야 합니다.

윌리엄 부스가 구세군을 세웠을 때 세계 곳곳에서 사람들이 구세군에 입대하기 위하여 영국으로 몰려왔습니다. 구세군은 개혁교회로 군대식으로 교회를 조직했습니다. 그중에 한때 주교가 되려고 꿈꾸었던 사무엘 로간 브렝글이라는 사람이 미국에서 왔습니다. 그는 구세군에 입대하기 위해 사제복을 벗었습니다. 윌리엄 부스 사령관은 "당신은 오랫동안 보스로 있었습니다" 하면서 브렝글에게 겸손과 섬김을 가르치기 위해서 그에게 다른 사람들의 신발을 닦는 일을 시켰습니다.

한때 주교까지 되려고 했던 유명한 사람이 다른 사람의 신발을 닦는 일을 하자니 얼마나 자존심이 상했겠습니까? 신발을 닦다 보니 자기도 모르게 불평이 나오는데 '내가 신발 닦으려고 대서양을 건너 영국까지 왔나?'라고 생각할 그때 그의 앞에 환상 중에 거칠고 무식한 어부들의 발을 씻으려고 무릎을 꿇고 엎드려 계신 예수님을 보게 되었습니다. 그때 깜짝 놀라 주님께 고백합니다. "주님! 당신께서 그들의 발을 씻기셨군요. 나 같은 사람이 신발 닦는 것도 과분합니다"라고 고백했습니다. 그는 엎드려 감사함으로 신발을 닦을 때에 섬기시기 위해 이 땅에 오신 예수님을 경험하게 되었습니다. 그리고 그는 구세군 최초의 미국인 감독관이 되었습니다.

694년에 톨레도 회의에서 서로 발을 씻기는 것을 하나의 교회의 식으로 세웠습니다. 그런데 종교개혁자들이 이것을 폐지했습니다. 예수님이 명하신 것은 발을 씻기라는 것이 아니라 서로 섬기라는 것이기 때문입니다.

우리 교회에는 섬기는 분들이 많습니다. 우리 교회가 가진 가치는 교인이 많아서가 아닙니다. 큰 교회와 물질이 있기 때문도 아닙니다. 우리 교회에는 섬기는 분들이 많다는 것입니다. 차량봉사로, 식당에서, 교회학교에서 섬기는 분들이 많습니다. 우리 교회가 한국교회에서 유명한 것은 지역을 섬기는 교회라는 소문 때문입니다. 지역사회 봉사센터에서 노인학교, 한글학교, 음악학교, 사랑의 집수리봉사단, 이미용봉사로 섬기는 분들이 있습니다. 또한 예배시간마다 안내로, 기도로 섬기는 수많은 분들이 있습니다. 물질로 섬기는 분들이 있습니다. 이웃을 섬기는 분들이 있습니다. 이 섬김으로 주님께서 이 땅에서 하셨던 섬김을 따라가는 것입니다.

세상에서도 유명한 사람들이 많다고, 학자들이 많다고 교회를 인정하는 것이 아닙니다. 섬기는 교회가 인정을 받고 빛이 되고 소금이 되는 것입니다. 어린 아기는 대접받을 줄 밖에 모릅니다. 그러나 이 아기가 자라 어른이 되면 부모를 섬기고 가족을 섬깁니다. 그러면 성숙한 것입니다. 교회가 그렇습니다. 영적으로 자라면 다른 사람들을 섬길 줄 압니다. 내가 필요로 하는 교회보다 나를 필요로 하는 교회를 바라볼 수 있어야 성숙한 신자가 됩니다. 내가 이 교회가 좋아서, 마음에 들어서 필요한 것이 아니라 '내가 이 교회에서 어떻게 섬길 것인가?' 하면서 교회의 필요를 바라보는 성숙한 신자가 되어야 합니다.

섬김은 자기부정이 있어야 합니다. 어떤 아이가 반장선거에 나가서 다음과 같이 유세를 하여 반장에 당선되었다고 합니다. "저는 우리 반의 걸레가 되겠습니다." 초등학교 어린이들도 섬김을 인정합니다. 걸레가 된다는 것은 자기를 부정하는 것입니다. 희생하겠다는 것입니다. 왜 우리가 이웃을 섬기는지를 잘 알아야 합니다. 교회가 이웃을 섬긴다고 하면 물질의 문제로 생각하는 사람들이 있습니다. 예수님께서 가르치신 것은 물질의 문제가 아니었습니다. 다른 사람의 영혼을 구원하기 위하여 섬기는 것입니다. 가정에서도 영혼구원을 위하여 남편을, 아내를 섬기는 것입니다. 이웃을 향해서도 그 영혼이 구원받도록 섬기는 것입니다.

예수님께서 나의 죄를 위해 십자가를 지시기까지 낮아지신 그 은혜를 깨닫게 되면 나도 모르게 낮아지게 됩니다. 감사하게 됩니다.

늘 울어도 눈물로써 못 갚을 줄 알아
몸밖에 드릴 것 없어 이 몸 바칩니다

(찬송가 143장)

성도의 낮아짐은 '내가 낮아져야 되겠다'라고 생각해서 되는 것이 아닙니다. 주님께서 나 같은 죄인을 위해 십자가를 지시기까지 낮아지신 것을 깨달을 때 높아질래야 높아질 수가 없습니다. 우리 성도들은 모두가 낮아지기를 바랍니다.

섬김의 반대가 교만입니다. 교만하면 섬기지 못합니다. 교만은 어느 날 갑자기 들어가는 것이 아닙니다. 교만해진 사람들은 조금씩 교만해진 것입니다. 그러다가 어느 날 보면 주님보다 높은 자리에 있게 된 것입니다. 교만해진 사람들의 특징은 자기가 교만한 줄 모릅니다.

그래서 교만의 병이 무섭습니다. 교만은 암과 같습니다. 위장병이나 두통이나 혈압이나 이런 것들은 평소에 아픕니다. 증상이 나타납니다. 그래서 고치려고 하고 조심을 하게 됩니다. 그러나 암과 같은 병은 증상도 없이 내 몸을 서서히 바꾸어버립니다. 증상이 나타났을 때는 이미 암이 퍼져 버린 뒤입니다. 우리는 평소에 낮아지는 훈련이 있어야 합니다. 사도 바울은 말씀으로 날마다 자신을 친다고 했습니다. 우리 성도들은 날마다 말씀 앞에 엎드려 은혜를 받고 겸손한 성도들이 되어 주님을 섬기고 교회를 섬기며 이웃을 섬기는 성도들이 됩시다.

3. 섬김에는 상급이 있습니다

어떤 사람이 천국에 갔더니 마침 식사시간이더랍니다. 음식이 아주 많더랍니다. 탁자에 앉아서 아무리 기다려도 천사가 먹을 것을 가져다주지 않더랍니다. 왜 음식을 가져다주지 않느냐고 했더니 "천국은 셀프"라고 하더랍니다. 그러면 저쪽에 있는 사람들은 왜 먹을 것을 가져다주느냐고 했더니 저 사람들은 세상에 있는 동안 남을 많이 섬긴 사람들이라고 하더랍니다. 물론 누가 만든 이야기입니다만 천국에도 영광이 다 다르다고 했습니다.

예수님은 이 땅에서 가장 낮은 자리에 계셨지만 가장 높은 자리로 오르셨습니다. 가장 낮은 자리에서 섬기셨으나 그 섬김을 따르는 사람들이 이 세상을 바꾸어 나가고 있습니다. 하나님께서 사용하신 사람들을 보면 제일 먼저 하신 일이 낮아지도록 하신일입니다. 하나님께서는 주의 종들을 쓰실 때에도 먼저 낮아지게 하십니다. 그래서 깨닫게 하십니다. 내 힘으로 목회하는 것이 아님을 깨닫게 하십니다. 내 능력으로 하면 망하는 것을 깨닫게 하시고 철저히 주님을 의지하게 만드십니다. 하나님께서 주의 일꾼들을 쓰실 때에도 낮아지게 만드십니다. 그래서 주님 앞에 엎드리게 하십니다. 종은 낮아져야 일을 할 수 있습니다. 교만은 여러분이 받을 면류관을 빼앗아가는 무서운 강도와 같은 것임을 깨달아야 합니다.

그러므로 지혜 있는 사람들은 주님 앞에 와서 낮아지는 사람입니다. 주님 앞에 낮아지면 그 다음에는 상급이 있습니다. 섬기는 사람은 이 세상에서도 복을 받고 천국에서도 상급이 있습니다.

"당신의 그 섬김이 천국에서 해같이 빛나리…"(복음성가)

섬김은 천국에서 해같이 빛나는 복을 받습니다. 이 땅에서도 섬기는 사람은 기쁨이 있습니다. 섬기는 사람은 은혜를 받습니다. 섬기는 사람은 하나님과 사람들에게 사랑을 받습니다. 섬길 수 있는 것이 축복입니다. 그 마음이 축복을 받은 것입니다. 그 건강이, 그 시간이, 그 물질이 이미 축복 받은 것입니다. 섬김을 받는 사람이 아니라 섬길 수 있는 사람이 된 것을 감사하시기 바랍니다.

지혜 있는 사람은 하나님께 맡겨두는 사람입니다. 하나님만 붙들면 나머지는 하나님께서 처리해 주시기 때문입니다. 걱정한다고 되는 일이 아닙니다. 그래서 주님은 염려하지 말라고 하셨습니다. 이 말씀은 주님께 맡겨놓으라는 말씀입니다. 우리는 우리의 일을 하면 됩니다. 주님은 주님의 일을 해주십니다. 사람들은 모두가 평안하기를 원합니다. 잘되기를 원합니다. 행복하기를 원합니다. 그 비결이 다른 곳에 있는 것이 아닙니다. 주님을 잘 섬기면 땅의 축복을 주십니다. 계속해서 잘 섬기면 영원한 하늘의 상급을 주십니다. 하나님을 잘 섬기고, 교회를 잘 섬기고, 이웃을 잘 섬겨 축복과 은혜 가운데 승리하는 삶을 사는 성도들이 됩시다.

적용

ⓐ 오늘 말씀의 주제 파악하기:

ⓑ 오늘 말씀 중 은혜 받은 부분 나누기:

ⓒ 삶에 구체적으로 적용하기:

함께 드리는 기도 제목

1. 주님의 몸 된 교회를 더욱 겸손한 몸과 마음으로 섬기게 하옵소서.
2. 우리 구역원 모두가 주님의 교회를 더욱 사모하게 하옵소서.
3. 우리 교회가 더욱 큰 섬김으로 주님의 축복을 받게 하옵소서.

5.

평안하여 든든하며 부흥하는 교회

» **본 문:** 사도행전 9장 31절
» **찬 송:** 498장(저 죽어 가는 자 다 구원하고, 통 275장)
» **요 절:** "그리하여 온 유대와 갈릴리와 사마리아 교회가 평안하여 든든히 서 가고 주를 경외함과 성령의 위로로 진행하여 수가 더 많아지니라"(행 9:31)

그동안 사랑에 대해서 섬김에 대해서 말씀을 전했습니다. 또한 우리 교회는 은혜로운 교회가 되기 원합니다. 이 종은 은혜라는 말을 참 좋아합니다. 은혜의 눈으로 보면 부족한 것도 넉넉해집니다. 다툼이 일어날 일도 평안하게 됩니다. 사람을 볼 때에 은혜로 보아주는 사람이 있고 은혜 없이 보는 사람도 있습니다. 은혜 없는 사람은 늘 비판합니다. 불평합니다. 은혜 없는 사람은 참 불쌍합니다. 내가 은혜 받고 나니 은혜 없이 사는 사람이 왜 그렇게 불쌍한지 깨닫게 되는 것입니다. 우리가 하나님 나라에 들어가는 것도 은혜 없이는 못 들어갑니다.

우리 주님께서 천국문에 서 계시다가 내가 하는 것처럼 "누구는 이런 문제가 있고, 교회는 이런 문제가 있고" 하면서 은혜 없는 눈으로 본다면 나는 천국에 못 들어가는 것입니다. 사실 이 세상에 완벽한 사람이란 없습니다. 사람은 다 부족합니다. 내가 부족함을 깨닫게 되는 순간 믿음의 사람이 됩니다. 그러나 반대로 다른 사람이 부족하다고 느끼는 순간 불평이 나오게 되고 원망이 나오고 섭섭하게 됩니다. 하나님께서 범사에 감사하라고 말씀하신 것은 너무나 놀라운 의미가 있습니다.

미국 이민교회에 22년 동안 교회를 108번 옮긴 장로님의 이야기가 어떤 집사님의 간증집에 실렸습니다. 왜 그렇게 교회를 많이 옮겼느냐 하면 교회가 마음에 안 들었기 때문입니다. 어떤 교회는 주보가 마음에 안 들고, 어떤 교회는 사모님이 너무 나서는 것 같고, 어떤 교회는 설교가 힘이 없고…. 교회를 옮길 때마다 그 교회의 문제점들을 빡빡하게 노트에 적어서 보관했다는 것입니다. 그리고 그것을 자랑했습니다. 교회는 이런 문제가 없어야 한다고 입버릇처럼 이야기했다는 것입니다. 그런데 이분이 병이 들어 죽게 되면서 장례식이 문제가 되었다고 합니다. 제대로 섬긴 교회가 없어 어느 교회도 장례식을 치를 교회가 없었기 때문입니다. 그래서 마지막 한 달 동안 다녔던 교회에서 장례식을 치러드렸습니다.

우리 부목사님들에게 장례를 요청하는 분들이 있으면 늘 감사하고 관대하게 하라고 이야기를 합니다. 얼마 전에도 다른 교회에 출석하다가 서울에서 돌아가셨는데 그 교회가 지방에 있기 때문에 장례식을 하지 않겠다는 것입니다. 형제가 우리 교회에 있는데 혹시 장례식이 가능한지 연락이 왔습니다. 우리가 복음 전하려고 장례위원도 맡고 봉사도 하고 수고도 하는데 얼마나 감사한 일입니까? 앞으로 교회가 더 성장하면 장례식을 맡는 기간을 자꾸 줄이려고 합니다. 그래서 나중에는 1년에 한 주일만 직분자가 담당하는 장례담당이 되도록 기도하고 있습니다. 1년에 한 주일만은 내가 세상을 떠나는 가정을 위해 봉사하는 주일로 생각하고 섬기면 되는 것입니다.

장례식은 슬픔을 당한 가족들을 위로하고 복음을 전할 너무나 귀한 기회입니다. 혹시나 우리 교회를 잘 출석하지 않았어도 장례식을 담당하는 위원들은 복음을 전하는 마음으로 누구에게나 정성껏 장례식에 임해주시기 바랍니다. 슬픔을 당한 가정을 진심으로 손을 잡고 위로해 주시기 바랍니다. 앞에서 어떤 장로님 이야기를 했지만 사람들은 이상적인 교회를 꿈꾸는데 미안하지만 그런 교회는 이 세상에 없습니다. 내가 은혜 받으면 내 교회가 가장 이상적인 교회가 되는 것입니다. 그래서 내가 은혜의 사람이 되면 내 교회가 가장 은혜로운 교회가 되는 것입니다. 은혜로운 교회는 여러분의 가장 가까운 곳에 있습니다. 어느 교회요? 우리 교회인 줄로 믿으시기 바랍니다.

1. "교회가 평안하여"라고 했습니다

성경은 여러 가지의 평안을 말씀합니다. 가정이 평안하고 교회가 평안하고 나라가 평안하고 많은 평안을 이야기하지만 이 모든 평안은 하나님께서 우리에게 주시는 선물이라는 사실을 알아야 합니다. 가정에 고통이 있는 사람은 가정의 평안이 얼마나 큰 축복인지를 압니다. 전쟁 중에 있는 나라는 나라의 평안이 얼마나 큰 축복인지를 잘 압니다. 교회가 분쟁이 있으면 교회의 평안이 얼마나 큰 축복인지를 잘 압니다. 그러므로 우리는 하나님께서 주신 평안을 감사하고 이 평안을 누리기 위해 힘써야 하는 것입니다.

> "평안을 너희에게 끼치노니 곧 나의 평안을 너희에게 주노라 내가 너희에게 주는 것은 세상이 주는 것과 같지 아니하니라 너희는 마음에 근심하지도 말고 두려워하지도 말라"(요 14:27).

바울은 에베소서 6장 23절에서 평안은 주 예수 그리스도에게로부터 온다고 했습니다.

아 내 맘속에 참된 평화 있네 주 예수가 주신 평화
시험 닥쳐와도 흔들리지 않아 아 귀하다 이 평안함…

(찬송가 411장)

그렇습니다. 주님을 모시고 살면 평안이 임하는 것입니다. 그런데 사탄은 우리에게 분열을 줍니다. 서로 시기하고 불평하고 갈라지게 합니다. 그러므로 사탄의 꾀임에 빠지지 않도록 조심해야 합니다. 내가 죽으면 교회가 평안해집니다. 예수 믿는 것은 나를 죽이는 훈련입니다. 예수를 오래 믿어도 나를 죽이지 못하면 이 사람은 다른 사람을 죽이는 사람이 됩니다. 덜 죽으면 이웃을 죽이고, 교회를 죽입니다.

새해에는 말씀을 들을 때 무조건 말씀에 아멘 하고 살겠다고 결심하시기 바랍니다. 아멘은 나를 죽이는 방법입니다. 그러면 그 능력의 말씀으로 인해 우리 주님의 은총이 함께 하시고 그 마음을 변화시켜 주십니다. 여러분, 지금까지 살아오면서 인간의 연약함을 얼마나 많이 경험하셨습니까? 내 생각대로 인생이 살아집니까? 내 자녀들이 내 마음대로 됩니까? 하루가 다르게 내 건강도 달라지지 않습니까? 내 힘으로는 할 수 없다는 것을 깨달아야 합니다. 그럴 때 주님 앞에 맡길 수 있습니다. 그럴 때 주님이 변화시켜 주십니다.

소망교회의 법원 지원장으로 계신 집사님의 이야기입니다. 예수를 믿기 전에는, 은혜를 받기 전에는 술집에 가면 예쁜 색시가 술을 따라 주면 기분이 좋았다는 거예요. 그런데 놀랍게도 교회를 다니면서 은혜를 받고 성령이 그 안에 거하시는 것을 본인은 몰랐지만, 술

집에 가서 한 잔 하려고 하는데 너무 놀라운 것은 술도 먹기 싫고 그 여자가 너무 징그럽고, 추하고, 화장이 유치하고, 더럽고, 상대하기도 싫게 되었다는 것입니다. 왜 그렇게 되었습니까? 성령님이 안에 계시니까 새로운 사람으로 변화된 것입니다. 올해에는 주님의 전에서 누구를 만나든 내 안에 하나님이 계신 것을 잊지 마시기 바랍니다. 이 사실을 깨달을 때에 내 마음이 변하고 내 언어가 변하는 것입니다. 올 한 해 동안 예수님을 모시고 마음에 평안함과 축복이 넘치는 한 해가 되시기를 바랍니다.

2. "든든히 서 가며"라고 했습니다

평안의 축복이 오면 다음에는 든든히 서 가는 축복이 옵니다. 하나님께서 든든히 세워주시는 사람은 어떤 사람입니까? 든든히 설 준비가 되어 있는 사람에게 든든함의 축복을 주십니다. 일본에 지진이 난 것을 본 적이 있는데 아름다운 건물들이 보기 흉하게 내려앉은 것을 보았습니다. 관동 대지진 때 많은 건물들이 부서졌는데 한 목조건물은 그 지진에서도 흔들리지 않고 서 있었다고 합니다. 그 이유를 조사해 보았더니 땅 속 깊숙이 굵은 통나무로 기초가 되어 있었다고 합니다. 기초가 든든하면 쉽게 무너지지 않습니다.

신앙의 기초가 든든하면 시험이 오고 환난이 와도 흔들리지 않고 든든히 서 있을 수 있습니다. 아무리 오래된 신자도 신앙의 기초가 든든하지 못하면 소용이 없습니다. 작은 일에 넘어지는 것입니다. 지난해 우리 교회가 많은 부흥을 했습니다. 더욱 감사하고 놀라운 사실은 처음 예수 믿는 분이 60%가 넘는다는 것입니다. 대한민국에 이런 교회가 없습니다. 새가족에게 "처음 교회에 나오셨습니까?" 하고 물을 때 "예"라고 대답하시는 분을 보면 가슴이 뭉클합니다. '하나님께서 이분을 살려주시려고 이곳에 보내셨구나!'라고 생각하니 가슴이 뛰는 것입니다.

그런데 더욱 중요한 것은 여러분이 믿음으로 든든히 서야 합니다. 그래야 하나님께서 주신 복을 잘 지킬 수 있습니다. 하나님께서는 이미 여러분에게 복을 다 주셨습니다. 그런데 우리에게 주신 복을 빼앗아 가는 것이 무엇인지를 알아야 합니다. 그것은 우리 가운데 있는 죄입니다. 이 죄와 일 년 동안 부지런히 싸워야 합니다. 하나님께서는 회개하는 자에게 재앙을 내리지 않으십니다(욘 3:10). 죄가 나를 유혹하지 않도록 우리는 늘 깨어서 싸워가야 합니다.

죄는 마치 낚시와 같습니다. 고기를 낚을 때 먹음직한 지렁이를 끼워서 물고기를 유혹합니다. 그 미끼 속에는 날카로운 바늘이 숨겨져 있지만 보이지 않습니다. 물고기는 이리저리 건드려보다가 그만 순간적으로 참지 못하여 낚시를 물고 맙니다. 물고기가 몰라서 지렁이를 무는 것이 아닙니다. 다 압니다. '이것 물면 큰일 나는구나' 하는 것을 다 압니다. 그래도 자꾸 건드려 봅니다.

어떤 낚시꾼이 3일 동안 기다려 잉어를 잡는 것도 보았습니다. 그 분 이야기를 들어보니 이 잉어가 3일 동안 낚시를 물지 않고 건드리고 지나가고 건드리고 지나갔다는 것입니다. 왜냐하면 낚시를 물면 죽는다는 것을 다 알기 때문입니다. 그러나 참지 못하고 또 옵니다. 그리고 마지막에 '얼른 물어뜯고 도망가자'라고 생각하고 낚시를 물고 도망칩니다. 그 결과가 무엇입니까? 낚시꾼에게 잡혀 죽게 되고 마는 것입니다.

오늘 우리의 죄가 그렇습니다. 미끼 속에 숨겨져 있는 낚시의 날카로운 끝을 보아야 하는데 영의 눈이 어두우면 낚시는 보이지 않고 미끼만 보입니다. 그래서 죄를 짓고 죽음으로, 멸망으로 나아가는 것입니다. 한자로 '죄'(罪)는 '넉 사'(四) 자 밑에 '아닐 비'(非) 자를 씁니다. 사방을 다 보아도 다 안 된다는 뜻입니다. 중국 사람은 '죄'를 그렇게 이해했습니다. 사방으로 이것저것 다 해도 안 되게 하는 것이 바로 죄라고 생각했습니다. 죄는 우리를 잘되게 하는 것 같지만 결국은 안 되게 만듭니다.

다윗은 시편 51편 10절에서 "하나님이여 내 속에 정한 마음을 창조하시고 내 안에 정직한 영을 새롭게 하소서"라고 하였습니다. 우리 인간은 스스로 새롭게 될 수 없습니다. 그래서 다윗은 "새로운 영을 주시옵소서. 성령으로 새롭게 하옵소서" 하고 하나님의 도우심을 간구하였던 것입니다. 여러분도 "하나님, 내 힘으로는 할 수 없습니다. 나를 세워 주시옵소서. 나를 이끌어 주시옵소서"라고 기도하시기 바랍니다. 내가 서려고 하면 넘어지지만, 하나님이 세워주시면 든든히 서게 되는 줄로 믿습니다.

3. "수가 더욱 많아졌다"고 했습니다

이것이 부흥하는 교회입니다. 어떻게 부흥하는가 하면 주를 경외함과 성령의 위로로 수가 많아졌다고 했습니다. 하나님을 경외한다는 말은 하나님을 두려워한다는 말입니다. 올해는 함께 지켜 나가려고 하는 몇 가지 주제 가운데 예배를 강조하려고 합니다. 하나님을 경외하면 주일을 목숨 걸고 지킵니다. 초대교인들이 바로 그랬습니다. 이들은 순교자의 정신으로 주일을 지켰습니다. 이 정신이 초대교회를 부흥하게 한 것입니다. 기독교의 역사를 보면 예배드리는 것을 소중히 여길 때 교회가 부흥했습니다.

여러분, 하나님을 경외하면 환난 중에도 하나님이 지켜주시고 하나님의 큰 은혜를 받게 됩니다. 하나님이 주시는 은혜는 세상이 빼앗아가지 못합니다. 올 한 해 동안 예배를 온전히 드리겠다는 결심이 있으면 여러분의 신앙의 시작은 이미 성공한 것입니다. 그 다음에 성령의 위로가 있었다고 했습니다. 성령께서 위로해 주시는 사람은 행복한 사람입니다. 이 사람은 두려움이 없습니다. 이 종은 성령께서 이 교회를 이끄신다는 확신을 가지고 살아갑니다. 성령이 이끄시는데 누가 방해를 하겠습니까? 사탄이 한 길로 왔다가 일곱 길로 도망하도록 성령께서 지켜 주시는 것입니다.

성도 여러분, 이 성령의 위로와 함께 올 한 해를 걸어가시기 바랍니다. 수가 많아졌다고 했습니다. 하나님께서 원하시는 것은 주를 경외하고 성령님께서 위로하시는 가운데 수가 많아지는 것입니다. 열두 명으로 시작된 초대교회가 수만 명으로 성장한 것은 성령의 위로와 초대교인들이 주를 경외하고 말씀을 따라 복음을 전하였기 때문입니다. 지난 일 년 동안 우리 교회는 모범적으로 부흥을 했습니다. 많은 교회에서 우리 교회의 부흥을 이야기합니다. 그러나 이 땅에는 아직도 구원받은 사람보다 구원받지 못한 사람이 너무나 많습니다.

미국의 39대 대통령이었던 지미 카터는 《Why not the best?》(왜 최선을 다하지 않았는가?)라는 제목의 자서전을 썼습니다. 그 책에 나오는 이야기입니다. 우리가 잘 아는 대로 지미 카터는 믿음이 신실한 크리스천으로 말씀대로 순종하는 삶을 살려고 애썼습니다. 매년 10가정씩 14년에 걸쳐서 140가정을 하나님께로 인도했습니다. 굉장한 일입니다. 자신도 그렇게 생각했습니다. 그래서 늘 사람들에게 간증을 했습니다. 그러던 그가 조지아 주 지사로 입후보하게 되었습니다. 선거운동을 하는 3개월 동안에 그는 무려 30만 명의 사람들을 만났습니다.

30만 명의 사람들을 3개월 동안 만나면서 일일이 악수를 했습니다. 그리고 입에서 신물이 날 정도로 자기의 정책을 계속해서 말하고 또 말했습니다. 나중에 그가 자서전을 쓰면서 그 통계를 보고 깜짝 놀랐습니다. 주를 위해서는 고작 1년에 10가정, 14년 동안 140가정을 전도하고서도 그것을 대단한 일로 생각했습니다. 그런데 자기의 육신을 위해서는 3개월 동안에 30만 명을 만나서 신물이 날 정도로 정책을 알리면서 웃는 얼굴로 악수를 하고 다녔습니다. 그는 그 사실을 보면서 너무나 부끄러웠다고 고백했습니다.

우리도 주님 앞에 나올 때에 부끄럽고 할 말이 없습니다. 그저 감사한 것뿐입니다. 하나님께서는 우리 교회에 많은 복을 주셨습니다. 교회는 여러분의 복의 근원입니다. 교회가 평안하면 여러분이 평안하고 복을 받으면 여러분이 복을 받고 교회가 부흥하면 여러분이 부흥합니다. 한 해 동안 평안하여 든든하며 부흥하는 교회가 되기를 기도하며 섬기십시다. 하나님께서는 우리 교회와 함께 하십니다. 우리 교회를 통하여 여러분에게 복과 은혜를 주십니다. 하나님께서 준비하신 이 복과 은혜를 누리는 성도들이 됩시다.

적 용

ⓐ 오늘 말씀의 주제 파악하기:

ⓑ 오늘 말씀 중 은혜 받은 부분 나누기:

ⓒ 삶에 구체적으로 적용하기:

함께 드리는 기도 제목

1. 우리 가정과 구역에 하나님이 주시는 평안이 가득하게 하소서.
2. 교회가 든든히 서가며 부흥하게 하옵소서.
3. 이 땅에 성도가 늘어가게 하시고 하나님께 영광 돌리는 민족 되게 하소서.

6.

기도의 능력

» **본 문:** 열왕기하 20장 1-3절
» **찬 송:** 289장(주 예수 내 맘에 들어와, 통 208장)
» **요 절:** "여호와여 구하오니 내가 진실과 전심으로 주 앞에 행하며 주께서 보시기에 선하게 행한 것을 기억하옵소서 하고 히스기야가 심히 통곡하더라"(왕하 20:3)

히스기야는 유다의 열세번째 왕으로 이웃나라 이스라엘이 앗시리아에 의해 멸망당하는 것을 목격했습니다. 이스라엘과 유다는 형제 나라입니다. 우리나라로 보면 남과 북 같은 사이입니다. 평생을 서로 싸우며 미워하며 살아왔지만 그 형제 이스라엘이 갑자기 멸망당한 것입니다. 큰 충격을 받은 히스기야는 이때에 깨닫습니다. '하나님 앞으로 돌아가야 살겠구나!' 하는 사실을 깨닫고 종교개혁을 철저하게 합니다.

깨닫는 것이 중요합니다. 내가 죄인인 것을 깨달으면 은혜가 시작됩니다. 하나님의 은혜는 아무리 똑똑해도, 아무리 열심히 노력해도 주시지 않습니다. 죄인 됨을 깨달을 때 은혜가 비로소 시작되는 것입니다. 은혜를 받기 시작하면 그 다음에는 축복이 임합니다. 하나님께서 주시는 복은 은혜 없이는 주시지 않습니다. 은혜 없이 받는 복은 다 헛된 것입니다. 그것은 복이 아닙니다. 망하게 하는 것입니다.

히스기야는 은혜 받은 사람이었습니다. 여러분은 모두가 은혜 받는 사람이 되시기 바랍니다. 히스기야의 아버지 아하스 왕은 우상숭배에 유명한 왕입니다. 심지어 성전기물을 가져다 우상에게 바쳤습니다. 하나님을 두려워하지 않는 사람이었습니다. 이 집안을 보면 하나님의 복을 받을 이유가 하나도 없습니다. 그런데 하나님께서 히스기야를 쓰신 이유가 어디에 있는지 아십니까? 히스기야 어머니의 신앙 때문이었습니다. 히스기야의 어머니 아비야는 영적으로 부패한 나라를 위해, 타락한 남편으로부터 아들을 지키기 위해 눈물로 기도했던 사람입니다. 자녀에게 아버지의 악행이 이어지지 않기를 눈물로 기도했습니다. 아비야는 그 유명한 선지 스가랴 선지자의 딸입니다.

가정에서 남편이 문제가 있으면 아내가 힘을 내야 합니다. 아내의 신앙에 문제가 있는데 남편까지 함께 문제가 있으면 그 집안은 문제 속으로 들어가는 것입니다. 옛날에 교회에 보면 아버지가 술 먹고 때리는 가정들이 참 많았습니다. 그런데 그런 가정에서 아내는 또 얼마나 믿음이 훌륭하고 착한지 모릅니다. 사실은 원래 착한 것이 아닙니다. 내 자녀들까지 이런 삶을 살아서는 안 되기에 어린 자녀들을 데리고 주의 전에 나와 울부짖으며 기도하다 보니 믿음이 자라고 내 자녀 때문에 착한 어머니가 된 것입니다. 그래서 어머니의 기도로 한국교회의 기둥이 된 많은 사람들의 간증이 있습니다. 집에서 남편이 교회에 대해 불평할 때에 같이 불평하면 큰일 나는 것입니다. 눈물로 기도해야 그 가정이 사는 길이 열리는 것입니다.

히스기야는 어머니의 기도로 하나님의 은혜를 입었습니다. 어머니의 신앙으로 자라 우상을 부수고 하나님이 기뻐하시는 길로 걸어갔습니다. 산당을 부수고 주상을 제하며 아세라 목상을 찍어버렸습니다. 심지어 모세의 놋뱀도 불살라버렸습니다. 모세의 놋뱀은 하나님의 기적의 상징이었지만 백성들이 놋뱀을 숭배하였기 때문에 이것조차 없애버린 것입니다. 이처럼 하나님만 의지하자 하나님께서는 형통의 복을 허락하셨습니다. 블레셋을 쳐서 가사까지 취하였다고 했습니다. 가사는 지금 팔레스타인의 갈등의 중심인 가자지구입니다. 팔레스타인이 블레셋에서 나왔습니다. 블레셋 사람 즉 블레스틴이 팔레스타인이 된 것입니다.

그런데 히스기야가 덜컥 중한 병에 걸렸습니다. 그 이유를 성경은 기록하고 있지 않지만 이사야 선지자가 그에게 와서 "여호와의 말씀이 너는 집을 정리하라 네가 죽고 살지 못하리라"는 말씀을 전하였습니다. 말씀을 살펴볼 때에 히스기야는 믿음으로 결단했지만 또한 하나님의 은혜를 잊어버리는 왕이었습니다. 이사야 39장을 보면 죽을 병에서 고침 받았다는 것을 알고 이웃 바벨론에서 사절단이 옵니다. 이때에 히스기야는 하나님의 은혜를 자랑한 것이 아니라 자기 왕궁의 창고를 내어 보이며 금은보화를 자랑합니다. 금세 교만해졌습니다. 조금 전에 죽을 수밖에 없는 인생이었는데 하나님의 은혜를 입고 살아나자마자 금방 또 물질을 자랑합니다.

이때에 이사야 선지자는 "왕이여, 왜 교만해졌습니까? 당신이 보여준 모든 금은보화를 바벨론으로 가져가게 될 것입니다"라고 했습니다. 그러나 하나님께서는 "네가 살아 있는 동안에는 그리하지 않겠다, 즉 자녀 대에 이 범죄에 대한 삯을 분명히 찾겠다"라고 말씀하셨습니다. 하나님께서는 말씀대로 므낫세 대에 이 집안을 심판하십니다. 오늘 말씀에 "집을 정리하라"는 말씀은 "이제 너의 집 문을 닫겠다"는 말씀입니다. 이때까지 히스기야 왕은 자식이 없었습니다. 히스기야 왕의 아들 므낫세는 그로부터 3년 뒤에 태어나게 됩니다. 이제 히스기야의 대가 끊어지는 것입니다. "네가 죽고 살지 못하리라"고 이사야 선지자는 하나님의 말씀을 전하였습니다.

이때 히스기야는 유명한 면벽기도를 드립니다. 성철스님이 8년 면벽기도를 드렸다고 했는데 원래 히스기야가 2,700년 전 이미 면벽기도를 드렸습니다. 히스기야의 기도는 "하나님께서 내 기도에 응답해 주시지 않으면 죽을 때까지 벽을 향해 기도하다가 죽겠습니다" 하는 기도입니다. 심히 통곡하며 기도를 드렸습니다. 하나님께서는 히스기야에게 "네 기도를 들었고 네 눈물을 보았다"라고 말씀하셨습니다. 히스기야는 기도의 체험이 있는 사람입니다.

바로 앞 19장에서 히스기야는 민족적 위기에 처하게 됩니다. 앗수르 왕 산헤립이 예루살렘을 포위하였을 때 그는 적장이 보낸 조롱하는 항복문서를 가지고 성전에 올라가 기도하였습니다. "여호와여 귀를 기울여 들으소서 여호와여 눈을 떠서 보시옵소서 산헤립이 살아 계신 하나님을 비방하러 보낸 말을 들으시옵소서"라고 울부짖으며 하나님께 기도했습니다. 그리고 그 기도가 응답되어 앗시리아의 18만 5천 군대가 전멸하는 것을 체험했습니다. 이 기도의 체험이 분명히 있었기 때문에 그는 인생의 위기 앞에서 또다시 하나님 앞에 결사적으로 기도하게 된 것입니다. 히스기야의 기도는 어떤 기도였습니까?

첫째, "나의 진실을 기억하옵소서" 하고 기도했습니다.

"내가 부족하지만 하나님께서 나의 진실은 아시지 않습니까? 내가 하나님을 사랑합니다. 내가 성품이 못나서 그렇지, 진심은 아시지 않습니까?" 하는 기도입니다.

둘째, "전심으로 주 앞에서 행한 것을 기억하옵소서" 하고 기도했습니다.

전심은 온전한 마음을 말합니다. 히스기야는 왕이 되자마자 아버지를 죄악을 따르지 아니하고 아버지가 만들었던 모든 우상을 부수었습니다. 이 일은 간단한 일이 아닙니다. 수많은 정적들이 공격해 오는 일입니다. 그 나라의 중심에 자리 잡은 우상의 제사장들이 공격해 오는 일입니다. 뒤에서 갖은 방해가 있었을 것입니다. 불평하고 비난하는 소리들이 있었을 것입니다.

그러나 그의 마음의 중심에 하나님이 있었기 때문에 두려워하지 않고 개혁을 단행했던 것입니다. "이 마음을 하나님이 기억해 주시옵소서" 하고 기도하는 것입니다. 예레미야 29장 13절에 "너희가 온 마음으로 나를 구하면 나를 찾을 것이요 나를 만나리라"고 말씀하셨습니다. 개역성경에는 "전심으로 나를 구하면"이라고 했습니다. 히스기야는 전심으로 하나님을 구하여 마침내 하나님의 응답을 만나게 된 줄로 믿습니다.

셋째, "선하게 행한 것을 기억하옵소서"라고 기도하며 심히 통곡했습니다.

히스기야가 행한 일들이 자신의 이익을 위해 한 것이 아니라 하나님을 위해 일했다는 것을 기억해 달라는 것입니다. 그러면서 히스기야는 심히 통곡했다고 했습니다. 왕의 체면을 생각하지 않았습니다. 신하들이 어떻게 생각할까 생각하지 않았습니다. 하나님 앞에 어린아이처럼 울면서 나아갔습니다. 하나님께서는 이 기도를 들으셨습니다. 하나님께서는 돌아가는 이사야 선지자를 통해 다시 말씀을 주셨습니다.

> "내가 너를 낫게 하리니 네가 삼 일 만에 여호와의 성전에 올라가겠고 내가 네 날에 십오 년을 더할 것이며 내가 너와 이 성을 앗수르 왕의 손에서 구원하고 내가 나를 위하고 또 내 종 다윗을 위하므로 이 성을 보호하리라 하셨다 하라"(왕하 20:5-6).

여러분, 인생의 문제의 해결이 하나님의 말씀 안에 있습니다. 하나님께서 이사야 선지자를 통해 말씀을 전하라 하셨는데 오늘도 예배를 통해 말씀을 주십니다. 여러분이 간절히 부르짖어 기도할 때에 하나님께서는 말씀으로 응답해 주십니다. 히스기야는 환난의 때에 누구를 바라보아야 할지 깨달았습니다. 그래서 하나님을 의지하게 됩니다. 은혜 받을 사람은 어려운 일을 당할 때 주님을 의지하는 사람입니다.

어려운 일 당할 때 나의 믿음 적으나
의지하는 내 주를 더욱 의지합니다
세월 지나갈수록 의지할 것뿐일세
아무 일을 만나도 예수 의지합니다

(찬송가 543장)

누구를 의지해야 합니까? 주님, 나의 하나님을 의지하면 살 길이 열리는 것입니다.

어려운 일을 만나면 '하나님께서 연단을 주시는구나! 내가 연단받을 만한 일이 있구나! 그래도 나는 주님을 의지합니다' 할 때에 모든 어려움을 이기게 해주시고 문제를 해결해 주실 것입니다. 어려운 상황일수록 더욱 하나님만 의지하는 여러분이 되시기를 바랍니다. 기도하는 사람은 기도의 체험이 있는 사람입니다. 교회에 나오는 사람은 누구나 다 기도를 합니다. 그러나 그 기도가 다 응답받는 것은 아닙니다. 그래서 성경은 곳곳에서 응답받는 기도의 원리에 대해서 말씀해 주십니다.

우리가 중요한 행사를 할 때마다 성도들이 날씨를 위해서 간절히 기도하는 것은 하나님께서 날씨를 주관하시는 줄로 믿기 때문입니다. 총동원주일마다 우리가 기도합니다. 지난 바자회 때에도 기도했습니다. 비가 올 것이라고 했는데 그다음 날부터 비가 내리기 시작했습니다. 체험이 있는 사람은 결사적으로 기도합니다. 기도는 인생의 문제를 해결하는 열쇠입니다. 하나님께서는 인생에 많은 문제도 함께 주셨습니다. 문제도 없고 늘 행복하다면 우리 인생이 얼마나 좋겠습니까? 그러나 성경을 보면 문제도 없고 인생이 늘 행복할 때에 사람들은 하나님을 떠나 교만해졌습니다. 우리에게 인생의 문제를 주시는 것은 하나님의 자녀들을 순결하게 보호하시려는 하나님의 섭리인 것입니다.

우리는 인간이 얼마나 악하고 교만한 존재인지를 깨달아야 하나님 앞에 바로 설 수 있습니다. 예배는 내가 하나님 앞에서 죄인인 것을 깨닫게 하시는 선물입니다. 그래서 구약의 예배를 보면 그 중심에 죄 사함이 있습니다. 예배드리는 자는 반드시 예물을 가지고 성전에 올라갑니다. 소나 양 위에 손을 얹고 안수하여 기도하며 나의 죄를 이 짐승이 짊어지고 죽게 되는 것을 봅니다. 하나님께서 왜 이런 예배를 우리에게 명하셨는지를 우리는 잊지 않아야 합니다. 인생에 문제가 다가올 때에 우리는 간절하게 기도하게 됩니다.

여러분 인생에 가장 간절하게 기도한 때가 언제인지 다 기억하시지요? 중병에 걸렸을 때, 사업에 위기가 왔을 때, 자녀에게 문제가 생겼을 때 우리는 간절하게 기도하게 됩니다. 간절한 기도는 하나님께 전적으로 맡기는 기도입니다. 이 기도를 통해서 우리는 하나님께 가까이 나아가 만나는 것입니다. 하나님은 우리와 가까이 하기를 원하십니다. 그래서 때로는 우리가 하나님께로부터 멀어질 때에 기도할 이유를 주기도 하십니다. 믿음의 사람 아브라함은 처음부터 믿음이 강했던 사람이 아닙니다. 인생의 연단을 통해서 점점 믿음의 사람으로 변해갔던 것입니다. 신앙은 한 번에 되지 않습니다. 계속해서 쉬지 않고 나아가는 것이 신앙입니다.

우리는 늘 앞으로 나아가는 신잉인이 되기를 원합니다. 인생이 교만해지는 순간 신앙은 뒤로 가기 시작합니다. 감사를 잃어버리고 하나님의 은혜를 잃어버리는 순간 신앙이 뒤로 가기 시작합니다. 신앙은 언덕을 올라가는 자동차와 같습니다. 엔진이 힘을 받아 앞으로 나아가면 높은 언덕도 올라갑니다. 엔진은 성령님의 능력입니다. 그런데 성령님의 역사가 중단되는 순간 즉 신앙의 엔진이 꺼져버리는 것입니다. 그러면 자기 힘으로 올라갈 수가 없습니다. 뒤로 밀려가기 시작합니다.

우리는 성령님의 역사에 대하여 민감해야 합니다. 지금 나의 삶에 성령님께서 역사하고 계시는지를 늘 민감하게 깨달아야 합니다. 성령님이 떠나신 증거를 통해서 우리는 알 수 있습니다. 성령님이 떠나시면 우리의 입술에 감사와 찬양이 사라지고 원망과 불평이 나옵니다. 그래서 하나님께서 사랑하시는 사람에게는 필요할 때마다 기도의 제목을 주십니다. 여러분, 인생의 문제가 다가올 때가 축복의 기회입니다. 하나님을 만날 기회입니다. 문제가 해결되고 체험의 신앙이 있고 믿음이 강해지는 기회가 되는 것입니다.

하나님은 여러분의 모든 것을 아십니다. 그러나 여러분의 필요한 것을 그냥 주시지 않고 기도를 통해 주십니다. 우리의 믿음을 위해 기도를 통해 은혜를 깨닫게 하시고, 기도를 통해 문제를 해결해 주십니다. 그래서 주님께서는 “구하라 그리하면 너희에게 주실 것이요 찾으라 그리하면 찾아낼 것이요 문을 두드리라 그리하면 너희에게 열릴 것이니”(마 7:7)라고 말씀하셨습니다. 여러분, 히스기야의 기도를 드릴 수 있기를 바랍니다. 히스기야의 기도는 응답받는 기도입니다.

어느 교회에서 담임목사님과 두 분의 부목사님이 함께 기도원에 기도드리러 갔습니다. 열심히 기도드리는데, 하늘에서 음성이 들렸어요. "항상 교회를 위해 열심히 섬기는 나의 종들의 수고를 치하하노라. 이제 너희들의 소원을 하나씩 들어주려고 하니, 원하는 것을 말해 보거라." 담임목사님이 생각하는 사이, 평소 목사님에게 많이 시달리던 부목사님 중 한 분이 하늘을 향해 소리쳤습니다. "하나님, 우리나라에서 제일 큰 교회의 잘나가는 부목사가 되게 해 주세요." 말하는 소리가 끝나기가 무섭게 펑하는 소리가 나며 부목사님이 사라졌습니다. 그러자 다른 부목사님도 소리쳤습니다. "하나님, 제가 졸업한 장로회신학대학교의 유능한 교수가 되게 해 주세요." 다른 부목사님도 펑 소리와 함께 사라졌습니다. 목사님이 당황한 표정으로 하늘을 향해 소리쳤습니다. "하나님, 이번 주에 일이 많아 저 두 부목사님 없으면 큰일 납니다. 두 부목사님 다시 불러 주세요." 그러자 펑 소리와 함께 두 부목사님이 자리에 앉아 있었습니다. 그 후에 어떻게 되었을까요? 섬기는 교회가 하나님의 은혜로 우리나라에서 제일 큰 교회가 되었으며 부설 신학교도 개설하여 그 부목사님이 교수가 되셨답니다.

하나님께서는 기도하는 우리에게 더 좋은 것으로 주시는 하나님이십니다. 사랑하는 성도 여러분, 오늘 나의 기도할 것이 무엇인지를 깨닫고 히스기야의 기도로 응답받고 축복의 삶을 살아가는 성도들이 됩시다.

적 용

ⓐ 오늘 말씀의 주제 파악하기:

ⓑ 오늘 말씀 중 은혜 받은 부분 나누기:

ⓒ 삶에 구체적으로 적용하기:

함께 드리는 기도 제목

1. 기도가 멈추지 않게 하시고 날마다 은혜가 넘치게 하옵소서.
2. 우리 구역과 가정과 교회에 기도의 체험이 넘쳐나게 하옵소서.
3. 주님의 몸 된 교회가 견고히 서고 하나님을 만나는 성도 되게 하옵소서.

7.

주님이 세우신 교회

» **본 문:** 마태복음 16장 18~19절
» **찬 송:** 351장(믿는 사람들은 주의 군사니, 통 389장)
» **요 절:** "또 내가 네게 이르노니 너는 베드로라 내가 이 반석 위에 내 교회를 세우리니 음부의 권세가 이기지 못하리라"(마 16:18)

예수님 당시 유대사회는 오랫동안 로마의 지배를 받았습니다. 로마는 지금으로부터 2천 년 전에도 문화적, 정치적으로 대단히 발전한 제도를 가지고 있었습니다. 이들은 끊임없이 식민지를 개척했고 사방에 흩어진 식민지를 지배하기 위해 다양한 정책들을 사용했습니다. 유대인들을 지배하기 위하여 토착세력을 중심으로 정권을 세우고 이들을 통해 세금을 거두어 갔습니다. 식민지의 종교도 인정하고, 심지어 성전세도 인정했습니다. 이러한 로마의 식민지 정책에 실제 고통을 당하는 것은 백성들이었습니다. 이들은 구약에 예언된 메시아가 오기를 기다렸습니다.

이러한 시대에 예수님의 행적은 유대인들에게 관심의 초점이 되었습니다. 물로 포도주를 만들고 오병이어로 수천 명의 사람들을 먹이고 불치의 환자들을 말씀만으로 고치고 귀신들을 쫓아내셨습니다. 사람들은 예수님을 유대를 구원할 메시아로 생각하고 따랐습니다. 실제로 예수님의 제자 중에도 베드로, 도마, 가룟 유다 등을 헤롯당원으로 보고 있습니다. 헤롯당원은 오늘로 말하면 게릴라전을 펼치며 로마에 항거하는 조직이었습니다. 이들은 예수가 유대를 해방시킬 것이라는 믿음을 가지고 예수님을 따르기 시작했습니다.

예수님께서는 사람들의 생각을 아시고 "사람들이 인자를 누구라 하더냐?" 하고 물으십니다. 제자들은 대답하기를 "사람들이 세례 요한이 다시 부활했다고 이야기합니다. 엘리야라고 하고, 예레미야라고 하기도 합니다"라고 하면서 남의 이야기를 했습니다. 그러자 예수님은 "너희는 나를 누구라 하느냐?" 하시며 제자들의 생각을 물으십니다. 이때 베드로는 "주는 그리스도시요 살아 계신 하나님의 아들이시니이다"라고 대답합니다. 이 대답은 굉장한 대답입니다. "예수님은 주님이십니다. 그리스도이십니다." 이 말은 예수님이 메시아라는 말입니다. "살아 계신 하나님의 아들로 이 땅에 오셨습니다" 하는 대답입니다. 예수님께서는 "바요나 시몬아, 네가 복이 있다. 이를 알게 한 이는 하늘에 계신 내 아버지시다" 하고 말씀하십니다.

오늘도 예수님을 나의 구주로 고백하게 하시는 이는 성령 하나님이십니다. 하나님이 믿어지는 것은 배워서 되는 일이 아닙니다. 오랫동안 교회에 다녀서 되는 일이 아닙니다. 하나님께서 복이 있게 하시려고 여러분 가운데 임하셔서 믿어지는 일입니다. 이 땅에 수많은 사람들이 하나님을 믿었습니다. 학자도 정치가도 농부도 상인도 하나님을 믿었습니다. 남편은 믿어도 아내는 못 믿는 가정이 있습니다. 아내는 믿어도 남편은 믿지 못하는 가정이 있습니다. 이것은 하나님께서 허락해 주셔야 되는 일입니다. 그러므로 감사하시기 바랍니다.

1. 교회는 예수님이 세우셨습니다

오늘 말씀은 예수님의 교회 설립 선언입니다. 예수님께서는 "너는 베드로라"고 하셨습니다. 아람어로는 '게바'입니다. '반석'이라는 말입니다. 예수님께서는 "내가 이 반석 위에 내 교회를 세운다"라고 하셨습니다. 누구의 교회입니까? 내 교회, 예수님의 교회입니다. 교회의 주인은 예수님입니다. 어떤 교회를 보면 교회 설립자라 해서 사람 이름을 적어놓는 교회가 있는데 이것은 잘못된 것입니다. 교회의 주인은 하나님이십니다. 교회를 세우시는 분도 하나님이십니다. 사람은 도구로 쓰임을 받는 것입니다. 우리 교회 요람처럼 "누구누구가 첫 예배를 드리다"라고 기록하는 것이 맞습니다.

로마 가톨릭에서는 이 말씀을 해석하기를 시몬에게 베드로라는 이름을 주셨고 이 베드로 위에 교회를 세운다고 해석했습니다. 즉 주님이 교황권을 베드로에게 주셨다고 해석했습니다. 그러므로 교회의 전통을 교황을 중심으로 이어간다고 주장합니다. 헬라어에는 독일어와 같이 단어에 성별이 있습니다. 성경을 자세히 보면 베드로는 남성입니다. "너는 베드로라" 하실 때에는 남성을 사용하셨습니다. 그런데 반석이라는 단어는 여성명사입니다. 예수님께서는 '테 페트라'(τη πετρα)라고 여성을 사용하셨습니다. 앞과 뒤의 베드로가 다릅니다.

뒤에 나오는 이 반석은 베드로가 아니라 베드로에게 주신 신앙고백 위에 교회를 세우시겠다는 말씀인 것입니다. 이 교회는 주님이 세우셨기 때문에 주님이 인도하십니다. 주님께서 교회를 주장하시도록 해야 합니다. 하나님께서 우리에게 주신 선물 중에 가장 귀한 선물이 교회입니다. 우리나라에 교회가 많은 것이 얼마나 감사한 일인지 모릅니다. 주일날 어느 곳에 가도 교회가 있습니다. 우리는 이것을 감사할 줄 알아야 합니다. 교회에 나오면 내 인생이 변합니다. 교회에 나오면 죄의 짐을 벗습니다. 교회에 나오면 은혜를 받습니다. 교회에 나오면 축복을 받습니다. 교회에 나오면 하나님을 만납니다.

예배는 하나님을 대하는 자리입니다. 하나님을 만나면 하나님께서 우리를 고쳐주십니다. 병원에 가면 의사에게 내 몸을 맡깁니다. 의사 선생님께 이렇게 치료하라고 하지 않습니다. 의사 선생님을 따라가야 살 길이 열리는 것입니다. 우리는 영원한 생명을 주님께 맡기는 것입니다. 교회에서는 세상의 고집을 버려야 합니다. 내 생각으로 교회를 바꾸려고 하지 않아야 합니다. 교회는 성경의 방법으로 내가 바뀌는 곳입니다. 예수님을 진실로 믿게 되면 내가 정말 죄인이요, 어리석은 자인 것을 깨닫게 됩니다. 내 힘으로 단 하루도 살 수 없는 존재임을 깨닫고 주님 앞에 기도하게 됩니다. 여러분은 이 교회에서 하나님의 음성을 듣기를 원합니다. 우리 모두 하나님의 음성을 듣고 나를 바꾸는 역사가 있기를 원합니다.

예수 믿는다는 것은 예수님이 구주이신 것을 깨닫는 것을 말합니다. 예수님이 구주이신 것을 깨달은 사람은 후회하지 않습니다. 이 세상에 수많은 사람들이 교회에 나오고 인생이 변했습니다. 축복을 받았습니다. 예수 믿는 것을 감사하게 되었습니다. 여러분도 그렇지 않습니까? 우리 교회에 나오시는 분들을 보면 얼마나 예쁜지 모릅니다. 할머니도 다 소녀 같습니다. 마음이 천국이 됩니다. 예수 믿으면 노인도 젊은이처럼 살아갑니다. 또 요즘 우리 교회에는 젊은이들이 참 많습니다. 수요예배에도 젊은이들이 많이 나옵니다. 이것을 보면 우리나라에 미래가 있습니다.

중국에 모택동이 집권할 때에 기독교인이 50만 명이 있었습니다. 모택동은 기독교를 탄압했습니다. 중국의 문이 열렸을 때에 교회가 과연 얼마나 남아 있을지 사람들은 염려했습니다. 그러나 탄압 가운데서도 교회는 성장하여 일억이 넘는 크리스천이 있었습니다. 여러분, 중국을 우습게보지 마세요. 이들이 중국을 위해 기도하는 것입니다. 붙잡히는 즉시 사형을 당하는 북한에도 숨겨진 기독교인들이 있습니다.

로마시대 네로 황제의 핍박으로 수많은 기독교인들이 사형장으로 끌려가고 짐승의 밥이 되었습니다. 그러나 교회가 없어진 것이 아니라 300년이 채 지나기 전에 기독교가 로마의 국교가 되었습니다. 주님의 교회이기 때문에 주님이 지키시는 것입니다.

이 종은 너무 힘들고 지칠 때 "주님, 너무 힘듭니다. 못할 것 같습니다" 하고 기도하다가 "이 교회는 내 교회다, 내 교회이니 내가 지킨다" 하는 주님의 음성을 분명히 들었습니다. 여러분, 주님을 구주로 고백하는 신앙고백 위에 세워진 교회는 주님이 지켜주시는 줄로 믿으시기 바랍니다.

유럽의 교회, 미국의 교회들이 부흥하는 교회만 남고 쇠퇴한 것은 다른 이유가 아닙니다. 아주 간단하고 명료한 이유입니다. 주님을 구주로 고백하는 신앙고백 위에 교회를 세우는 것을 잊어버렸기 때문입니다. 사람들 중심의 교회를 만들었습니다. 친교하려고 했습니다. 민주적인 운영을 하려고 했습니다.

여러분, 성경에는 민주주의를 말씀하지 않습니다. 여러 사람이 주장한다고 해서 따라가서는 안 됩니다. 이스라엘 백성들이 민주주의를 했다면 이들은 역사상에서 수십 번도 더 사라졌을 것입니다. 40년 광야생활을 할 때 민주주의를 했더라면 이들은 다 망했을 것입니다. 교회는 신본 중심입니다. 성경말씀대로 세워나가는 것입니다. '예수님이 주님'이라는 고백은 '나는 종'이라는 뜻입니다. 종은 자기 주장을 하지 않습니다. 주인이신 하나님, 성경의 말씀을 따라 순종하는 삶을 살아갑니다. 오늘 우리 교회가 "주님이 나의 주인이십니다"라고 고백하고 나아갈 때에 하나님께서는 이 교회를 구원의 방주로 지켜주실 줄 믿습니다.

2. 교회에 권세를 주셨습니다

오늘 성경은 "음부의 권세가 이기지 못하리라 내가 천국 열쇠를 네게 주리니 네가 땅에서 무엇이든지 매면 하늘에서도 매일 것이요 네가 땅에서 무엇이든지 풀면 하늘에서도 풀리리라"고 말씀하셨습니다. 음부란 히브리어로 '지옥의 문'이란 뜻입니다. 교회는 지옥을 이기는 곳입니다. 지옥에 들어가는 사람은 다른 무엇으로도 막을 수 없습니다. 설득해도 안 되고 돈으로도 안 됩니다. 어떤 사람은 "내 부인이 예수 잘 믿으니 죽을 때 부인 발목 붙잡고 천국에 가겠다"라고 하는데, 천국은 그렇게 갈 수 있는 곳이 아닙니다. 사실 교회 다니는 사람 중에도 예수 안 믿는 사람들이 있습니다. '저렇게 교만하게 믿다가 구원받겠나?' 하는 생각이 드는 사람들도 있습니다.

그러나 무슨 일이 있어도 교회를 떠나지 마세요. 교회를 감사하세요. 교회를 붙들고 있으면 길이 열립니다. 은혜 받을 기회가 옵니다. 오늘 주님은 천국 열쇠를 주신다고 했습니다. 교황에게 주는 것이 아닙니다. 목사에게 주는 것도 아닙니다. 교회에 주시는 것입니다. 아무리 큰 문도 열쇠만 있으면 다 들어갈 수 있습니다. 단단한 금고도 열쇠만 있으면 열 수 있습니다. 교회가 열쇠가 되는 것은 하나님께서 이 교회를 통해 말씀을 주시고 이 교회를 통해 우리를 만나주시기 때문입니다. 사람들은 세상의 권세를 대단하게 생각합니다. 물질의 권세가 있습니다. 돈 없는 사람이 간절하게 원하는 것이 돈입니다. 돈만 있으면 원이 없겠다고 생각합니다.

그리스 신화에 나오는 마이다스 왕은 돈에 대한 욕심이 많았습니다. 디오니소스 신은 그의 소원을 들어주었고 그가 만지는 모든 것은 황금으로 변했습니다. 그러나 음식에 손을 대도 황금으로 변해 버리니 고통스러웠습니다. 사랑하는 딸이 다가올 때 손을 대는 순간 딸마저도 황금으로 변해버렸습니다. 돈이 많다고 행복한 것이 아닙니다. 병에 걸린 사람은 건강해질 수만 있다면 좋겠다고 생각합니다. 명예에 집착이 강한 사람들도 있습니다. 이런 사람들을 보면 명예를 위해 다른 행복을 다 포기합니다. 세상의 권세를 휘두르며 자신이 굉장한 줄 압니다. 그러나 죽음의 권세 앞에는 다 소용없습니다.

이 종은 교만한 사람도 많이 만나 보았습니다. 물질이 많은 사람도 많이 만나 보았습니다. 학자들도 많이 만나 보았습니다. 그러나 죽음의 그림자가 드리울 때에 교만한 사람은 아직 보지 못했습니다.

언젠가 유학자를 심방한 적이 있었습니다. 유학에 대해서는 굉장한 사람입니다. 병상에 누워 있는 환자를 붙들고 기도하려고 하니 말도 잘 안 나오는 사람이 눈을 크게 뜨고 "이놈!" 합니다. "어디 기도하느냐?"는 뜻입니다. 그래도 다 죽어 가는 환자가 무슨 힘이 있습니까? 그냥 붙들고 간절히 기도했습니다. 그 자녀가 간절히 원하니 기도해 주었습니다. 다음에 갔더니 안수하며 기도하는데 가만히 있습니다. 그래서 복음을 전했습니다. 그 다음번에는 세상을 떠나기 직전 목사님 와서 기도해 달라고 합니다. 그래서 "선생님은 깨닫고 떠나니 복된 인생입니다. 떠날 때까지 깨닫지 못하는 사람들이 있습니다"라고 이야기한 적이 있습니다.

우리 인간은 원래 죽도록 만들어져 있습니다. 이 사실을 잊지 않고 살아야 합니다. 그러나 우리는 천국에 영원히 살도록 되어 있는 것입니다. 천국에는 돈 버는 것도 없습니다. 천국에는 일하는 것도 없습니다. 영원히 주님을 찬양하며 사는 곳입니다. 예수님께서는 "내가 곧 길이요 진리요 생명이니 나를 믿는 자는 죽어도 살겠고"라고 하셨습니다. 교회는 길이요 진리요 생명이신 예수님을 만나는 곳입니다. 그리고 주님의 권세로 지옥의 문을 이기는 것입니다. "네가 땅에서 무엇이든지 매면 하늘에서도 매일 것이요 네가 땅에서 무엇이든지 풀면 하늘에서도 풀리리라"고 하셨습니다. 교회는 주님의 몸입니다. 머리는 예수 그리스도이십니다.

예수님의 말씀을 따라갈 때 교회를 통해 이세상도 풀어주시고 묶을 것을 묶어주십니다. 주님께서 풀으시면 이 세상에 모든 일이 다 풀려집니다. 주님께서 묶으시면 그것을 세상의 힘으로는 풀 자가 없습니다. 이 권세를 교회에 주셨습니다. 여러분은 교회를 감사하시기 바랍니다. 교회를 귀하게 여기시기 바랍니다. 하나님은 이 교회를 통하여 여러분에게 모든 것을 주십니다. 여러분을 지켜주십니다. 내가 살려고 하는 사람은 죽습니다. 그러나 주님의 교회에서 내가 죽고, 내 생각이 죽고, 내 고집이 죽은 사람은 주님께서 살리십니다. 어린아이도, 노인도, 부한 자도, 가난한 자도, 건강한 자도, 병약한 자도 죽음의 권세를 이기고 다시 사는 줄로 믿습니다.

3. 예수님을 세상에 전하는 교회가 되어야 합니다

예수님께서는 이 땅에 오셔서 복음을 전하셨습니다. 그리고 세상을 떠나가시면서 교회를 세워 주셨습니다. 예수님은 이 세상에 계시는 동안 단 한 개의 학교를 세우신 것도 아닙니다. 병원을 세우신 것도 아닙니다. 회사를 세우신 것도 아닙니다. 오직 교회를 세워주셨습니다. 이 교회를 통하여 주님께서 못 다하신 일을 하라는 것입니다. 그러면 이 교회를 통해 너희에게 복을 주고 너희를 지켜주신다는 것입니다. 그러므로 여러분은 우리 교회를 통하여 주님께서 명하신 복음 전하는 일을 감당합시다.

오늘 한국교회가 가진 문제는 세상으로부터 고립되는 것입니다. 예수님께서는 교회에만 계시지 않았습니다. 그곳에서 율법을 전하신 것이 아닙니다. 세상을 향하여 매일같이 다가가셨습니다. 에버리 덜레스는 교회의 다섯 가지 모델을 말하면서 '종으로서의 교회'를 말합니다. 교회가 세상과 자꾸만 떨어지다 보니 세상과의 소통이 불가능한 지경에 이르렀다고 말합니다. 그러므로 예수님처럼 세상을 섬겨야 한다고 말합니다. 우리 교회는 지금까지 세상을 잘 섬겨왔지만 앞으로 더 많이 섬겨야 합니다. 한국교회도 세상을 섬기기 위해 애쓰는 많은 시도들이 있습니다.

독일의 지역 사회복지센터를 방문했을 때 수많은 지적 장애인들이 큰 공장에서 일을 하는 것을 보았습니다. 세탁을 하고 자동차 부품을 조립합니다. 그것을 보면서 참 많은 감동을 받았습니다. 우리도 장애인들과 함께 더불어 살아가는 사회가 오기를 기도했습니다. 높은 뜻 숭의교회는 북한에서 온 새터민들에게 바리스타 교육을 시켜 교인들이 그 커피를 마시도록 하고 있습니다. 우리 교회에서도 어제 2기갑여단에 혹한기 훈련을 하는 장병들에게 빵을 전달했습니다. 이 모든 일들이 예수 이름으로 하는 것입니다. 이 세상 곳곳으로 다양한 곳으로 교회가 예수 이름으로 자꾸 나아가야 합니다. 예수 이름으로 나아가는 것은 목회자만 혹은 특별한 봉사자들만 하는 것이 아닙니다. 모두가 예수 이름으로 세상을 향해 나아가야 합니다. 복음을 들고 나가는 것입니다.

이 종이 우리 교회에 잘 출석하는 교인만 해도 하루에 한 명씩 만나 이야기하면 언제 다 만날 수 있겠습니까? 숫자상으로는 매일같이 만나도 이십 년은 걸릴 것입니다. 실제로는 평생 다 못 만날 것입니다. 왜요? 교회가 계속해서 부흥할 것이기 때문입니다. 교회는 여러분이 함께 섬겨주셔야 합니다. 이 종이 꿈꾸는 대로, 목회의 비전대로 온 성도들이 함께 세상을 향해 나아가는 것입니다.

교회는 이천 년 동안 아무 요동 없이 견고하게 흘러왔다고 생각할 수 있습니다. 그러나 그렇지 않습니다. 교회는 늘 옛 껍질을 벗고 새로운 모습으로 변화되어 왔습니다. 이 종은 우리 교회가 힘차게 변화하는 교회가 되기를 원합니다. 변화하는 세상을 향해 주님의 복음을 들고 사랑을 들고 나아가는 교회가 되기를 원합니다. 주님은 세상을 구원하기 위하여 교회를 우리에게 세워 주셨습니다. 우리 교회를 통해 은혜를 받고 축복을 받고 세상을 변화시키고 주님의 칭찬을 받는 성도들이 됩시다.

적 용

ⓐ 오늘 말씀의 주제 파악하기:

ⓑ 오늘 말씀 중 은혜 받은 부분 나누기:

ⓒ 삶에 구체적으로 적용하기:

함께 드리는 기도 제목

1. 베드로와 같은 믿음의 고백이 우리에게 있게 하옵소서.
2. 땅에 매인 것이 풀어지게 하시고 하늘의 축복을 누리게 하옵소서.
3. 주님의 몸 된 교회가 이 땅 위에 더욱 견고히 서게 하옵소서.

8.

귀신들렸던 사람

» **본 문:** 마가복음 5장 12-20절
» **찬 송:** 421장(내가 예수 믿고서, 통 210장)
» **요 절:** "허락하신대 더러운 귀신들이 나와서 돼지에게로 들어가매 거의 이천 마리 되는 떼가 바다를 향하여 비탈로 내리달아 바다에서 몰사하거늘 치던 자들이 도망하여 읍내와 여러 마을에 말하니 사람들이 어떻게 되었는지를 보러 와서 예수께 이르러 그 귀신 들렸던 자 곧 군대 귀신 지폈던 자가 옷을 입고 정신이 온전하여 앉은 것을 보고 두려워하더라"(막 5:13-15)

우리는 평소에 귀신이라는 말을 자주 사용합니다. '귀신 같다', '귀신이 곡할 노릇이다' 하면서 귀신이라는 말을 쉽게 쓰면서도 정작 귀신을 무서워합니다. 군 시절에 부대 내의 한 사병이 갑자기 죽게 되었습니다. 군에서 사람이 죽으면 시체보관소에 안치를 합니다. 우리 부대 사병이 죽었기 때문에 예배를 드리기 위하여 성가대원들을 데리고 시체 안치소에 들어갔습니다. 그런데 시체 안치소가 기분이 영 음산합니다. 출입구 문을 열고 들어가니 방이 있는 것이 아니라 이리저리 꼬불꼬불 복도가 길게 있습니다. 한참을 들어갔는데 드디어 방이 있고, 그곳에 흰 천에 덮인 시체가 안치되어 있습니다. 예배를 드리고 전도사니까 주기도문으로 마치자고 했는데 "대개 나라와 권세와 영광이 영원히 아버지께 있사옵…" 하는데 갑자기 우르르 소리가 나는 것입니다.

한 사람이 뛰어나가니 다들 따라서 앞 사람을 밀치며 넘어지며 뛰어나가는 것입니다. 가만히 보니 나 혼자만 방 안에 남았습니다. 여러분, 무서웠겠습니까? 안 무서웠겠습니까? 무서웠지요. 하얀 천 아래 있는 시체가 일어나 내 뒷꼭지를 확 잡을 것 같은 생각이 드는 것입니다. 그러나 그래도 명색이 전도사인데 같이 뛰어나갈 수는 없지 않습니까? 그래서 찬송을 부르면서 나가려고 찬송을 부르는데 나도 모르게 입에서 "하늘가는 밝은 길이…" 찬송이 나왔습니다. 아, 그때 힘 있는 찬송이 생각나면 얼마나 좋겠습니까? "마귀들과 싸울지라 죄악 벗은 형제여"라는 찬송이 나오면 얼마나 좋겠습니까? 찬송이 갑자기 생각이 안 나는 거예요.

찬송은 평소에 불러야 한다는 것을 그때 깨달았습니다. 여러분, 평소에 축복의 찬송을 많이 부르시기 바랍니다. 평소에 능력의 찬송을 많이 부르시기 바랍니다. 지금 같으면 사탄 마귀는 영적 존재이기 때문에 살아 있는 사람에게 물리적으로 다가오지 못한다는 것을 분명히 아니까 괜찮겠지만 그 당시에는 참 무서웠습니다. 그래서 종종걸음으로 걸어 문을 열고 나오니 성가대원들이 전도사 혼자 두고 의리 없게 도망가서 문밖에서 모두 문을 쳐다보고 서 있는 것입니다. 나중에 성가대원에게 "그날 왜 나를 버리고 도망갔느냐?"라고 물었더니 "귀신 나올까 봐 무서웠다"라는 것입니다.

오늘 예수님께서는 오히려 귀신들린 사람을 만나러 가셨습니다. 거라사 지방은 일반적인 유대인이 살지 않는 지역입니다. 20절에 거라사의 귀신들렸던 사람이 예수께서 행하신 일을 데가볼리에 전파하였다고 했는데 데가볼리는 한 지역이 아닙니다. 열 개의 도시국가를 합쳐서 데가볼리라 부릅니다. '데카'는 '열'이란 뜻이고 '볼리'는 '폴리스' 즉 도시를 말합니다. 이중에 거라사는 아주 중요한 도시였습니다. 알렉산더 대왕은 데가볼리를 헬라의 휴양도시로 육성시켰습니다. 그런데 유대의 마카비 왕조가 이 도시를 탈환하여 헬라인들을 추방하였습니다. 그 후 예수님 당시에는 다시 로마가 이 지역을 정복했는데 헬라인들이 들어와 살지는 않고 군대만 주둔을 시켰습니다. 이 도시는 약 200년 사이에 정치가 급격하게 바뀌었고 사람들은 큰 혼란을 겪었습니다. 이곳에 예수님께서 찾아오셨습니다.

1. 귀신들렸던 사람을 살펴봅시다

예수님께서는 갈릴리 해변에서 하나님 나라를 비유로 가르쳐주셨는데 날이 저물 무렵 강 저편으로 가자고 하셨습니다. 강 저편이 바로 거라사 지방입니다. 예수님께서 배에서 내리자마자 귀신들린 사람이 달려와 예수님 발 앞에 엎드렸습니다. 이 사람은 집도 없이 무덤 사이에서 잠을 자고 소리를 지르고 다니며 자기 몸을 해하고 있었습니다. 사람들이 쇠사슬과 고랑으로 묶어 놓았으나 쇠사슬과 고랑을 끊어버렸습니다. 사람의 힘으로는 쇠사슬과 고랑을 끊을 수가 없습니다. 귀신들린 것입니다. 요즘의 많은 사람들은 귀신이 정신을 온전히 장악하여 주장하는 것이 아니라 정신분열이나 신경증이 많이 나타납니다.

성경에서 귀신들렸다고 하는 것은 이 사람의 정신을 온전히 귀신이 주장하는 상태에 이르렀음을 말하는 것입니다. 이 귀신들린 사람은 예수님을 향해 "지극히 높으신 하나님의 아들"이라고 불렀습니다. 당시의 종교지도자들이나 심지어 예수님의 제자들까지도 예수님이 누구이신지 정확히 알지 못했는데 이 귀신은 예수님을 정확히 알고 하나님의 아들이라고 불렀습니다. 그렇습니다. 오늘도 많은 사람들이 복음을 알지 못합니다. 하나님의 뜻을 알지 못합니다. 그러나 마귀 사탄은 하나님의 뜻을 압니다. 그래서 하수인인 귀신을 통하여 방해하는 것입니다. 귀신은 사람의 영혼을 혼미하게 만듭니다. 귀신은 예수 믿는 사람에게도 찾아옵니다. 예수님 앞에 나타나서 세 번씩이나 예수님을 시험했던 마귀 사탄이 누구에게 못 나타나겠습니까?

그리고 예수님께 "원하건대, 나를 괴롭히지 마소서"라고 간청합니다. 예수님께서는 지금 이 사람을 괴롭힌 것이 아무것도 없습니다. 그런데 간청을 합니다. 왜냐하면 8절에 "이는 예수께서 이미 그에게 이르기를 더러운 귀신아 그 사람에게서 나오라 하셨음이니라"고 기록된 대로 예수님께서 이미 귀신에게 명령하셨기 때문입니다. 오늘 본문의 다음 구절인 21절을 보면, 예수님께서는 이 사람을 고치시고, 다시 원래 있었던 곳으로 돌아가셨다고 하셨습니다. 즉 예수님께서는 귀신들린 한 사람을 구원해 주시기 위해 일부러 강 건너편으로 오셨다는 말씀입니다.

예수님께서는 사마리아 여인을 구원해 주시기 위해 뜨거운 한낮에 동구 밖 우물까지 나가셔서 이 여인을 구원해 주셨습니다. 예수님께서는 한 사람도 소홀히 여기지 않으십니다. '예수님께서 나 같은 사람을 만나주실까? 예수님께서 나 같은 사람에게도 관심이 있으실까?' 하고 생각하지 마시기 바랍니다. 오늘 예수님은 불쌍한 귀신들린 한 사람을 위해 오신 것입니다. 오늘 여러분이 예수님을 만나러 왔다고 생각하십니까? 정확히 말하면 예수님께서 여러분을 이곳으로 부르시고 예수님께서 만나러 오신 것입니다.

우리 교회는 1년에 한 번씩 '블레싱 사역자 수련회'를 가집니다. 블레싱 사역은 한 영혼을 위한 사역입니다. 한 영혼을 위해 블레싱 사역자들이 기도하며 준비합니다. 한 영혼을 은혜의 길로, 축복의 길로, 긍정적인 신앙의 길로 인도하기 위하여 준비시켜 놓으신 것입니다. 우리 교회에 매주 많은 사람들이 등록합니다. 처음 예수 믿는 사람도 있고 다른 교회에서 신앙생활하다가 오신 분도 있습니다. 멀리 부산에서, 광주에서, 대구에서 이사 오시는 분들이 있습니다. 일 년씩 다니시다가 등록하시는 분도 있습니다. 그런데 여러분이 교회를 선택하신 것이 아님을 깨달아야 감격이 있습니다. 상처 입은 심령, 은혜를 사모하는 심령, 축복받을 심령들을 한 사람 한 사람 택하시고 주님께서 여러분을 만나주시려고 우리 교회에 불러주신 줄로 믿으시기 바랍니다. 하나님을 알지 못하는 여러분을 구원해 주시려고 천사의 손길을 통하여 여러분을 우리 교회로 인도해 주신 줄로 믿으시기 바랍니다.

2. 예수님을 만나면 치유됩니다

예수님께서는 이 사람을 만나 "네 이름이 무엇이냐?"라고 질문하십니다. 지금 이 사람의 이름을 묻는 것이 아닙니다. 귀신의 이름을 묻는 것입니다. 우리는 잘못하면 귀신과 귀신들린 사람을 동일시 할 수 있습니다. 귀신은 사탄 마귀의 하수인이지만 귀신들린 사람은 불쌍한 영혼입니다. 귀신은 미워해야 하지만 귀신들린 사람을 미워하면 안 됩니다. 이단은 미워해야 하지만 이단에 빠진 사람을 미워하면 안 됩니다. 죄는 미워해야 하지만 죄인을 미워해서는 안 됩니다. 불쌍한 영혼이요, 하나님의 주권 아래 있는 백성입니다. 예수님은 귀신들린 이 사람을 귀신에게서 해방시켜 주길 원하셨습니다.

1977년 미국 오하이오 주에서 3명의 여성을 납치하고 강간한 빌리 밀리건이란 범죄자에 대해 수사를 하는 중 이 사람 속에 24명의 인격이 있는 것을 발견했습니다. 빌리라는 핵심인격이 있고 아서라는 인격은 아랍어까지도 자유자재로 구사했습니다. 타미라는 인격은 색

소폰 연주도 할 수 있고, 에이들라나란 레즈비언도 있습니다. 새무얼이란 인격은 유대인으로 유일한 유신론자입니다. 한 사람 속에 이렇게 다양한 인격이 존재하는 것을 보고 다중인격이라 명명했고 결국 무죄로 판결을 했습니다. 이 사람이 지은 죄가 아니라는 것입니다.

그런데 오늘 이 거라사의 광인은 무려 6천의 귀신이 들어가 있었으니 얼마나 이 사람이 망가졌는지를 짐작할 수 있습니다. 귀신은 자신의 이름이 '군대'라고 대답을 합니다. 이 사람은 자신을 '레기온'이라고 했는데 우리말로 하면 "일개 군단입니다. 사단입니다" 하는 말입니다. 레기온은 6천 명 가량의 군대를 지칭하는 말입니다. 이것을 보면 귀신들도 조직적으로 움직인다는 것을 알 수가 있습니다. 귀신이 전략과 전술을 가지고 움직인다는 것입니다. 계획과 방법을 가지고 움직인다는 것입니다. 교회에서 은혜 받고 돌아가면 현관문을 열기가 무섭게 시어머니를 통해 시험을 줍니다. 때로는 남편이, 아내가 마귀 노릇을 합니다. 그래서 가정을 깨뜨립니다. 주일날 말씀의 은혜를 받고 '이 말씀대로 살아야겠다' 하고 마음을 먹고 나서면 누군가 불평의 말을 하고 원망의 가라지를 뿌려서 축복을 빼앗아 갑니다.

여러분, 그 사람이 하는 것이 아닙니다. 남편이, 아내가 하는 것이 아닙니다. 사탄 마귀가 귀신을 시켜 사탄 마귀의 통로가 되는 사람들을 이용하는 것입니다. 사람은 조심하지 아니하면 누구나 사탄 마귀의 통로가 될 수 있습니다. 예수님의 제자인 베드로조차 그런 적이 있습니다. 예수님께서 십자가를 지실 것을 말씀하셨을 때에 베드로가 "그리하지 마옵소서" 하고 간청을 했습니다. 그때 예수님께서는 사탄에게 "내 뒤로 물러가라, 너는 나를 넘어지게 하는 자로다" 하고 외치셨습니다. 그러므로 우리는 조심해야 합니다. 내가 사탄의 통로가 아니라 말씀의 통로, 저주의 통로가 아니라 축복의 통로가 되기를 쉬지 않고 기도해야 하는 것입니다.

지금도 귀신을 내어쫓을 때 보면 "너는 누구냐?" 하고 묻습니다. 그러면 귀신들린 사람들은 "이웃동네에 살던 누구 할머니다, 100년 전 죽은 네 조상이다"라고 대답을 합니다. 그런데 이것은 거짓말입니다. 죽은 사람은 귀신이 되는 것이 아닙니다. 귀신이 지금 흉내를 내는 것입니다. 오늘 성경에 나오는 사람은 군대 귀신이 들렸습니다. 수많은 귀신들이 한 사람에게 들어가 이 사람의 마음과 영혼을 황폐하게 만들었습니다. 이 사람이 귀신들에게는 천국이었습니다.

여러분, 믿음의 사람에게는 성령님께서 오셔서 기뻐하십니다. 여러분으로 인하여 기쁨을 이기지 못하신다고 하셨습니다. 왜냐하면 마음에 감사와 기쁨과 찬양과 하나님을 향한 거룩함이 있기 때문입니다. 그러나 불신앙의 사람에게는 귀신이 와서 기뻐합니다. 이 사람의 마음속에 불평과 원망과 더러움이 있기 때문입니다.

오늘 이 사람은 공동묘지의 무덤 사이에 살았습니다. 무덤은 더러운 곳입니다. 냄새나는 곳입니다. 추한 곳입니다. 평소에 사람들이 가기를 꺼려하는 곳입니다. 그런데 이런 곳에 살았습니다. 하나님께서는 우리가 하나님의 자녀답게 살기를 원하십니다. 행복하게 살기를 원하시고, 축복의 삶을 살기를 원하십니다. 가정이 평안하고 건강하고 서로 섬기며 사는 것을 원하십니다. 오늘도 예수님께서는 귀신에 사로잡혀 불행한 삶을 사는 이 사람을 구원해 주시기 위해 거라사에 오셨습니다. 그리고 이 귀신을 나가라고 명하셨습니다. 여러분, 사탄은 여러분을 망가뜨리려 합니다. 상처가 나게 합니다. 고통스럽게 합니다. 그 다음이 중요합니다. 그래서 그 결과로 여러분을 원망하게 만듭니다. 불평하게 만듭니다. 분노하게 만듭니다.

오늘 귀신이 거라사의 광인을 아주 못쓰게 만들고 그 속에 거하기를 즐거워하였던 것처럼 귀신은 불평과 원망과 분노 속에 거하기를 즐거워하는 것입니다. 그래서 성경은 이러한 악한 열매에서 떠날 것을 명하신 것입니다. 여러분에게 상한 마음이 있습니까? 그것은 사탄 마귀가 주는 것입니다. 그러므로 상처를 반드시 치유해야 하는 것입니다. '당연히 상처받을 수 있지'라고 생각하지 마십시오. 상처를 받을 수는 있으나 그 상처를 지니고 가서는 안 됩니다. 사탄 마귀의 유혹은 말씀으로만 이길 수 있는 것을 명심하시기 바랍니다. 예수님께서도 말씀으로 마귀의 시험을 물리치셨습니다. 오늘도 하나님의 말씀을 듣고 그 말씀 안에 거하는 자가 시험을 이기는 성도가 되는 것입니다. 그러므로 말씀을 듣고 아멘 함으로 하나님의 말씀을 받아들이시기 바랍니다. 그리고 말씀의 능력으로 사탄 마귀가 여러분을 시험할 때 물리치시기 바랍니다.

상처 난 마음은 사탄 마귀가 거하기를 즐거워하는 장소입니다. 상처를 가지고 가지 마세요. 가정의 상처, 마음의 상처를 다 놓고 가세요. "주님, 나의 상처를 온전히 치유해 주시고 깨끗하게 하여 주시옵소서"라고 기도하시기 바랍니다. 주의 전에서 말씀으로 다 해결 받고 가시기 바랍니다. 여러분의 마음을 말씀과 감사와 찬송의 마음으로 가득 채우는 성도들이 되시기 바랍니다.

3. 가서 알리라고 말씀하셨습니다

귀신들렸던 사람은 이제 귀신으로부터 놓임을 받고 정상적인 사람으로 돌아왔습니다. 이 사람은 예수님을 향해서 '함께 있기'를 간구합니다. 나도 예수님의 제자가 되고 싶다는 말입니다. 이 사람은 자기가 어떤 존재였는지를 깨달았습니다. 여러분, 내가 어떤 존재였는지 그리고 지금 내가 누구인지를 깨달아야 주님의 은총에 참여할 수 있습니다. 주님을 만난 사람들은 모두 내가 어떠한 존재인지를 깨달았습니다. 그러나 깨닫지 못한 사람들이 있었습니다. 바리새인 같은 사람들, 구원받지 못할 사람들은 예수님을 만나고도 깨닫지 못했습니다. 의처증 환자는 자신이 의처증인 것을 모릅니다. 인정하지 않습니다. 정신병자는 자신이 돈 것을 모릅니다. 인정하지 않습니다. 내가 문제가 있다는 것을 깨달아야 그 다음에 해결이 되는 것입니다.

구원받지 못할 죄인은 자신이 의인인 줄 압니다. 그러나 구원받은 죄인은 죄 용서의 감격을 깨닫기에 주의 전에 나와 늘 감사하고 또 감사하는 것입니다. 오늘 귀신들렸던 사람은 자신이 온전케 된 것을 깨닫고 주님의 은혜가 감사하여 주님을 따르기를 간청합니다. 그러나 예수님께서는 그 간청을 거절하시고 "집으로 돌아가서 주께서 네게 어떻게 큰 일을 행하사 너를 불쌍히 여기신 것을 네 가족에게 알리라"고 명령하셨습니다. 다른 사명을 주신 것입니다. 이 말씀에 순종하여 가족과 고향사람들에게 복음을 전하였고 데카폴리스의 많은 사람들이 놀랍게 여겼습니다.

오늘 우리는 모두가 사탄 마귀에게 끌려갈 수밖에 없는 존재였으나 예수 그리스도의 은혜로 하나님의 자녀가 되었습니다. 이 사실을 깨닫고 감사하고 다시는 이전의 죄악 된 삶으로 돌아가지 않아야 합니다.

예수님께서는 누가복음 11장 26절에 하나님께서 한번 청결케 해 주신 삶은 정신 차리지 않으면 이전보다 형편이 더 심하게 된다고 했습니다. 일곱 귀신이 들어와 더 강력하게 된다는 것입니다. 귀신이 더욱 기뻐하는 인생을 살게 된다는 말입니다. 악한 세대가 그렇게 되리라고 했습니다. 이 말씀의 비밀을 예전에는 깨닫지 못했는데 목회하면서 은혜 받고 가만히 보니까 그래요. 성경 말씀이 조금도 틀림이 없이 정확한 말씀인 것이 깨달아지는 것입니다.

우리는 오늘 말씀을 통해 이 귀신들렸던 사람의 순종을 배우기를 원합니다. 여러분은 예수 믿고 새사람이 되었습니다. 여러분은 예수 믿고 행복합니다. 여러분은 예수 믿고 사탄 마귀를 이기는 능력을 받았습니다. 여러분은 예수 믿고 축복을 받았습니다. 이 사실을 나가서 모든 사람에게 전하는 성도들이 됩시다.

적 용

ⓐ 오늘 말씀의 주제 파악하기:

ⓑ 오늘 말씀 중 은혜 받은 부분 나누기:

ⓒ 삶에 구체적으로 적용하기:

함께 드리는 기도 제목

1. 내 영혼을 긍휼히 여겨주시고 날마다 주님께만 붙들린 삶을 살게 하옵소서.
2. 우리 구역과 가정의 문제들이 주님으로 인하여 치유되게 하여 주옵소서.
3. 주님을 전파하는 성도가 되게 하시고 주의 능력 있는 교회가 되게 하옵소서.

9.

희망을 바라보라

» **본 문:** 스바냐 3장 14-20절
» **찬 송:** 288장(예수를 나의 구주 삼고, 통 204장)
» **요 절:** "그날에 사람이 예루살렘에 이르기를 두려워하지 말라 시온아 네 손을 늘어뜨리지 말라 너의 하나님 여호와가 너의 가운데에 계시니 그는 구원을 베푸실 전능자이시라 그가 너로 말미암아 기쁨을 이기지 못하시며 너를 잠잠히 사랑하시며 너로 말미암아 즐거이 부르며 기뻐하시리라 하리라"(습 3:16-17)

오늘 본문 16절을 보면 "시온아 네 손을 늘어뜨리지 말라"고 기록되어 있습니다. 공동번역에서는 이것을 "기운을 내라", 현대인의 영어성경을 보면 "네 기운을 죽이지 말라"는 말로 번역해 놓았습니다. 이 말을 우리 말 그대로 표현하면 '기죽지 말라'는 의미일 것입니다. 젊은 부모들은 요즈음 어린아이들을 키우면서 아이들의 기를 살리는 일에 많은 관심을 가집니다. 어렸을 적에 한번 기가 꺾이면 평생을 자신 없는 사람으로 살아간다고 생각합니다. 그래서 누가 자기 자녀가 잘못한 것을 야단이라도 치면 "누구 자식 기죽이려고 그러느냐?" 하면서 항의를 합니다.

'기'라는 것을 잘못 이해해서 그렇습니다. 기라고 하는 것은 한 번도 꺾이지 않고 자기 멋대로 사는 것이 아닙니다. 고통과 시련을 겪으면서 그 어려움을 이겨냈을 때 참다운 기가 오는 것입니다. 사람은 기가 살아 있어야 합니다. 기가 살아 있다는 것은 똑같은 상황을 바라보면서도 한 사람은 절망의 면을, 또 한 사람은 희망의 면을 바라보는 차이에서 나오는 것입니다. 현대인들은 기가 죽어 있습니다. 열심히 해도 자꾸만 안 되니까 그만 기가 죽어 있는 것입니다. 한 가정에서 남편의 기가 죽어 있으면 그 가정이 잘될 리가 없습니다. 그래서 《남편 기살리기》라는 책도 나왔습니다.

자녀들의 기가 죽어 있으면 자녀들이 행복한 미래를 살아갈 수가 없습니다. 우리가 사는 이 세상은 기죽기에 딱 맞는 세상입니다. 낙심할 만한 일이 연이어 다가옵니다. 든든한 배경이 있는 사람들은 모든 일이 잘 풀려 나갑니다. 세상적인 힘이 없는 사람들은 공연히 기가 죽습니다. 그런데 성경은 말씀합니다. "왜 기가 죽었느냐? 팔을 늘어뜨리지 말아라." 왜냐하면 '너희는 성령의 사람'이라는 것입니다. 하나님이 함께 지켜주신다는 것입니다.

오늘 본문의 말씀은 기가 죽어 있는 이스라엘 백성에게 주시는 말씀입니다. 이 말씀이 선포된 역사적인 상황은 히스기야의 아들이었던 므낫세가 폭정을 하여 예루살렘 성전 안에서 태양 숭배가 이루어졌고, 바알과 아세라 숭배, 매춘이 성행하였습니다. 주전 639년에 므낫세의 손자인 여덟 살 난 요시야가 왕이 됩니다. 이때에 스바냐는 예레미야와 함께 유대와 예루살렘에 내려질 하나님의 심판을 예언하였습니다. 스바냐가 선포하는 심판의 근본적인 이유는 이스라엘 백성들이 회개로 드리는 참된 예배가 없기 때문이라고 하였습니다.

그 예언은 스바냐 1장 2절에 기록되어 있는데 "여호와께서 이르시되 내가 땅 위에서 모든 것을 진멸하리라"입니다. 그의 이 무시무시한 심판의 선포는 스바냐 3장 8절까지 계속됩니다. 이 예언을 들은 이스라엘 백성들은 공포에 떨며, 기가 죽어 눈물을 흘립니다. 그러할 때 하나님은 그들에게 심판만을 말씀하시는 것이 아니라 그러한 중에서도 믿음을 가진 남은 자에게 오늘의 말씀을 주십니다. "기죽지 말라."

스바냐의 핵심은 크게 두 가지입니다.

첫째, 하나님의 심판이 분명히 있다는 것을 말씀합니다. 악한 이는 당대에 죗값을 치르는 사람도 있지만 형통한 사람도 있습니다. 그러나 반드시 심판이 있다는 것입니다.

둘째, 믿음으로 남아 있는 자에게는 위로와 축복이 기다리고 있다고 말씀합니다. 소망을 가지고 기다리라, 기죽지 말라는 말씀입니다. 스바냐는 하나님을 만홀히 여기는 자들에게는 무서운 심판의 메시지이지만 하나님의 약속을 믿고 소망 중에 믿음으로 기다리는 자들에게는 구원의 메시지입니다. 하나님의 나라는 소망의 눈으로 바라보아야 합니다. 오늘 성경은 우리가 기죽지 않고 살아야 할 이유를 몇 가지로 말씀해 주고 있습니다.

1. 하나님의 용서가 있기 때문입니다

하나님께 범죄한 일로 인하여 마땅히 형벌을 받아야 했는데 하나님은 우리의 죄를 다 사하시고 마땅히 받을 형벌을 다 제하여 주셨다고 하십니다. 우리가 기죽는 이유 중에 가장 큰 이유는 우리의 범죄 때문입니다. 마귀는 우리의 죄를 가지고 와서 우리를 정죄하고 우리로 하여금 기가 죽어 하나님께서 주신 복된 삶을 누리지 못하게 만듭니다. 루터가 종교개혁을 행할 때에 그의 지하 서재에서 집필 중에 있는데 마귀가 나타나서 큰 종이에 깨알같이 쓰여 있는 글을 보이면서 "이것은 네가 그동안 지은 죄의 목록이다. 이러한 죄인이 무슨 거룩하신 하나님의 일을 한다고 하느냐?"라고 말했습니다.

그 죄목을 보고 루터는 기가 죽었습니다. 그 말이 다 맞는 것 같았습니다. 힘이 빠졌습니다. 그때 성령님께서 루터의 마음속에 로마서 8장 1절 말씀을 들려주셨습니다. 우리가 꼭 암송해야 할 구절입니다.

"그러므로 이제 그리스도 예수 안에 있는 자에게는 결코 정죄함이 없나니 이는 그리스도 예수 안에 있는 생명의 성령의 법이 죄와 사망의 법에서 너를 해방하였음이라"(롬 8:1-2).

그리고 쓰던 잉크병을 마귀에게 집어서 던지면서 사탄아 물러가라고 외쳤습니다. 그러자 그의 마음속에 평화가 찾아왔습니다. 지금도 그가 살던 집에 가면 지하방에 마틴 루터가 던진 잉크자국이 남아 있다고 합니다.

더 이상 우리의 과거의 범한 죄로 인하여 기죽지 마시기 바랍니다. 사탄 마귀는 과거의 일로 여러분을 계속해서 죄의 사슬에 옭아매려 합니다. 과거로 인해 여러분을 불안하게 만들려고 합니다. 과거에 실패했던 일로 우리로 용기를 잃게 만듭니다. 가끔 과거의 일로 고통스러워하는 분들의 상담을 받습니다. 지금 이분이 예수 믿고 행복한 삶을 누려야 하는데 과거의 기억이 축복의 삶을 가로막고 있는 것입니다. 우리 주님은 여러분의 복을 가로막지 않으십니다. 복을 가로막는 것은 사탄 마귀입니다.

주님은 새 사람 된 여러분의 과거를 묻지 않으십니다. 죄의 용서받았음을 감사하면서 다시는 범죄하지 않고 하나님의 진정한 자녀로 살아가는 것을 기뻐하십니다. 우리 주님은 용서하지 못할 죄가 없으십니다. 어떤 영화를 보니 천사가 인간을 향해 질투하며 말합니다. "너희 인간만 한 존재가 어디 있느냐? 인간은 아무리 죄를 지어도 회개하면 다 용서해 주시지 않느냐?" 그렇습니다. 우리가 주님을 믿고 주님 앞에 나오면 모든 죄를 사해 주시는 줄로 믿습니다.

2. 하나님이 함께 하시기 때문입니다

"너의 하나님 여호와가 너의 가운데에 계시니"(습 3:17). 어디에 우리 하나님이 계십니까? 너의 인생 가운데, 그 중심에 계신다는 말씀입니다. 어제도 함께 계셨고 지금도 함께 계셔서 우리를 인도하신다는 말씀입니다. 지금 이 순간 거룩한 예배로 인도하신 분도 하나님이시라는 것입니다. 이스라엘 백성들이 홍해를 건널 때뿐만 아니라 광야에서 목말라 부르짖을 때도 하나님은 함께 계셨습니다. 문제는 그들이 하나님을 깨닫지 못했습니다.

하나님은 지금 우리와 함께 계십니다. 성도 여러분, 바로 예배하는 이 시간에도 하나님의 임재를 느끼시기 바랍니다. 하나님이 이곳에 지금 계십니다. 주님은 지금 이 예배 중에 계시며 우리의 예배를 받으시며 은혜를 주시는 줄로 믿습니다. 그뿐만 아니라 여러분의 가정에도 함께 계시고, 여러분의 일터에서도 계십니다. 어떤 일을 하려고 할 때, 그 일이 너무 힘겨워질 때마다, 우리는 때때로 나 혼자라는 고독 속에 지치고 쓰러집니다.

그러나 이 말씀을 기억하시기 바랍니다. "너의 하나님 여호와가 너의 가운데에 계시니." 내가 고통 속에 있을 때, 더 이상 할 수 없다고 생각할 때, '하나님이 나와 함께 계신다! 주님이 나와 함께 계신다'는 사실을 기억하며 힘을 얻으시기를 바랍니다. 17절 하반절의 말씀을 보면 "그는 구원을 베푸실 전능자이시라 그가 너로 말미암아 기쁨을 이기지 못하시며 너를 잠잠히 사랑하시며 너로 말미암아 즐거이 부르며 기뻐하시리라 하리라"고 기록되어 있습니다. 여기 17절 말씀의 '너'에 각자의 이름을 넣어서 읽어보시기 바랍니다. 얼마나 감사한 사실입니까? 얼마나 은혜가 되는 말씀입니까?

하나님이 너를 인하여 기쁨을 이기지 못하며, 너를 잠잠히 사랑하시며, 너를 인하여 즐거이 부르며 기뻐하신다는 이 말씀이 믿어지십니까? 여러분의 이름을 넣어도 그대로 적용되는 말씀입니까? 혹시 "난 아니야. 난 안 돼" 하시는 분은 없습니까? 우리 주님의 사랑에는 대상의 차별이 없습니다. 예수님께서 이 땅에 오셨을 때 고상하고 잘난 사람만 상대하신 것이 아닙니다. 예수님은 '세리와 죄인의 친구'라는 별명을 들었습니다. "나는 의인을 부르러 온 것이 아니라 죄인을 부르러 왔다"라고 하셨습니다. 이 사실이 얼마나 감사합니까? 이 말씀을 들을 때 얼마나 은혜가 됩니까? "나는 의인을 부르러 온 것이 아니라 죄인을 부르러 왔다"는 말씀을 들을 때 가슴이 찌르르하는 사람은 은혜 받은 사람입니다.

나는 죄인이지만 하나님의 사랑을 받습니다. 나는 죄인이지만 하나님이 나를 보시며 즐거이 부르며 기뻐하십니다. 사랑하고 있는 사람들의 얼굴을 보면 표정이 살아 있습니다. 그러나 실연당한 사람의 얼굴을 보십시오. 옆에서 보기에도 안쓰럽습니다. 여러분의 얼굴은 어떻습니까? 한번 옆 사람의 얼굴을 보시기 바랍니다. 여러분은 지금 하나님의 사랑을 받는 얼굴을 보신 겁니다. 여러분, 기운을 내십시오. 하나님이 주관하시는 이 세상에서 하나님의 자녀들이 기가 죽어야 할 이유가 하나도 없습니다. 담대하시기 바랍니다. 여러분의 얼굴을 환하게 하시기 바랍니다. 가장 행복한 얼굴로 살아가시기 바랍니다.

예수 믿으면서도 얼굴이 굳어 있는 사람은 뭔가 문제가 있는 사람입니다. 얼굴이 굳어 있으면 권위가 있다고 생각하는 사람이 있습니다. 그것은 착각입니다. 대통령을 보세요. 웃어 보이려고 얼마나 노력을 합니까? 권위는 내가 세우는 것이 아니라 상대방이 주는 것입니다. 내가 세우려고 하면 그것은 교만이 되고, 다른 사람과 거리만 생기게 됩니다. 여러분, 행복한 얼굴로 사시기를 바랍니다.

3. 하나님의 축복을 소망하십시오

본문 20절을 보면 "내가 그때에 너희를 이끌고 그때에 너희를 모을지라 내가 너희 목전에서 너희의 사로잡힘을 돌이킬 때에 너희로 천하 만민 가운데서 명성과 칭찬을 얻게 하리라 나 여호와의 말이니라"라고 하였습니다. 이것이 하나님의 뜻입니다. 주님은 세상 끝 날까지 우리와 함께 하시겠다고 약속하셨습니다. 그 주님께서 지금도 나와 함께 하시고 나를 지키시고 보호하십니다. 나를 사랑하시고 나로 인하여 기쁨을 이기지 못하시며 구원을 베푸신다고 약속하셨습니다. 현실의 어려움 때문에 기죽지 마세요. 하나님의 약속이 더디다고 낙심하지 마세요. 기운을 차리고 용기를 내고 우리를 잠잠히 사랑하시는 하나님을 바라보시기 바랍니다.

실패하는 사람들은 공통적인 특징이 있습니다. 자신이나 다른 사람의 장점보다는 단점을 찾습니다. 그래서 안 된다고 스스로에게 말합니다. 일을 꾸준히 하는 것이 아니라 조금 해보다가 안 되면 쉽게 포기합니다. 안 되는 일에 대하여 변명하려고 합니다. 그러니 안 되게 되어 있는 것입니다. 그러나 반면에 성공하는 사람은 성공하는 특징이 있습니다. 자기나 타인의 긍정적인 면을 바라봅니다. 사람은 누구에게나 부정적인 면과 긍정적인 면이 공존합니다. 그중에 긍정적인 부분을 바라보는 것이 중요합니다.

여러분의 아내와 남편을 보십시오. 부정적인 면을 찾기 시작하면 한이 없습니다. 식욕이 좋아도 저 양반은 밥만 잘 먹는다고 생각합니다. 식욕이 없으면 입이 짧아서 힘들다고 합니다. 텔레비전에 나오는 탤런트를 보면서 내 아내를 보니 참 부족한 점이 많아 보이기도 합니다. 부족한 것을 찾기 시작하면 한이 없습니다. 그러면 여기에서 불화가 싹트기 시작하는 것입니다. 그러나 긍정적인 면을 바라보기 시작하면 모든 것이 다 좋게 보입니다. 몸이 좀 뚱뚱하면 복스럽게 보이기 시작하는 것입니다. 하나님께서는 여러분을 긍정적으로 보아주셨습니다. 부정적인 것이 훨씬 더 많지만 긍정적인 것을 보시고 우리를 하나님의 자녀로 삼아주셨습니다.

믿음은 긍정을 바라보는 훈련입니다. 교회의 부정적인 것을 보면 부정적인 것이 많습니다. 부정적인 것을 바라보았다면 오늘의 교회는 없습니다. 우리 신앙의 선조들은 죽음 앞에서도 희망을 바라보았습니다. 손에 가진 것이 없어도 하나님께서 주실 아름다운 성전을 바라보았습니다. 지금은 힘들어도 내 자녀를 통해 주실 축복을 바라보았습니다. 그 믿음, 그 소망대로 하나님께서는 다 채워주십니다.

지하철 1호선에서 있었던 일입니다. 신도림쯤에서 어떤 아저씨가 가방을 들고 탔습니다. 아저씨는 헛기침을 몇 번 하더니 손잡이를 양손에 쥐고 가방을 내려놓고는 이야기를 하기 시작했습니다. "자, 여러분! 안~녕 하십니까? 제가 이렇게 여러분에게 나선 이유는 가시는 걸음에 좋은 물건 하나 소개드리고자 이렇게 나섰습니다. 물건 보여 드리겠습니다. 자, 플라스틱 머리에 솔 달려 있습니다. 이게 무엇일까여? 칫~솔입니다. 이걸 뭐 할려고 가지고 나왔을까여? 팔려고 나왔쉽니다. 한 개에 200원씩 다섯 개 묶여 있습니다, 얼마일까여? 천~원입니다. 뒷면 돌려보겠습니다. 영어 써 있습니다. 메이드인 코리아. 이게 무슨 뜻일까여? 수출했다는 겁니다. 수출이 잘될까여? 망했쉽~니다. 자 그럼 여러분에게 한 개씩 돌려보겠습니다." 사람들은 너무 황당해서 웃지도 않았습니다.

그런데 칫솔을 다 돌리고 나서 이 아저씨는 "자, 여러분! 여기서 제가 몇 개나 팔 수 있을까여? 여러분도 궁금하시죠? 저도 궁금합니다. 잠시 후에 알려드리겠습니다" 했습니다. 그래서 과연 칫솔이 몇 개나 팔렸는지 궁금했습니다. "자, 여러분! 칫솔 4개 팔았습니다. 얼마 벌었을까요? 4개 팔아 4천 원 벌었쉽니다. 제가 실망했을까여? 안 했을까여? 예. 쉴~망했쉽니다. 그렇다구 제가 여기서 포기하겠쉽니까? 다음 칸 갑니다"라고 하면서 아저씨는 가방을 들고 유유히 다음 칸으로 갔고 남아 있는 사람들은 거의 뒤집어졌습니다.

소망, 그 소망을 우리는 잃지 않아야겠습니다. '다음 칸'이 있습니다. 우리 믿음의 사람에게 다음 칸은 천국입니다. 천국의 면류관은 승리한 사람이 쓰는 것입니다. 성도 여러분, 깨어 있어 주님께 기도하는 손을 늘어뜨리지 맙시다. 봉사하는 손, 복음 전하는 손을 늘어뜨리지 맙시다. 믿음으로 우리 교회와 여러분을 향한 역사하심을 희망의 눈으로 바라봅시다. 우리의 마음에 있는 부정적인 것, 어둠의 요소를 다 몰아내고 우리 도림의 성도들이 함께 희망의 내일을 바라보며 함께 가는 성도들이 됩시다.

적용

ⓐ 오늘 말씀의 주제 파악하기:

ⓑ 오늘 말씀 중 은혜 받은 부분 나누기:

ⓒ 삶에 구체적으로 적용하기:

함께 드리는 기도 제목

1. 소망을 가지고 담대히 살아가는 성도 되게 하옵소서.
2. 우리 가정과 구역에 하나님이 함께 하시어 축복의 날들 되게 하옵소서.
3. 하나님의 축복이 교회와 온 민족 가운데 넘쳐나게 하옵소서.

10.

죽으면 살리라

» **본 문:** 요한복음 12장 24~26절
» **찬 송:** 94장 (주 예수보다 더 귀한 것은 없네, 통 102장)
» **요 절:** “내가 진실로 진실로 너희에게 이르노니 한 알의 밀이 땅에 떨어져 죽지 아니하면 한 알 그대로 있고 죽으면 많은 열매를 맺느니라”(요 12:24)

예수님께서 유월절을 앞두고 예루살렘에 올라오셨을 때 많은 사람들이 예수님을 찾아왔습니다. 죽은 사람 나사로를 살리셨다는 있을 수 없는 기적의 이야기가 예수님을 유명하게 했습니다. 본문 앞 18절 말씀을 보면, 나사로를 살리실 당시에 그 현장에 있었던 사람들이 함께 와서 이 사실을 증거하였습니다. 20절에는 헬라 사람 몇이 예수님께 나아왔다고 했는데 일설에 의하면 헬라의 도시국가인 에뎃사의 사신들이었다고 전해지고 있습니다. 에뎃사의 왕자가 문둥병이 들었는데 예수님께서 문둥병자를 고치셨다는 소문을 듣고 예수님을 초빙하러 왔다는 것입니다. 그래서 왕자의 병을 고쳐주시면 그 나라의 특별고문으로 평생을 보장하겠다는 것입니다.

많은 사람들이 모여들고 제자들은 상당히 흥분해 있었을 것입니다. 이제 우리가 기 좀 펴고 살 날이 다가왔다는 것입니다. 이제 고생은 다 끝났다는 것입니다. 그런데 이런 상황에서 예수님께서는 불쑥 오늘 본문의 말씀을 주십니다.

> "내가 진실로 진실로 너희에게 이르노니 한 알의 밀이 땅에 떨어져 죽지 아니하면 한 알 그대로 있고 죽으면 많은 열매를 맺느니라 자기의 생명을 사랑하는 자는 잃어버릴 것이요 이 세상에서 자기의 생명을 미워하는 자는 영생하도록 보전하리라."

한 알의 밀이 땅에 떨어져 죽으면 열매를 맺는다는 것은 누구나 다 아는 상식입니다. 특별한 이야기도 아닙니다. 그런데 그 다음 말씀은 역설적인 진리요 감히 생각할 수 없는 차원 높은 말씀입니다. "너희가 살려고 하느냐? 먼저 죽어야 한다. 너희가 죽으면 많은 열매를 맺는다. 식물의 이야기가 바로 너희의 이야기다"라는 말씀입니다. 오늘의 사회 문제는 서로가 죽지 않으려고 하기 때문에 일어납니다. 미국과 선진국은 자기가 살기 위해서 못사는 나라를 죽이려고 합니다. 그래서 수입개방을 하라는 겁니다. 우리나라 농민들을 살리기 위해서는 너희 나라 농민들이 죽어야겠다는 겁니다. 또 우리나라에서도 서로가 살려고 합니다. 남을 죽여야 잘살 수 있는 것이 세상의 법입니다. 내 옆집이 장사가 안 되어야 내가 삽니다.

그런데 예수님께서는 정반대의 법을 말씀해 주시고 있습니다. "너희가 먼저 죽어야 산다. 너희가 죽으면 너희만 사는 것이 아니라 다 산다. 30배, 60배, 100배의 결실로 함께 산다"는 진리를 말씀해 주시고 있습니다. 말씀을 자세히 봅시다. "한 알의 밀이 땅에 떨어져…"라고 말씀하십니다. 한 알의 밀이 땅에 떨어지는 일이 중요하다는 말씀입니다.

밀알은 땅에 떨어져 죽고 싹이 나와 잎을 내고 열매를 맺어야만 새 생명을 창조할 수 있는데, 문제는 우리는 서로 떨어지려고 하지 않습니다. 내가 잡고 있는 것을 쉽게 놓으려고 하지 않습니다. 조그마한 손해도 보려고 하지 않습니다. 교회에서도 성도들 간에 충돌이 있어서 불러서 "집사님, 손해 보십시오" 하면 쉽지 않습니다. 돈이 문제가 아니라 자존심이 문제라는 겁니다. 잘못한 게 없는데 왜 내가 손해를 보아야 하는지를 받아들이기가 어려운 것입니다.

저는 "집사님, 자존심 좀 손해 보십시오. 우리 주님을 위해서 손해를 보십시오"라고 합니다. 자존심은 말 그대로 '나를 존귀히 여기는 마음'이 자존심입니다. 그런데 이 자존심이 주를 존귀히 여기는 마음, 주존심으로 바뀌어야 합니다. 예수 믿어도 자존심이 잘 죽지를 않습니다. 자존심은 이 세상을 떠나면 다 없어져 버리는 것입니다. 헛된 자존심은 여러분을 은혜에서 멀어지게 하고 망하게 하는 것입니다. 교회 다니면서 은혜 못 받고 사는 사람들의 대부분이 자존심 때문입니다. 신앙생활은 내가 죄인 됨을 고백하고 "하나님, 나를 용서하여 주시옵소서. 나를 하루도 붙들어 주시지 않으면 나는 구원에서 떨어질 수밖에 없습니다" 하는 것이 신앙생활인데 자존심은 나를 좀 알아 달라는 것입니다.

이런 사람에게 거머리가 달려 붙듯이 사탄 마귀가 달라붙습니다. 그래서 섭섭하게 합니다. 은혜 받을 마음을 사라지게 합니다. 자존심이 참 대단합니다. 부부간의 분쟁을 보면 대부분이 자존심으로부터 시작이 됩니다. 그래서 이혼까지 합니다. 부부간에 자존심 싸움이 시작되면 아내는 밥을 하지 않습니다. 네가 해먹으라는 것입니다. 그래서 부부싸움이 일어나면 죄 없는 어린 자녀들까지 밥 못 얻어먹고 고생합니다. 가정을 행복하게 만드는 것은 서로의 희생입니다.

중국선교 초기에 한 젊은 의사가 의료 선교사로 중국에 갔습니다. 중국에 간 지 얼마 되지 않아서 수많은 사람들이 무서운 병에 걸려 목숨을 빼앗겼으나 그로서는 도저히 치료할 수 없었고 이 질병은 의학 서적에도 나오지 않았으며, 연구를 할 수 있는 실험실도 없었습니다. 그래서 그 젊은 의사는 목숨을 걸고 대담한 준비를 했습니다. 먼저 환자들의 증세를 노트에 기록하고, 몇 개의 실험관에 병의 병균을 담아서 미국으로 돌아가는 배를 탔습니다. 그리고 뉴욕에 도착하기 직전 이 젊은 의사는 이 병균을 마셔버렸습니다.

그리고는 급히 존스 홉킨스 병원으로 달려가서 이 사실을 알리고 자기 몸을 실험 재료로 의사와 의학교수들에게 제공했습니다. 미국의 의사들은 이 병을 연구한 끝에 치료법을 발견하여 하나님의 은혜로 젊은 의사의 목숨을 구했으며, 이 치료법을 중국으로 가지고 가서 많은 사람의 목숨을 구하게 되었습니다. 내가 한 알의 밀알이 되겠다는 숭고한 헌신이 많은 사람의 생명을 구하게 한 것입니다.

오늘 본문의 말씀이 바로 이러한 말씀입니다. "내가 너희를 위하여 한 알의 밀알이 되겠다. 내가 너희를 위하여 십자가에 못 박혀 죽겠다"라는 예수님의 선언입니다. 기독교는 죽음으로 사는 종교입니다. 부활이 있기 위해서는 먼저 십자가의 죽음이 있어야 합니다. 초대 교회가 부흥한 비결은 예수님을 전하려는 순교자의 희생으로 말미암아 교회가 살게 된 것입니다. 한국교회가 이토록 부흥한 비결은 선교 초기에 목숨을 걸고 복음을 전한 전도자들의 희생과, 예수를 부인하지 않기 위해서 일제 강점기와 공산치하에서 순교까지도 마다하지 않는 그 정신이 오늘의 한국교회를 있게 한 것입니다.

조선시대 초기 가톨릭 교인수가 2만 명 정도였습니다. 그중에 8년 동안 1만 명이 목이 잘리고 목이 매달리는 순교를 당했습니다. 절반이 죽은 것입니다. 하나님께서 이 나라를 복 주시는 것은 이와 같은 이유가 있는 것입니다. 교회가 살려면 먼저 교회가 죽을 각오를 해야 합니다. 교회가 부흥하려면 먼저 세상 속으로 들어가 한 알의 밀알로 썩어져야 합니다. 전도 안 하고, 선교 안 하고, 사회봉사 안 하고, 자기중심으로 사는 교회는 부흥하지 못합니다. 한국교회를 보십시오. 자기를 내어주는 교회가 부흥했습니다. 아무리 열심히 모으고 아무리 열심히 해도 잘되지 않습니다. 교회에 은혜가 있지 않습니다. 왜냐하면 하나님께서 허락하시지 않기 때문입니다.

교회가 세상의 법과 다른 원리가 바로 여기에 있습니다. 건강한 자와 병든 자가 있는데 누가 하나님의 일을 잘하겠습니까? 우리는 당연히 건강한 자가 하나님의 일을 잘할 것이라고 대답할 것입니다. 그러나 하나님의 방법은 그렇지 않습니다. 사도 바울도 "주님, 내가 건강해야 주의 일을 잘할 것 아닙니까?" 하고 세 번에 걸쳐서 결사적인 기도를 드렸습니다. 그래서 깨달은 답이 무엇입니까? 그게 아니라는 겁니다. 네가 약하기 때문에 그 일을 할 수 있다는 것입니다. 하나님은 지식 있는 자를 통하여 일을 하실 것 같은데 그렇지 않습니다. 미련한 자를 택하여 지혜 있는 자를 부끄럽게 하신다고 했습니다. 왜냐하면 우리 인간은 지식이 있다고 생각하는 바로 그 순간 자기 올무에 빠지게 되는 연약한 존재이기 때문에 그렇습니다.

여러분, 미안한 말씀이지만 하나님의 일을 하는데 가장 어려운 사람이 어떤 사람인지 아십니까? 그 분야에 일가견이 있다는 사람, 그 분야에 종사하고 있는 사람이 제일 어렵습니다. 잘하면 이분이 굉장한 역할을 하지만, 조심하지 않으면 참 어렵습니다. 찬양대에서는 음악 전공한 사람이 어렵습니다. 교회학교에서는 교육학 전공한 사람이 어렵습니다. 홍보물 만들려면 디자인 전공한 사람이 어렵습니다. 건축하려고 하면 건축 전공한 사람이 어렵습니다. 참 이상하지요. 왜요? 나도 일가견이 있다는 것입니다. 찬양은 악보가 아니라 감동으로 드릴 때 은혜가 있습니다. KBS 합창단이 노래를 잘해도 아멘 하지 않습니다. 거기에는 성령님의 역사가 없기 때문입니다.

교회학교는 방법론이 아니라 눈물로 기도할 때에 변화하게 되어 있습니다. 무엇이 문제라고 이야기하지 마세요. 문제는 나의 눈물이 없는 것이 문제입니다. 주님의 일은 내 힘으로 하는 것이 아닙니다. 주님의 일은 내가 부족한 것을 깨닫는 사람만이 할 수 있는 것입니다. 이것이 기독교의 역설입니다. 교회 안에서는 세상의 생각과 방법을 버려야 합니다. 하나님의 일은 상식적으로 되어온 일이 아닙니다. 내 재산, 내 시간, 내 목숨을 내어주는 일이 어떻게 상식입니까?

하나님의 일은 우리의 손에 쥔 것, 우리가 알고 있는 것, 우리의 능력으로 되는 것이 아니라는 사실을 먼저 깨달아야 그 교회가 삽니다. 여러분의 가정이 살기를 원하십니까? 여러분의 교회가 살기를 원하십니까? 여러분이 먼저 죽으시기 바랍니다. 여러분의 남편 앞에 먼저 죽으십시오. 여러분의 아내 앞에 먼저 죽으십시오. 여러분의 성도 앞에 먼저 죽으십시오. 죽어야만 삽니다. 여러분이 먼저 썩어지는 한 알의 밀알이 되시기를 바랍니다.

본문에 '한 알의 밀'이라고 했습니다. 이 한 알, 즉 한 사람이 중요합니다. 모든 일은 한 사람으로부터 시작됩니다. 악한 일도 한 사람으로부터 시작이 되고, 선한 일도 한 사람으로부터 시작이 됩니다. 한 사람이 전체를 물들게 만듭니다. 성경에는 좀 심하다 싶을 정도로 하나님께서 사람을 징계하시는 것을 볼 수가 있습니다. 그런데 가만히 보면 그것은 한 사람의 문제입니다. 그 한 사람이 온 이스라엘을 전염병처럼 병들게 할 수 있기에 그러시는 것입니다.

교회학교에 한 어린이가 떠들면 머지않아 전체가 다 떠들게 됩니다. 나중에는 잡을 수가 없습니다. 이 논리를 철저하게 적용하고 있는 집단이 바로 군대입니다. 그래서 한 사람을 처음에 호되게 다룹니다. 좀 심하다 싶을 정도로 심하게 합니다. 그래야 전체를 통솔할 수 있다는 것입니다.

교회마다 보면 문화라는 것이 있습니다. 그런데 그 교회의 문화는 가만히 살펴보면 한 사람으로부터 시작된 것입니다. 여러분은 불평하는 한 사람이 되지 마시기 바랍니다. 여러분은 분당을 짓는 한 사람이 되지 마시기 바랍니다. 한 사람의 모세로 인하여 이스라엘이 구원을 얻었습니다. 한 사람의 에스더로 인해 온 민족이 구함을 입었습니다. 한 사람의 사도 바울로 말미암아 로마로 복음이 전해지게 되었습니다. 오늘 우리 교회도 한 사람의 신앙으로 말미암아 예배처소가 생겨나고, 그중에 한 사람이 이 전을 건축하자고 하였고, 오늘날 이렇게 아름다운 전이 세워지고 수많은 영혼을 구원하는 구원의 방주가 된 것이 아닙니까?

그래서 로마서 5장 12절에 "그러므로 한 사람으로 말미암아 죄가 세상에 들어오고 죄로 말미암아 사망이 들어왔나니 이와 같이 모든 사람이 죄를 지었으므로 사망이 모든 사람에게 이르렀느니라", 18절에 "그런즉 한 범죄로 많은 사람이 정죄에 이른 것같이 한 의로운 행위로 말미암아 많은 사람이 의롭다 하심을 받아 생명에 이르렀느니라"고 한 사람의 중요성에 대하여 말씀하고 있습니다.

여러분은 어떤 한 사람이 되시겠습니까? 여러분은 감사하는 한 사람이 되시기 바랍니다. 여러분은 순종하는 한 사람이 되시기 바랍니다. 축복받는 한 사람이 되시기 바랍니다. 좋은 씨앗을 심는 한 사람이 되시기를 바랍니다.

마지막으로, 죽는 사람이 다시 삽니다. 벌레가 고치 속으로 들어가면 죽은 것 같지만 나비가 되어 나옵니다. 우리는 주님 위해 쓰이고 죽어질 때 참 생명이 있습니다. 우리 민족의 역사에 고려장이라는 것이 있습니다. 부모가 나이가 아주 많아지면 산 속 깊은 곳에 업어다 놓아 거기서 죽게 합니다.

에스키모인들에게도 이런 고려장과 비슷한 풍습이 있었습니다.

그런데 어떤 효성이 지극한 아들이 고민합니다. 그들의 풍속에 따라 연로한 어머니를 추운 얼음집 바깥 얼음 위에 업어다 놓을 때가 되었는데, 또 어머니가 그렇게 하라고 하시는데 이 아들은 도저히 그렇게 할 수 없어 미루다 미루다 어머니의 거역할 수 없는 엄한 분부에 따라 그를 업어다가 눈밭에 앉혔습니다. 마지막으로 이 아들은 그러지 말고 집으로 가시자고 그의 사랑하는 어머니에게 호소합니다. 이때 어머니는 조용히 말씀하십니다. "네가 몰라서 그러는 것이다. 내가 여기 곰의 밥이 되지 않으면 곰이 굶어 죽고, 곰이 굶어 죽고 없어지면 너희들 나의 자손들은 먹고 살 식량이 없어지는 것이다. 그래서 우리 조상들은 오래전부터 이렇게 얼음 위에서 곰의 밥이 되는 것이다"라고 이야기합니다. 나이 많은 늙은 부모가 자식들의 음식이 되기 위해 곰에게 잡아먹히는 것은 땅에 떨어져 죽은 한 알의 밀알과 같은 의미가 아니겠습니까? 이 에스키모인들의 옛날 풍습에서 예수님의 삶과 죽음의 역설적인 진리를 쉽게 이해할 수 있습니다. 오늘 본문에 주님은 나를 따르라고 말씀하십니다. 나의 십자가를 지고 나를 따르라고 하십니다. 십자가를 진다는 것은 자기를 죽이는 것입니다.

우리가 한 알의 밀알이 될 곳이 얼마나 많습니까? 교회학교에서, 찬양대에서, 구역에서, 전도대에서 곳곳에서 여러분을 한 알의 밀알로 부르고 있습니다. 우리의 이웃들이 우리를 한 알의 밀알로 부르고 있습니다. 여러분이 가는 곳마다 내가 사는 것이 아니라, 먼저 죽으려고 하시기 바랍니다.

오늘의 한국교회는 목숨으로 순교하는 것이 아닙니다. 한국교회에 목숨을 요구하는 곳은 없습니다. 이미 우리 신앙의 선조들이 이 값을 다 지불했습니다. 오늘 우리의 순교는 내 자아가 죽음으로 순교하는 것입니다. 이것이 밀알의 삶이요, 순교자의 삶입니다. 한 알의 밀알로 따르는 사람을 하나님께서는 귀히 여기신다고 했습니다. 주님을 위해 순교한 사람을 어찌 귀하게 여기시지 않겠습니까? 오늘 성경은 죽으면 죽는다고 말씀하지 않고 죽으면 산다, 죽으면 많은 열매를 맺는다고 하였습니다. 오늘 우리는 떨어져 죽는 밀알과 같이 살아 하나님께서 귀히 여기시는 큰 축복의 역사를 이루는 성도들이 됩시다.

적용

ⓐ 오늘 말씀의 주제 파악하기:

ⓑ 오늘 말씀 중 은혜 받은 부분 나누기:

ⓒ 삶에 구체적으로 적용하기:

함께 드리는 기도 제목

1. 자존심은 내려놓고 '주존심'으로 살게 하옵소서.
2. 내가 우리 가정에 한 알의 밀알로 썩어지게 하옵소서.
3. 우리 구역을 통하여 축복의 큰 역사가 이루어지게 하옵소서.

11.

믿음에 굳게 서라

» **본 문:** 마태복음 16장 1-12절
» **찬 송:** 546장 (주님 약속하신 말씀 위에서, 통 399장)
» **요 절:** "어찌 내 말한 것이 떡에 관함이 아닌 줄을 깨닫지 못하느냐 오직 바리새인과 사두개인들의 누룩을 주의하라 하시니 그제서야 제자들이 떡의 누룩이 아니요 바리새인과 사두개인들의 교훈을 삼가라고 말씀하신 줄을 깨달으니라"(마 16:11-12)

우리는 오늘 사순절 세 번째 주일을 지나고 있습니다. 사순절은 기다리는 절기입니다. 부활하신 예수님께서 다시 오실 것이라고 약속하신 말씀을 기억하며 기다리는 절기입니다. 기다리는 사람은 기다림의 자리를 지킵니다. 일출을 보러 간 사람들은 일출을 보기 위해 자리를 지켜야 합니다. 물고기 떼를 기다리는 어부들은 모든 채비를 준비해 놓고 물고기가 오기를 기다립니다. 지혜로운 다섯 처녀는 등불과 기름을 예비하고 신랑을 기다렸습니다. 기다림이 없다는 것은 비참한 일입니다. 희망이 없다는 말입니다. 우리는 예수 그리스도의 재림을 기다리는 사람들입니다. 그러므로 우리는 믿음의 자리를 지키는 것입니다. 참된 기다림은 여러분을 정결하게 합니다. 이 사순절 기간에 다시 오실 주님을 기다리고 준비하는 성도들이 되시기를 바랍니다.

오늘 바리새인과 사두개인들이 예수님을 찾아왔다고 했습니다. 이 두 종류의 사람들은 서로 앙숙입니다. 사두개인들은 천사와 영혼, 천국을 부정하는 사람들이었습니다. 이 사람들은 하나님을 믿는다고 하지만 현실에 부족함이 없이 만족하고 사는 귀족들이었습니다. 그런 반면에 바리새인들은 율법을 준수하고 기도와 금식에 힘쓰며 내세와 하나님을 믿는 사람들이었습니다. 이들이 함께 하는 일이 없는데 오늘 이상하게 예수님을 함께 찾아왔습니다. 악한 자들이 악한 일에는 함께 손을 잡는 것입니다. 이들은 예수님께 표적을 보여주기를 원하였습니다. 하늘에서 불이 내린다든지, 산을 들어 올린다든지 하는 표적을 보여주면 믿겠다고 했습니다.

그런데 사실은 예수님께서 표적을 보이신다고 해서 이들은 믿지 않습니다. 또다시 다른 표적을 요구할 것입니다. 오늘날 불신앙의 사람들이 표적이 없어서 못 믿는 것이 아닙니다. 수많은 표적을 보면서도 안 믿습니다. 오늘 말씀 바로 앞 15장 마지막에는 예수님께서 떡 일곱 개와 생선을 가지고 4천 명이 넘는 사람들을 먹이신 장면이 나옵니다. 이런 기적의 사건 이후에 이들이 시험하러 찾아왔습니다. 성경은 말씀하기를 이들이 온 목적이 시험하러 왔다고 했습니다. 이들은 처음부터 예수님의 말씀을 들으려고 한 것이 아닙니다. 예수님이 마음에 들지 않았습니다. 그래서 무엇인가 트집을 잡으려 왔습니다.

여러분, 시험은 은혜 다음에 오는 것을 잊어서는 안 됩니다. 여러분이 은혜 받고 돌아가면 사탄이 이미 시험할 준비를 하고 있는 것을 잊어서는 안 됩니다. 교회가 건축을 하고 나면 시험들 일이 생깁니다. 참 이상하지요. 교회가 일꾼들을 뽑으면 얼마나 감사한 일입니까? 그런데 시험들 일이 생깁니다. 교회가 부흥하면 사탄이 절대로 가만있지 않습니다. 교회를 흔들려고 시험할 거리를 찾는 것입니다.

그래서 이 종은 부흥할 때에 긴장합니다. 사탄이 시험하기 때문입니다. 여러분은 은혜를 받고 시험을 이기는 자들이 되시기 바랍니다.

예수님께 가난하고 병든 자들이 왔습니다. 이들은 지금 병이 들어 너무 고통스러우니 이 문제를 예수님께서 해결해 주실 줄로 믿고 나왔습니다. 그리고 믿는 그대로 치유의 은총을 얻었습니다. 믿고 나오는 것과 시험하러 나오는 것은 처음부터 차이가 있습니다. 예수님께서는 "너희가 저녁에 하늘이 붉으면 날이 좋겠다 하고 아침에 하늘이 붉고 흐리면 오늘은 날이 궂겠다 하나니 하늘을 보면서 날씨가 어떻게 변할지 잘 알지 않느냐?" 하고 물으십니다. 날씨에는 징조가 있습니다. 구름이 하늘을 덮고 축축하고 음산하면 곧 비가 올 것입니다. 그런데 우리가 사는 이 세상에도 징조를 주셨다는 말씀입니다. 예수님께서는 "너희가 날씨는 짐작하면서 이 악하고 음란한 세대를 보며 왜 하나님의 징조를 깨닫지 못하느냐?"라고 하십니다.

요즘 한국사회는 급격한 혼란을 겪고 있습니다. 정치를 한 번도 안 한 사람이 대통령 1순위 후보가 되기도 하고, 정치하던 사람들이 하루아침에 정치계를 떠나야 하는 일이 일어나기도 합니다. 아이들이 대통령을 웃음거리로 삼고, 사람들은 정치인을 믿지 않습니다. 이렇게 된 이유가 있는 것입니다.

한국교회도 그렇습니다. 요즘 갑자기 이단이 득세를 합니다. 심지어 교회에 몰래 들어와 교회를 비방하고 교회를 흔들어 빼앗겠다는 이 소설 같은 이야기들이 한국교회에 일어나고 있습니다. 외국에서 보면 코미디 같은 일들이 이 땅에 일어나고 있습니다. 재림주가 이 땅에 오셨다는 것을 믿는 사람들도 있습니다. 다 이유가 있습니다. 대형교회들이 지탄을 받고 힘을 잃고 있습니다. 한국사회나 한국교회가 그동안 제대로 못했으니 이런 이상한 일들이 일어나는 것입니다.

우리는 오늘의 세대를 바로 보아야 합니다. 그리고 깨어야 합니다. 우리는 오늘의 시대에 일어나는 일들을 보며 깨달아야 합니다. 예수 믿는 사람들이 잘 깨달아야 합니다. 오늘 우리는 날씨도 만들어 냅니다. 구름도 만들어 내고 눈도 만들어 냅니다. 날씨뿐 아니라 더 어려운 것도 다 봅니다. 망원경을 통해 빛의 속도로 수백 년 가야 할 거리에 있는 별들도 보고 전파를 이용하여 바닷속까지 다 들여다봅니다.

그렇게 먼 곳은 잘 보면서 정작 가까운 곳은 못 보는 것이 인생입니다. 내 자식의 속마음을, 부인의 속마음을 못 들여다보는 것이 인생입니다. 다른 것은 잘 보면서 이 시대의 징조를 못 본 채 살아가는 것이 인생입니다. 예수님께 찾아온 이들의 문제는 교만이었습니다. 하나님에 대하여 나도 좀 안다는 것입니다. 여러분, 하나님을 아는 것이 여러분을 구원하는 것이 아닙니다. 하나님을 믿어야 하는 것입니다. 이들은 처음부터 믿을 의도가 없었습니다. 이들은 이미 예수님의 행하신 표적을 많이 보았습니다. 귀신을 내어쫓고, 병든 자가 일어나고, 오병이어로 5천 명이 넘는 많은 사람들이 먹는 것도 보았습니다. 그 많은 표적을 보고도 믿지 않으려 했습니다. 예수님께서는 단호하게 말씀하십니다. 이들을 가리켜 악하고 음란한 세대라고 하셨습니다.

악하다는 것은 이들의 행위가 사탄에게서 나온 것입니다. 음란하다는 것은 이들이 하나님을 떠나 우상을 섬겼다는 말입니다. 여러분, 오늘의 시대가 악하고 음란한 시대임을 우리는 깨달아야 합니다. 하나님께서는 우리에게 수많은 은총을 주셨습니다. 기적을 베풀어 주셨습니다. 날마다 강단을 통하여 영의 양식을 주셨습니다. 우리에게 최고의 표적은 그 말씀을 통하여 내가 구원받은 하나님의 백성이 된 것입니다.

나 같은 죄인이 용서함 받아서 주 앞에 옳다 함 얻음은
확실히 믿기는 어린양 예수의 그 피로 속죄함 얻었네

(찬송가 257장)

나 같은 죄인이 구원받은 것이 기적인데 이것을 깨닫지 못하면 다른 것을 요구하는 것입니다. 내가 구원받은 것이 최고의 은혜요 감사요 기적인 줄로 믿으시기 바랍니다.

오늘 예수님은 단호하게 이들을 떠나가셨다고 했습니다. 더 이상 이들과 대화를 나눌 필요가 없다고 생각하신 것입니다. 예수님은 참 대단하신 분입니다. 예수님은 이들에게 직격탄을 날리십니다. "너희들에게는 더 이상 표적이 없다. 요나의 표적밖에는 없다"라고 하셨습니다. 요나의 표적은 요나가 니느웨로 가라는 하나님의 명령을 거부하고 다시스로 간 사건입니다. 요나는 물고기 뱃속에 사흘 동안 들어가 있다가 다시 니느웨 해변에 살아서 나옵니다. 물고기 뱃속에 들어간 자가 다시 살아난다는 것은 있을 수 없는 이야기입니다. 요나의 사건이 의미하는 것은 예수님의 부활을 예고하는 것입니다. "이제 내가 십자가에 죽는다. 그리고 요나처럼 사흘 만에 부활할 것이다. 이것이 너희에게 줄 마지막 표적이다"라는 것입니다.

오늘의 시대는 포스트모더니즘의 영향을 받고 있습니다. 포스트모더니즘의 가장 큰 영향은 절대적 진리의 부정입니다. 내가 옳으면 그것이 옳다는 것입니다. 하나님 말씀도 옳지만 내가 옳으면 된다는 것입니다. 조선시대에 살던 사람들은 조선시대의 사상을 가지고 삽니다. 양반 상놈의 사상을 가지고 삽니다. 영국에 사는 사람들은 영국 사람들이 가지는 사상을 가지고 삽니다. 오늘의 시대를 살아가는 사람들은 알게 모르게 오늘의 시대가 가지는 사상 속에 살아가

는 것입니다. 물질이 주인이 되는 시대에 살고 있습니다.

얼마 전 유엔아동기금(UNICEF)에서 아시아 태평양 지역 국가들, 중국, 오스트레일리아, 홍콩 등 17개국 청소년 1만 73명을 면접 조사하여 발표한 통계를 보면 우리나라 청소년들의 어른 존경심이 아시아, 태평양 지역 17개국 중 꼴찌라는 통계가 나왔습니다. 우리나라 청소년은 아태지역 17개국 가운데 컴퓨터 게임과 인터넷에 대한 관심에서는 1위였습니다. 학교에서 선생님을 존경하지 않습니다. 선생님도 아이들을 인격적으로 가르칠 수 없는 어려운 시대가 되었습니다. 어른이 없어져 갑니다. 여러분, 어른이 없는 사회는 불행한 사회입니다. 가정에서 어른이 있어도 어른 역할이 안 되면 그 가정은 불행한 가정입니다.

포스트모더니즘은 잘못된 우상을 극복하는 데 도움을 주었지만 또 다른 피해를 오늘의 시대에 주고 있습니다. 포스트모더니즘은 종교에도 종교다원주의라는 영향을 주었습니다. 종교다원주의는 한국교회를 심각하게 강타하고 있습니다. 원자폭탄과도 같습니다. 학교에 선생님이 없어지듯 교회에도 주의 종의 역할이 없어져 갑니다. 예수는 내가 믿겠다는 것입니다. 나도 옳다는 것입니다. 내가 생각해 보니 이렇다는 것입니다. 여러분, 예수님께서는 시대를 분별하라고 하셨습니다. 조심하셔야 합니다. 하나님의 말씀은 시대를 뛰어넘어 존재하는 것을 믿어야 하는 것입니다. 우리는 절대로 스스로 자신을 구원할 수 없는 존재임을 잊어서는 안 됩니다.

이 종이 늘 강조하고 또 강조하는 것은 예수 믿는 것은 윤리적인 것이 아닙니다. 사회 사업하는 것이 아닙니다. 나 같은 죄인이 구원받은 것을 감사하여 그 은혜를 갚을 길이 없어 하나님 앞에 나와 헌신하고 주의 자녀로 살아가는 것이 믿음입니다. 하나님의 말씀을 떠나면 하나님의 은혜도 함께 떠나고 악한 영이 찾아오게 되는 것입니다. 그러므로 다윗은 "내가 매를 맞아도 하나님께 맞겠습니다" 하고 엎드렸습니다.

옛날 가정에서 자녀들을 회초리로 훈계하면 울면서 맞습니다. 도망가지 않습니다. 집을 나가면 나를 보호해 주고 사랑해 주고 이끌어 줄 사람이 없다는 것을 알기 때문입니다. 매를 맞기 싫어 집을 나가면 자유인 것 같지만 그 순간 나쁜 사람들이 찾아와 구두닦이도 시키고 껌도 팔게 하고 영원히 고통의 삶으로 떨어지게 되는 것입니다. 그러므로 우리는 하나님의 품 안에 있는 성도들이 되시기를 바랍니다.

오늘 제자들이 떠나가시는 예수님을 따라가다 보니 떡을 가져가는 것을 잊었습니다. 그때 예수님께서는 "삼가 바리새인과 사두개인들의 누룩을 주의하라"고 말씀하셨습니다. 그래서 제자들이 서로 "왜 떡을 안 챙겼느냐?"라고 이야기했던 모양입니다. 예수님께서는 "믿음이 작은 자들아 어찌 떡이 없으므로 서로 논의하느냐 너희가 아직도 깨닫지 못하느냐 떡 다섯 개로 오천 명을 먹이고 주운 것이 몇 바구니며 떡 일곱 개로 사천 명을 먹이고 주운 것이 몇 광주리였는지를 기억하지 못하느냐 어찌 내 말한 것이 떡에 관함이 아닌 줄을 깨닫지 못하느냐 오직 바리새인과 사두개인들의 누룩을 주의하라"고 말씀하셨습니다.

지금 예수님께서는 바리새인과 사두개인과 대화를 나누셨습니다. 그리고 제자들에게 "너희들, 잘 봐라. 앞으로 복음을 전할 때에 저들의 누룩을 조심하라"고 가르쳐 주신 것입니다. 누룩은 확장되는 힘이 있습니다. 성경에 누룩에 대하여 말씀하실 때에 긍정적인 의미에서 천국을 누룩에 비유하셨고, 오늘은 부정적인 의미에서 바리새인과 사두개인들의 누룩을 조심하라고 하셨습니다. 이 말씀을 깨닫는 성도들이 되시기를 바랍니다.

내가 천국에 붙어 있는 자가 되어야 합니다. 은혜 받는 사람들, 긍정적인 사람들, 감사하는 사람들, 축복받을 사람들 옆에 있으면 누룩처럼 영향을 받습니다. 그 은혜, 그 축복, 그 사람의 생각이 나에게도 오는 것입니다. 그러나 불평하는 사람, 부정적인 사람은 은혜가 없습니다. 결국 축복에서 멀어지게 됩니다. 이런 사람 옆에 있으면 나도 전염이 됩니다. 여러분, 불평하지 마십시오, 여러분이 축복받는 사람이 되기를 원한다면 부정적인 사람들, 불평하는 사람들 옆에서 떠나가십시오. 예수님께서도 이들을 떠나가셨습니다. 이것은 축복의 문제가 아니라 영혼의 문제라는 것을 잊어서는 안 되는 것입니다. 사두개인들은 어차피 믿음이 없는 사람들이었습니다. 이들은 천국도 부활도 믿지 않는 사람들이었습니다. 그런데 바리새인들은 그렇지 않았습니다. 천국을 믿고 율법을 믿는 사람들이었습니다. 종교지도자들이었습니다. 그런데 이들에게는 천국이 없었습니다. 천국을 가로막는 자들이 되고 말았습니다. 나쁜 누룩이 이들을 전염시켰기 때문입니다.

우리는 좋은 누룩을 자꾸 전파하는 사람들이 되어야 합니다. "감사합니다. 축복합니다. 은혜 받았습니다. 사랑합니다"라는 말들이 여러분의 입술에 늘 있기를 바랍니다. 우리 교회의 부흥은 한국교회의 모델이 되었습니다. 감사하게도 처음 예수 믿는 분들이 참 많습니다. 교회가 새로운 곳으로 이사한 것도 아닙니다. 신도시에 새로 세워진 교회도 아닙니다. 역사가 90년이 다 되어가는 교회입니다. 그런데 갑자기 부흥하기 시작했습니다. 교회의 부흥을 양적인 성장으로 바라보면 안 됩니다. 영혼 구원받는 백성들이 많아지는 것을 기뻐해야 하는 것입니다. 우리는 감사하고 또 감사해야 합니다. 하나님께서 교회의 부흥을 주시는 이유는 사용하시겠다는 사인(Sign)입니다. 교회가 축복을 받을 것이라는 사인(Sign)입니다.

교회가 부흥하면 시험들 일이 생깁니다. 요즘 신천지로 인해 한국 교회가 어려움을 겪고 있다고 합니다. 교회에 분쟁만 생기면 신천지가 몰려 들어가고, 또 멀쩡한 교회에 들어가 목사님을 불평하여 교회를 흔들어 놓습니다. 우리 교회에도 들어오고 있습니다. 예배에 참석했으면 말씀을 듣고 주의 영이 임하시기를 원합니다. 어느 교회에서는 집단적으로 예배시간에 들어와 예배를 방해한 일도 있습니다. 집단으로 이성을 잃은 것입니다. 이런 일들이 일어나는 것을 보며 한국교회는 하나님 앞에 회개해야 합니다. 가톨릭 같으면 어림없는 일입니다.

사실은 모든 일이 우리의 분열로부터 시작된 것입니다. 우리의 죄 때문입니다. 나의 죄 때문입니다. 저 사람들 때문이 아닙니다. 우리 죄를 회개해야 합니다. 그러나 분명한 것은 하나님께서 하나님의 교회를 지켜주십니다. 2천 년 동안 교회를 모든 시험과 환난에서 지켜주시고 인도해 주셨습니다. 우리가 할 일은 하나님 앞에 엎드려 기도하고 은혜를 구하는 것입니다. 그러면 하나님은 은혜를 주시고 주의 백성들을 푸른 초장, 맑은 물가로 인도해 주십니다. 엎드려 은혜를 구하는 백성들에게는 늘 영의 양식을 공급해 주셔서 굶기지 않으십니다.

우리 교회는 여러분이 영의 양식을 공급받는 곳입니다. 하나님의 전을 귀하게 여기시고 이 전에 나오는 것을 감사하시기 바랍니다. 예수님께서는 "믿음이 작은 자들아" 하고 말씀하셨습니다. 문제의 해결이 믿음에 있습니다.

믿음이 이기네. 믿음이 이기네
주 예수를 믿음이 온 세상 이기네

(찬송가 357장)

하나님을 잘 믿으면 되는 것입니다. 하나님을 잘 믿어야 참된 교인입니다.

"복음에는 하나님의 의가 나타나서 믿음으로 믿음에 이르게 하나니 기록된 바 오직 의인은 믿음으로 말미암아 살리라"(롬 1:17)고 하였습니다. 복음! 하나님의 말씀을 잘 들으면 믿음에 이르게 하는 것입니다. 그래서 믿음으로 살게 되는 것입니다. 사랑하는 성도 여러분, 시대가 어려울수록 하나님의 말씀을 붙들고 사시기 바랍니다. 가정에 어려운 문제가 있어도 하나님의 말씀을 믿고 사시기 바랍니다. 그리하여 믿음으로 승리하는 도림의 성도들이 됩시다.

적 용

ⓐ 오늘 말씀의 주제 파악하기:

ⓑ 오늘 말씀 중 은혜 받은 부분 나누기:

ⓒ 삶에 구체적으로 적용하기:

함께 드리는 기도 제목

1. 흔들리지 않는 굳건한 믿음을 허락하여 주옵소서.
2. 우리 가정에 긍정의 말과 감사의 말들이 가득하게 하옵소서.
3. 표적이 아니라 믿음의 눈으로 하나님을 바라보는 성도가 되게 하옵소서.

12.

인자가 온 것은

» **본 문:** 마가복음 10장 41-45절
» **찬 송:** 175장(신랑 되신 예수께서, 통 348장)
» **요 절:** "인자가 온 것은 섬김을 받으려 함이 아니라 도리어 섬기려 하고 자기 목숨을 많은 사람의 대속물로 주려 함이니라"(막 10:45)

우리는 사순절 기간 동안 특별히 예수님께서 행하신 일과 말씀에 대하여 듣고 있습니다. 오늘 10장 바로 앞에서 예수님은 사람들이 예수님을 능욕하고 침 뱉으며 채찍질하고 죽일 것이나 삼 일 만에 살아날 것을 제자들에게 말씀하셨습니다. 그 말이 떨어지기가 무섭게 요한의 어머니가 앞으로 나와 주의 나라에서 두 아들을 하나는 오른편에, 하나는 왼편에 앉게 해달라고 부탁했습니다. 지금 예수님은 십자가에 못 박히실 것을 말씀하시는데 높은 자리에 앉게 해달라니 얼마나 철없는 이야기입니까?

요한과 야고보의 어머니는 예수님의 이모입니다. 이모가 예수님과 함께 동행했으니 평소에도 가까운 위치에 있었음을 알 수 있습니다. 예수님의 식사도 준비하고 사람들을 안내도 하고 중요한 일을 하고 있었음을 짐작할 수 있습니다. 이러한 모습이 다른 제자들에게 평소에 시샘이 되었습니다. 그런데 자기 두 아들을 예수님의 좌우편에 앉도록 부탁을 합니다. 즉 예수님께서 이 땅에 왕으로 등극

하시면 좌의정, 우의정을 내 아들에게 앉게 해 달라고 청탁을 했습니다.

오늘 말씀 앞 마가복음 10장에는 야고보와 요한이 직접 예수께 이야기한 것으로 되어 있는데, 마태복음 20장에는 어머니가 부탁한 것으로 나옵니다. 이것은 다른 이야기가 아니라 먼저 어머니가 이야기를 하고, 야고보와 요한도 동참한 것입니다. 예수님께서는 "내가 마시는 잔을 너희가 마실 수 있으며 내가 받는 세례를 너희가 받을 수 있느냐"라고 묻자 야고보와 요한이 "할 수 있습니다"라고 대답했습니다. 지금 예수님의 좌우편에 앉겠다는 것은 야고보와 요한의 어머니뿐 아니라 두 아들이 같은 생각을 가지고 있었던 것입니다. 두 아들도 다른 제자들보다 위에 있겠다는 것입니다.

예수님께서는 "너희는 내가 마시는 잔을 마시며 내가 받는 세례를 받으려니와 내 좌우편에 앉는 것은 내가 줄 것이 아니라 누구를 위하여 준비되었든지 그들이 얻을 것이니라"고 말씀하셨습니다. 순간 다른 제자들이 분노가 폭발했습니다. 성경에 보면 열 제자가 야고보와 요한에게 화를 내었다고 했습니다. "너는 어머니까지 데리고 와서 치맛바람을 일으키냐?"라는 것입니다. 이들의 마음속에는 드러내 놓고 있지는 않았지만 서로 높은 자리에 오르고 싶은 욕심이 있었습니다. 예수님이 마시는 잔은 십자가의 잔입니다. 예수님이 받으실 세례는 피의 세례입니다. 이들은 예수님의 말씀대로 예수님의 잔을 마셨고 예수님의 세례를 받았습니다.

야고보 사도는 사도행전 12장에 기록된 대로 헤롯에 의해 목 베이는 순교를 당했습니다. 교부 클레멘트의 기록에 의하면 야고보는 형장으로 끌려가면서도 병사에게 복음을 전했고 이 병사는 자신을 그리스도인이라 고백하고 자신을 용서해 달라고 했습니다. 야고보 사도는 그 병사에게 입을 맞추고 함께 참수를 당했습니다. 사도

요한은 밧모 섬에 유배되어 요한계시록을 우리에게 남겨주었습니다. 이들이 지금은 알지 못하나 예수님의 뒤를 따라 걸어갔던 것입니다. 그리고 예수님은 말씀하시길 주님의 좌우편에 앉는 것은 내가 주는 것이 아니라 그들이 얻을 것이라고 하셨습니다. 오늘 우리가 예수 믿는 것은 예수님의 좌우편에 앉기 위한 것입니다. 면류관을 쓰기 위해 예수 믿는 것입니다. 우리 도림의 성도들은 모두가 예수님을 따라 살고 주님의 나라에서 면류관을 쓰는 성도들이 됩시다.

1. 욕심을 버려야 합니다

욕심은 내가 남보다 더 나은 자리에 있어야 되겠다는 교만한 마음에서 나옵니다. "욕심이 잉태한즉 죄를 낳고 죄가 장성한즉 사망을 낳느니라"(약 1:15)고 하였습니다. 욕심을 가지면 반드시 죄가 따라옵니다. 이 죄를 해결하지 않으면 사망이 오게 됩니다. 아담과 하와가 욕심을 가졌습니다. 하나님처럼 살고 싶었습니다. 이로써 사망이 왔습니다. 사탄은 타락한 천사라고 했습니다. 사탄은 하나님과 같이 높아지려고 하다가 사탄이 되었습니다. 사탄의 마지막은 영원한 멸망인 것입니다. 이스라엘의 초대 왕이 되었던 사울 왕은 축복받은 사람이었습니다.

그런데 마지막에 그만 교만해졌습니다. 일국의 왕이니 제사장의 역할도 할 수 있으리라고 생각했습니다. 그 결과가 죄를 가져왔고 하나님의 버림을 받고 왕의 자리에서 쫓겨나는 불행한 사람이 되고 말았습니다. 성경에 나타난 수많은 죄의 이야기가 욕심에서부터 시작된 것입니다. 욕심을 가볍게 생각하지 않아야 합니다. 사탄은 욕심을 크게 생각하지 않도록 합니다. 욕심은 눈에 크게 나타나지 않습니다. 그래서 욕심이 얼마나 무서운 죄를 잉태하는지를 잊어버리고 삽니다. 물질에 욕심을 갖고 명예의 욕심을 갖습니다. 이 욕심이 하나님을 떠나면 죄를 범하게 되는 것입니다.

오늘날 수많은 이단들의 시작도 그렇습니다. 처음부터 이단이 아니었습니다. 처음에는 은혜를 받고 신비한 능력도 체험하고 그러다 보니 영적 교만이 싹트게 된 것입니다. 이단을 만든 사람들은 대개 은혜를 받아도 아주 크게 받은 사람들입니다. 그 은혜를 유지하려면 더 겸손해야 하는데 '내가 이런 은사와 능력이 있으니…' 하고 자신을 대단하게 평가하다가 사탄의 유혹에 빠진 것이 이단입니다. 사람은 교만해지는 존재라는 것을 잊어서는 안 됩니다. 이 사실을 가장 잘 깨닫고 있었던 사람이 사도 바울입니다.

사도 바울은 교만해질 수 있는 많은 조건을 가지고 있었습니다. 유대인 중의 유대인이요 바리새인 중의 바리새인이었습니다. 날 때부터 로마 시민권을 가진 사람이었습니다. 산헤드린 공의회 의원이었습니다. 이스라엘 역사상 최고의 석학인 가말리엘에게서 많은 공부를 했던 사람입니다. 이런 사도 바울이 끝까지 순결한 믿음을 지킬 수 있었던 것은 말씀으로 자기를 늘 쳤기 때문입니다. 사도 바울은 수많은 말씀을 기록하면서 자신의 주변 이야기는 일체 말하지 않았습니다. 하나님의 말씀 앞에 겸손한 사람만이 세상 욕심을 이길 수가 있습니다.

은혜를 잘못 이해하면 신앙생활도 거저 되는 것으로 생각할 수 있습니다. 그것은 오해입니다. 은혜를 받기 위해서는 애를 써야 합니다. 큰 은혜의 사람이 되기 위해서는 남보다 더 열심히 기도해야 하고 더 열심히 말씀을 사모해야 합니다. 죄에 빠져 있으면 죄에서 빠져나오기 위해 말씀을 열심히 듣고 기도하기를 힘써야 합니다. 그러면 하나님께서 은혜를 베푸십니다. 사탄은 여러분에게 잘못된 욕심을 줍니다. 영적인 욕심을 가져야 합니다. 영적으로 갈급해야 합니다. 여러분, 하나님의 일을 하는 사람이 말씀에 갈급해집니다. 하나님의 일을 하다 보니 안타까운 일이 많습니다.

우리 교회에는 새가족을 늘 보내주시는데 이 새가족을 위해 기도하다 보면 '믿음이 들어가야 되겠는데…' 하는 안타까운 마음이 생깁니다. 믿음이 약한 사람들에게 하나님의 말씀을 전하다 보면 '내가 가진 영적인 힘이 부족하구나!' 깨닫게 되고 안타까워집니다. 복음을 전해야 하는데 잘되지 않습니다. 그러니 안타까워집니다. 그러면 주일이 기다려집니다. 하나님의 말씀을 들으면 말씀이 꿀같이 달게 느껴지는 것입니다.

아무리 교회에서 봉사를 많이 해도 영적인 욕심이 아니라 엉뚱한 욕심을 갖게 되면 말씀은 귀에 들어오지 않고 불평만 생기게 되어 죄의 길로 가게 되는 것입니다. 아무리 똑똑한 사람도 내 의지로 거룩해질 수 없다는 것을 깨달아야 신앙이 시작되는 것입니다.

주님 찾아오셨네 모시어 들이세
가시관을 쓰셨네 모시어 들이세
우리 죄를 속하려 십자가를 지셨네
받은 고난 크셔라 모시어 들이세

보라 성자 오셨네 모시어 들이세
영광 중에 계신 주 모시어 들이세
헛된 교만 버리고 우리 구주 모시어
영원 복락 누리세 모시어 들이세

겸손한 자 찾도다 모시어 들이세
하늘에서 부르네 모시어 들이세

좋은 자리 드리고 주실 은혜 구하세
하늘나라 세우세 모시어 들이세

주여 내가 믿으니 오소서 오소서
주여 환영하오니 오소서 오소서
생명길로 이끄사 슬픔 위로하시고
진리 알게 하소서 오소서 오소서

(찬송가 534장)

우리 성도들은 헛된 교만, 잘못된 욕심을 버리고 영적인 욕심이 풍성한 성도들이 됩시다.

2. 낮아져야 합니다

예수님께서는 제자들에게 "이방인의 집권자들이 그들을 임의로 주관하고 그 고관들이 그들에게 권세를 부리는 줄을 너희가 알거니와 너희 중에는 그렇지 않을지니 너희 중에 누구든지 크고자 하는 자는 너희를 섬기는 자가 되고 너희 중에 누구든지 으뜸이 되고자 하는 자는 모든 사람의 종이 되어야 하리라"고 말씀하셨습니다. 사람은 누구나 대접받기를 원합니다. 남보다 나은 위치에 있기를 원하고 더 좋은 집을 장만하기를 원합니다. 더 많은 월급을 받고 싶어 합니다. 좋은 차를 타고 싶어 합니다. 이것은 잘못된 것이 아닙니다. 여러분 모두가 그럴 것입니다. 하나님께서는 여러분에게 이러한 복을 주시기를 원하십니다.

하나님께서는 말씀을 좌로나 우로나 치우치지 않고 말씀대로 살면 이와 같은 복을 후손에 이르기까지 약속해 주셨습니다. 오늘 예수님께서도 이것을 부정하는 것이 아닙니다. “너희가 남보다 큰 사람이 되고 싶으냐? 그러면 먼저 섬기는 자가 되어라. 너희가 으뜸이 되고 싶으냐? 그러면 먼저 종이 되어라. 이것이 천국의 비밀이다”라고 말씀해 주셨습니다. 그런데 소위 집권자들과 대인들이 자기들 뜻대로 높은 자리에 오르기를 힘쓰고 군림한다는 것입니다. 성경의 말씀은 2천 년 전이나 지금이나 하나도 변함이 없습니다. 사람을 향해 주신 말씀이기 때문입니다. 문화가 변하고 과학이 발달하였지만 사람의 본성은 변한 것이 하나도 없습니다.

정치하는 사람들이 “머슴처럼 섬기겠습니다” 하면서 절을 하고 다닙니다. 그러나 높은 자리에 올라선 후 머슴처럼 섬기는 사람들이 거의 없습니다. 대인들은 신분이 높은 부자들을 말합니다. 부자가 되면 자기도 모르게 교만해지는 것을 조심해야 합니다. 가난할 때에는 말하는 것도 조심했는데 부자가 되면 ‘내가 이 정도 말해도 되겠지?’ 하고 생각하게 되기 때문입니다. 군에서 별을 달고 나면 이등병들이 벌벌 떠니 그것을 보고 나중에는 당연하다고 생각하는 것입니다. 이것이 인간의 본성입니다. 진짜 좋은 사람은 변하지 않는 사람입니다. 그래서 성경에 소금 같은 사람을 말씀하십니다. 높은 자리에 오르게 되면 더 노력해야 합니다.

이 종이 시골목회를 할 때에는 서울에서 아는 목사님들이 찾아와서 고생한다고 말합니다. 농사철에 함께 벼를 심다가도 남이 오면 진흙 묻은 옷 그대로 손님을 만납니다. 그러면 안됐다는 듯이 “힘내라”고 합니다. 밥을 먹어도 자기들이 밥값을 다 냅니다. 그런데 우리 교회를 목회하면서 교회가 점점 성장하니 사람 만나는 일이 참 어려워졌습니다. 누가 찾아와도 함께 밥 먹을 시간이 없는 것입니다. 그래서 가능한 약속을 지키려고 많은 애를 씁니다. 제가 밥값을 안 내면 큰 교회 있으면서 쩨쩨하게 밥값이 얼마나 된다고 안 낸다고 생각할 것입니다. 자녀 학비를 보내주다가도 "이번에는 어려워서 좀 쉬겠습니다" 하면 그동안 받은 것은 잊어버리고 섭섭해합니다. 그래서 큰 자리에 있으면 더 조심하고 더 겸손해야 하는 것입니다.

군림하는 집권자들이나 교만한 대인들은 행복하지 않습니다. 늘 불안합니다. 오늘 예수님께서 왜 섬기는 자리에 가고 종의 자리에 가라고 말씀하셨는지 그 의미를 깨달아야 합니다. 내가 높은 자리에 가고 싶은데 일부러 낮은 자리에 가서 앉아 있으라는 말이 아닙니다. 오늘 말씀의 핵심은 마음이 낮아져야 한다는 말입니다. 마음이 종이 되어야 한다는 말입니다. 참 믿음은 "내가 주의 전에서 종이 된 것도 감사합니다. 구원받은 것이 그저 감사합니다" 하는 것입니다. 그래서 다윗은 왕궁에 있는 것보다 성전 문지기로 있는 것이 행복하다고 하였습니다.

여러분, 예수 믿고 행복해야 합니다. 주의 전에서 행복한 비결이 어디에 있습니까? 내가 주의 전에 종이 되면 행복합니다. 말씀에 은혜를 받고 사람을 만나도 행복합니다. 사람들에게 사랑을 받습니다. 그러나 내가 교회에서도 상전이 되면 행복이 사라집니다. 불평이 생깁니다. 여러분 자신을 말씀에 비추어 쉬지 않고 진단해야 합니다. 이것이 사도 바울이 말씀하신 대로 말씀으로 자기를 치는 것입니다. 말씀이 기준입니다. 이 사순절 기간에 주님께서 주신 말씀으로 우리 자신을 진단하는 성도들이 되시기를 바랍니다.

3. 주님의 말씀을 바라봅시다

주님께서 오신 이유를 오늘 성경은 말씀하기를 "인자가 온 것은 섬김을 받으려 함이 아니라 도리어 섬기려 하고 자기 목숨을 많은 사람의 대속물로 주려 함이니라"고 말씀하였습니다. 이 사실을 깨달아야 주님 앞에 나오는 감동이 있고 은혜가 있습니다. 주님은 나 같은 사람을 섬겨주시기 위해 이 땅에 찾아오셨습니다. 목숨까지도 십자가에 주셨습니다. 예수 믿는 것은 다른 것이 아닙니다. 예수님께서 나를 구원하시기 위해 이 땅에 오신 것을 날마다 믿는 것입니다. 한번 믿어서 안 됩니다. 날마다 믿어야 합니다. 날마다 은혜 받아야 합니다. 우리가 남선교회로, 여전도회로 봉사하는 것도 내 구원의 감격을 가지고 봉사하는 것입니다.

직분을 받은 것도 내 구원을 감사하며 일하는 것입니다. 이 구원의 감격을 잊어버리면 다른 일에 신경이 쓰입니다. 다른 일에 신경이 쓰이니 사탄 마귀가 틈타고 불평이 생기는 것입니다. 직분을 맡고 교회에서 여러 가지 일을 맡다 보면 일에 마음을 빼앗겨 본질을 잊어버리는 경우들이 있습니다. 물론 봉사하는 것도 중요하지만 교회는 여러분이 일하는 곳이 아닙니다. 여러분이 무엇을 만들어 나가는 곳이 아닙니다. 종으로서 섬기는 곳이 교회임을 잊으면 신앙에서 탈선하는 것입니다.

마르다는 예수님을 집에 초대하고 예수님을 대접하기 위해서 분주하게 일했습니다. 일하다 보니 동생 마리아는 일도 안 하고 예수님 앞에 앉아 말씀을 듣고 있는데 그것이 눈에 걸리는 것입니다. 그러니 불평이 생겼습니다. 마르다는 가장 중요한 것이 무엇인지를 모르고 있었던 것입니다.

심방을 가 보면 가스렌지에 차를 올려놓고 과일을 사다놓고 준비를 합니다. 말씀을 전하는데 차가 끓지는 않는지, 넘치지는 않는지 신경이 온통 거기로 가서 말씀이 귀에 들어오지 않습니다. 말씀을 듣다 말고 왔다 갔다 합니다. 그래서 심방 받을 때에 먹을 것 준비하지 말라고 하는 것입니다. 무엇이 더 중요한 것인지를 알아야 합니다. 신앙생활은 절대로 복잡한 것이 아닙니다. 어려운 것도 아닙니다. 사탄은 자꾸만 복잡하게 만들고 어렵게 만듭니다. 몇 년 전 강사로 오신 손현보 목사님 교회에서는 남선교회도 없애고 여전도회도 없애고 다 없앴다고 합니다. 가만히 보니 일에 묶여 복음 전하는 것이 약해지는구나 싶어 다 없애 버렸다고 합니다.

그렇습니다. 우리가 주님을 만나는 일에 장애가 되는 것이 있으면 무엇이든지 없애버려야 합니다. 사도 바울은 복음을 전하기 위해 이전에 가졌던 것을 분토만도 못하게 여긴다고 고백을 했습니다. 성도 여러분, 주님은 우리의 죄를 대속해 주시고 구원을 주시기 위해 찾아오셨습니다. 예배는 이 주님의 오심을 기억하고 다시 오실 것을 기다리는 모임입니다. 다른 것에 유혹되지 맙시다. 내가 받은 구원을 놓치지 않기 위해 십자가만을 바라보고 달려갑시다. 교회에 나와 세상의 복잡한 모든 것은 다 잊으세요. 다 내려놓으세요. 오직 말씀만 바라보세요. 이 사순절에 주님의 말씀을 듣고 깨달음을 얻고 구원에 참여하는 성도들이 됩시다.

적 용

ⓐ 오늘 말씀의 주제 파악하기:

ⓑ 오늘 말씀 중 은혜 받은 부분 나누기:

ⓒ 삶에 구체적으로 적용하기:

함께 드리는 기도 제목

1. 세상의 욕심은 사라지고 영적 욕심이 있게 하옵소서.
2. 높은 자리에 있기보다는 낮은 자리에서 섬기는 성도 되게 하옵소서.
3. 주님의 말씀을 바라보며 그 말씀 따라 사는 성도와 교회 되게 하옵소서.

13.

미혹된 길에서 돌아서게 하는 자

» **본 문:** 야고보서 5장 19-20절
» **찬 송:** 501장(너 시온아 이 소식 전파하라, 통 255장)
» **요 절:** "내 형제들아 너희 중에 미혹되어 진리를 떠난 자를 누가 돌아서게 하면 너희가 알 것은 죄인을 미혹된 길에서 돌아서게 하는 자가 그의 영혼을 사망에서 구원할 것이며 허다한 죄를 덮을 것임이라"(약 5:19-20)

동물의 세계를 보면 누가 가르쳐 주지 않았는데도 본능적으로 살아가는 방법을 다 압니다. 잠자리는 어떻게 살라고 가르쳐 주지 않는데도 변화하는 상황에 따라서 사는 방법을 스스로 압니다. 모래밭에서 스스로 함정을 파고 함정에 빠지는 개미나 작은 벌레를 잡아먹습니다. 더 커서 물속에 들어가면 물고기에게 잡혀먹지 않기 위해서 물속 풀뿌리 옆에 숨어서 작은 먹이를 잡아먹으며 성장을 합니다. 그 다음에는 누가 가르쳐 주지 않아도 육지로 올라와 날개를 펴고 공중을 날아다니며 먹이를 잡아먹고 삽니다. 잠자리뿐만 아닙니다. 거미를 보면 그저 알에서 부화가 되자마자 스스로 살길을 찾아 재빨리 길을 떠납니다. 바람이 부는 것을 보면 공중에 몸을 던져 날아갈 준비를 합니다. 누가 가르쳐 주지 않아도 자기의 보금자리를 찾고 거미줄을 멋들어지게 만듭니다.

거미줄을 한번 보세요. 얼마나 예쁘게 잘 만듭니까? 누가 가르쳐 준 것이 아닙니다. 스스로 본능으로 하는 것입니다. 그런데 이 본능이 무엇입니까? 우리 하나님께서 모든 생물에게 주신 것입니다. 하나님께서 그렇게 오묘하게 만들어 주시지 않았더라면 스스로 살아가는 방법을 절대로 알 수가 없는 것입니다. 이것은 과학이나 진화로 설명할 수 없는 것입니다. 진화 가지고 되는 것이 아닙니다. 하나님이 만드신 것입니다. 진화로 이 신비하고 어마어마한 일을 믿다니 그것도 대단한 믿음입니다.

그런데 우리 인간에게도 본능이 있습니다. 그것은 하나님을 찾는 것입니다. 누가 가르쳐 주지 않아도 인간이 모인 세계에는 무엇인가 섬기려고 하는 마음이 있습니다. 그것은 하나님께로 가고자 하는 마음입니다. 그런데 이 길을 방해하는 세력이 있는데 그것이 바로 사탄의 세력입니다. 사탄은 인간이 하나님께로 돌아가는 것을 싫어하고 방해합니다. 할 수만 있다면 사람들을 죽음의 길로 이끌고 가려고 애를 씁니다.

그래서 예수님께서는 우리를 예수 안에 있는 양 떼로 표현하셨습니다. 양 떼가 목자의 음성을 듣고 목자의 지시를 따라서 살아가면 안전하지만 목자의 울타리 밖으로 나가기만 하면 위험에 처하게 되는 것입니다. 하나님께서 우리에게 주신 선물 중 가장 귀한 것을 들라고 한다면 성경과 교회입니다. 말씀은 우리를 하나님께로 인도하는 나침반과 같습니다. 우리는 길을 몰라도 이 말씀만 있으면 길을 찾아가게 됩니다. 말씀이 우리를 하나님께로 인도합니다. 그런데 우리는 스스로 이 길을 찾아갈 수 없기 때문에 성령님께서 우리의 길을 가는 것을 도와주십니다. 교회는 우리가 하나님께로 가는 길을 돕는 울타리와 같습니다. 양이 울타리 안에 있으면 안전한 것과 같이 성도는 교회 안에 있으면 안전합니다.

그런데 마귀가 가장 싫어하는 것은 교회가 부흥하는 일입니다. 교회가 부흥하면 마귀의 지배력이 약해집니다. 교회가 부흥하면 나라가 부흥합니다. 가정이 부흥합니다. 하나님께서 부흥하는 교회에 속한 모든 이에게 복을 주시기 때문입니다. 간혹 작은 교회가 아름답다고 주장하는 사람들이 있는데, 이것은 주님의 안타까운 마음을 잘 알지 못해서 그런 말을 합니다. 주님께서는 작은 교회가 작은 교회로 계속 있는 것을 결코 원하시지 않습니다. 교회는 자꾸만 부흥해야 합니다. 주님께서 가장 기뻐하시는 일이 영혼을 구원하는 일인데 교회가 영혼을 구원하는 일에 힘을 쓰면 자동적으로 교회는 부흥하기 때문입니다.

여러분, 큰 교회가 더 시험이 많을 것 같지만 그렇지 않습니다. 참 이상하지요. 오히려 큰 교회, 날마다 부흥하는 교회가 더 시험이 적습니다. 사실은 시험은 많으나 웬만한 것은 시험거리가 되지 않습니다. 교회가 20-30명 모이면 시험거리가 없을 것 같지만 오히려 더 많은 시험이 있습니다. 아주 작은 것에도 큰 시험이 듭니다. 작은 교회는 서로에 대해서 너무 잘 알기 때문에 작은 것 가지고도 서로 싸웁니다. 목사님에 대해 말하고 장로님에 대해 말합니다. 너무나 서로에 대해 잘 아는 것입니다. 큰 교회가 되면 그런 것 가지고 말할 틈이 없습니다. 은혜를 받아도 크게 받습니다. 능력을 받아도 크게 받습니다.

우리는 믿음의 시각을 넓혀야 합니다. 작은 교회에서는 세계 선교에 대해서, 나라와 민족을 위해서 큰일을 잘 감당할 수가 없습니다. 이웃을 위한 사업도 잘하지 못합니다. 그러나 교회가 부흥하면 할수록 하는 일이 많아집니다. 하는 일이 많은 교회가 자꾸만 부흥을 합니다. 구제도 하고 복음도 힘 있게 전하고 세상을 향하여 자꾸만 나아가게 되는 것입니다. 그래서 그리스도의 영향력이 자꾸만 커져

가는 것입니다. 그래서 마귀는 기를 쓰고 하나님의 교회가 부흥하는 것을 막아보려고 합니다. 그런 의미에서 마귀가 제일 싫어하는, 가장 부흥하는 우리 교회가 되길 바랍니다.

기도하면 하나님께서 불가능한 일을 가능하게 만들어 주십니다. 그러므로 작은 것 가지고 신경 쓰지 마세요. 서로 싸우지 마세요. 큰 일, 크고 비밀한 일을 바라보아야 합니다. 오늘도 이 땅을 향하여 부르시는 주님의 음성을 들을 수 있게 되기를 바랍니다. 하나님이 가장 기뻐하시는 일이 무엇입니까? 하나님은 잃어버린 영혼이 하나님께 돌아오는 것을 가장 기뻐하십니다. 우리에 있는 아흔아홉 마리를 인하여 기뻐하는 것보다 잃어버린 한 마리 양이 다시 돌아오는 것을 더 기뻐하신다고 했습니다. 언뜻 생각하면 이해가 안 되는 이야기입니다. 예수님의 이 말씀은 내가 부모님의 심정이 되면 이해할 수 있습니다. 집에 잘 있는 일곱 자녀보다 늘 속 썩이고, 말썽부리고, 마음 아프게 하고 집나간 아들이 회개하고 돌아오면 이것이 기쁜 것입니다.

오늘 본문 말씀에 야고보 사도는 "너희 중에 미혹되어 진리를 떠난 자를 누가 돌아서게 하면"이라고 말씀하십니다. 당시 초대교회는 이단교리에 미혹되어 진리를 떠난 자들이 많이 있었습니다. 또는 신앙을 버리고 교회를 떠난 자들이 있었습니다. 왜 이들이 진리를 떠났습니까? 미혹의 영이 그들의 심령의 눈을 가렸기 때문입니다. 한 번 믿었으면 끝까지 축복의 길로 가야지, 왜 그렇게 됩니까? 채워야 할 것을 채우지 못하니 그렇습니다. 말씀을 받아 아멘 하고 채우고, 기도를 하여 응답을 받아 채우고, 찬송을 드려 기쁨의 생활로 채워야 하는데 그만 속이 텅텅 비어 있게 되는 것입니다.

색채 전문가에 의하면 우리가 아는 흰색은 무려 150가지가 있다고 합니다. 컴퓨터의 한글 바탕색이 흰색인 것 같지만 그것도 흰색이 아닙니다. 마이크로소프트사에서 출시한 XP의 워드 바탕이 흰색에 가깝다고 합니다. 그런데 그것을 계속 보면 눈이 상하기 때문에 약간 색깔을 넣어서 저는 씁니다. 우리가 흰색으로 알고 있는 것이 사실은 대부분이 흰색이 아니라는 말입니다.

150개 중에 진짜 흰색은 하나입니다. 교회에 다 신자 같아도 진짜 신자가 따로 있다는 말입니다. 명성교회에 새신자가 와서 새신자실에서 목사님과 만나는데 그 자리에 앉아서 명함을 척 꺼내주며 "나 아무개요" 하더라는 것입니다. "나 아무개요" 할 정도니 얼마나 높은 사람이었겠습니까? 그러면서 내가 다른 교회에서 장로를 시키려고 해서 귀찮아서 왔다는 것입니다. 그래서 당신 같은 사람은 장로는커녕 집사도 안 된다고 했답니다. 물론 속으로만 그랬답니다.

그런데 이분이 예배시간에 말씀을 듣는데 듣는 폼을 보니 하나님께 한번 맞겠더랍니다. 예배는 나 같은 죄인 살리신 주 은혜를 고마워하며 주님께 엎드리는 것이 예배인데 영 그게 아니더랍니다. 예배드리는 모습을 보면 벌써 은혜 받는 사람은 모습이 다릅니다. 말씀을 아무리 전해도 안 듣는 사람들이 있습니다. 설교는 영적인 싸움이기 때문에 말씀이 들어가지 않으면 벌써 느끼게 되어 있습니다.

그런데 이분이 어느 날 갑자기 없어졌습니다. 나중에 알고 보니 대검 특수부에 끌려간 것입니다. 대검 특수부는 무엇 하는 곳입니까? 대검 특수부는 유명한 사람들을 불러다가 혼내는 곳입니다. 이곳에 한번 잘못 들어가면 인생이 끝나고 불명예스러운 사람이 되고 맙니다. 감옥살이는 기본으로 합니다. 이분이 그곳에 가서 보니 큰일났더랍니다. 꼼짝 없이 크게 당하게 되었답니다.

바로 그 순간 교회에서 목사님이 말씀을 전하실 때 히스기야 왕이 벽을 향해 금식하고 기도하며 하나님께 매달렸을 때 하나님이 병도 고쳐주시고 나라의 위기도 구해주셨다는 말씀을 들은 것이 기억이 나서 자기도 금식을 하며 벽을 향해 무릎 꿇고 앉아 살려달라고 간절히 밤새워 기도를 했답니다. 그랬더니 담당하는 검사가 장로님이어서 이야기도 잘되고 하나하나 끈이 풀어지고 그곳에서 나오게 되었답니다. 그래서 그 이후부터는 이분이 얼마나 겸손하게 신앙생활을 잘하는지 모릅니다. 말씀을 들어도 "아멘 아멘" 하면서 은혜를 얼마나 열심히 받는지 모릅니다.

이렇게 하나님께 한 번 두드려 맞아도 깨닫는 사람은 행복한 사람입니다. 이 말씀을 전하는 것은 껍데기 신자라도 주일날 주시는 말씀을 기억할 때에 그 말씀으로 살길을 얻었다는 것입니다. 그러니까 신앙생활을 잘 못하더라도 은혜 받지 못하더라도, 주일 날 예배를 통하여 주시는 말씀을 잘 듣고 기억하시기 바랍니다. 이 말씀이 여러분이 인생에 위기가 올 때 구원하는 능력의 말씀이 되길 바랍니다.

본문에 "진리를 떠난 자들을 돌아서게 하라"고 했습니다. 미혹의 영에 유혹을 당하여 혹은 믿음이 없어 진리를 떠난 자들을 다시 복음으로 인도하라는 말씀입니다. 그러면 그의 영혼을 사망에서 구원할 것이며 허다한 죄를 덮을 것이라고 말씀해 주십니다. 우리 주위에는 주님을 믿다가 떠난 사람들이 얼마나 많습니까? 요한복음 14장 6절에 "내가 곧 길이요 진리요 생명이니 나로 말미암지 않고는 아버지께로 올 자가 없느니라"고 했습니다. 진리를 떠나면 주님께로 갈 수가 없습니다. 이 사실을 깨달아야 합니다.

여러분은 진리를 떠난 자를 돌아오게 하는 자들이 되기를 바랍니다. 은혜 받을 만한 사람인데, 신앙의 연륜이 있는 사람인데 오히려 진리를 떠나서 다른 사람들을 미혹하게 하는 사람들이 있습니다. 이들에게 권면하는 복된 성도들이 되시기를 바랍니다.

'새생명 축제'를 오늘부터 시작합니다. 새생명 다음에 있는 플러스 표시는 새생명을 더한다는 뜻입니다. 플러스 표시는 십자가와 모양도 같으니 보기에도 참 좋습니다. 내 가족과 형제자매와 이웃을 위하여 같이 작정하고 같이 뜨겁게 기도해 나가시기 바랍니다. 하나님께서는 특별히 합심하여 기도할 때에 크게 역사해 주십니다. 일년 365일 전도해야 하지만 특별히 전도의 기간을 정하고 힘을 모으는 이유가 여기에 있습니다. 교회에 나오다가 오랫동안 결석하는 교우들도 여기에 해당이 됩니다. 이들을 주님께로 인도해야 합니다. 인도하는 자에게는 하늘의 큰 상급이 있다고 하였습니다.

다니엘 12장 3절을 보면 하늘의 별과 같이 귀한 존재가 되게 하신다고 했습니다. 별이라고 하는 것은 가장 귀한 것, 가장 높은 것의 상징입니다. 즉 주님께로 인도하는 자에게는 하늘의 가장 큰 상급이 있다는 것입니다. 가장 귀한 상급이 오늘 성경에 기록되어 있는데 허다한 죄를 덮어주십니다. 죄는 여러분의 예배를 방해합니다. 하나님을 만나는 것을 방해합니다. 여러분이 복 받지 못하게 합니다. 그러므로 허다한 죄를 덮을 것이라는 약속은 인도하는 자에게 임하는 하나님의 크신 은총입니다.

성도 여러분, 복음을 전하는 자, 진리 밖으로 나간 자를 다시 진리로 인도하는 자는 별과 같이 귀한 존재로 약속해 주시고 모든 죄까지 묻지 않으시겠다는 이 굉장한 약속의 말씀을 기억하시기 바랍니다. 금번 기회를 통하여 열심을 다하고 힘을 다하여 새생명을 주님께로 인도합시다. 하나님을 알지 못하는, 그래서 죄악의 길로 가는 영혼들을 안타까운 마음으로 인도합시다. 그동안 탕자와 같이 다른 길로 가고 있는 교우들을 권면하여 생명의 길로 인도합시다.

이 기간 동안 모든 성도들은 "안 된다, 할 수 없다"라는 말은 물론이고 생각조차 버리고 "하나님께서 기뻐하시니 할 수 있다"는 믿음으로 사시기 바랍니다. 그리하여 주님을 기쁘시게 하고 큰 상급을 약속받아 복된 삶을 사시는 여러분이 되시기를 바랍니다.

적용

ⓐ 오늘 말씀의 주제 파악하기:

ⓑ 오늘 말씀 중 은혜 받은 부분 나누기:

ⓒ 삶에 구체적으로 적용하기:

함께 드리는 기도 제목

1. 사탄의 생각이 틈타지 못하도록 늘 주의 팔로 지켜주옵소서.
2. 영적으로 깨어 기도하는 가정과 구역 되게 하옵소서.
3. 미혹된 영혼들을 진리로 인도하게 하옵소서.

14.

사랑하라

» **본 문:** 요한복음 13장 34-35절
» **찬 송:** 220장(사랑하는 주님 앞에, 통 278장)
» **요 절:** "새 계명을 너희에게 주노니 서로 사랑하라 내가 너희를 사랑한 것같이 너희도 서로 사랑하라"(요 13:34)

100명의 죽음을 지켜본 호스피스 전문의인 오츠 슈이치는 《죽을 때 후회하는 스물다섯 가지》라는 책을 썼습니다. 이 책에서 말하는 세 번째 후회는 '조금만 더 겸손했더라면'입니다. 내가 최고라고 생각하는 사람은 다른 사람이 주는 사랑의 에너지가 얼마나 굉장한 것인가를 모르고 삽니다. 겸손한 사람이 사랑도 받을 줄 압니다. 두 번째 후회는 '진짜 하고 싶은 일을 했더라면'입니다. 인생은 너무나 빨리 지나간다는 것입니다. '내가 그토록 하고 싶었던 일을 했더라면' 하고 사람들은 후회를 합니다. 이 책에서 첫 번째로 말하는 후회는 무엇이겠습니까? '사랑하는 사람에게 고맙다는 말을 못하고 생을 마치는 것'이 후회된다고 합니다.

릭 워렌은 《목적이 이끄는 삶》 중에서 "사랑하기 가장 좋은 순간은 바로 지금이다"라는 유명한 말을 했습니다. 후회할 때라도 지금 시작하면 늦지 않습니다. 사랑하는 사람에게 고맙다는 말을 못했다면 지금 하고 또 하고 또 하면 됩니다.

고린도전서 13장은 유명한 사랑장입니다. 사랑은 오래 참고 사랑은 온유하며…. 사랑에 대해 말씀하고 있습니다. 고린도전서 13장이 말씀하는 사랑은 과거형이나 미래형이 아닙니다. "사랑은 오래 참았고 사랑은 온유하였고"가 아닙니다. "사랑은 오래 참을 것이고 사랑은 온유할 것이고"가 아닙니다. 고린도전서 13장이 말씀하는 사랑은 진행형입니다. 과거로부터 지금도 계속되고 있고 앞으로도 계속되는 것이 사랑입니다. 과거에 사랑한 것 가지고 되지 않습니다. 지금 사랑해야 합니다.

부부간에 과거에 뜨거운 사랑을 하여 결혼을 하였는데 그 사랑이 과거로만 끝난다면 이 가정은 불행한 가정입니다. 신앙도 그렇습니다. "과거에 뜨거운 믿음을 가졌는데, 과거에 어떻게 했었는데…" 하면서 과거에 머물러 있으면 불행한 사람입니다. 신앙도 진행형이 되어야 합니다. 성경은 하나님의 인간을 향한 러브스토리입니다. 이 러브스토리는 과거에 있었던 일을 기록한 것만이 아닙니다. 세상의 책은 과거의 사건을 기록한 책입니다.

그러나 성경은 지금도 하나님께서 우리를 사랑하고 계심을 증언하는 책입니다. 성경에는 하나님의 사랑이 나타나 있습니다. 구약의 율법을 보면 하지 말라는 명령이 참 많습니다. "살인하지 말라, 간음하지 말라, 도둑질하지 말라. 만약에 어기면 목숨을 끊겠다. 화를 내리겠다"라는 말씀이 많습니다. 그런데 이런 말씀을 주신 것은 하나님의 백성들이 성결하게 살기 원하시기 때문입니다.

당시에는 도덕이나 윤리에 대한 기준이 없기 때문에 하나님께서 이와 같이 법을 구체적으로 주셨습니다. 그런데 예수님 당시에는 가장 중심이 되는 십계명을 중심으로 613개의 율법이 있었습니다. 오늘 말씀을 준비하면서 이 613개의 율법을 읽어보았는데 613개의 율법은 하라는 긍정적인 율법이 248개이고, 하지 말라는 부정적인 율법이 365개입니다. 유대인들은 사람의 몸을 이루고 있는 모든 부분을 248개로 나누었습니다. 365는 일 년을 뜻합니다. 그러므로 율법은 일 년 365일 우리 인간이 온전히 지켜야 할 법을 의미합니다. 이 613개의 율법 외에 '새끼율법'이라 해서 수많은 시행세칙과 같은 조항들이 있었습니다. 그러니 움직이기만 하면 율법에 다 걸립니다.

식사를 하기 위해 손을 안 닦으면 율법에 걸리고, 닦으려면 물이 얼마만큼 있어야 하는지, 물을 손에 부으면 물이 어디까지 흘러야 하는지 율법은 자꾸 힘들게 했습니다. 유대인들은 이 율법을 잘 지키기만 하면 구원에 이를 것으로 착각을 했습니다. 기를 쓰고 율법을 지켰습니다. 그러나 율법에는 절대로 100점짜리가 없습니다. 율법은 잘하는 것을 칭찬하는 것이 아니라 못하는 것만 지적합니다. 그러니 재미가 없습니다. 지금도 율법 같은 사람은 재미가 없습니다. 잘하는 것 열 가지는 칭찬하지 않고 못하는 것 한 가지를 지적합니다. 이런 사람을 좋아하는 사람은 없습니다. 칭찬하면 고래도 춤추게 한다고 했습니다. 그러므로 자꾸 칭찬하는 말, 좋은 말을 해야 합니다.

어떤 부부의 간증을 보니 IMF를 겪으면서 생활이 힘들다 보니 부부관계가 악화되었습니다. 힘들 때 아내가 좀 위로의 말을 해주면 좋겠는데 아내도 힘이 드니 쏘는 말만 합니다. 돈을 못 벌어오고 싶어 못 벌어오는 것이 아닌데도 못 벌어온다고 하니 서로가 힘들어진 것입니다. 남편이 이리저리 생각하다가 하루는 출근을 하다말고 아내의 얼굴을 뚫어지게 쳐다보았습니다. "아니, 왜 그렇게 쳐다보는 거예요?" 역시 쏘아대는 아내에게 "여보, 당신 혹시 결혼했어?" 갑작스런 말에 아내는 무슨 뜻인가 순간 긴장을 했습니다. 그때 남편이 하는 말이 "당신이 하도 예뻐 보여서 다시 한 번 결혼 청혼하려고…" 하고는 돌아서서 출근을 했답니다. 이 말 한마디로 두 사람의 관계는 부드러워지기 시작했고 남편은 매일같이 아내를 즐겁게 할 유머를 준비해 하루를 시작했다는 것입니다. 여러분도 오늘 집에 가서 한번 해보시기 바랍니다. 좋은 말, 사랑의 말을 하는 습관을 가져야 행복해집니다.

긍정적인 말, 믿음의 말을 하는 습관을 가져야 축복을 받습니다. 옳은 말이라도 늘 지적하고 다니는 사람을 좋아하는 사람은 없습니다. 왜 그런지 아십니까? 사랑의 문제이기 때문입니다. 사랑하면 문제를 지적하는 방식이 달라집니다. 그러나 사랑하지 않으면 지적하지 않고는 자기가 견디지 못합니다. 하나님께서 우리에게 율법을 주신 이유는 인간을 구원하는 도구로 주신 것이 아니라 죄를 깨닫게 하시기 위해 주셨습니다. 율법은 우리로 하여금 하나님 앞에서 어쩔 수 없는 죄인임을 자인하고 더 이상 변명을 하지 못하도록 묶어놓는 검사와 같은 역할을 합니다.

그런데 이 율법은 못하는 것을 지적합니다. 그래서 서로를 힘들게 했습니다. 예수님께서 오늘 말씀에 새 계명을 준다는 말씀은 이 모든 앞선 율법을 하나로 해결하는 강력한 법을 주신다는 말씀입니다. 예수님의 새 율법은 아주 단순합니다. 서로 사랑하라는 것입니다. 내가 너희를 사랑한 것같이 서로 사랑하라는 것입니다. 십계명 중 앞의 4계명은 하나님에 대한 것입니다. 이 계명은 하나님 사랑으로 다 해결이 됩니다. 하나님을 사랑하면 우상을 숭배할 일이 없고 안식일을 지키지 않을 이유가 없습니다.

뒤의 6계명은 사람 사이에 관한 계명입니다. 서로 사랑하면 살인할 일도 없습니다. 사랑하면 가난한 이웃을 그대로 둘 리도 없고, 이웃의 것을 훔치기 위해 도둑질을 할 이유도 없습니다. 문제는 사랑입니다. 그런데 “내가 너희를 사랑한 것같이”라고 하셨습니다. 주님의 사랑은 십자가 사랑입니다. 우리를 위해 이 땅에 찾아오신 사랑입니다. 모든 모욕과 채찍과 굴욕을 다 참으신 사랑입니다. 목숨을 내어주는 희생의 사랑입니다.

정호승 시인의 《사랑에 대한 64가지 믿음》이라는 책에 실린 이야기입니다.

시골 초등학교 뒷산에서 보물찾기 대회가 열렸습니다. 초등학교를 졸업한 지 30여년 만에 모교를 찾은 졸업생들이 선생님과 함께 산으로 소풍을 갔습니다. 김판영 선생님의 제안에 의해 보물찾기가 시작되었습니다. 고향을 떠나 살면서 잃어버려서는 안 될 보물을 잃어버리고 살았다고 오늘 그 보물을 함께 찾자고 했습니다. 시간이 지난 후 졸업생들은 보물쪽지를 찾아 돌아왔습니다. 시상을 하는데 어떤 졸업생은 우정이라는 쪽지를 찾아왔습니다.

"네, 그렇군요. 그 동안 우리들은 정말 소중한 우정을 잃어버리고 있었군요." 그 사내에게 조그만 탁상시계 하나를 상품으로 주었습니다. 다음은 대머리가 된 사내가 내민 쪽지에는 '인내'라는 글씨가 씌어 있었습니다."네, 정말 그렇습니다. 우리는 어릴 때 쇠꼴을 먹이면서부터 길렀던, 가난을 참고 견디는 마음을 잃어버리고 말았군요." 어떤 이는 '희망'이라는 쪽지를 내고 상품을 타갔습니다. 사람들은 제일 큰 상품을 누가 탈 것인가 기대했지만 아무도 타가는 사람이 없었습니다.

그때 선생님은 말씀하시기를 "나는 오늘 여러분들을 만나서 퍽 반갑기도 하지만, 또한 퍽 유감이기도 합니다. 그것은 여러분들이 가장 소중한 보물을 찾지 못했기 때문입니다. 지금 우리가 잃어버리고 있는 것 중에서 가장 큰 것은 분명 사랑입니다. 잃어버린 사랑은 반드시 찾아야 합니다. 그렇지만 여러분, 희생이 없는 사랑은 없습니다. 여러분, 사랑을 위해서는 자기 자신을 버릴 줄 알아야 합니다. 나는 오늘 여러분들이 '희생'이라는 보물을 꼭 찾아 줄 것을 기대했습니다."

예수님은 우리를 너무나 사랑하셨기 때문에 십자가까지도 기꺼이 지셨습니다. 예수님의 몸을 희생해 주셨습니다. 예수님은 베드로에게 "내 양을 먹이라"고 먼저 말씀하시지 않고 "네가 나를 사랑하느냐?" 하고 세 번씩이나 물으셨습니다. 사랑하면 할 수 있다는 것입니다. 사랑은 만병통치약입니다. 사랑하면 미움이 사라집니다. 사랑하면 행복합니다. 사랑하면 오래 참습니다. 사랑하면 시기하지 않고, 사랑하면 자랑하지 않습니다. 사랑하면 교만하지 않습니다. 사랑하면 무례히 행하지 않습니다. 사랑하면 자기의 유익을 구하지 않고, 사랑하면 성내지 않습니다. 사랑하면 악한 것을 생각하지 않고, 사랑하면 불의를 기뻐하지 않습니다. 사랑하면 진리를 기뻐하고 모든 것을 참고 모든 것을 믿으며 모든 것을 견딥니다. 각종 방언과 천사의 말을 해도 사랑이 없으면 소리 나는 구리와 울리는 꽹과리와 같습니다. 이것이 고린도전서 13장의 내용입니다. 사랑하면 문제가 해결됩니다.

오늘 말씀을 준비하며 북한 탈북자들이 계속해서 눈앞에 어른거렸습니다. 우리가 사랑한다면 이들을 생각하며 마음이 아파야 하기 때문입니다. 이번 고난주간 금식헌금은 탈북자들을 위해 쓰려고 합니다. 여러분 모두 함께 동참해 주시기 바랍니다. 불평이 나오는 이유가 어디 있는지 아십니까? 사랑입니다. 사랑이 없기 때문입니다. 사랑하면 내가 바뀝니다. 내 자녀를 사랑하기 때문에 내 자녀가 좋은 대학에 들어가면 빚을 얻어 학교를 보내도 마음이 기쁩니다. 좋은 옷을 사주어도 마음이 기쁩니다. 왜요? 사랑하기 때문입니다. 그러나 사랑하지 않으면 아깝습니다.

엊그제도 50년 동안 절에 다니던 한 할머니의 집을 심방을 하였습니다. 이 할머니는 방에도 불상을 차려놓고 평생 밤이나 낮이나 절에서 불공을 드리며 사셨는데, 어느 날 우리 교회 권사님의 전도를 받고, 교회에 나오기 시작하면서 절이 그렇게 싫어지더랍니다. 그래서 절에 가서 주지스님과 보살에게 작별인사를 하였는데, 그분들도 정이 들어 온통 눈물바다가 되었다는 것입니다. 그러고 나서 집에 와서 평생 고이 모시던 불상을 다 치워버리고, 전도한 권사님이 가져다 준 십자가를 걸었는데, 그렇게 마음이 편하고 기쁠 수가 없고, 매 주일 예배시간마다 목사님 설교말씀을 들으면, 그 말씀이 얼마나 좋은지 목사님 얼굴만 봐도 좋다는 말씀을 하셨습니다. 그날도 말씀을 들으며 눈물을 흘리셨습니다.

그러면서 하시는 말씀이 설교시간에 있는 힘을 다하여 목사님 눈을 쳐다본다는 것입니다. 정신 차리지 않으면 졸기 때문에 목사님 눈을 힘을 다하여 쳐다본다는 것입니다. 이분은 예수 믿은 지 얼마 되지 않았지만 말씀을 깨달았습니다. 복음이 사랑에서 온다는 이 진리를 깨달은 것입니다. 이분이 "목사님, 저는 기도를 잘 못해요" 하시는데, 이분이 하는 기도를 하나님께서 얼마나 기뻐하시겠는가 생각을 했습니다.

초등학교에서 운동회를 하면 1학년 어린이들이 달리기를 합니다. 달리는 폼도 엉성하고 어설프기 짝이 없습니다. 그런데 그 모습을 보며 어른들은 박수를 치며 즐거워합니다. 왜요? 최선을 다해 달리는 모습이 아름답기 때문입니다. 우리 도림교회 성도들은 주님 앞에서 초등학교 1학년 어린이의 모습으로 천국까지 달려갈 수 있기를 간절히 바랍니다.

여러분, 신앙이 변질되지 않는 비법이 무엇인지 아십니까? 하나님의 사랑, 예수님의 그 사랑을 깨닫고 살면 신앙에 절대로 실패하지 않습니다. 나를 위해 목숨을 주시고 십자가에 달리신 그 사랑을 깨달으면 절대로 다른 길로 가지 않습니다. 신앙이 나태해지고 입에서 불평이 나오는 이유는 첫사랑을 잃어버렸기 때문입니다.

에베소 교회는 사랑이 뜨거운 교회였는데 처음 사랑을 잃어버렸습니다. 예수님은 회개를 촉구하시면서 회개하지 않으면 촛대를 옮기시겠다고 했습니다. 주님이 촛대를 옮기시면 겉모양만 남아 있을 뿐 그 안에 생명이 없는 것입니다. 우리는 늘 사랑에 대하여 이야기합니다. 그러나 주님처럼 사랑하기 어렵습니다. 우리는 늘 섬김에 대하여 이야기합니다. 요즘은 정치인들도 "섬기겠습니다" 하고 말합니다.

오늘 오후에 임직식을 합니다. 다른 교회의 임직식에 참석해 보면, 임직하는 장로님, 권사님, 안수집사님들의 표정이 비장합니다. "이제 제대로 섬기겠습니다. 제대로 주의 일 하겠습니다"라고 말하는 것 같습니다. 그런데 그 섬김이 끝까지 가는 사람이 많지 않습니다. 이번에 새롭게 세워지는 장로님들께 계속해서 부탁한 것이 '끝까지 섬겨달라'는 것입니다. "처음 예수 믿을 때 수줍었던 그 모습으로, 나의 뜻을 주장하기보다 듣는 입장이었던 그 모습으로, 끝까지 섬기면 신앙에 승리할 것"이라 했습니다. 오늘 성경에도 서로 사랑하면 사람들이 내 제자인 줄 알리라고 했습니다. 섬김이, 그 희생이 사람들로 하여금 예수님을 인정할 수밖에 없도록 만드는 것입니다.

주님의 제자로 인정해 주신다는 말씀은 약속이 있다는 말입니다. 우리의 모든 행위에는 상급이 있습니다. 행한 대로 갚아주시는 하나님이십니다.

당신의 그 섬김이 천국에서 해같이 빛나리
당신의 그 겸손이 천국에서 해같이 빛나리

(복음성가)

여러분의 그 섬김이, 여러분의 그 겸손이, 여러분의 그 사랑이 천국에서 해같이 빛나게 될 줄로 믿습니다.

사랑하는 성도 여러분, 주님이 우리에게 주신 십자가의 사랑을 이 사순절에 다시 한 번 기억하고 이 사랑으로 서로를 사랑하고, 교회를 사랑하고, 주의 종을 사랑하고, 이웃을 사랑하여 주님의 제자가 되고 천국에서 해같이 빛나는 성도들이 되시기를 바랍니다.

적 용

ⓐ 오늘 말씀의 주제 파악하기:

ⓑ 오늘 말씀 중 은혜 받은 부분 나누기:

ⓒ 삶에 구체적으로 적용하기:

함께 드리는 기도 제목

1. 부정의 말은 사라지고 긍정과 사랑의 말이 가득하게 하옵소서.
2. 주님의 십자가의 사랑을 기억하며 늘 사랑하며 사는 성도가 되게 하옵소서.
3. 잃어버린 사랑을 회복하여 사랑이 넘치는 가정, 구역, 교회가 되게 하옵소서.

15.

예수냐? 바라바냐?

» **본 문:** 마태복음 27장 20-26절
» **찬 송:** 144장(예수 나를 위하여, 통 144장)
» **요 절:** "백성이 다 대답하여 이르되 그 피를 우리와 우리 자손에게 돌릴지어다 하거늘 이에 바라바는 그들에게 놓아 주고 예수는 채찍질하고 십자가에 못 박히게 넘겨 주니라" (마 27:25-26)

오늘은 성찬예식이 있는 날입니다. 그래서 말씀을 짧게 전하려 합니다. 우리 인생은 늘 새로운 선택을 요구합니다. 학교의 선택, 직장의 선택, 배우자의 선택으로부터 '아침에 어떤 옷을 입을까? 전화를 할까? 무엇을 먹을까?' 하고 수없이 많은 선택을 합니다. 이 선택이 우리의 인생을 바꿉니다. 중요한 것은 선택에는 책임이 반드시 따라온다는 것입니다. 에덴동산에서 아담과 하와는 선악과를 선택할 것인가, 하나님의 말씀에 순종하는 것을 선택할 것인가의 기로에서 선악과를 선택했습니다. 그 선택의 결과를 책임지는 것입니다.

한 번도 의견의 충돌이 없이 평생을 살아온 부부가 있었답니다. 사람들이 궁금해서 물어보았더니 남편이 하는 말이 "나는 주로 큰 일에 대한 결정을 선택하고 사소한 일에 대해서는 아내가 결정하기 때문에 우리 집은 의견충돌이 한 번도 없었다"라고 대답을 했답니다. 그러면 큰 일은 어떤 일이고 사소한 일은 어떤 일인가 하고 물었더니 "국가위기나 민족중흥의 문제, 세계경제에 대한 문제 등 중대한 큰 문제는 주로 내가 결정하고, 집에서 하는 일 같은 사소한 일은 아내가 결정해 왔기 때문에 우리 집은 일체 의견충돌이 없습니다"라는 것입니다. 여러분의 가정에서도 그렇게 선택한다면 싸울 일이 없을 것입니다.

국회의원 선거를 눈앞에 두고 많은 갈등들이 있습니다. 정치적인 입장을 가지고 이야기하면 끝없는 갈등이 있습니다. 교회 안에서도 정치적인 입장을 가지고 이야기하면 걱정이 됩니다. 정치를 너무 좋아하지 마세요. 정치란 이기기 위해서 수단과 방법을 가리지 않는 특성을 가지고 있습니다. 그러다 보니 죄짓기 쉬운 자리입니다. 정치적인 입장은 누구나 가질 수 있는데 상대방이 몰라서 그렇다고 생각하고 무시하면서 나의 입장을 다른 사람들에게 주장하다 보면 다툼이 시작됩니다. 내 생각이 옳으면 다른 사람의 의견도 존중해 주어야 하는데 '어떻게 하면 다수의 힘을 가지고 소수를 이길 수 있을까?' 생각하다 보니 서로를 미워하게 되고 힘을 모으게 됩니다.

오늘 성경에도 이러한 모습이 나타나고 있습니다. 며칠 전 예수님이 예루살렘에 입성하실 때 사람들이 대단했습니다. 호산나를 부르며 수만의 사람들이 예수님을 따랐습니다. 이제 메시아의 시대가 도래하였다고, 유대 민족의 고난은 다 끝났다고 생각하는 사람들이 함성을 지르며 예루살렘 성전으로 몰려들어 왔습니다. 어느 누구도 이 행진을 제어할 수가 없었습니다. 이 모습을 보며 두려워하던 무리들이 있었습니다. 당시 기득권 계층인 제사장들, 사두개인들, 유대 지도자들입니다. 이들은 자신들의 기득권을 놓치고 싶지 않았습니다. 이들에게는 명예와 부가 있었습니다. 어느 시대에나 종교지도자들이 명예와 부를 좇으면 타락하게 되어 있습니다. 이것은 역사가 증명하는 것입니다.

명예와 부는 하나님께서 우리에게 주신 축복입니다. 그러나 주 안에서 명예를 누리고 주 안에서 부를 소유해야 죄의 길로 가지 않습니다. 물질은 인간을 교만하게 만듭니다. 높은 자리에 오르게 되면 그 명예가 인간을 교만하게 만듭니다. 조심하지 않으면 그렇게 됩니다. 그래서 하나님께서는 사랑하시는 자녀들에게 기도하게 만드십니다. 우리는 왜 성경의 인물들이 그렇게 고난을 받았는지를 깨달아야 합니다. 그 고난을 통해서 하나님 앞에 엎드리고 하나님을 의지하고 기도하는 사람으로 변화되어 갔습니다. 성경은 변화된 사람들의 이야기입니다. 사람은 누구나 다 변합니다. 축복된 삶은 처음보다 나중에 더 잘되는 삶입니다. 잘나가다가 망하고 끝나면 안 됩니다. 망했어도 주님을 붙들고 다시 흥해야 합니다.

우리는 믿음의 선조들이 순교자의 정신과 주님의 교회를 섬기는 희생으로 오늘 우리가 축복을 받았습니다. 오늘 한국교회의 위기는 이 복음 중심의 정신이 희미해져 간다는 데에 있습니다. 오늘 우리는 기도해야 합니다. "하나님, 우리 한국교회의 믿음이 주님 오시는 날까지 순결하도록 지켜주십시오" 하고 쉬지 않고 기도해야 한다는 것입니다. 오늘 여러분에게 주신 물질과 명예를 감사하십시오. 그러나 주 안에서 그 축복을 누리는 성도들이 되시기를 바랍니다.

평소에 이들에게 도전적이었던 예수를 어떻게 하면 제거할 것인가 고심하던 이들이 모여 세를 과시합니다. 이들은 예수님을 빌라도의 법정에 세웠습니다. 유대인의 종교회의는 사형권이 없었기 때문입니다. 예수님을 죽이기 위해서는 사형권이 있는 로마 법정에 세워야 하는데 예수님에게는 마땅한 죄목이 없었습니다. 그래서 이들은 예수님을 유대인의 왕이라는 죄목으로 빌라도의 법정에 세웠습니다. 유대인들이 지금 죽이려 하는 이 예수를 자신들의 왕, 유대인의 왕이라고 하는 코미디 같은 일이 벌어지고 있습니다. 어제는 예수님을 따랐던 백성들 중에 실망한 사람들도 오늘 함께 모여들었습니다. 예수님께서 기적을 베풀며 새 나라를 세울 줄 알았는데 힘없이 로마 병사들에게 잡혀온 것을 보고 실망한 것입니다.

빌라도는 유대에 대해 정통한 사람이었습니다. 지금 벌어지고 있는 일의 배경을 잘 알고 있었습니다. 그래서 예수를 살려줄 것인가, 십자가에 달리도록 내어줄 것인가 선택의 기로에서 고심하는 빌라도의 모습입니다. 오늘 본문 앞 19절을 보면 "그의 아내가 사람을 보내어 이르되 저 옳은 사람에게 아무 상관도 하지 마옵소서 오늘 꿈에 내가 그 사람으로 인하여 애를 많이 태웠나이다"라는 전갈을 받았습니다. 일설에 의하면 그의 아내 클라우디아는 밤새도록 악몽을 꾸었는데 그 꿈이 너무나 현실 같았습니다. 꿈속에 끝이 보이지 않는 수많은 사람들이 모여 함께 합창을 하는데 예수께서 본디오 빌라도에게 고난을 받았다고 하는 것입니다.

오늘 우리가 예배 시간마다 사도신경을 고백합니다. 그 모습을 보았던 것입니다. 너무나 생생하고 수많은 목소리가 한 목소리로 본디오 빌라도를 말하는데 소름끼치는 장면에 클라우디아는 소스라쳐 일어나 남편에게 전갈을 급히 보냈다는 것입니다. "그 사람은 죄가 없으니 제발 그 사람 일에 상관하지 마세요. 절대로 하면 안 됩니다." 이 전갈을 받고 빌라도가 마음에 번민이 되었습니다.

빌라도는 예수님을 살리려 했습니다. 그래서 고민한 끝에 바라바라 하는 죄수를 이들 앞에 세우고 예수냐 바라바냐 한 사람을 택하라고 합니다. 당시 유대인의 절기에는 중한 죄수를 풀어주는 관습이 있었음을 알고 있었기 때문입니다. 바라바는 폭도요 살인자라고 했습니다. 유대인들이 당연히 죄 없는 예수를 풀어줄 것으로 생각했습니다. 그런데 군중들은 바라바를 놓아주기를 원했습니다. 빌라도가

"그러면 내가 어떻게 하랴?" 하고 물을 때에 "십자가에 못 박으라"고 군중들이 외쳤습니다. 빌라도는 민란이 나려는 것을 두려워했습니다. 민란이 나면 로마 정부로부터 그 책임을 추궁당할 것입니다. 자신의 자리가 위태해질 것입니다. 이때에 빌라도는 자신의 명예와 자리를 선택했습니다. 그런다고 그 명예와 자리가 보존되는 것이 아니었습니다.

빌라도는 이후 얼마 되지 않아 총독의 권좌에서 쫓겨나게 됩니다. 역사가 유세비우스에 의하면 그는 이 비극의 순간을 잊지 못해 고심하다가 5년 후에 유배당하여 자살했다고 기록하고 있습니다. 빌라도는 예수님을 풀어 줄 권한이 있는 사람이었습니다. 그러나 사람들과 타협합니다. 여러분, 복음은 타협하는 것이 아닙니다. 타협하는 순간 복음은 더 이상 복음이 아닙니다.

이 종은 첫 목회지에서 복음에 합당하지 않으면 물러서지 않았습니다. 언제든지 사표를 내고 나간다는 마음으로 목회를 했습니다. 그런데 10여 년이 지나면서 자꾸 한쪽 눈을 감는 나의 모습을 발견하게 됩니다. 그래서 기도합니다. "하나님, 다른 것은 다 양보하고 참아도 복음에 대한 것만은 물러서지 않게 해주십시오" 하고 늘 기도했습니다. 왜요? 앞으로 그 죗값을 받게 될 것이기 때문입니다. 복음을 회피한 죗값은 상상할 수 없는 것이기 때문입니다. 빌라도는 자신의 책임을 회피하고 물로 손을 씻으며 나는 죄가 없으니 너희가 당하라고 했습니다. 그러나 그의 죄는 영원히 씻어지지 않았습니다.

죄는 물로 씻어지는 것이 아닙니다. 우리의 죄를 씻어주실 이는 예수님밖에는 없습니다. 인간의 죄는 인간이 해결할 수 없습니다. 천 번을 절한다고 해결되는 것이 아닙니다. 성경공부를 한다고 해결되는 것도 아닙니다. 헌금을 많이 드린다고 해결되는 것도 아닙니다.

주님께서 여러분의 죄를 씻어주셔야만 해결되는 것을 믿으시기 바랍니다.

유대인들은 자신들의 죄를 자신들에게 돌리라고 용감하게 외쳤습니다. 그 후 이들은 2천 년 동안이나 나라를 잃고 살아야 했습니다. 역사적으로 수많은 고난을 당했습니다. 내가 주 앞에서 말을 조심해야 합니다. 행위를 조심해야 합니다. 내가 한 말에 대해서는 반드시 책임을 물으시는 하나님이시기 때문입니다.

이스라엘 백성들이 광야에서 물이 없어 고난을 당할 때 이들은 "애굽에 매장지가 없어서 우리를 이곳에 끌어내어 죽게 하느냐?"라고 불평했습니다. 그 말 그대로 이들은 여호수아와 갈렙 외에는 모두 광야에서 매장되고 말았습니다. 감사하는 사람에게는 감사의 열매가 맺힙니다. 감사는 성령님의 은사입니다.

감사는 하나님의 영역입니다. 그래서 감사하는 자를 하나님은 기뻐하시고 감사할 조건을 자꾸 모아주십니다. 그래서 범사에 감사하라고 하셨습니다. 범사라는 말은 감사할 수 없는 일을 만나도 감사하라는 말씀입니다. 불평과 원망은 사탄의 영역입니다. 그래서 불평하고 원망할 때에 사탄은 기뻐합니다. 원망하고 불평할 일들을 자꾸 모아다 주는 것입니다.

그러므로 여러분은 주 안에서 늘 감사하고 기뻐하는 성도들이 되시기를 바랍니다. 오늘 말씀에 또 한 종류의 사람이 나옵니다. 강도 바라바입니다. 바라바는 은혜 받은 사람입니다. 이 사람은 지하 감옥에 있다가 사형을 언도받고 죽을 날을 기다리는 사람이었습니다. 그런데 예수님이 이 사람 대신 죽으셨습니다. 바라바는 사람들 틈에 끼어 예수님이 달리신 골고다 언덕을 따라갔을 것입니다.

바라바는 가장 감사해야 할 사람입니다. 그렇지 않으면 골고다 언덕에 세워진 세 개의 십자가 중 하나가 자신의 것이 될 뻔했기 때문입니다. 여러분, 바라바는 다른 사람이 아닌 바로 나 자신입니다. 내가 가장 주님 앞에 감사해야 할 사람입니다. 예수님께서 나의 죄를 대신하여 십자가에 달려주셨기 때문입니다.

그러므로 감사하는 삶을 살아가시기 바랍니다. 내 속에는 옛사람, 강도의 모습이 있습니다. 옛사람을 쉽게 생각하지 않아야 합니다. 옛사람이 무섭습니다. 옛사람은 잘 죽지 않습니다. 늘 다시 살아납니다. 우리를 호시탐탐 노리고 있다가 죄로 다시 끌고 가려고 합니다. 그러므로 예수님의 손을 붙잡고 있어야 안전한 것입니다. 교회는 여러분을 보호하는 곳입니다. 여러분이 교회에 나와 하나님의 말씀을 들으면 그 말씀이 여러분을 깨끗하게 하고 여러분을 강한 주의 용사로 만드는 줄로 믿으시기 바랍니다.

곤한 내 영혼 편히 쉴 곳과 풍랑 일어도 안전한 포구
폭풍까지도 다스리시는 주의 영원한 팔 의지해
주의 영원하신 팔 함께 하사 항상 나를 붙드시니
어느 곳에 가든지 요동하지 않음은 주의 팔을 의지함이라

(찬송가 406장)

오늘 우리가 사는 세상은 예수냐 바라바냐 선택을 요구합니다. 군중들과 빌라도는 바라바를 선택했습니다. 예수냐 바라바냐 하는 선택은 대단한 것만 있는 것이 아닙니다. 하루하루의 삶속에서 끊임없이 요구되는 것이 이러한 선택입니다. 이번 주간에도 고난주간 특별새벽기도를 참석해야 하냐 하는 고민이 있을 것입니다. 성금요일 금식기도가 있을 것입니다. 매시간 예수님을 선택하는 요구들이 있을 것입니다. 우리 도림의 성도들은 예수, 예수, 예수를 선택하는 성도들이 되시기를 바랍니다.

왜 사십니까? 예수! 누구를 위해 삽니까? 예수! 누구를 선택할 것입니까? 예수! 할렐루야. 주님 만날 때까지 예수를 선택할 수 있기를 바랍니다. "누구든지 사람 앞에서 나를 시인하면 나도 하늘에 계신 내 아버지 앞에서 그를 시인할 것이요 누구든지 사람 앞에서 나를 부인하면 나도 하늘에 계신 내 아버지 앞에서 그를 부인하리라"(마 10:32-33)고 하셨습니다.

오늘 말씀을 준비하며 골고다 언덕 위에 세워진 네 개의 십자가를 생각해 보았습니다. 저는 말씀을 준비하며 영화처럼 말씀의 장면을 그려보곤 합니다. 네 개의 십자가에 달려 있는 또 하나의 사람이 바로 나였습니다. 그렇습니다. 오늘 우리는 사순절을 맞이하며 십자가에 달리신 주님의 이야기가 바로 나의 이야기가 되어야 합니다. 나를 주님과 십자가에 함께 못 박고, 나의 더러운 죄를 못 박고, 나의 불평을, 원망을, 불신앙을, 불순종을, 나의 옛사람을 다 십자가에 못 박는 사순절이 되기 바랍니다. 그래서 주님과 함께 고난에서 십자가까지, 다시 부활의 승리까지 함께 하는 우리 도림의 성도들이 되시기를 바랍니다.

적 용

ⓐ 오늘 말씀의 주제 파악하기:

ⓑ 오늘 말씀 중 은혜 받은 부분 나누기:

ⓒ 삶에 구체적으로 적용하기:

함께 드리는 기도 제목

1. 일평생 예수님만 선택하는 삶이 되게 하옵소서.
2. 우리 가정과 구역에 십자가의 은혜가 가득하게 하옵소서.
3. 주님의 십자가를 선택하는 교회와 민족이 되게 하옵소서.

16.

부활하신 예수님

» **본 문:** 누가복음 24장 30-39절
» **찬 송:** 161장(할렐루야 우리 예수, 통 159장)
» **요 절:** "예수께서 이르시되 어찌하여 두려워하며 어찌하여 마음에 의심이 일어나느냐 내 손과 발을 보고 나인 줄 알라 또 나를 만져 보라 영은 살과 뼈가 없으되 너희 보는 바와 같이 나는 있느니라"(눅 24:38-39)

오늘 말씀은 글로바라는 제자와 이름이 알려지지 않은 한 제자가 예수님을 만난 사건을 기록한 것입니다. 이들은 예루살렘에서 있었던 일을 이야기하며 엠마오라는 마을로 가고 있었습니다. 그때 예수님께서 이들에게 가까이 가셔서 무슨 이야기를 하고 있느냐고 물으셨습니다. 이들은 예수님의 음성을 듣고 예수님을 보면서도 예수님을 알아보지 못했습니다. 이들의 마음속에는 슬픔과 두려움으로 가득 차 있었기 때문입니다. 더 근본적인 문제는 이들이 예수님의 말씀을 잊어버리고 있었기 때문입니다.

예수님께서는 수차례나 앞으로 있을 일에 대하여 이미 말씀해 주셨습니다. 마태복음 16장 21절에 "이때로부터 예수 그리스도께서 자기가 예루살렘에 올라가 장로들과 대제사장들과 서기관들에게 많은 고난을 받고 죽임을 당하고 제삼 일에 살아나야 할 것을 제자들에게 비로소 나타내시니", 누가복음 18장 32절에 "인자가 이방인들에게 넘겨져 희롱을 당하고 능욕을 당하고 침 뱉음을 당하겠으며 그들은 채찍질하고 그를 죽일 것이나 그는 삼 일 만에 살아나리라"고 말씀하셨습니다. 이외에도 성경 곳곳에서 예수님의 고난과 부활에 대하여 말씀을 주셨습니다. 그런데 제자들이 잊어버린 것입니다.

요즘 이야기를 들어보니 잘 잊어버리는 사람들이 참 많습니다. 전화를 걸다가 신호는 가는데 내가 누구에게 전화 걸었는지 기억이 안 나서 "실례지만 거기 누구세요?" 하는 사람들도 꽤 있답니다. 아침에 치아를 닦으려고 칫솔을 찾다보면 매일 사용하는 내 칫솔이 파란색인지 빨간색인지 생각이 안 나는 사람들도 생각보다 많답니다. 어떤 분은 미장원에 가서 시간이 없으니 30분 안에 드라이만 해 달라고 부탁했답니다. 미장원 사장님이 조금 손을 보다가 이왕 오신 것 파마하시면 좋겠다고 했더니 그러라고 했답니다. 머리를 다하고 집에 와 보니 딸 결혼식인데 미장원에 들러 머리를 손보려 하다가 건망증 때문에 그만 잊어버린 것입니다. 그래서 그만 자기 딸 결혼식도 비디오로 시청을 했답니다.

그러나 여러분, 걱정하지 마세요. 건망증은 박사에게도 오고 과학자에게도 옵니다. 건망증은 누구에게나 다 오는 것입니다. 사람이 나이가 들면 다 변하는 것입니다. 얼굴이 아름다워도 자랑할 것이 없습니다. 60-70이 넘어가면 외모라는 것이 거의 비슷비슷해집니다. 설교말씀을 들을 때에도 조금 지나면 다 잊어버립니다. 지난 주일 여러분에게 말씀을 전했는데 다 잊어버립니다. 그래서 말씀을 들을 때 지금 은혜 받는 것이 중요합니다. 메모도 할 필요 없습니다. 메모에 신경 쓸 힘이 있으면 더 정신을 집중하여 말씀을 듣고 아멘 하고 은혜를 받으세요. 다음 주일이면 주보에 설교가 요약되어 나오고 일년이 지나면 책으로 나옵니다. 그러니 메모할 필요가 없어요. 지금 은혜 받는 것이 중요합니다. 명성교회가 부흥한 이유를 분석하기를 목사님이 늘 "나를 보세요" 한다는 것입니다. 여러분, 말씀을 똑바로 보셔야 합니다. 나를 보세요.

이 세상의 모든 것들은 다 잊어버리게 됩니다. 그러나 우리가 절대로 잊지 않아야 할 것이 있습니다. 주님의 은혜를 잊어버리면 안 됩니다. 날 위해 지신 십자가와 흘려주신 그 보혈을 잊으면 안 되는 것입니다. 우리는 내가 이 세상에 태어난 생일은 안 잊어버리려고 애씁니다. 그러나 정말 중요한 것은 내가 이 세상에 온 날을 기억하는 것이 아니라 이 세상을 떠나갈 날을 잊어버리면 큰일 나는 것입니다.

잠시 세상에 내가 살면서 항상 찬송 부르다가
날이 저물어 오라 하시면 영광 중에 나아가리
열린 천국문 내가 들어가 세상 짐을 내려놓고
빛난 면류관 받아쓰고서 주와 함께 길이 살리

(찬송가 492장)

잠시 세상에 사는 동안 우리가 할 일은 주님을 찬송하며 사는 일입니다. 하루가 지나면 날이 저물듯이 인생이 날이 저물면 주님께로 가야 하기 때문입니다. 이 세상의 많은 사람들이 다른 것에 수많은 관심을 가지고 살면서, 애를 쓰면서 살면서 정작 나의 문제에 대해서는 잊고 살아갑니다. 우리 인생은 날마다 저물어 갑니다. 이 세상에 가장 중요한 것이 여러분의 영혼입니다.

오늘 엠마오 마을로 가는 두 제자는 영의 눈이 잠겨 있었습니다. 그래서 오신 예수님을 만나 예수님의 말씀을 들으면서도 예수님을 알지 못했습니다. 그렇습니다. 영안이 닫혀 있으면 하나님의 말씀을 들으면서도 하나님을 알지 못합니다. 이들은 예수님에 대하여 상당히 많이 알고 있었습니다. 그는 하나님과 모든 백성 앞에서 말과 일에 능하신 선지자라고 했습니다. 대제사장들과 관원들이 예수님을 십자가에 못 박았다고 했습니다. 예수님이 지금 무덤에 없는 것도 다 알고 있었습니다. 그런데 예수님께서 부활하시겠다고 하신 말씀을 잊어버렸습니다. 왜요? 이들의 이야기 속에 그 이유가 다 들어 있습니다. "우리는 이 사람이 이스라엘을 속량할 자라고 바랐노라"고 했습니다.

이들은 자기들의 생각이 너무 강하다 보니 주님의 말씀을 제대로 깨닫지 못했던 것입니다. 이스라엘의 구원자로 오실 것은 알고 있었으나 이들은 정치적 메시아로 예수님을 생각했습니다. 예루살렘에 입성하신 예수님께서 이제 로마까지도 꼼짝 못하게 하시고 이스라엘이 전 세계를 호령하는 나라가 될 것을 생각했습니다. 그런 예수님께서 십자가에 힘없이 달려 돌아가셨으니 가슴이 무너졌습니다. 모든 희망이 다 사라졌습니다. 나의 눈으로 성경을 보면 이와 같은 시험에 빠지는 것입니다. 성경이 나를 보도록 해야 합니다. 성경은 하나님의 살아 계신 말씀입니다. 이 말씀 앞에 복종하는 삶을 살아야 합니다. 나의 눈으로 성경을 해석하려 하다 보니 하나님 중심의 신앙이 아니라 내가 해석하는 하나님 신앙이 되어 버리게 됩니다. 교회는 이래야 된다고 말하는 사람들이 있습니다. 교회가 정의로워야 되고, 교회가 바르게 서야 한다고 말하는 사람들이 있습니다. 다 맞는 말입니다.

그런데 더 중요한 것은 이 교회를 주님의 핏값으로 사셨다는 사실을 잊어버리면 안 됩니다. 이 교회를 통하여 하나님의 말씀을 주시고 이 교회를 통하여 나의 영혼을 지켜주심을 감사하는 마음을 잊어버리면 안 되는 것입니다. 내 생각으로 교회를 세우면 안 됩니다. 교회가 여러분을 세우는 것입니다. 교회를 바라보면 감사해야 합니다. 여호와의 증인이 따로 있는 것이 아닙니다. 부활의 신앙이 잘못되면 여호와의 증인처럼 이 세상에 왕국을 세우려고 합니다. 신천지가 따로 있는 것이 아닙니다. 신천지 같이 누가 왔다고 하니 이리저리 흔들리는 것입니다.

예수님께서는 엠마오 마을로 가는 제자들에게 미련하고 더디 믿는 자들이라고 말씀하셨습니다. 안 믿는 것이 아니라 더디 믿는 것입니다. 자기들의 생각에 예수님을 맞추고 있으니 더디 믿게 된 것입니다. 오늘 우리들 가운데도 더디 믿는 자들이 있습니다. 안 믿는 것이 아니라 내 생각을 포기하지 않고, 내 생각에 기독교를 맞추려고 하다 보니 더디 믿는 것입니다. 예수님께서는 이것을 미련하다고 하셨습니다.

30절을 보면 이들과 함께 음식을 잡수시며 떡을 가지사 축사하시고 떼어 그들에게 주시니 이들의 눈이 밝아져 예수님인 줄 깨닫게 되었습니다. 예수님께서 이들을 위해 기도해 주셨습니다. "이들의 눈이 열려져 하나님을 보게 해주옵소서" 하고 기도하셨습니다. 우리가 주님을 믿게 되는 것은 전적으로 하나님께서 우리에게 허락하시는 은혜입니다. 그래서 예배에 한 번 참석한 사람도 은혜를 주시면 확실히 믿어지는 것입니다. 영의 눈이 밝아지면 예수 믿는 길이 보입니다. 기쁨이 있고 감사가 있고 행복하게 됩니다.

매 주일 여러분에게 "행복하게 삽시다" 하고 서로 인사하는 것은 우리가 행복하게 살도록 노력하자는 것이 아닙니다. 어서 빨리 하나님의 은혜를 깨닫고 하나님의 보호하시는 손 안에 들어와 행복한 성도의 삶을 살라는 말입니다. 내가 하려고 하면 피곤합니다. 곤고합니다. 지치게 됩니다. 인간이 실패하는 것은 하나님을 떠나 내 힘으로 살려고 할 때에 실패하게 됩니다. 우리는 잘되고 형통할 때에 조심해야 합니다. 교회도 부흥할 때에 조심해야 합니다. 우리 교회가 노회에서 제일 많은 상회비를 내게 되었습니다. 가장 큰 교회가 되었다는 말입니다. 이때에 조심해야 합니다. 하나님의 은혜와 긍휼이 없으면 순식간에 넘어지는 것입니다. 이런 때일수록 어려운 교회를 잘 섬겨야 합니다.

복음을 전하는 일에 힘을 써야 합니다. 선교하는 일에 더 힘을 써야 합니다. 더 겸손해져야 합니다. 더 낮아져야 합니다. 하나님의 은혜와 긍휼이 없이는 안 된다는 것을 잊지 않아야 하는 것입니다. 교회 건물이 있다고 다 성령님이 역사하는 교회가 되는 것은 아닙니다. 성령님은 우리가 죄를 지으면 떠나시는 하나님입니다.

삼손은 하나님께서 이미 떠나신 줄을 모르고 살았습니다. 사사기 16장 20절에 "삼손이 잠을 깨며 이르기를 내가 전과 같이 나가서 몸을 떨치리라 하였으나 여호와께서 이미 자기를 떠나신 줄을 깨닫지 못하였더라"고 했습니다. 우리가 하나님을 떠나 교만해지면 떠나시는 것입니다. 이스라엘 백성들이 교만해집니다. 하나님의 은혜를 잊어버리면 그 다음에 찾아오는 공식이 교만해지는 것입니다. 그러면 하나님께서 떠나십니다.

그러나 하나님의 말씀을 중심으로 살면 우리를 떠나지 아니하십니다. 하나님은 떠나지 않으시고 지켜주십니다. 신명기 31장 6절에 "너희는 강하고 담대하라 두려워하지 말라 그들 앞에서 떨지 말라 이는 네 하나님 여호와 그가 너와 함께 가시며 결코 너를 떠나지 아니하시며 버리지 아니하실 것임이라"고 말씀하셨습니다. 우리 성도들은 늘 하나님이 떠나지 아니하시고 동행하시는 성도들이 되시기를 바랍니다.

32절에 "길에서 우리에게 말씀하시고 우리에게 성경을 풀어 주실 때에 우리 속에서 마음이 뜨겁지 아니하더냐"라고 했습니다. 성령 충만하면 마음이 뜨거워집니다. 이 사실을 잘 알아야 합니다. 고린도전서 13장에 사도 바울이 사랑을 말씀하는 것은 성령님이 오시면 내 마음이 뜨거워져 말씀을 들으며 기뻐하게 됩니다. 하나님을 찬양하게 됩니다. 하나님의 사랑이 내게 임하게 됩니다. 성령님이 떠나시면 차가워지게 됩니다. 성령을 떠난 사람은 얼굴이 벌써 차갑습니다. 어둡습니다. 눈이 뱀의 눈같이 변합니다. 옆 사람의 얼굴을 한번 보세요. 인사합시다. "당신은 성령 충만한 사람입니다." 할렐루야.

우리는 가정을 위하여 기도할 때에도 성령 충만을 위해 기도해야 합니다. "내 자녀가 성령 충만하게 해주시옵소서. 내 남편이, 내 아내가, 내 구역원이, 목사님이 성령 충만하게 해주시옵소서"라고 기도해야 하는 것입니다. 성령 충만하면 은혜의 눈이 됩니다. 뱀같이 꼬부라진 눈이 천사의 눈으로 변하는 것입니다. 성령 충만한 사람은 모든 것을 사랑의 눈으로 봅니다.

여러분, 사랑의 눈이 무엇인지 아십니까? 내 자녀가 잘못된 길로 가면 안타까워합니다. 눈물이 납니다. 학교에 안 가고 없어지면 주유소로, 편의점으로 자식을 찾으러 헤매는 부모들을 여럿 보았습니다. 내 자식이 그렇게 되었다고 비난하지 않습니다. 눈물이 나는 것입니다. 왜요? 사랑하기 때문입니다. 그러나 사랑이 없으면, 남의 자식이면 "그 아이 못쓰게 되었다"라고 남의 이야기를 합니다. "그 집 참 골치 아프게 되었다"라고 합니다. 여기에는 사랑이 없습니다.

사랑하면 내 자식이 밥만 잘 먹어도 얼마나 예쁜지 어쩔 줄 모릅니다. 나는 고기 한 점 사먹는 것이 아까워서 못 먹어도 자식이 사 달라고 하면 "학교 갔다 와라" 하고 당장 한우 고기를 사러 달려갑니다. 나는 시장에서 옷을 사 입어도 자식에게는 노스페이스 비싼 옷을 사 입혀놓고 좋아합니다. 이것이 사랑입니다. 사랑하면 관점이 달라지는 것입니다. 여러분은 교회를 사랑의 눈으로 바라보셔야 합니다. 그러면 행복해집니다. 영적으로 충만하고 축복을 받게 되는 것입니다.

마지막으로 부활의 증인이 되시기 바랍니다. 이들은 예루살렘으로 돌아가서 예수님께서 행하신 일과 자기들에게 나타난 일을 사람들에게 증거했습니다. 부활은 기독교신앙의 핵심입니다. 우리가 선하게 살려고 예수 믿고, 축복받고 살려고 예수 믿는 것이 아닙니다. 이것은 예수 믿고 나면 저절로 오는 것입니다. 우리는 부활하신 예수님을 믿고 나도 부활에 참여하기 위해 예수 믿는 것임을 잊지 마시기 바랍니다. 부활은 2천 년 전 저 먼 나라 이스라엘에 일어났던 역사적 사건입니다. 그런데 우리가 2천 년 전 일을 새삼스럽게 요란하게 지킵니다.

지난 일주일도 고난주간 특별새벽기도회에 많은 사람들이 나왔습니다. 부흥회 때도 그렇게 많은 사람들이 나온 적이 없었습니다. 우리 성도들이 나와서 주님의 고난에 참여하고 부활의 승리에 이르기를 함께 기도했습니다. 부목사님들이 "목사님! 우리 교인들이 기도를 오래 합니다. 예전에는 설교만 듣고 일찍 갔는데, 이번에는 기도를 오래 합니다" 하는 것입니다.

인류 역사상 위대한 성인들을 위해 기억하고 그들의 고난에 동참하겠다고 함께 나와 기도하지 않습니다. 나폴레옹을 위해, 세종대왕을 위해, 이순신 장군을 위해 그가 당한 고난에 동참하겠다고 모여들지 않습니다. 그러나 우리는 2천 년 전 주님의 고난을 생각하며 부활의 주님을 찬양하며 주님 앞에 나오는 것입니다. 왜요? 그 부활이 나와 상관이 있기 때문인 줄로 믿습니다. 예수님은 우리의 죄악을 대신 지시고 십자가에서 못 박혀 죽으셨습니다. 그리고 죄를 이기시고 3일 만에 다시 부활하셨습니다.

여러분, 주님의 부활을 믿습니까? 예수님이 십자가에서 돌아가신

다음 날, 한 친구가 아리마대 요셉을 다그쳤습니다. "자네, 미쳤나? 그렇게 비싼 돈을 들여 새로 단장한 무덤을 남에게 내주다니…" 그러자 아리마대 요셉이 하는 말이 "아니, 며칠만 잠깐 쓰겠다길래…" 했습니다. 그렇습니다. 예수님은 무덤에 영원히 머무르지 않으셨습니다. 무덤의 권세를 이기시고 부활하셨습니다. 예수님의 부활은 안식일을 주일로 만들었습니다. 예수님의 부활은 수많은 교회들이 세워지게 했습니다. 부활은 수많은 사람들을 증인 되게 했습니다. 사람들은 누구나 죽음을 두려워합니다. 저는 많은 죽음을 보았지만 죽음 앞에서 담대한 용사들을 많이 보았습니다. 예수님을 믿으므로 나에게도 부활이 다가올 것을 영의 눈으로 바라보았기 때문입니다.

오늘 엠마오 마을로 가는 두 제자는 영의 눈이 열려 예수님을 바라보고 예수님의 증인이 되었습니다. 예수님께서는 증인이 된 이들에게 다시 나타나셨고 베드로와 수많은 제자들에게 나타나셨습니다. 부활하신 예수님을 만난 500여 제자들이 이후 부활의 증인이 되어 용감하게 복음을 전하며 살았습니다. 그래서 전 세계로 복음이 전파된 것입니다. 바로 부활의 증인으로부터 시작된 것입니다.

사랑하는 성도 여러분, 여러분도 영의 눈이 열리고 성령 충만하여 예수님의 증인, 부활의 증인이 되는 성도들이 되시기를 바랍니다.

적 용

ⓐ 오늘 말씀의 주제 파악하기:

ⓑ 오늘 말씀 중 은혜 받은 부분 나누기:

ⓒ 삶에 구체적으로 적용하기:

함께 드리는 기도 제목

1. 영의 눈으로 십자가 사건과 부활의 역사를 바라보게 하옵소서.
2. 우리 가정과 구역이 성령 충만하게 하옵소서.
3. 우리 교회가 부활의 증인 되게 하옵소서.

17.

소망을 디자인하라

» **본 문:** 시편 42편 1-5절
» **찬 송:** 95장(나의 기쁨 나의 소망되시며, 통 82장)
» **요 절:** "내 영혼아 네가 어찌하여 낙심하며 어찌하여 내 속에서 불안해하는가 너는 하나님께 소망을 두라 그가 나타나 도우심으로 말미암아 내가 여전히 찬송하리로다"(시 42:5)

시편 42편 제일 앞에 보면 "고라 자손의 마스길, 인도자를 따라 부르는 노래"라고 되어 있습니다. '마스길'이란 히브리어로 '교훈'이라는 뜻인데 '고라 자손을 통해 주신 하나님의 교훈'이라는 뜻입니다. '인도자를 따라 부르는 노래'라는 말은 우리나라에서도 옛날에 한 사람이 선창을 하면 따라서 여러 사람이 후창을 합니다. 바로 그런 것입니다. 천주교에서 미사드릴 때 보면 신부님이 선창을 하고 회중들이 후창을 하는 그런 것입니다.

고라 자손은 원래 레위 지파입니다. 그래서 성전에서 일하고 찬양도 하고 제사장을 돕는 일을 했습니다. 이 고라 자손은 우리가 너무나 잘 압니다. 이스라엘 백성들이 출애굽 할 때에 고라 자손이 백성들을 선동했습니다. 모세에게 불평하며 "하나님께서 너에게만 말씀하시냐? 우리도 하나님의 일을 한다" 하고 교만하여 대적했습니다. 모세와 아론을 죽이려고 했습니다. 이때 모세가 다급하여 하나님께 기도하자 고라와 그를 따르던 무리들 250명을 땅이 삼켜 버렸습니다. 제사를 드리겠다고 향로를 가지고 들어갔던 자들은 불타 죽었습니다. 그런데 오늘 말씀을 보면 고라 자손의 마스길이라고 되어 있습니다.

하나님께서 고라 자손에게도 은혜를 베푸셨다는 말입니다. 그들의 죄로 본다면 자손들까지 다 죽어야 했지만 하나님께서는 그 자손들에게 죄를 묻지 아니하시고 다시 성전에서 일할 기회를 주셨습니다. 그러므로 이들은 은혜를 받은 사람들입니다. 찬양을 하면서 감사했을 것입니다. 죽을 수밖에 없는 우리를 살려주셨다고 감사하며 찬양을 드렸을 것입니다. 그래서 하나님께서는 이들을 통해 감동을 주시고 말씀이 기록되게 하셨습니다. 이처럼 믿음은 은혜를 깨달을 때 시작되는 것입니다. 하나님께서는 은혜를 깨닫는 자에게 새로운 은혜를 더하여 주십니다. 그러므로 지금 은혜 가운데 살아야 하는 것입니다. 세상에서도 은혜를 모르는 사람이 참 못된 사람입니다.

어려울 적에 도와주고 밥 굶을 때에 먹을 것도 주고 그랬는데 좀 살 만하여 은혜를 잊어버리고 옛날에 도움을 주었던 사람들을 무시한다면 사람들이 뒤에서 섭섭해합니다. 뒤에서 한마디씩 합니다. 사람들은 다 부모님의 은혜 가운데 살아왔습니다. 부모님이 나를 위해 희생하시지 않았다면 이 자리에 없을 사람도 많습니다. 그런데 자라서 부모님의 은혜를 잊어버리고 내 힘으로 살아온 것처럼 생각한다면 이 사람은 나쁜 사람입니다. 부모님이 섭섭해하십니다.

신앙생활도 그렇습니다. 우리는 모두가 하나님의 은혜를 입은 사람들입니다. 내가 죄의 길로 갈 때에 하나님이 지켜 주셨고, 내가 힘들어 할 때에 하나님께서 길을 열어 주셨습니다. 사람도 보내주셔서 나를 돕게 하셨습니다. 그런데 이 하나님의 은혜를 잊어버리고 교만해질 때에 하나님께서 섭섭해하십니다. 은혜를 깨닫는 사람이 마지막에 성공합니다. 은혜를 깨닫는 사람을 하나님께서는 잊지 아니하십니다. 사람은 마지막에 잘되어야 합니다.

가정에서도 보면 결혼 초반에는 대개 남자들이 이깁니다. 돈을 벌어오니 경제권이 남자에게 있습니다. 그런데 50이 지나면서 비슷비슷해지다가 60이 넘어가면 가정의 주도권이 여성에게로 넘어갑니다. 저도 요즘 힘이 기우는 것을 많이 느낍니다. 남편들이 말년에 밥을 잘 얻어먹으려면 초반에 잘될 때 조심해야 합니다. 자녀들이 장성하면 부모님께 와서 용돈을 어머니께 드리고 갑니다. 용돈 타 쓰려면 나이 들어서는 부인의 눈치를 보아야 합니다. 여성이 약한 것 같지만 사실은 참 독합니다. 남자들이 나이 들수록 조심해야 합니다.

시편에는 다윗의 시편이 상당히 많이 있는데 다윗은 마지막에 승리한 사람입니다. 다윗은 목동으로 출발했지만 나중이 더 잘된 사람입니다. 그런데 다윗의 시편에도 보면 어려움이 많이 있었습니다. 성경에 뛰어난 인물들은 거의 다 인생의 고난을 당한 사람들입니다. 아브라함도 욥도 모세도 다 고난을 이긴 사람들입니다. 성경은 고난을 인생의 용광로라고 했습니다. 고난 속에서 정제되고 훈련되어 금과 같이 귀한 존재로 변화되는 것입니다. 하나님께서 사랑하시는 사람들에게 고난을 주시는 것을 우리는 이해하기가 어렵습니다. 사도 바울같이 위대하게 사용하시는 사람도 고난을 겪었습니다. 사도 바울은 병자들을 고치고 귀신을 내어쫓고 기적을 행한 인물입니다.

이런 사도 바울은 고린도후서 11장 23-27절에서 "내가 수고를 넘치도록 하고 옥에 갇히기도 더 많이 하고 매도 수없이 맞고 여러 번 죽을 뻔하였으니 유대인들에게 사십에서 하나 감한 매를 다섯 번 맞았으며 세 번 태장으로 맞고 한 번 돌로 맞고 세 번 파선하고 일 주야를 깊은 바다에서 지냈으며 여러 번 여행하면서 강의 위험과 강도의 위험과 동족의 위험과 이방인의 위험과 시내의 위험과 광야의 위험과 바다의 위험과 거짓 형제 중의 위험을 당하고 수고하며 애쓰고 여러 번 자지 못하고 주리며 목마르고 여러 번 굶고 춥고 헐벗었노라"고 고백했습니다.

태장으로 맞고 돌로 맞고 옥에 갇히는 어려움을 당할 때마다 사도 바울은 절망하지 않았습니다. 소망을 가지고 기도했습니다. 기도할 때에 하나님께서는 은혜를 주셨고 새로운 힘을 얻어 일어났습니다. 훈련 없이 일당백의 공수부대원이 만들어지지 않습니다. 혹독한 훈련을 통해서만 강인한 군인이 만들어지듯이 강한 믿음의 사람은 고난을 이기고 만들어지는 것입니다. 그러므로 우리는 고난을 부정적으로만 보지 않아야 합니다.

하나님께서는 사람을 완전하게 만드시지 않습니다. 누구에게나 늘 부족한 것을 주셨습니다. 그러므로 사람은 내가 부족한 것을 깨달아야 신앙에 성공합니다. 물질이 있는 가정은 건강에 문제가 있습니다. 내가 건강하면 자녀가 아픕니다. 다 건강하면 또 문젯거리가 있습니다. 그래서 하나님께서는 기도하게 만드시는 것입니다. 오히려 몸이 아프거나 문제가 있으면 신앙생활이 건강합니다. 하나님을 간절히 찾기 때문입니다. 그러나 아무 문제가 없고 잘될 때에 교만해지는 것이 인간입니다. 그래서 성경은 "교만은 패망의 선봉이요 넘어짐의 앞잡이"라고 했습니다. 우리는 은혜를 깨닫고 겸손한 성도들이 되시기 바랍니다.

오늘 말씀에도 고난 가운데 기도하는 모습이 나옵니다. "사슴이 시냇물을 찾기에 갈급함같이 내 영혼이 주를 찾기에 갈급하나이다"라고 고백했습니다. 중동 지역에는 우기와 건기가 있어서 건기 때에는 비가 거의 오지 않습니다. 건기가 찾아오면 강물이 말라버리고 모든 동물들이 물을 찾아 모여듭니다. 물이 말라버리니 하마나 악어들도 목숨을 걸고 새로운 웅덩이를 찾아가는 것을 보았습니다. 광야에 물이 어디에 있습니까? 그러나 물이 마르니 먼지가 풀석이는 마른 땅을 정처없이 기어가는 것을 보았습니다. 사슴이 목이 말라 이리저리 물을 찾아 비틀거리며 다니는 모습을 이렇게 나에게 비유했습니다.

사슴은 약한 존재입니다. 물이 없으면 죽을 수밖에 없습니다. 오늘 말씀은 "하나님, 나는 이렇게 약한 존재입니다. 하나님께서 만나주시지 않으면 죽을 수밖에 없습니다" 하는 고백입니다. 그런데 사람들이 비난합니다. "네 하나님이 어디 있느뇨 하오니 내 눈물이 주야로 내 음식이 되었도다." "네가 하나님 믿는다 하면서 왜 그렇게밖에 못 사냐? 하나님이 있으면 네 병을 고쳐줄 텐데, 하나님이 어디 있냐? 왜 교회도 못 가냐?" 하면서 조롱했다는 말입니다.

그래서 울면서 기도했습니다. 욥도 울면서 기도했습니다. 다윗도 울면서 기도했습니다. 우리 신앙의 선조들도 일제 강점기와 6·25 전쟁을 거치며 울면서 기도했습니다. 1960년대만 해도 교회에 가면 많은 사람들이 울면서 기도했습니다. 사람들이 왜 교회에서 우냐고 했습니다. 그런데 지금은 울 일이 거의 없습니다. 우리는 이것을 좋아만 해서는 안 됩니다. 하나님과 가까이 하려면 눈물의 기도가 회복되어야 하는 것입니다.

이때에 5절을 보면 낙심하며 불안해했다고 말합니다. 사람은 약한 존재이기 때문에 낙심하게 되고 불안해하게 됩니다. 이 불안이 어디에서 오는 것인지를 잘 알아야 합니다. 불안은 마귀가 주는 것입니다. 마귀는 낙심하게 만듭니다. "넌 할 수 없어, 포기해" 하고 우리를 넘어지게 만듭니다. 마귀는 독사와 같이 여러분의 약점을 놓치지 않고 뭅니다. 작년에 우리 교회 교인도 뱀에 물려 심방을 다녀온

적이 있습니다. 살다가 그렇게 아픈 것은 처음이라는 것입니다. 코브라 같은 독사에 물리면 앞이 안 보입니다. 마비가 오고 한 시간 안에 병원에 달려가지 않으면 죽습니다. 병원에 가도 완전히 낫는 것이 아닙니다. 아주 오랫동안 고생을 해야 합니다. 살이 썩어 들어가고 잘못하면 다리를 잘라내야 합니다.

여러분, 마귀는 코브라보다 훨씬 더 무섭습니다. 여러분을 물어 치명적인 독을 주입합니다. 교만의 독, 불안의 독, 시기의 독, 불평의 독이 한번 들어오면 빼내기가 쉽지 않습니다. 눈물을 흘려 기도해야 하는 것입니다. 기도의 눈물은 독을 빼어내는 역할을 합니다. 하나님의 은혜가 임해야 사탄의 독이 도망가는 것입니다. 신앙생활하면서 눈물을 잊어버렸다면 눈물의 기도부터 회복하시기 바랍니다. 여러분이 언제 눈물로 기도했는지를 기억해 보시기 바랍니다.

오늘 결론의 말씀은 5절에 있습니다. "너는 하나님께 소망을 두라 그가 나타나 도우심으로 말미암아 내가 여전히 찬송하리로다." 소망은 하나님의 능력입니다. "믿음 소망 사랑 이 세 가지는 항상 있을 것인데"라고 성경은 말씀합니다. 소망은 절망 가운데서도 이길 힘을 줍니다. 환자가 아무리 힘이 들어도 소망이 있으면 견딥니다. 환자들을 심방하다 보면 참 안타까운 모습들이 많습니다. 어린아이가 오랜 질병 가운데 수없이 수술을 하고 투병하는 모습을 보면 참 안타깝습니다. 몸이 빼빼 말라가는 환자들이 견디는 것을 보면 참 눈물겹습니다.

어제도 암 말기로 죽음을 기다리는 성도를 심방하고 왔습니다. 의식이 거의 없었는데 제가 가니 알아보는 것입니다. 말씀을 전하고 기도하는데 소리를 내어 말은 못하여도 아멘 하고 제 손을 꼭 잡습니다. 복수가 차고 힘이 들어도 견디는 것은 천국의 소망이 있기 때문입니다. 믿지 않는 사람과 하나님을 믿는 사람은 이 마지막에 차이가 있습니다. 이 차이는 엄청난 차이입니다. 생명과 멸망의 차이보다 큰 것은 없습니다. 믿음의 사람은 죽음을 이깁니다. 사탄의 유혹을 이깁니다. 이들이 견디는 것은 소망이 있기 때문입니다. 우리가 죄악 세상에서 살면서 죄짓지 않고 빛의 자녀로 살아가는 것은 천국의 소망이 있기 때문입니다. 천국의 소망이 있는 사람은 절망하지 않습니다.

오늘 성경은 "너는 하나님께 소망을 두라"고 했습니다. 그렇습니다. 세상에 소망을 두는 사람이 있습니다. 물질에, 사업에 소망을 두는 사람이 있습니다. 자녀에게 소망을 두는 사람이 있습니다. 그런데 세상의 소망은 유한합니다. 없어지는 날이 찾아옵니다. 세상에 소망을 두는 사람은 소망을 두었던 것이 사라질 때 함께 절망합니다.

그러나 믿음의 사람은 절대로 소망이 사라지는 법이 없습니다. 소망은 예수님께 맡기는 것입니다.

이 몸의 소망 무언가 우리 주 예수뿐일세
우리 주 예수 밖에는 믿을 이 아주 없도다
주 나의 반석이시니 그 위에 내가 서리라
그 위에 내가 서리라

(찬송가 488장)

우리 주 예수님께서는 우리에게 소망을 주셨습니다. 이 소망을 놓지 않고 살아가는 성도들이 되시기 바랍니다. 또한 이 소망을 이웃들에게 나누어 주는 성도들이 되시기 바랍니다. 이 땅의 많은 사람들이 소망을 잃고 살아가고 있습니다. 미친 듯이 살아가고 있습니다. 방향을 잃고 목표를 잃고 살아가고 있습니다. 이때에 우리는 소망을 주는 성도들이 되어야 하겠습니다.

우리가 사는 이 땅에도 어둔 길로 가는 많은 사람들이 있습니다. 이들에게 우리는 소망을 주어야 하겠습니다. 소망은 미래를 바꾸는 그림과 같은 것입니다. 성도 여러분, 예수님께서는 죽음으로 우리에게 소망을 주셨습니다. 우리는 소망 가운데 사는 성도들입니다. 이 소망을 하나님을 알지 못하는 이웃들에게 전하는 성도들이 되시기 바랍니다. 우리가 사는 이 세상에, 이웃에게 우리가 기도하는 소망을 디자인하며 세상을 아름답게 그려 나가는 성도들이 되시기를 바랍니다.

적 용

ⓐ 오늘 말씀의 주제 파악하기:

ⓑ 오늘 말씀 중 은혜 받은 부분 나누기:

ⓒ 삶에 구체적으로 적용하기:

함께 드리는 기도 제목

1. 주님이 주신 은혜를 날마다 깨닫게 하옵소서.
2. 고난 가운데도 소망으로 기도하는 성도가 되게 하옵소서.
3. 하나님 주신 소망으로 이웃과 더불어 함께하는 교회가 되게 하옵소서.

18.

하나님께 맡깁시다

» **본 문:** 사무엘상 2장 18-21절
» **찬 송:** 570장(주는 나를 기르시는 목자, 통 453)
» **요 절:** "여호와께서 한나를 돌보시사 그로 하여금 임신하여 세 아들과 두 딸을 낳게 하셨고 아이 사무엘은 여호와 앞에서 자라니라"(삼상 2:21)

18세기에는 민중을 발견했고, 19세기에는 여자를 발견했으며, 20세기에는 어린이를 발견했다고 말합니다. 18세기에 사람이 사람으로 대접을 받았고, 19세기에는 여성들의 지위가 향상되었고, 20세기에는 어린이, 미래의 중요성을 깨닫게 되었습니다. 21세기의 화두는 가정입니다.

서구사회는 1960년대에 이미 이혼율이 50%에 육박하였습니다. 가정의 붕괴는 사회의 붕괴를 가져오게 됩니다. 하나님께서 우리에게 주신 유일한 공동체는 가정과 교회입니다. 다른 것을 주시지 않았습니다. 학교도 병원도 주시지 않았습니다. 가정이 행복하고 교회가 바로 서 있으면 다른 것은 저절로 따라오기 때문입니다.

가정이 망하면 다른 것도 망합니다. 아침에 집에서 부부싸움을 하면 하루 종일 기분이 좋지 않습니다. 일을 하러 가도 기분이 안 좋고, 예배를 드리러 와도 은혜가 안 됩니다. 아내도 그렇습니다. 청소를 해도 기분이 안 좋고 요리를 해도 기분이 안 납니다. 아이들도 그렇습니다. 부모에게 야단을 맞고 집을 나서면 되는 일이 없습니다. 모든 것이 가정에서 시작되는 것입니다. 골프를 치는 사람들은 새벽에 집에서 나갈 때에 뒤꿈치를 들고 살금살금 나간다고 합니다. 아침부터 어디 가느냐고 아내가 잔소리를 하게 되면 그날은 골프를 망치기 때문에 아내 비위를 맞추고 조용히 사라지는 것입니다.

교회는 가정을 복되게 하는 곳입니다. 분쟁이 있는 가정도 교회에서 행복하면 분쟁이 그치게 됩니다. 교회는 어두운 가정을 환하게 만들고 슬픈 가정을 기쁜 가정으로, 불통한 가정을 형통한 가정으로, 불행한 가정을 행복한 가정으로 만드는 곳입니다. 그래서 하나님께서는 교회와 가정을 우리에게 주신 것입니다.

교회는 긍정적인 곳입니다. 하나님은 긍정적인 사람을 좋아하십니다. 믿음은 하나님을 긍정하는 것입니다. 신앙생활에서 긍정적이면 가정에서도 긍정적이 됩니다. 긍정이 가정을 바꾸고 인생을 바꿉니다. 부정적인 언어를 통해 사람이 절대로 바뀌지 않습니다. 자녀들이 제일 듣기 싫어하는 말을 설문조사 했더니 제1위가 "넌 그것도 못하냐? 옆집 누구는 잘하는데…"라는 말을 제일 듣기 싫어한다고 했습니다.

어떤 집사님이 설교말씀을 듣고 아내를 칭찬해야 되겠다고 생각했습니다. 집에 들어갔더니 저녁을 주는데 된장찌개가 너무 짜더랍니다. 왜냐하면 귀찮으니까 한 번에 큰 냄비에 끓여놓고 계속 데워주는 것입니다. 자꾸 데우다 보니 그만 된장찌개가 너무 짜졌습니다. 그래도 "여보, 오늘 된장찌개가 너무 맛있어" 하고 식사를 했습니다. 아내가 생각할 때 이상했습니다. 평소와 같은 음식인데 음식 타박만 하던 남편이 아주 맛있다고 하니 자꾸 신경이 쓰이는 것입니다. 결국 그 칭찬에 걸맞는 음식을 준비하게 되었습니다. 정성이 들어가면 모든 일이 잘되게 되어 있습니다. 며칠 후 이 집사님은 된장

냄새가 구수한, 호박과 두부를 썰어 넣은 정성이 들어간 된장찌개를 먹게 되었다는 것입니다. 여러분도 가정에서 맛있는 된장찌개를 드시기 바랍니다. 칭찬하라는 말입니다.

행복한 가정은 노인이 존경받고 일하는 아버지를 존중하고 자라나는 자녀들에게 희망이 있는 가정입니다. 인생의 초년의 복은 좋은 가정에서 좋은 부모를 만나 행복하게 사는 것이요, 중년의 복은 좋은 배우자를 만나고 좋은 직장에 들어가서 평안하게 사는 것이요, 인생의 말년의 복은 몸이 건강하고 자녀에게 효도를 받는 것이라고 이야기합니다. 우리는 누구나 효도하는 자녀를 두기 원합니다. 요즘같이 자녀들에게 신경을 쓰는 부모들은 없습니다. 학교에서 회초리로 맞고 오면 인터넷에 사진 찍어 올리고, 바로 쫓아가서 야단을 칩니다. 나도 손 안 대는 귀한 자식을 왜 때렸느냐는 것입니다.

옛날에는 아이들을 양육할 시간도 없이 일터에 나가 일하며 지냈는데 요즘은 자녀 교육에 많은 신경을 씁니다. 자녀 교육비가 얼마나 많이 들어갑니까? 초등학생들도 영어, 수학 학원에다 태권도장에, 피아노에 하다 보면 한 자녀에게 몇 십만 원이 쉽게 들어갑니다. 이렇게 온 집안이 휘청거리며 자녀를 키우는데 과연 이 아이들이 건강하게 자라서 부모에게 효도하고 이 사회의 건강한 일꾼으로 자랄 것이라는 확신이 있습니까?

우리 도림교회 성도들의 가정은 자녀들이 믿음 안에서 자라나 교회에서는 신실한 일꾼이요, 가정에서는 부모에게 효도하고 순종하는 자녀로, 장차 사회에서 존경받는 인물로 성장하게 되시기를 바랍니다.

1. 심은 대로 거둡니다

자녀는 농사짓는 것과 같습니다. 우리가 일 년 농사를 지을 때 좋은 결실을 거두기 위해서는 농사의 시작부터 끝까지 정성을 기울여야 합니다. 좋은 씨앗을 심어야 좋은 열매를 맺습니다. 어떤 학교에서 선생님이 칠판에 글씨를 쓰고 계시는데 선생님 때문에 글씨가 잘 보이지 않았습니다. 그러니까 한 어린이가 갑자기 외치기를 "선생님, 대가리 좀 치워주세요, 선생님 대가리 때문에 안 보여요" 했답니다. 평소에 이 어린이의 아버지가 자식의 머리를 쥐어박으며 "이놈의 대가리가 왜 그 모양이냐?" 하면서 야단을 치니 이 어린이는 그렇게 배운 것입니다. 심은 대로 거두는 것입니다.

수수를 심어놓고서 거기서 볍씨가 열리기를 기대하는 사람은 없습니다. 그런데 어린이도 그렇습니다. 심은 대로 거두는 것입니다. 이 말씀을 잘 이해하셔야 합니다. 자녀들에게 교육을 잘 시키고 건강관리를 잘하고 좋은 학교 보내는 것도 중요합니다. 그러나 더 중요한 것은 자녀를 위해 하나님 나라에 심어야 하는 것입니다. 자녀들의 마음속에 하나님을 심고 기도로 눈물로 자녀를 위해 심으면 반드시 그 열매를 거둡니다.

하나님께서 내 자녀에게 좋은 친구를 주셔야 합니다. 사업을 하면 좋은 직원들을 주셔야 합니다. 좋은 거래처를 주셔야 합니다. 직장에서도 좋은 사람들을 만나게 해주셔야 합니다. 좋은 배필을 만나야 합니다. 하나님의 은혜 없이는 안 된다는 말입니다. 그래서 우리는 하나님의 전에 나와 겸손해야 하는 것입니다.

우리 도림교회 성도들의 가정에는 항상 좋은 것을 심게 되기를 바랍니다. 이웃의 불신자들이 볼 때에 '도림교회 성도들의 가정은 예수 믿기 때문에 저렇게 화평이 있고 축복이 있구나' 하는 칭찬을 듣게 되기를 바랍니다. 믿지 않는 가정의 자녀들이 우리도 예수 믿고 기쁘게 살아보자고 부모님께 조르는, 그런 좋은 소문이 나기를 바랍니다.

2. 신앙으로 키우시기 바랍니다

어느 권사님 가정에서 아이들이 소꿉놀이를 하는데 아들이 아버지가 되고 딸이 어머니가 됩니다. 동생은 자녀가 됩니다. 그런데 이 아이들의 놀이를 보세요. 아버지 역을 맡은 아들이 "애들아, 여보, 우리 가정 예배드리자" 하자 어머니 역을 맡은 동생이 기도를 합니다. "우리 자녀들 믿음으로 잘 자라서 훌륭한 사람들 되게 해주시옵소서" 하고 기도합니다. 말도 잘 못하는 막내 동생이 함께 앉아서 찬송을 부르고 예배를 드리다가 헌금 바구니를 돌리고 헌금을 합니다. 평소에 가정에서 본 대로 하는 것입니다.

한번은 유치원생 정도의 어린아이들이 소꿉놀이를 하는 것을 본 적이 있는데 아빠 역을 맡은 녀석이 비틀거리면서 집에 오는 것입니다. 무엇을 마셨습니까? 술을 마신 것입니다. 그러자 엄마 역을 맡은 아이가 갑자기 "여보, 당신이 한 게 뭐있어? 아이고 내가 못살아, 못살아" 하는 것입니다. 저는 그것을 보면서 충격을 받았습니다. 본 대로 하는 것입니다. 그리고 본 대로 살아가게 되는 것입니다. 부모님의 눈물의 기도로 키운 자녀는 절대로 다른 길로 가지 않습니다. 무슨 일을 만나든지 이 자녀는 기도하는 법을 배웠기 때문에 기도를 통해 인생의 문제를 극복하는 것을 배우는 것입니다. 이것이 축복입니다.

1. 어머니의 넓은 사랑 귀하고도 귀하다
그 사랑이 언제든지 나를 감싸줍니다
내가 울 때 어머니는 주께 기도드리고
내가 기뻐 웃을 때에 찬송 부르십니다

2. 아침 저녁 읽으시던 어머니의 성경책
손때 남은 구절마다 모습 본 듯합니다
믿는 자는 누구든지 영생함을 얻으리
들려주신 귀한 말씀 이제 힘이 됩니다

(찬송가 579장)

이 찬송과 같이 부모님이 신앙으로 키우려고 애쓰던 모습을 하나님께서 자녀들의 머릿속에 심어주시는 것입니다. 하나님이 기억시켜 주시면 잊어버리는 법이 없습니다. 요즘 젊은 부모들이 태교를 한다고 하면서 뱃속에 든 아이까지 신경을 쓰지만 정작 신앙의 교육에는 게으른 경우가 많습니다. 어렸을 적에 신앙생활을 제대로 한 사람은 중간에 타락했더라도 반드시 다시 돌아오게 되어 있습니다.

인생의 황혼기에 다시 주님께 돌아오는 많은 사람들을 보면서 놀라는 사실은 이들이 어렸을 적에 신앙생활을 했던 사람들이라는 사실입니다. 그래서 주일학교 교육이 중요합니다. 학원을 보내고 영어를 가르치는 것도 중요합니다. 그러나 가장 중요한 우선순위를 분명히 알아야 합니다.

첫째가 신앙교육입니다. 신앙교육만 먼저 잘되면 다른 교육은 자연히 따라오게 되어 있습니다. 신앙으로 무장된 자녀가 어떻게 그릇된 길로 갈 수 있겠습니까? 믿음으로 살려고 하는 자녀들이 하나님의 영광을 위하여 어찌 열심히 공부하지 않겠습니까? 믿음으로 자란 자녀들이 어떻게 부모에게 불효할 수 있겠습니까? 믿음으로 자녀를 양육하면 이와 같은 축복이 가정마다 임하게 되는 것입니다.

성도 여러분, 여러분의 자녀들을 믿음으로 키우는 가정이 되시기 바랍니다.

3. 하나님께 맡기시기 바랍니다

오늘 말씀에 나오는 한나는 남부러울 것이 없는 여인이었습니다. 그런데 한 가지 부족한 것이 있었는데 자녀가 없었습니다. 그래서 하나님의 전에 나가 간절히 기도했습니다. 얼마나 있는 힘을 다해 기도했는지 엘리 제사장이 이 여인을 보고 술에 취한 줄 알았습니다. 사무엘상 1장 11절에 "주의 여종을 잊지 아니하시고 주의 여종에게 아들을 주시면 내가 그의 평생에 그를 여호와께 드리고 삭도를 그의 머리에 대지 아니하겠나이다"라고 기도했습니다. 이 서원대로 하나님께서 아들을 주셨습니다. 하나님께서 주셨다는 뜻으로 사무엘이라 이름 짓고 서원기도대로 젖 뗄 때를 기다려 주의 전에 나실인으로 하나님께 드렸습니다. 즉 '주의 성전에서 무엇을 시키든 마음대로 키워주십시오' 하는 의미로 제사장에게 맡긴 것입니다.

그리고 매년 성전에 올라가 옷을 지어다 주었습니다. 이때 옷을 지으며, 어린 아들을 놓고 돌아설 때 부모의 마음이 얼마나 아프겠습니까? 그러나 하나님께 서원한 것이기에 그대로 행했습니다. 그 결과가 무엇입니까?

한나의 가정에 두 가지 복을 주셨는데 첫째는 자녀의 복을 주셨습니다. 본문 20절을 보면 "엘리가 엘가나와 그의 아내에게 축복하여 이르되 여호와께서 이 여인으로 말미암아 네게 다른 후사를 주사 이가 여호와께 간구하여 얻어 바친 아들을 대신하게 하시기를 원하노라"와 같이 엘리 제사장의 축복을 받았습니다. 그 결과 아이를 못 낳던 여인이 세 아들과 두 딸을 더 얻게 되었습니다. 자녀 때문에 고통스럽게 기도했는데 다섯 자녀를 더하여 주신 것입니다.

둘째는 사무엘에게도 복을 주셨습니다. 사무엘을 하나님께 맡겼는데 하나님은 사무엘을 귀히 여기셨습니다. 그래서 자라면서 여호와와 사람들에게 은총을 받았더라고 기록되어 있습니다. 이후에 하나님의 음성을 듣게 되고 장차 이스라엘을 지도하는 이스라엘의 국부라 일컬어지는 최고의 지도자로 등장을 하게 됩니다. 내가 키우지 않아도 하나님께서 가장 훌륭하게 키워주신 것입니다.

하나님께 맡기는 것이 무엇입니까? "하나님, 나는 신경 쓰지 않을 테니 하나님께서 다 알아서 해 주세요" 하는 것입니까? 아닙니다. 하나님의 자녀로 살아가도록 힘쓰는 것입니다. 가정에서 힘써야 하는 것입니다. 오늘 21절 말씀에 "사무엘은 여호와 앞에서 자라니라"고 했습니다. 하나님 앞에서 자라니 사탄이 건드리지 못하는 사람이 되었습니다. 하나님 앞에서 자라니 그 길을 하나님께서 인도해 주셨습니다. 내가 키웠으면 그렇게 못 키웠을 것입니다. 하나님의 손에 맡기니 위대하게 키워주신 줄로 믿습니다.

오늘은 유아세례식을 합니다. 유아세례는 부모의 신앙으로 자녀를 양육하겠다는 서약의 예식입니다. 유아세례를 받은 가정의 부모들은 자녀들을 신앙으로 양육하겠다는 서약을 하나님께 하는 것입니다. 자녀들이 빗나갈 때 눈물로 기도하겠다는 약속입니다. 주일성수를 가르치고, 말씀을 날마다 읽으며 함께 기도하고, 교회를 섬기며 헌신하는 것을 몸으로 가르치겠다는 서약입니다. 하나님께 맡긴다는 것이 바로 그것입니다. 세상에 맡기는 것이 아닙니다. 하나님께 맡기는 것입니다.

학교에서 공부 1등 하는 것보다 교회에서 성경고사 1등 받는 것을 더 기뻐해야 합니다. 밤을 새워 공부한다고 자랑하는 것도 좋지만 그보다 밤을 새워 기도하고 성경 읽는다고 자랑할 수 있어야 합니다. 세상의 다른 것과 예배와 둘 중에 하나를 선택하게 될 때에 망설임 없이 예배를 선택할 수 있는 자녀로 양육해야 합니다. 이것이 하나님께 맡기는 것입니다. 하나님께 맡기면 여러분에게도 큰 축복이 있습니다. 환경이 문제가 아닙니다. 조건이 문제 되는 것이 아닙니다. 못난 사람이 환경을 탓하는 것입니다.

엘리 제사장의 두 아들 홉니와 비느하스는 좋은 환경에서 자랐습니다. 대대로 제사장인 가정에서 제사장으로 자랐습니다. 그러나 이들은 제사를 경홀히 여겼고 죄를 짓다가 불행한 종말을 만나고 말았습니다. 이에 반해 사무엘은 좋지 못한 환경에서 자랐습니다. 어린 나이에 성전에서 일을 해야 했습니다. 홉니와 비느하스라는 불량배와 함께 살아야 했습니다. 다른 점이 무엇입니까? 사무엘은 여호와 앞에서 자란 것입니다. 믿음으로 자란 것입니다.

말씀을 마칩니다. 하나님께 맡길 때에 하나님은 사무엘과 같이 하나님과 사람 앞에 귀히 쓰임을 받는 여러분의 자녀들로 복을 주십니다. 우리 성도들의 가정마다 주의 전에서 씨를 뿌린 대로 자녀의 축복이 풍성하기를 바랍니다.

적용

ⓐ 오늘 말씀의 주제 파악하기:

ⓑ 오늘 말씀 중 은혜 받은 부분 나누기:

ⓒ 삶에 구체적으로 적용하기:

함께 드리는 기도 제목

1. 주 안에서 행복하고 사랑 넘치는 가정 되게 하옵소서.
2. 우리 구역 자녀들을 하나님께서 붙들어 주시고 신앙으로 자라게 하소서.
3. 우리 교회 자녀들이 사무엘과 같이 하나님께 쓰임 받고 민족과 세계로 뻗어 나가는 지도자들 되게 하옵소서.

19.

약속이 있는 첫 계명

» **본 문:** 에베소서 6장 1-4절
» **찬 송:** 579장(어머니의 넓은 사랑, 통 304장)
» **요 절:** "자녀들아 주 안에서 너희 부모에게 순종하라 이것이 옳으니라 네 아버지와 어머니를 공경하라 이것은 약속이 있는 첫 계명이니 이로써 네가 잘되고 땅에서 장수하리라"(엡 4:1-3)

오늘은 어버이주일입니다. 어버이날도 원래는 어머니날뿐이었는데 아버지들이 불만이 있었습니다. "아버지날은 왜 없냐? 364일이 아버지날이고 하루만 어머니날 아니냐?" 하는 농담도 나오다가 1973년에 비로소 어버이날이 시작되었고 교회에서도 어버이주일로 지키게 되었습니다.

문제는 어버이주일을 맞이하면서 은혜로운 찬송을 찾는데 아버지에 관한 찬송이 없습니다. 어머니는 이름만 들어도 눈물이 나고 감동이 됩니다. 그래서 많은 찬송도 나왔는데 아버지에 대한 찬송이 없습니다. 이것을 보면 아버지가 참 반성해야 할 점이 많아 보입니다. 오월은 가정의 달입니다. 그래서 가정을 중심으로 말씀을 전하고 있습니다. 하나님께서는 가정을 창조하시고 가정에 복을 주셨습니다. 그러므로 가정은 복을 받는 약속의 장소입니다.

하나님께서 주신 유일한 공동체가 가정과 교회인데 교회와 가정은 닮은 점이 참 많습니다. 세상에서 상처를 입고 돌아올 수 있는 곳은 교회와 가정입니다. 가정이 깨어지면 상처 입은 세상 사람들이 가는 곳이 술집입니다. 그러나 술을 마신다고 해서 상처가 치유되는 것이 아닙니다. 술 마시고 돌아오는 곳이 결국은 가정입니다. 가정에서 아버지가 존경받지 못하면 그 가정이 불행하듯이 교회에도 목사님이 존경받아야 교회가 행복합니다. 아버지를 존중하고 사랑하지 않으면 그 가정이 얼음판 위로 걸어가는 것과 같습니다. 언제 깨어질지 모릅니다. 교회에서도 여러분에게 주신 목사님을 사랑하지 않으면 영혼의 배가 난파하고 맙니다. 배가 난파하여 부서진 나뭇조각을 붙들고 물위에 떠 있으면 상어가 공격해 오듯이 영혼의 배가 난파하면 사탄 마귀의 표적이 됩니다.

교회와 가정이 닮은 점이 참 많습니다. 세상은 잘난 사람들을 대접합니다. 능력이 있는 사람들을 요구합니다. 그러나 가정은 약한 사람을 품어주는 곳입니다. 상처 입은 사람을 치유해 주는 곳입니다. 눈물 나는 일이 있어도 가정에 돌아오면 회복이 됩니다. 남편이 실직하고 돌아와도 아내가 "여보, 괜찮아요, 옛날에는 더 힘들어도 살았잖아요. 다시 힘내세요." 격려하면 위로를 받을 수 있는 곳이 가정입니다. 자녀들이 시험성적이 나빠 상처를 입고 돌아오면 "괜찮아. 다음에 잘하면 되잖아" 하고 위로해 줄 수 있는 곳이 가정입니다. 병든 사람도 돌아올 곳은 가정입니다.

교회도 그렇습니다. 교회는 세상에서 상처 입은 사람들, 눈물 나는 사람들이 와서 위로를 얻고 새 힘을 얻는 곳입니다. 하나님께서 주신 교회와 가정은 이렇게 공통점이 참 많습니다. 교회와 가정이 행복하면 세상이 어려워도 이길 수가 있습니다. 하나님께서 주신 교회와 가정은 축복의 선물입니다. 교회와 가정은 참으로 귀한 곳입니다. 오늘 우리는 하나님께서 주신 가정을 소중하게 생각하고 감사하게 여겨야 합니다. 우리는 하나님께서 주신 것을 감사한줄 모르고 삽니다. 필리핀에 가서 도심 한가운데를 걸어가다 보니 숨이 턱턱 막힙니다. 매연 때문에 길을 걸어갈 수가 없습니다. 우리에게 맑은 공기를 주셨는데 숨을 쉬면서도 감사한 줄 모릅니다.

어떤 사람이 길을 가다가 갑자기 소나기를 만났습니다. 비를 흠뻑 맞고 나니 불평이 나오더랍니다. "우산도 안 가지고 나왔는데 갑자기 비가 와서 머리가 다 젖고 옷도 다 젖게 되었네…" 하다가 목사님 말씀이 생각이 나더랍니다. "무슨 일에도 불평하지 말고 감사하라"고 하신 말씀이 생각이 나서 소나기를 맞으며 감사의 제목을 찾아보니 감사할 제목이 있더랍니다. "하나님, 콧구멍을 아래로 뚫어주셔서 감사합니다. 콧구멍이 위로 뚫어져 있으면 소나기가 다 코로 들어갈 텐데, 아래로 뚫어주셔서 비가 다 내려가게 하셔서 감사합니다"라고 했다고 합니다.

그것뿐입니까? 콧구멍이 왜 두 개인 줄 아세요? 하나 쑤시다가 숨 막히지 말라고, 감기로 한쪽 코가 막힐 때 남은 한쪽 코로 숨 쉬라고…. 신앙생활에서 감사하지 못하는 사람은 영혼의 소중함을 모르기 때문입니다. 교회에 나오면서도 감사, 찬송을 부르면서도 감사, 말씀을 들으면서도 감사, 성도들 만나도 감사, 봉사를 하면서도, 헌금을 드리면서도 감사가 넘쳐야 합니다. 우리 성도들은 늘 감사하는 성도들이 되시기를 바랍니다.

가정이 흔들리면 밖에 나가서도 흔들립니다. 그래서 가정에서 행복해야 합니다. 하나님께서는 가정에 충실할 것을 명령하셨습니다. 아버지는 아버지의 사명을 다하고 어머니는 어머니의 사명을 다하고 자녀들은 자녀의 사명을 다할 때 그 가정은 행복하고 미래가 있는 가정이 되는 것입니다.

1. 사철에 봄바람 불어 잇고 하나님 아버지 모셨으니
믿음의 반석도 든든하다 우리 집 즐거운 동산이라
고마워라 임마누엘 예수만 섬기는 우리 집
고마워라 임마누엘 복되고 즐거운 하루하루

2. 어버이 우리를 고이시고 동기들 사랑에 뭉쳐 있고
기쁨과 설움도 같이하니 한 간의 초가도 천국이라
고마워라 임마누엘 예수만 섬기는 우리 집
고마워라 임마누엘 복되고 즐거운 하루하루

(찬송가 559장)

이런 가정이 되시기를 바랍니다. 가정은 원래 행복해야 하는데 인간의 죄악으로 가정이 파괴되었습니다. 이것은 오늘의 일만이 아니라 원래 인간이 그런 존재입니다. 성경을 보면 수천 년 전에도 그랬습니다. 아들이 부모에게 압살롬같이 반역을 하고 엘리 제사장의 아들같이 거역을 합니다. 가인과 같이 형제를 돌로 쳐서 죽입니다. 그런데 점점 더 강퍅해지고 악해져 가고 있습니다. 아이들이 아이들을 죽이고, 심지어 중학생들이 동급생들을 끌어다가 성매매를 시키다가 경찰에 잡힌 일도 있습니다. 옛날에는 특별한 조폭들이 등에 용 문신을 했는데 이제는 중고등학생들이 용 문신을 합니다. 위협합니다. 세상이 점점 악해지리라는 성경말씀 그대로입니다.

그래서 하나님께서는 가정을 위하여 교회를 주신 것을 잊지 않아야 합니다. 가정이 깨어지면 누가 가정을 회복시킬 것입니까? 교회에 나와 가정에 복을 달라고 비는 것입니다. 교회는 깨어진 가정을 회복시키는 곳입니다. 예수님이 가정에 찾아가시면 지옥과 같은 가정이 천국이 됩니다.

가정에 돈이 많다고 행복한 것이 아닙니다. 돈 많은 사람들도 돈을 가지고 더 싸웁니다. 돈은 만족을 모르는 속성을 가지고 있습니다. 돈은 잘못하면 사람을 교만하게 만듭니다. 옛날에 겸손했던 사람이 돈이 있으면 교만해집니다. 돈이 사람을 그렇게 만듭니다. 높은 자리에 오른다고 행복해지는 것이 아닙니다. 사람들이 엎드려 인사하는 것은 사람을 보고 하는 것이 아니라 자리를 보고 인사합니다. 돈이나 높은 자리는 잘못 사용하면 사람을 외롭게 만들고 가정의 행복을 빼앗아 갑니다.

우리 교회가 우리 교단에서 서울의 열 손가락 안에 들어가는 교회가 되었다고 이야기를 합니다. 그래서 정 목사가 어디로 가든지 다 알아보고 이야기합니다. 우리 교회 부임 후 장로회신학대학교, 서울장로회신학대학교, 대전신학대학교에 강의와 설교를 몇 차례 다녀왔습니다. 이 종을 부르는 것이 아닙니다. 우리 교회를 부르는 것입니다. 착각하면 안 됩니다. 우리는 교회를 주시고 가정을 주신 것을 감사할 줄 알고, 은혜를 알아야 합니다. 가정에 물질을 주신 것도, 가정에 자녀를 주신 것도, 가정에 행복을 주시는 것도 다 하나님의 은혜입니다. 그러므로 우리는 가정에 축복을 주시는 하나님께 구하고 온 가정이 하나님을 모시고 사는 가정들이 되시기 바랍니다.

오늘 말씀 1절에 "자녀들아 주 안에서 너희 부모에게 순종하라 이것이 옳으니라"고 말씀하셨습니다. 자녀들이 부모에게 순종하는 것은 옳은 일입니다. 불순종이 틀린 일입니다. 부모 공경은 지켜도 좋고 안 지켜도 좋은 말씀이 아닙니다. 하나님께서는 십계명을 주시며 그중에 제5계명을 부모 공경에 대한 계명으로 주셨습니다. 부모 공경에 관한 계명은 인간에 대한 첫 번째 계명이며 반드시 지켜야 하는 하나님의 명령입니다. 불신자들은 기독교인들이 제사를 드리지 않으므로 부모에게 불효한다고 말합니다. 그러나 이것은 오해입니다. 기독교인들도 추도예식을 갖습니다. 부모님께서 생전에 행하셨던 일을 기억하고 온 가족이 함께 모여 하나님의 은혜로 이 가정을 지켜주심을 감사하고 예배해야 합니다.

하나님께서 중요하게 말씀하시는 것은 부모님이 살아 계실 때에 효도를 다하라는 말씀입니다. 돌아가신 후에 제사상을 차려놓는다고 해서 그 밥을 드시는 것이 아닙니다. 그러면 제사상을 차리지 않는 서양 사람들은 어떻게 되었겠습니까? 묘자리를 보지 않는 서양 사람들은 다 망해야 하지 않습니까? 그런데 더 잘되었습니다. 하나님께서 복을 주셔야 합니다.

부모님이 돌아가시고 나면 효도하고 싶어도 효도할 부모님이 안 계십니다. 생전에 따뜻하게 손이라도 한 번 잡아 드리고, 어깨라도 주물러 드리고, 좋아하시는 음식을 대접할 걸 후회가 됩니다. 우리 믿음의 사람들은 청개구리가 비가 오면 개골개골 하고 우는 것과 같이 불효자가 되어서는 안 됩니다. 부모님의 사랑은 아무리 노력해도 다 갚을 수가 없습니다. 부모는 자녀를 사랑합니다. 자녀를 위해 희생합니다. 자녀가 아프면 더 아파합니다. 자녀가 잘되면 기뻐합니다. 하나님께서 부모에게 마음을 그렇게 주셨기 때문입니다. 이 마음이 있어야 가정이 복되고 자녀가 성장할 수 있기 때문입니다.

그래서 우리를 창조하신 하나님께서는 너무나 우리를 잘 아시기 때문에 "너 낳은 부모에게 순종하라"고 말씀하고 계십니다. 부모님의 은혜를 알라는 것입니다. 부모님은 연세가 들면 약해집니다. 기억력이 약해지고 눈이 흐려집니다. 어떤 장로님이 어머니 이야기를 하시면서 어머니께서 아래층 화장실을 가시다가 그만 못 참고 옷에 소변을 보셨다고 안타까워하십니다. 우리 교회가 옛날에 지어진 교회라서 엘리베이터도 없고 화장실도 지하에 있습니다. 그래서 연세 드신 분들에게 늘 죄송하고 미안한 마음입니다. 어버이주일을 맞이하여 말씀을 준비하며 또 얼마나 부끄러운지 모릅니다. 이 문제를 위해 기도하고 있습니다.

그런데 여러분, 이 모습이 바로 우리의 모습입니다. 팔다리가 쑤시고, 걷는 것조차 불편해지고 중풍이 오고 치매가 오고 이 모습이 바로 나의 모습임을 바라보아야 합니다. 그럴 때에 효도할 수 있습니다. 부모님은 우리가 어릴 때에 대소변을 냄새난다고 하지 않고 다 받아주셨고, 몸이 아파 밥을 먹지 못하면 한 숟가락씩 먹여 주셨습니다. 그래서 오늘 우리가 이 자리에 있는 것입니다. 나 혼자 자란 사람은 이 세상에 아무도 없습니다. 그래서 하나님은 "은혜를 잊지 않고 마땅히 부모에게 순종하라, 공경하라"고 말씀하셨습니다.

잠언 23장 25절에 "네 부모를 즐겁게 하며 너를 낳은 어미를 기쁘게 하라"고 하였습니다. 이것이 성도의 의무입니다. 부모에게 순종하고 공경하라는 하나님의 말씀에 순종할 때에 우리에게 주시는 축복이 있습니다. 그래서 약속이 있는 첫 계명이라 하셨습니다. "네가 땅에서 잘되고 장수하리라"는 것입니다. 부모에게 '주 안에서' 효도하고 순종하는 자녀를 하나님은 축복해 주십니다. 우리 성도들은 성경의 말씀을 따라 부모님께 효도하는 성도들이 되시기를 바랍니다. 그리하여 성경의 약속대로 이 땅에서 모두가 잘되고 장수하는 가정이 되시기를 바랍니다.

적 용

ⓐ 오늘 말씀의 주제 파악하기:

ⓑ 오늘 말씀 중 은혜 받은 부분 나누기:

ⓒ 삶에 구체적으로 적용하기:

함께 드리는 기도 제목

1. 하나님께서 주신 가정을 감사로 고백하게 하옵소서.
2. 우리 가정과 구역에 기쁨이 넘치고 부모님을 공경하는 믿음의 가정이 되게 하옵소서.
3. 자녀들이 부모님을 공경하고 존경하며 다음 세대를 일으킬 믿음의 일꾼들로 성장하게 하옵소서.

20.

나를 본받는 자가 되라

» **본 문:** 요한복음 12장 20-26절
» **찬 송:** 455장(주님의 마음을 본받는 자, 통 507장)
» **요 절:** "사람이 나를 섬기려면 나를 따르라 나 있는 곳에 나를 섬기는 자도 거기 있으리니 사람이 나를 섬기면 내 아버지께서 그를 귀히 여기시리라"(요 12:26)

어떤 분이 "스승의 주일은 언제입니까?"라고 물으신 적이 있습니다. 세상에서 5월이 되면 어린이날, 어버이날, 스승의 날을 지내니 교회에도 같은 것으로 생각한 모양입니다. 그런데 교회에는 스승의 주일은 없습니다. 5월 셋째 주일은 총회력으로 보면 청년주일입니다. 그런데 우리는 청년회 헌신예배를 다른 시기에 드리기 때문에 특별히 청년주일을 지키지는 않습니다. 먼저 기억해야 할 것은 예배에 대한 바른 관점입니다. 예배는 하나님께 드리는 것입니다.

예배의 주인은 하나님이십니다. 그래서 돌아가신 이를 추도하며 드리는 예배는 추도예배라 하지 않고 추도식이라 합니다. 추도예배가 되면 예배의 목적이 돌아가신 분이 되기 때문에 그렇습니다. 결혼예식도 그렇고 장례예식도 그렇습니다. 그런데 어린이 주일은 성경에서 예수님께서 어린이들을 귀하게 여기셨던 그 말씀을 다시 한 번 회고하고 순종하기 위해서 어린이 주일로 지킵니다. 어버이 주일은 십계명 중에 제5계명을 주신 하나님의 뜻을 다시 한 번 깨닫고 축복을 약속하신 하나님의 말씀을 듣기 위해서 어버이 주일을 지킵니다. 이러한 것들은 모두 후대에 만든 것입니다.

오늘 성경에서 사도 바울은 '나는 그리스도를 본받았다'고 말씀합니다. 예수님께 배웠다는 말입니다. 예수님이 나의 스승이 되었다는 말입니다. 스승은 제자의 길을 가르쳐 주는 사람입니다. 제자가 스승을 잘 만나야 훌륭한 재목이 됩니다. 우리 인생길은 늘 도움을 필요로 합니다. 한자의 사람 인(人) 자는 두 사람이 서로 기대고 서 있는 모습을 나타낸 문자입니다. 사람은 서로 도우며 살아야 한다는 의미로 만든 옛사람의 지혜가 느껴지는 문자입니다. 혼자서 세상을 살아갈 수 있는 사람은 아무도 없습니다. 인생은 모르는 일들이 많습니다.

이 종은 목회를 하면서 늘 나보다 나은 사람을 만나려고 애를 씁니다. 나보다 기도 많이 하는 사람, 나보다 열정이 있는 사람, 나보다 지혜가 있는 사람을 만나려고 애를 씁니다. 크게 된 사람은 무엇인가 장점이 있습니다. 그 장점을 배우는 것입니다.

우리는 쉬지 않고 배워야 합니다. 사업을 해도 배워야 합니다. 가장 많은 사람들이 시도하는 직업이 식당이고 또한 가장 많이 망하는 직종이 식당이라고 합니다. 주변에서 음식솜씨가 좋으니 한번 해보라고 너무 맛있다고 그러니까 너도나도 식당을 합니다. 그런데 그 정도 가지고 되는 것이 아닙니다. 식당을 하려면 배워야 합니다. 교인 중에서 식당을 하겠다는 사람이 있으면 먼저 잘되는 음식점에서 일하는 법부터 배우라고 합니다. 여기저기 잘되는 식당을 다녀보라고 합니다. 직원을 어떻게 관리하는지, 청소를 어떻게 하고, 물건을 어떻게 구입하는지 살펴보라고 합니다. 음식솜씨 좋은 것 가지고는 안 되기 때문입니다.

직장에 들어가면 직장에 적응하는 것을 배워야 하고 자기가 맡은 업무에 대하여 배워야 합니다. 처음부터 준비가 다 되어 있는 사람은 없습니다. 회장 비서가 사장으로 가장 많이 승진하는 것은 좋은 스승을 두었기 때문입니다. 회장으로부터 회사 경영과 사람을 관리하는 법과 일하는 자세를 가장 가까이에서 배우기 때문입니다. 목사도 계속해서 배워야 합니다. 그래야 목회를 잘 감당할 수 있습니다. 스승도 스승이기 위해서는 계속해서 배워야 합니다. 그래야 스승의 역할을 감당할 수 있습니다.

신앙이 교만해지는 사람들의 특징은 배우기를 거부하는 사람들입니다. 나는 더 이상 배울 것이 없다고 생각하기에 나도 모르게 교만해집니다. 70이 넘어 은퇴하면 이젠 교회일이 끝났다고 생각하는 사람은 참 어리석은 사람입니다. 70, 80, 90 계속해서 배워야 합니다. 천국에 가는 날까지 배우기를 쉬지 않아야 합니다. 좋은 스승을 만나는 것이 큰 은혜입니다. 새가족이 좋은 구역장을 만나는 것도 큰 은혜입니다. 은사가 있는 구역장을 만나면 함께 은사를 받습니다. 기도의 능력이 있는 구역장을 만나면 기도의 능력을 받습니다. 전도의 능력이 있는 구역장을 만나면 전도의 은사를 받습니다. 그러므로 우리는 좋은 사람을 만나게 해달라고 늘 기도해야 합니다.

예수님께서는 "수고하고 무거운 짐 진 자들아 다 내게로 오라 내가 너희를 쉬게 하리라"(마 11:28) 말씀하셨습니다. 예수님은 우리의 가장 좋은 스승이십니다. 예수님께서는 "내게로 와서 내 멍에를 메고 내게 배우라"고 하셨습니다. 예수님은 우리를 도우시려고 찾아오셨습니다. 좋은 스승을 만나야 훌륭하게 될 수가 있습니다. 한국 축구의 간판스타인 박지성 선수는 히딩크라는 좋은 감독을 만나 대성

할 수가 있었습니다. 바둑을 둘 때 보면 아무리 열심히 두어도 1급 되기가 어렵습니다. 그런데 좋은 스승을 만나면 바둑을 보는 눈이 열립니다. 바둑 한 판을 두어놓고 다시 복기를 해가면서 이런 때는 이렇게 하는 것이 좋다고 이야기를 해주면 바둑 실력이 쑥쑥 늘어 갑니다.

운동도 그렇습니다. 좋은 스승이 인도하는 대로 믿고 따라가야 길이 열립니다. 동네에서 수영을 아무리 잘했어도 수영선수를 만나면 잘 안 됩니다. 수영을 제대로 하려면 처음부터 다시 배워야 합니다. 옛날에 수영을 하면 저수지를 왔다 갔다 했는데 수영장에 가서 배워보니 수영하는 법이 다릅니다. 가르치는 대로 하니 물에 뜨지를 않습니다. 방법이 다릅니다. 처음에 잘못 배워서 그렇습니다. 그러나 좋은 스승을 만나 믿고 따르면 반드시 좋은 결과가 있습니다.

하나님께서는 쓰실 사람에게 좋은 스승을 만나게 하십니다. 모세를 쓰시려고 이집트의 왕궁에 보내셨습니다. 그곳에서 이집트 제국의 정치와 경제와 군사 등 모든 것을 다 보고 배웠습니다. 왕자 수업을 받았습니다. 그때는 몰랐지만 이스라엘 백성들을 애굽에서 인도해 내시려고 보내신 것입니다.

다윗을 왕궁에 보내어 사울 왕의 옆에서 하프를 켜게 하셨습니다. 사울 왕은 여러 번 다윗을 죽이려 하였지만 그곳에서 다윗은 왕궁의 법도를 배워 이후에 왕이 된 후에 이스라엘을 잘 이끌 수가 있었습니다. 엘리사를 쓰시려고 엘리야에게 보내셔서 엘리야 선지자의 능력을 보고 배우게 하셨습니다. 사무엘을 쓰시려고 엘리 제사장의 집에 보내셔서 사환으로 일하며 제사장의 모든 일을 보고 배우게 하셨습니다. 엘리 제사장의 일을 가장 속속들이 알고 배울 수 있는 자리가 사환의 자리입니다. 인간의 눈으로 볼 때에는 지금 형편없고 안 되는 것 같고 길이 막히는 것 같지만 하나님께서는 미래의 지도

자를 세우기 위해 하나하나 준비시키십니다.

하나님께서는 늘 바꾸시는 하나님이십니다. 그러므로 낙심할 필요가 없습니다. 지금 부족해도 이후에 넉넉해질 수가 있습니다. 지금 병들어 힘이 들어도 나중에 건강해질 수가 있습니다. 하나님께서는 여러분을 다윗으로 만드시고 사무엘로 만드실 수가 있습니다. 하나님께서 우리를 바꾸어 주시면 언제든지 축복의 자리로 나아갈 수가 있습니다. 그러므로 낙심하지 마시기 바랍니다. 부러워하지 마시기 바랍니다. 하나님께서 복을 주시는 것이 중요합니다. 그렇게 피같이 모은 재물이라는 것이 순식간에 사라질 수도 있고, 늘 건강할 줄 알았는데 어느 날 갑자기 병석에 누울 수도 있습니다, 하나님의 은혜가 있어야 합니다.

우리 인생의 길은 알 수가 없습니다. 하나님께서 세워주신 이 자리, 하나님께서 주신 관계를 긍정의 눈으로 바라보는 것이 중요합니다. 불평하고 원망하는 사람은 위대한 일꾼으로 부르심을 받지 못했습니다. 불평하고 원망하는 사람은 결코 좋은 일꾼으로 쓰임 받지 못합니다. 가정에 불평하는 사람이 하나만 있어도 가정의 분위기가 엉망이 됩니다. 한 사람 때문에 다른 사람이 피해를 입습니다. 교회도 그렇습니다. 불평하는 한 사람 때문에 다른 사람이 영적으로 큰 피해를 입게 됩니다.

예수 믿는 것도 좋은 스승을 만나야 합니다. 잘못 배웠으면 처음부터 다시 배워야 합니다. 처음 배울 때에 기도의 능력을 배워야 합니다. 섬기는 것을 배워야 하고 겸손을 배워야 합니다. 어깨 너머로 배우면 깊은 신앙생활로 들어가야 할 때에 오히려 장애가 됩니다. 예수를 믿는다는 것은 참 스승이신 예수님의 모습을 본받아 따라가는 것입니다. 모든 성도들이 본받아야 할 모형이 바로 예수 그리스도요, 이 땅의 스승들이 본받아야 할 모습도 예수 그리스도입니다. 예수님께서는 "한 알의 밀이 땅에 떨어져 죽지 아니하면 한 알 그대로 있고 죽으면 많은 열매를 맺느니라"(요 12:24)고 말씀해 주셨습니다. 예수님께서는 이 말씀 그대로 십자가에 달려 우리를 위해 한 알의 밀알이 되어 주셨습니다.

사도 바울은 내가 그리스도를 본받았다고 했습니다. 나도 예수님처럼 너희를 위해 한 알의 밀알이 되겠다는 고백입니다. 기독교의 역사는 남을 위해 한 알의 밀알이 되어 세상을 섬기는 역사입니다. 남을 위해 주는 것이 어리석은 것 같고 없어지는 것 같지만 하나님께서는 반드시 열매를 거두게 하십니다. 밀알은 썩어져 30배, 60배, 100배의 결실을 거둡니다. 내가 썩어져야 스승이 됩니다. 스승은 조직의 보스와 다릅니다. 나의 것을 헌신해야 합니다. 예수님께서 바로 그 모범을 보여 주셨습니다. 예수님께서는 그 일생을 남김없이 제자들을 위해 사셨고 십자가 위에서 피 한 방울까지 남김없이 흘려주셨습니다.

우리가 예전에 재미있게 보았던 허준의 일대기를 기억하시지요? 허준이 그토록 명의가 될 수 있었던 것은 유의태라고 하는 자기의 몸을 헌신한 스승이 있었기 때문입니다. 교회는 나의 것을 아낌없이 헌신하는 성도들에 의해 세워집니다.

어느 교회에서 여전도회장이 목사님을 찾아와서 말합니다. "목사님, 다음 주일날 광고해 주세요. 교인들보고 빈 병, 폐품을 전부 모아 가져와 달라고 해주시면 그걸 팔아서 선교 사업을 하고자 합니다." 목사님이 "하나님께 바치는 것은 내 것을 바치는 것이지, 폐품을 팔아서 하나님 일 하는 것 아닙니다" 했더니 "하나님 일 하려는데 돈이 모자라서 그래요"라고 계속 이야기를 합니다.

목사님이 "알았습니다" 하더니 다음 주일날 광고하기를 "여러분,

집에 있는 빈 병이나 폐품이나 휴지 조각 있으면 전부 가져오십시오. 그것을 모아 팔아서 우리 여전도회장님 살림살이 좀 보태주려고 합니다. 여전도회장님 용돈 좀 마련해 드리려 합니다"라고 광고를 했습니다. 예배가 끝난 후 여전도회장님이 화가 나서 목사님을 찾아왔습니다. "목사님, 나를 어떻게 보고서 그런 말씀을 하십니까? 나를 거지로 아십니까? 자존심 상해서 교회 못 나오겠습니다." 그러자 목사님이 웃으면서 말합니다. "회장님, 그 빈 병 팔아서 모은 돈으로 회장님이 쓰면 자존심 상하고, 하나님이 쓰면 하나님은 그런 자존심도 없는 분이신 줄 알았습니까?"

그날 밤 여전도회장이 잠을 자지 못하고 씩씩거리다가 늦은 밤에 잠이 들었는데 천국에 갔습니다. 갔더니 온 교인들의 천국집이 보이는데 황금으로 지은 집사님 집, 진주 보석으로 지은 권사님, 집사님 집들이 가득하게 있는데 자기 집이 없더랍니다. 동네가 끝나는 한쪽 개울창 아랫동네에 기둥은 병 조각 부셔서 세우고, 벽은 휴지조각 뜯어서 갖다 붙인 집이 있길래 이게 누구 집인가 하고 가서 봤더니 자기 이름이 큼지막하게 쓰여 있더랍니다. 깜짝 놀라서 잠에서 깨어 '하나님 앞에 이렇게 살아서는 안 되겠구나!' 회개하고 언제나 하나님을 먼저, 하나님을 가장 중심자리에 높여서 살아가는 삶을 살았다는 이야기입니다.

여러분, 내가 한 알의 밀알이 되어 헌신할 때 교회가 살아나고 민족이 살아납니다. 복음의 열매가 가득히 맺히려면 먼저 내가 죽어 땅속에 묻히는 생명력 있는 씨앗들이 많아야 합니다. 윤치호 선생님은 갑신정변이 실패한 후 미국에 가서 교육학을 공부하고 돌아오게 되었습니다. 그 당시에는 우리나라에 선교사가 없었습니다. 윤치호 선생님은 자기 주머니에 남아 있던 전 재산인 2백 달러를 가지고 미국 남감리교 선교부를 찾아가서 “얼마 되지 않지만 이 돈으로 조선에 선교사를 파송해 주십시오” 하고 헌금을 했습니다. 조선이라는 나라가 어디에 있는지조차 알지 못했던 그들이 윤치호 선생의 이러한 정성에 감동되어 아펜젤러 목사 부부를 선교사로 파송하게 되었습니다.

윤치호의 헌금이 오늘날 수많은 사람들을 구원으로 이끌었습니다. 나의 것을 내어 놓는 헌신이 손해 보는 것 같지만 교회를 변화시키고 이웃을 변화시키며 이 땅을 변화시킵니다. 하나님께서는 헌신 가운데 역사하시기 때문입니다. 우리 교회는 서로가 헌신하고 섬기는 교회가 됩시다. 그것이 참 스승이신 주님의 뒤를 본받는 길입니다. 사도 바울은 나를 본받는 자가 되라 말씀합니다. 나를 따르라고 말할 수 있는 것은 쉽지 않습니다. 그런데 사도 바울은 나를 본받는 자가 되라고 합니다. 예수님께서 십자가에 못 박혀 죽으실 때 사람들은 그것이 끝인 줄 알았습니다. 그러나 십자가의 사건 이후로 더 많은 무리들이 예수님을 따랐습니다.

사도 바울은 복음을 전하며 특별히 고난을 많이 당한 인물입니다. 그는 복음을 위해 자기 재산과 명예를 다 버렸습니다. 그런데 버린 것이 아닙니다. 하나님 나라에 심은 것입니다. 초대교회 역사부터 지금까지 사도 바울만큼 위대한 일을 한 사람은 없습니다. 하나님은 전 세계에 복음을 전하는 위대한 사역의 인물로 사도 바울을 쓰신 것입니다. 오늘 우리가 사는 세상은 나를 알아달라는 사람이 많습니다. 내 생각을 주장하는 사람도 많습니다. 그러나 나처럼 기도하고 나처럼 전도하라고, 나의 본을 받으라고 이야기할 수 있는 여러분이 되시기 바랍니다. 나처럼 이웃을 섬기고, 나처럼 어려운 사람들을 긍휼히 여기고, 나처럼 교회를 섬기고, 나의 본을 받으라고 이야기할 수 있는 여러분이 되시길 바랍니다. 여러분, 사도 바울과 같이 믿음의 본을 보여 여러분을 통해 수많은 사람들이 축복받는 통로가 되는 성도들이 됩시다.

적용

ⓐ 오늘 말씀의 주제 파악하기:

ⓑ 오늘 말씀 중 은혜 받은 부분 나누기:

ⓒ 삶에 구체적으로 적용하기:

함께 드리는 기도 제목

1. 주의 말씀을 사모하며 말씀에 집중하게 하옵소서.
2. 우리 가정과 구역에 참 스승으로 함께 하여 주옵소서.
3. 주님의 가르침을 본받고 실천하는 교회가 되게 하여 주옵소서.

21.

행복한 가정입니까?

» **본 문:** 에베소서 5장 22~30절
» **찬 송:** 559장(사철에 봄바람 불어 잇고, 통 305장)
» **요 절:** "아내들이여 자기 남편에게 복종하기를 주께 하듯 하라 이는 남편이 아내의 머리 됨이 그리스도께서 교회의 머리 됨과 같음이니 그가 바로 몸의 구주시니라 그러므로 교회가 그리스도에게 하듯 아내들도 범사에 자기 남편에게 복종할지니라 남편들아 아내 사랑하기를 그리스도께서 교회를 사랑하시고 그 교회를 위하여 자신을 주심같이 하라"(엡 5:22-25)

오늘을 위기의 시대라고 합니다. 사회의 위기, 경제의 위기, 학교의 위기 등 수많은 위기가 우리 현대인들에게 다가오고 있습니다. 미래학자인 엘빈 토플러는 《미래의 충격》이란 책에서 미래시대는 충격의 시대라고 말하면서 미래시대의 가정의 문제는 매우 비관적이라고 말했습니다. 가정이 와해될 것이라고 했습니다. 오늘 실제로 많은 가정이 와해되어 가고 있습니다. 결손가정이 늘어가고 가정이 병들어 가고 있습니다. 한국사회의 노인들은 일제 강점기와 6·25 전쟁, 산업화를 경험하며 살아왔습니다. 미친 듯이 살아왔습니다.

그런데 옛날에는 한 집에 할아버지로부터 온 식구가 함께 모여 살았는데 지금은 핵가족화가 이루어지고 노인들만 덩그러니 남게 되었습니다. 할머니 세대는 지금은 상상할 수 없는 시집살이를 하면서 살아왔는데 이제는 며느리에게 눈치 보며 시집살이하는 시대가 되었습니다. 이 외로움과 충격은 말로 다 할 수가 없습니다. 그래서 오늘의 노인들은 우울합니다. 작은 일에도 섭섭합니다. 아버지는 먹고 살기 위해 달려온 세대입니다. 그래서 이제 집도 장만하고 먹고 살 만하게 되었는데 자녀들의 문화가 달라져 버렸습니다. 구세대를 인정하지 않습니다. 자식을 위해 내 삶을 희생했는데 자식들은 부모님을 위해 희생하지 않으려 합니다. 희생은커녕 대화도 하지 않으려 합니다.

《명심보감》에 나온 것처럼 한 부모가 열 자녀 많다고 하지 않고 있는 힘을 다해 키웠는데, 열 자녀는 한 부모가 많다고 서로 부모님을 부양하는 일을 피하려고 합니다. 어머니들은 더 많은 희생 속에 살아왔습니다. 취미가 어디 있습니까? 오로지 자녀들을 위해 시간을 다 바쳤는데 이제 나이가 들어가면서 '내가 도대체 무엇 하러 살았나?' 하는 생각이 듭니다. 그래서 중년의 우울증이 많습니다. 텔레비전에 나오는 연속극을 보면 나만 바보같이 살아온 것 같습니다. 드라마의 대부분이 부부간의 갈등, 불륜입니다. 그래서 밖으로 눈을 돌립니다. 자녀들은 자녀들대로 부모님이 꽉 막혔다고 생각합니다. 오로지 인터넷과 휴대폰만이 나의 마음을 이해해 준다고 생각하고 빠져듭니다. 가정에서 말은 안 하지만 모두가 불만에 가득 차 있습니다.

그러면 오늘의 가정은 이렇게 소망 없는 미래를 향하여 나아가고 있습니까? 성경은 인생에 영원한 진리의 말씀을 주십니다. "여호와를 경외하며 그의 길을 걷는 자마다 복이 있도다 네가 네 손이 수고한 대로 먹을 것이라 네가 복되고 형통하리로다 네 집 안방에 있는 네 아내는 결실한 포도나무 같으며 네 식탁에 둘러앉은 자식들은 어린 감람나무 같으리로다 여호와를 경외하는 자는 이같이 복을 얻으리로다"(시 128:1~4)라고 말씀합니다. 여호와를 경외하며 하나님의 말씀을 따라 걸어가는 가정은 복이 있다는 말씀입니다.

하나님은 인간이 사는 날 동안 복을 명하셨고 복의 길을 열어놓으셨습니다. 하나님께서 창조하신 에덴동산은 천국의 가정이었습니다. 그런데 인간이 범죄함으로 이 천국이 깨어져 버렸습니다. 에덴동산은 두 가지의 관계를 말씀하고 있습니다. 첫째는 하나님과의 관계요, 둘째는 가정의 관계입니다. 그런데 아담의 범죄는 이 두 가지를 다 깨트려 버렸습니다. 오늘 가정의 행복은 이 에덴동산에 주셨던 두 가지 축복을 다시 찾는 데서부터 시작됩니다. 아담과 하와는 순간의 실패로 에덴동산을 잃어버렸습니다. 오늘의 가정도 그렇습니다. 행복한 가정이 불행한 가정이 되는 것도 순간입니다.

그러나 반대로 오늘 불행한 가정이 행복하게 되는 것도 순간입니다. 하나님의 말씀의 길로 들어서기만 하면 행복한 가정이 되는 줄로 믿으시기 바랍니다. 가정은 하나님께서 주신 선물입니다. 그러므로 사람이 노력한다고 행복하게 되는 것이 아닙니다. 하나님께서 도와주셔야 행복하게 됩니다. 그래서 시편 127편에 "여호와께서 집을 세우지 아니하시면 세우는 자의 수고가 헛되며"라고 말씀합니다. 오늘 성경은 행복한 가정이 되는 비결을 말씀하고 있습니다.

1. 아내에게 주시는 명령이 있습니다

"아내들이여 자기 남편에게 복종하기를 주께 하듯 하라"는 남편에게 복종하라는 명령입니다. 오늘 이 시대가 어떤 시대인데…여성 대통령이 나오고, 장관이 나오는 시대인데 남편에게 복종하라니 성경이 낡았다고 생각할 수 있습니다. 성경은 가정의 질서를 말씀하고 있습니다. 회사에 사장이 있고 과장이 있고 평사원이 있습니다. 이들은 모두가 자기의 역할이 있습니다. 사원이 사장의 역할을 하려고 해서는 안 됩니다. 인격이 못하거나 실력이 부족해서 그런 것이 아닙니다. 자기의 자리를 지킬 때에 회사가 잘 운영됩니다.

건물관리 분과에 일을 하라고 뽑아 놓았는데 돌아다니면서 인사부서의 일을 참견하고 제휴업체에 전화를 한다면 일이 어떻게 되겠습니까? 자기 일이 있습니다. 회사에서는 사장의 권위를 인정해 주어야 회사가 유지될 수 있습니다. 교회에서는 목사의 권위를 인정해 주어야 목회가 이루어지게 되어 있습니다. 오늘 한국교회의 위기도 자기의 일을 넘어서는 일을 하려고 할 때 문제가 옵니다. 각자에게 주어진 일을 하면 모두가 행복합니다.

가정의 원리가 그런 것입니다. 가정에서 아버지의 권위를 인정할 때 가정이 행복하게 되어 있습니다. 아내가 남편보다 열등해서 복종하는 것이 아닙니다. 아내가 훨씬 더 똑똑한 가정도 있습니다. 또 여성이 말을 잘합니다. 잘못해 놓고도 말로 싸우면 아내가 이기게 되어 있습니다. 영국의 한 방송이 〈The Human Footprint〉란 코너에서 조사를 했는데 여성이 하루에 사용하는 단어의 수가 6,400개에서 8,000개로 남성이 사용하는 2,000개에서 4,000개의 단어보다 최고 4배나 많기 때문에 말을 잘할 수밖에 없다고 합니다. 뇌의 구조가 그렇습니다. 그렇게 말을 잘하는데 행복한 말, 좋은 말을 많이 하면 얼마나 좋습니까?

성경이 말씀하는 이 복종은 가정의 질서의 권위를 인정하는 복종입니다. 성경이 말씀하는 복종은 맹목적 순종이나 상대방을 강요하는 복종이 아닙니다. 그래서 남편도 아내에게 복종할 의무가 있습니다. 본문 앞 21절을 보면 "피차 복종하라"고 했습니다. 가정에는 아내가 해야 할 일과 권위가 있는데 이 일에는 남편이 복종해야 한다는 것이 성경의 가르침입니다. 사랑하면 복종하게 됩니다. 물론 남편이 남편의 역할을 못하는 가정도 있습니다. 그래도 복종하라는 것입니다. 남편의 권위에 복종하라는 것입니다. 아버지가 병들어도, 실직을 해도 복종하는 것입니다. 아버지가 아무리 못나도 어머니는 아버지를 존중할 때 그것을 보고 자라는 그 가정의 자녀에게 미래가 있습니다.

옛날에 식사를 하게 되면 어머니가 밥솥에서 제일 먼저 아버지 밥그릇에 밥을 풉니다. 그 다음에 자녀들 밥을 푸고 나중에 누룽지와 섞인 밥을 가지고 어머니 그릇에 채웠습니다. 이것이 어머니의 희생입니다. 밥 한 그릇을 퍼도 이렇게 다른 어머니의 마음을 기억하기 때문에 어머니 이름만 불러도 눈물이 납니다. 훈련소에 가면 눈물고개라는 곳이 있습니다. 그곳을 통과하려면 이가 갈립니다. 서로 하는 이야기가 탈영하겠다고 합니다. 그런데 그 훈련 코스를 마치고 진흙범벅이 된 옷을 입고 땅바닥에 앉아 부르게 하는 노래가 있습니다. “나실 제 괴로움 다 잊으시고…” 이 노래를 부르기 시작하면 그 늠름한 장정들이 다 엉엉 웁니다. 힘들어도 어머니 생각해서 견디겠다고 다짐을 합니다. 아버지 하면 눈물이 잘 안 납니다. 그러나 어머니 하면 눈물 나는 이유가 어머니의 희생이 있기 때문입니다.

그런데 요즘 어머니들이 희생을 안 하려고 합니다. 나도 권리를 주장하겠다는 것입니다. 그러니까 요즘 아이들이 어머니 해도 눈물이 안 나옵니다. 오늘의 시대는 곤고합니다. 어머니도 길을 잃고 아버지도 길을 잃고 자녀들도 길을 잃고 있습니다. 오늘의 가정에 어머니가 회복되어야 합니다. 가정에는 아버지의 희생이 있고 어머니의 희생이 있습니다. 가정은 희생을 통해 세워져 갑니다. 어머니의 기도가 있는 가정은 반드시 행복하게 됩니다. 어머니는 자녀를 키우며 행복해야 합니다. 이것은 낭비가 아닙니다. 축복입니다. 하나님께서는 사람을 다 다르게 만드셨습니다. 남자와 여자를 다르게 만드셨습니다. 우리는 같이 살면서도 아내를 모르고 남편을 모릅니다. 그래서 '당신이 그럴 줄 몰랐다'고 하지 않습니까? 그런데 하나님은 우리를 창조하셨기에 너무나 잘 아십니다.

하나님의 말씀대로 살아가면 행복하게 되고 축복이 있습니다. 하나님께서는 교회가 그리스도께 하듯 아내들도 자기 남편에게 복종하라고 하셨습니다. 여러분, 교회에 나와 전도를 하고 봉사를 하고 헌신을 하고 은혜를 받습니다. 감사합니다. 희생을 하면서도 은혜 받고 감사하는 것입니다. 여러분의 가정에서 남편에게 그렇게 하라는 것입니다. 남편을 섬기고 남편을 위해 희생하고 남편을 위해 봉사하면서도 감사하고 은혜를 받는 가정이 될 때 행복한 가정이 되는 줄로 믿으시기 바랍니다.

2. 남편에게 주시는 명령이 있습니다

"남편들아 아내 사랑하기를 그리스도께서 교회를 사랑하시고 그 교회를 위하여 자신을 주심같이 하라"고 말씀하십니다. 그리스도께서 교회를 사랑하신 사랑은 희생의 사랑입니다. 십자가를 지는 사랑입니다. 어떻게 보면 남성의 짐이 훨씬 더 무겁습니다. 복종보다 목숨을 주는 희생이 더 무겁습니다. 비교할 수가 없습니다. 희생은 상대방을 위해 나를 포기하는 것입니다. 아내를 위하여 십자가까지도 지는 것입니다. 신문에 난 기사를 보니 아내가 살인을 했는데 남편이 아내를 감옥에 보내지 않기 위해 자기가 죽였다고 거짓 자백을 했습니다. 결국 거짓이 탄로가 나 남편이 무죄로 풀려나게 된 기사입니다.

2차 세계대전 당시 폴란드의 아우슈비츠 감옥에서 탈옥자가 생기면 다른 사람 10명을 지하 감옥에 보내어 굶겨죽입니다. 한 사람이 탈옥을 하여 10명을 지하 감옥으로 보내게 되었는데 한 사람이 울부짖습니다. 아내와 아이들을 두고 죽을 수가 없다는 것입니다. 이때 47세의 막시밀리아노 콜베 신부가 자원하여 대신 지하 감옥에 가게 됩니다. 이분은 일본에 와서 선교를 했던 신부입니다. 지하 감옥에 간 콜베 신부는 2주일간을 굶었음에도 죽지 않자 독일군은 약물을 주사해 콜베 신부를 살해했습니다. 천주교에서는 콜베 신부를 성자로 추대했습니다. 다른 사람을 위하여 내 생명을 내어 주는 일은 어렵습니다.

그런데 성경은 남편이 아내를 사랑하는 것이 이렇게 주님이 교회를 위하여 자신을 주심같이 하라고 하였습니다. 어떤 분이 우리 집은 늘 평안하다고 이야기합니다. 싸우지 않는다고 이야기합니다. 가만히 보니 안 싸우는 것이 아니라 못 싸웁니다. 어떤 분이 쓴 글에 "남편은 하늘이라 말하고 아내는 땅이라고 말하는데, 우리 남편은 비 한 방울 내리지 못하는 원망스런 하늘이었고, 땅은 메마르고 갈라지고 있는데도 그 사정을 모르는 무심한 하늘이었습니다"라고 고백했습니다. 남편이 타들어 가는 아내 마음을 몰라줍니다. 생활비가 있고 자동차가 있고 가끔 외식시켜 주면 아내가 행복해 하는 줄 압니다.

아내는 좋은 음식을 먹어 행복하게 되는 것이 아닙니다. 남편의 희생을 통해 행복을 함께 나누는 것입니다. 가정은 일방적인 관계가 아닙니다. 한 사람이 다른 사람을 강요하며 행복할 때 다른 한 사람은 고통받게 되어 있습니다. 그래서 가정은 서로 존중하는 공동체입니다.

소와 사자가 있었습니다. 둘은 죽도록 사랑하여 결혼을 하게 되었습니다. 소는 최선을 다해서 맛있는 풀을 날마다 사자에게 대접했습니다. 사자는 싫었지만 참습니다. 사자도 최선을 다해서 맛있는 살

코기를 날마다 소에게 대접했습니다. 소도 괴로웠지만 참았습니다. 참을성은 한계가 있습니다. 소와 사자는 다투고 끝내 헤어지고 맙니다. 헤이지며 서로에게 한 말이 “난 최선을 다했어”였습니다. 나만 옳다고 생각하고 나 중심으로 바라보면 최선을 다해도 그 최선은 최선일수록 최악을 낳고 맙니다.

사랑하는 남편 여러분, 아내를 위하여 희생하되 주님의 말씀을 따라서 주님을 생각하며 아내의 입장에 서서 내 목숨까지 내어주는 사랑을 하게 될 때에 여러분의 가정은 주 안에서 행복한 가정이 될 줄로 믿습니다.

3. 가정의 회복을 교회를 통해 주십니다

오늘의 가정의 문제는 서로에게 상처를 주며 서로가 망가져 가고 있는 것입니다. 자녀들이 이 모습을 보고 자라납니다. 어머니가 딸에게 “너 결혼하게 될 때에 꼭 아빠 같은 사람 만나서 결혼해야 된다”라고 이야기할 수 있습니까? 언젠가 구역장 교육하면서 물어 보았더니 여성분들이 대답을 하지 않습니다. 자녀들은 보고 배웁니다. 가정에서 사랑하는 것을 보고 배운 자녀는 사랑하는 법을 배웁니다. 교회에서 사랑에 문제가 있는 성도들을 가만히 보면 자라는 환경에 문제가 있는 경우가 대부분입니다. 가정에서 자랄 때에 사랑하는 것을 보지 못했습니다. 사랑해 주고 격려해 주고 위로해 주는 가정에서 자라지 못한 것입니다. 그래서 투쟁적이 되어 버렸습니다. 불만이 있습니다. 다른 사람을 가시처럼 아프게 합니다. 이런 분들을 보면 참 마음이 아픕니다.

하덕규 집사님이 지어 조성모가 부른 “가시나무”란 노래는 바로 이런 나의 아픔을 고백하는 노래입니다. “내 속엔 내가 너무도 많아 당신의 쉴 곳 없네…바람만 불면 그 메마른 가지 서로 부대끼며 울어대고 쉴 곳을 찾아 지쳐 날아온 어린 새들도 가시에 찔려 날아가고 바람만 불면 외롭고 또 괴로워…" 이런 가사입니다. 우리 가정은 서로 가시가 되어서는 안 됩니다. 쉴 곳을 찾아 지쳐 날아온 나의 가족들이, 나의 가정의 어린 새들이 가시에 찔려 날아가는 가정이 되어서는 안 됩니다. 문제가 있고 아픔이 있는 가정을 어떻게 합니까? 가구가 낡으면 버리고 새 가구로 바꾸면 되는데 남편을, 아내를, 자녀를 바꿀 수야 없지 않습니까? 사람을 바꾸어야 합니다.

그 바꾸는 능력이 말씀 속에 있습니다. 말씀이 가정에 들어가면 포악한 남편이 바뀝니다. 며칠 전에도 어떤 분을 상담했는데 남편이 얼마나 때렸는지 발길로 얼굴을 차고 아주 심하게 했답니다. 그래서 지금은 어떻게 하느냐고 했더니 잘한답니다. 예수 믿으면 변하는 것입니다. 예수 믿으면 독한 아내도 천사 같은 아내로 변하는 것입니다. 비행청소년도 비전과 꿈을 가진 자녀들로 변하는 것입니다. 하나님께서 가정만 주신 것이 아니라 교회도 함께 주신 이유가 여기에 있습니다. 여러분, 교회를 귀하게 여기시기 바랍니다.

교회는 여러분의 가정이 축복을 받고 행복하게 되는 비밀이 있는 곳입니다. 행복의 근원이 하나님께 있습니다. 행복의 출발이 하나님의 말씀에 있습니다. 온 가족이 하나님 앞에 나와 말씀을 듣고 그 말씀대로 순종하며 가정에 가서 서로를 위해 희생하고 복종하는 삶을 살고 자녀들은 부모에게 순종하는 행복한 가정이 되시기 바랍니다.

적용

ⓐ 오늘 말씀의 주제 파악하기:

ⓑ 오늘 말씀 중 은혜 받은 부분 나누기:

ⓒ 삶에 구체적으로 적용하기:

함께 드리는 기도 제목

1. 서로가 존중하고 사랑하는 가정 되게 하옵소서.
2. 주의 말씀으로 치유 받고 회복되는 가정 되게 하옵소서.
3. 우리 교회 각 가정들마다 행복하게 하시고 주의 사랑 가득한 교회 되게 하옵소서.

22.

말씀을 전파하려면

» **본 문:** 디모데후서 4장 1-8절
» **찬 송:** 505장(온 세상 위하여, 통 268장)
» **요 절:** "너는 말씀을 전파하라 때를 얻든지 못 얻든지 항상 힘쓰라 범사에 오래 참음과 가르침으로 경책하며 경계하며 권하라"(딤후 4:2)

도올 김용옥 교수의 노자에 대한 강의가 한때 텔레비전의 최고 인기프로였습니다. 그는 텔레비전에서 쌍스러운 욕까지도 거침없이 해대며 텔레비전 스타가 되었습니다. 기독교는 중동 지역에서 발생했기에 물이 없는 단순히 뜨거운 불의 종교라고 말하면서 기독교인들의 삶의 모습이 불같이 살아 오르지만 물의 여유, 물의 포용성을 갖지 못한다고 그래서 자기 구원, 자기 축복만을 바라는 독선적 종교라고 비판했습니다. 김용옥 교수의 이론에 대해서 "독선적이다, 흑백논리적이다"라는 일반적인 비판을 떠나 신앙적으로 볼 때에 김용옥 교수는 뜨거운 불의 체험도 하지 못했고, 낮아지고 죽어지는 물의 신앙 체험도 결국은 하지 못했기 때문이라는 결론을 내려 보았습니다. 그럼에도 불구하고 참으로 인상적인 것은 노자를 위해 외치는 그의 열정을 보면서 우리 기독교인들이 복음을 전하는 데 저런 열정과 확신이 있다면 얼마나 좋을까를 생각해 보았습니다.

오늘 본문에는 도올 김용옥에 비교할 수 없는 위대한 학자인 사도 바울의 고백이 나옵니다. "나는 선한 싸움을 싸우고 나의 달려갈 길을 마치고 믿음을 지켰으니 이제 후로는 나를 위하여 의의 면류관이 예비되었으므로 주 곧 의로우신 재판장이 그날에 내게 주실 것이며 내게만 아니라 주의 나타나심을 사모하는 모든 자에게도니라"고 소박한 고백을 하고 있습니다. 바울은 자기의 사상을 주장하는 것이 아니라 단지 주님께서 주신 믿음을 잘 지켰노라고 고백하고 있습니다. 바울은 세상적인 이야기를 하자면 할 말이 많은 사람입니다. 유대교의 가장 보수적인 전통을 이어 내려온 석학 가말리엘의 문하에서 수학을 하기도 했습니다. 그럼에도 불구하고 사도 바울은 자신에 대해서는 할 말이 없다고 말합니다.

실제로 13권의 사도 바울이 기록한 성경 말씀 가운데 자기 이야기, 공부 이야기는 하나도 없습니다. 바울은 일찍이 3층천에 올라가 하늘의 소리를 들었고 세상에서 경험할 수 없는 귀한 체험을 했습니다. 그러고 나니 이 세상에서 추구하려고 했던 모든 것이 다 시시해져 버렸습니다. 우리가 어릴 적에 플라스틱으로 만든 꽃무늬 장난감 반지를 얼마나 귀하게 여깁니까? 세상에서 가장 소중한 물건이요, 매일 손가락에 끼고 다니면서 그 반지를 아낍니다. 그런데 성년이 되어서 결혼을 하면서 좋은 보석반지를 받게 됩니다.

또 나이가 들면서 자녀들로부터 비취반지나 금반지도 선물을 받게 됩니다. 그런데 누가 나이 드신 노인들에게 초등학교 어린이들이 끼는 플라스틱 반지를 나누어 준다고 하면 그 반지를 귀하게 여기겠습니까? 아무것도 모르는 어린 시절이라면 모르겠지만 이미 좋은 반지들을 다 알고 있기 때문에 그런 반지에는 관심도 없을 것입니다. 끼고 다니라고 해도 그냥 버려둘 것입니다. 바울이 바로 그랬습니다. 3층천에 올라가 하늘의 귀한 보화를 맛보았기 때문에 이전에 좋아했던 것들은 분토만도 못하게 여기게 되었다는 말입니다. 정말 귀한 것이 무엇인지를 알았고, 보았고, 들었기 때문에 바울은 가장 귀한 것, 오직 말씀을 전하는 것에 관심이 있었습니다.

그래서 오늘 본문 말씀에도 사랑하는 믿음의 아들 디모데에게 복음을 전파하라고 말씀하고 있습니다. 사람은 최후의 순간에 가장 중요한 말을 남깁니다. 사도 바울은 열세 개의 서신을 남겼는데, 그 내용 가운데 가장 비장한 구절이 오늘의 말씀입니다. 예수님도 세상을 떠나시면서 "그러므로 너희는 가서 모든 족속을 제자로 삼아 아버지와 아들과 성령의 이름으로 세례를 베풀고 내가 너희에게 분부한 모든 것을 가르쳐 지키게 하라"(마 28:19)고 복음 전파를 유언으로 남기셨습니다. 사도 바울도 기나긴 전도의 여정을 마치고 옥중에서 낳은 아들 디모데에게 이 편지가 마지막이 될지도 모른다는 생각을 하면서 마지막 결론으로 말씀을 전파하라고 유언을 하고 있습니다.

오늘 성경에 "전제와 같이 내가 벌써 부어지고 나의 떠날 시각이 가까웠도다"라고 말씀합니다. 전제는 제물 위에 포도주를 붓는 제사입니다. 바울은 자신을 포도주에 비유하면서, 이미 내가 제물 위에 부어졌다고, "나의 떠날 시각이 가까웠다"라고 고백합니다. 바울은 죽음을 직감하고 있었습니다. 파란만장했던 복음을 전하는 삶을 마감하고, 하나님께 돌아갈 날이 다가오고 있다는 사실을 이미 알았습니다. 위대한 신앙의 사람들을 보면 이 세상을 떠나 주님을 만나는 시간을 압니다. 어떤 권사님은 자녀들을 다 불러 모아 놓고 마지막 손자까지 기도해 주시고 세상을 떠나셨습니다. 저의 부친도 "다음 주에 세상 떠난다" 하고 걸어서 오셨습니다. 여러분, 그냥 정신없이 살다가 갑자기 죽으면 안 됩니다. 주님 앞에 가는 날을 준비하고, 그날을 아는 성도들이 되시길 바랍니다.

사도 바울은 '엄히'라고 하는 말을 단 4번밖에 사용하지 않았습니다. 그런데 그중에 디모데에게 두 번이나 사용하고 있습니다. 무엇을 그렇게 엄하게 명령을 합니까? 말씀을 전파하라는 명령입니다. 사도 바울은 말씀이 무엇인지를 깨달았습니다. 말씀은 곧 복음을 의미합니다. 복음이란 무엇입니까? 신약성경은 총 27권으로 되어 있습니다. 그중에 복음은 네 개입니다. 마태, 마가, 누가, 요한복음입니다. 왜 이왕이면 다 복음이라고 붙이지 4개에만 복음이라고 붙였을까요? 여기에는 의미가 있습니다. 성경에 이름을 붙일 때 사도행전을 복음이라고 하지 않습니다. 고린도전·후서를 고린도 복음이라고 하지 않습니다. 오직 복음이라는 말은 예수님에 관한 기록에만 복음이란 말을 사용합니다.

"사랑하는 아들 디모데야, 너는 내 말을 전하는 것이 아니라 예수 그리스도의 일을 전하라"는 말씀입니다. 복음은 죄 없으신 예수님께서 이 땅에 스스로 찾아오신 이야기입니다. 인간이 죄의 길에 빠져 헤매는 것을 보시면서 안타까운 마음으로 찾아오십니다. 그리고 자신을 십자가에 산 제물로 내어 놓습니다. 인간을 위해 자신을 희생시키시는 것입니다. 그리고 3일 만에 부활하셔서 장차 다시오시마고 약속하신 것, 이것이 바로 복음입니다. 여러분, 교회의 신앙생활의 중심이 어디에 있습니까? 바로 복음에 있습니다. 가만히 보면 신앙생활을 한다 하면서 엉뚱한 것을 위해 사는 불쌍한 사람들이 있습니다. 이 복음을 놓치면 아무것도 아닙니다. 예수님이 나의 죄를 위해 죄 없이 피 흘려 죽으시고 다시 부활하셨음을 믿고 재림의 날을 기다리는 것이 바로 복음입니다.

이것이 신앙생활의 핵심입니다. 교회를 오래 다녀도 이 복음을 놓치고 살아가면 그 사람은 불쌍한 사람입니다. 초대교회 사도들은 이 복음을 전하며 살았습니다. 이 복음을 전할 때 성령님이 역사하십니다. 복음을 전하는 교회만이 생명이 있습니다. 오늘도 사도 바울은 서두에 "하나님 앞과 살아 있는 자와 죽은 자를 심판하실 그리스도 예수 앞에서 그가 나타나실 것과 그의 나라"를 두고 엄히 명령합니다. "하나님 앞과"라고 했는데 하나님 앞을 라틴어로 '코람데오'라고 합니다.

존 칼빈의 종교개혁의 모토가 '코람데오'였습니다. 신앙을 가진 성도들이 갖는 가장 두려운 자리는 '코람데오', '하나님 앞'입니다. 사람 앞에서는 속일 수도 있습니다. 사람들은 속을지 모릅니다. 거짓을 행할 수도 있습니다. 경건한 체할 수도 있습니다. 그러나 코람데오는 하나님의 시선을 의식하는 자리입니다. 주의 일을 할 때에, 무슨 말을 하거나 무슨 일을 하더라도 하나님 앞에서 하듯 하면 이 사람은 신앙에 성공합니다. 여러분은 모두 '코람데오', '하나님 앞'에 서서 신앙의 성공자들이 되시길 바랍니다.

말씀을 전파하는데 엄히 명령을 합니다. 복음을 전하는데 잘못하면 내 이야기가 되고 내 자랑이 되기 때문입니다. 초대교회의 성령충만한 교회가 고린도전서 1장을 보면 아볼로에게, 게바에게, 바울에게, 그리스도에게 속하여 서로 분쟁이 일어납니다. 같은 하나님을 믿었는데 인간이 나오다 보니 서로를 누르려고 하는 겁니다. "신앙생활은 이렇게 하는 것이다" 하는 문제로 싸우다 보니 서로가 옳다고 주장을 합니다. 100사람이면 100사람 다 다른 생각이 있는 것 아닙니까? 그러니까 어떤 사람들은 나는 아볼로에게 배웠으니 우리말이 맞다고 합니다. 그러자 다른 사람들이 나는 게바, 곧 베드로에게 배웠으니 베드로가 수제자다, 권위가 있다, 우리가 주장하는 것이 맞다는 겁니다.

또 다른 사람들이 나는 바울에게 배웠다, 바울이 실력파라고 하고 어떤 사람들은 우리는 예수파다, 우리가 원조라고 주장합니다. 서로 자신의 신앙이 올바르다고 주장하다 보니 서로 싸워 네 개의 분파로 나눠지게 되었습니다. 그래서 엄히 명하되 말씀을 곧 예수 그리스도만을 전파하라는 명령입니다. 다른 이야기는 하지 말라는 말씀입니다. 세상으로 나아가서도 예수님의 이야기를 하고, 교회에 나와서도 예수님 이야기를 하자는 말입니다. 성도 여러분, 우리 교회에 오면 예수님의 사랑과 예수님의 그 보혈의 공로만 이야기하시기를 바랍니다.

다른 이야기를 하게 되면 서로 분쟁이 일어나기 쉽습니다. 잘못하면 내 이야기, 내 주장, 내 자랑이 되기 쉽습니다. 사탄이 성도를 유혹하는 방법도 다양합니다. 요즘 상품을 판매하는 데에도 그 광고문을 보면 차별화가 되어 있습니다. 즉 백과사전식으로 광고를 만든 것이 아니라 이 광고는 20대의 미혼 여성을 위해서, 이 광고는 40대의 아파트촌 주부를 위해서 특별히 전략을 가지고 만든 것이라는 말입니다. 맞춤광고입니다. 사탄의 전략도 그렇습니다. 아직 믿음이 자라지 못한 성도에게는 믿음이 자라지 못하도록 여러 가지 장애물을 줍니다. 그래서 믿음이 자랄 만하면 시험거리가 나오고 또 믿음이 자랄 만하면 다른 시험거리가 나타납니다.

믿음생활 잘하는 성도에게는 이런 시험을 주면 오히려 더 기도도 많이 하고 오히려 더 믿음이 굳세어집니다. 그래서 믿음이 있는 성도들에게는 교만한 마음을 집어넣습니다. "네가 아니면 누가 하나님의 일을 하겠느냐"라고 교만한 마음을 집어넣습니다. 맞춤시험을 합니다. 사도 바울은 디모데에게 "나는 평생을 선한 싸움을 싸우고 달려갈 길을 마치고 믿음을 지켰으니"라고 얘기합니다. 평생 동안 이기는 믿음의 비결이 어디에 있는가 하면 예수 그리스도의 말씀에 있다는 것을 가르치고 있습니다. 우리는 말씀을 붙들고 이기는 성도들이 되어야 합니다.

2절 말씀에 “때를 얻든지 못 얻든지 항상 힘쓰라”고 했습니다. 누가 내 앞에 와서 “나도 예수 믿고 싶은데, 어디 좋은 교회 없습니까?” 할 때 까지 기다리는 것이 아니라 기회가 되든지 안 되든지 늘 전도에 힘쓰라는 말입니다. 누가복음 14장 23절을 보면 예수님의 비유가 나오는데 길과 산울가로 나가서 강권하여 데려다가 내 집을 채우라고 말씀합니다. 사도행전 8장을 보면 빌립이 내시를 전도하는 장면이 나옵니다. 그런데 말씀을 자세히 읽어보면 이해가 안 되는 부분들이 있습니다. 성령께서 빌립에게 예루살렘에서 가사로 가는 광야로 나가라고 하십니다. 전도하러 가는 사람이 사람들이 모인 곳에 가야지, 어떻게 광야로 갑니까?

그런데 빌립은 광야로 나아갑니다. 그곳에서 예루살렘에 왔다가 에티오피아로 돌아가는 국고를 담당하는 내시를 만나 복음을 전하였습니다. 지금은 에티오피아가 기아와 난민의 대표적인 상징이지만 이 빌립의 순종 때문에 에티오피아는 오랜 역사 동안 아프리카에서 하나님을 섬기는 국가가 되었고, 공산화가 되기 전까지는 아프리카의 흑진주로 불리는 가장 부유한 나라였습니다. 빌립은 사람도 없는 광야에 왜 전도하러 보내냐고 불평하지 않았습니다. 때를 얻든지 못 얻든지 순종할 때 하나님은 에티오피아를 복음화시키기 위하여 내시를 준비하시고 광야에서 만나도록 인도하시는 놀라운 계획을 갖고 계십니다. 복음은 때를 얻든지 못 얻든지 그저 전하는 것입니다. 하나님의 복음을 전하라는 말씀에 순종할 때 여러분을 향한 놀라운 계획이 있을 줄 믿습니다.

오늘 사도 바울은 군대용어를 사용하면서 말씀합니다. 군대에서는 명령이 떨어지면 우선 해야 합니다. 전쟁터에서 지휘관이 ‘공격

앞으로' 명령을 내렸는데 불평을 한다든지, 토론하자고 한다든지, 좀 더 생각해 보자고 했다가는 큰일이 납니다. 총살을 당합니다. 주님께서 우리에게 주신 복음을 전하라는 명령도 그렇습니다. 전해도 되고 안 전해도 되는 것이 아닙니다. 어려울 때는 좀 쉬었다가 전해도 되는 것이 아닙니다. 때를 얻든지 못 얻든지 복음을 전하는 것이 성경이 우리에게 주시는 명령입니다.

사도 바울은 복음을 부끄러워하지 않는다고 말합니다. 길을 가다 보면 젊은 처녀들이 짧은 치마를 입고 배꼽을 내어놓고 길에서 춤을 추고 있는 광경을 흔치 않게 볼 수 있습니다. 아마 우리 청년들 보고 전도하기 위하여 길에서 배꼽 내어놓고, 짧은 치마 입고 춤을 추라고 한다면 교회 안 나오겠다고 할지 모릅니다. 돈을 벌기 위해서 길에서 주유소에서 인사를 하면서 고개를 숙이는 젊은이들을 보면서 '우리의 열심히 저들만 못해서야 되겠는가?'라는 생각이 들었습니다.

3-4절의 말씀에 "때가 이르리니 사람이 바른 교훈을 받지 아니하며 귀가 가려워서 자기의 사욕을 따를 스승을 많이 두고 또 그 귀를 진리에서 돌이켜 허탄한 이야기를 따를 것"이라고 말씀합니다. 오늘 한국교회가 받는 시험은 로마시대와 같은 혹은 일제 강점기와 같은 육체적이고 물리적인 시험만이 아닙니다. 변질된 복음, 다른 예수를 믿게 만드는 것이 말세의 특징입니다. 바른 교훈을 하는 것을 싫어합니다. 잘못된 길로 가고 있어도 말을 하면 싫어합니다. 내 가려운 귀를 긁어줄 스승을 말세에는 원한다고 사도 바울은 예언하셨습니다.

오늘도 사도 바울은 디모데에게 이 악한 세대를 보며 오래 참고 때로는 경책하며 경계하며 전하라고 합니다. 사람이 변화되는 것은 인간의 힘으로 잘 되지 않습니다. 복음이 들어가야 사람을 변화시킵니다. 어떤 사람이 하나님을 믿지 않는 사람과 논쟁을 했습니다. "예수 믿는 사람들 봐라, 예수 믿는다고 하면서 동네에서 욕은 도맡아 먹는 사람들이 있지 않느냐? 예수 믿는다고 나아진 것이 무엇이 있느냐?" 논쟁을 하다가 예수 믿는 사람이 이런 제안을 했습니다. "지금부터 나가서 옛날에 방탕하고 망나니로 지내다가 변화되어 천사처럼 사는 사람 세 사람을 데려와 봐라. 나도 세 사람을 데려오겠다"라는 제안을 했다고 합니다. 누가 세 사람을 데려올 수 있겠습니까? 믿지 않는 사람이요? 믿는 사람이요? 복음이 사람을 변화시킵니다.

그러나 믿기는 믿어도 복음이 들어가지 않으면 그 사람은 변화되지 않습니다. 복음이 마음속으로 들어가야 변화가 됩니다. 예수의 피가 흘러야 변화가 됩니다. 이번 새 생명 플러스 축제는 등록하신 분이 세 번을 출석하도록 하는 운동입니다. 이것은 한 번, 두 번, 세 번 복음을 듣는 순간 예수의 피가 그 마음에 흐르고 복음의 역사가 일어날 줄로 믿고 믿음으로 하는 운동입니다. 전도는 내가 사람을 변화시키고, 내가 이끌어 내는 것이 아닙니다. 우리가 단지 전하기만 하면 역사하시는 분은 성령님이십니다. 성령님이 변화시키시고 성령님이 역사하십니다.

성도 여러분, 때를 얻든지 못 얻든지 복음을 전파하고 결과는 하나님께 맡기고 씨를 뿌리시기 바랍니다. 세상이 악해져도 너는 직무를 다하라고 했습니다. 성도의 직무 중 제일은 복음을 전하는 직무입니다. 복음 전하는 직무를 잘 감당하여 의의 면류관을 차지하는 성도들이 됩시다.

적 용

ⓐ 오늘 말씀의 주제 파악하기:

ⓑ 오늘 말씀 중 은혜 받은 부분 나누기:

ⓒ 삶에 구체적으로 적용하기:

함께 드리는 기도 제목

1. 복음으로 내 삶이 변화되게 하옵소서.
2. 우리 구역이 복음의 능력으로 승리하는 구역 되게 하옵소서.
3. 기쁨으로 순종하며 열방에 주의 말씀을 선포하는 성도가 가득한 교회 되게 하옵소서.

23.

하나님의 아들

» **본 문:** 로마서 8장 12-15절
» **찬 송:** 394장(이 세상의 친구들, 통 449장)
» **요 절:** "너희는 다시 무서워하는 종의 영을 받지 아니하고 양자의 영을 받았으므로 우리가 아빠 아버지라고 부르짖느니라"(롬 8:15)

사도 바울은 내 속에 두 가지 내가 있어 서로 싸운다고 하였습니다. 생각하는 나와 행동하는 내가 같다면 얼마나 좋겠습니까? 그러나 여기에는 큰 간격이 있습니다. 모범생으로 살고 싶은 생각, 모든 사람에게 행복한 말을 하며 살고 싶은 생각, 그러나 내 삶은 모범적이지 못하고 내 입과 내 행동이 생각과는 다른 방향으로 나아가는 것이 우리 인생의 모습입니다. 그러나 내 속에 갈등하는 내가 있다는 것은 살아 있다는 증거입니다. 죽은 사람은 갈등하지 않습니다. 죄를 지으면서 괴로워하고 갈등을 느끼는 사람은 가능성이 있는 사람입니다. 죄를 짓고 살면서도 아무렇지도 않은 사람이 심각한 사람입니다.

예수님께서는 이 두 가지 사람에 대한 예를 누가복음 18장에 비유로 설명해 주셨습니다. 성전에서 한 부자 바리새인이 큰 소리로 기도를 했습니다. '나는 의로운 사람'이라는 것입니다. 저 구석에 있는 세리 같은 사람과는 질적으로 다른 사람이라는 것입니다. 바리새인은 하나님의 영이 중요한 것이 아니라 행위를 중요시했습니다. 사람들에게 보여지는 것을 중요하게 생각했습니다. 그런데 한 세리가 사람들이 보지 않는 구석에서 간절히 기도하고 있었습니다. 세리는 멀리 서서 기도했습니다. 가슴을 치며 기도했습니다. "나는 죄인입니다. 용서해 주십시오."

세리는 자기가 죄인임을 분명히 알았습니다. 세리는 죄를 지으면서 가책을 느끼고 고통스러워했습니다. 그러나 바리새인은 죽은 사람들이었습니다. 다른 사람은 틀려도 내가 잘하고 있다고, 내가 죄인인 것을 잊어버리고 있었습니다. 예수님은 비유에서 분명히 말씀하시기를 "하나님의 인정을 받은 사람은 바리새인이 아니라 세리다"라고 말씀하셨습니다. 여러분이 교회에 나오는 이유를 분명히 깨닫고 잊지 않아야 합니다. 성경에 나오는 인간은 망각하는 인간입니다. 은혜 받은 것을 잊고 축복받은 것을 잊고 하나님께서 엄히 명하신 것을 잊고 늘 잊어버리는 존재입니다. 예수를 오래 믿다 보면 착각하는 사람들이 가끔 생깁니다. 내가 교회를 지키는 것으로 생각합니다. 내가 교회를 돕는 것으로 생각합니다.

여러분, 하나님은 여러분의 도움을 필요로 하시는 분이 아닙니다. 내가 교회를 도왔다고 생각하지 마십시오. 내가 교회를 지킨다고 생각하지 마십시오. 하나님은 인간이 지켜주어야 하는 분이 아니십니다. 교회가 여러분의 영혼을 지켜주는 것임을 잠시도 잊어서는 안 됩니다. 은혜를 잊어버리면 신앙의 배가 난파하는 것입니다. 서구교회의 몰락은 성경을 떠난 인본주의가 주도하면서 일어났습니다. 성경적 인본주의는 '하나님이 세상을 이처럼 사랑하사 독생자를 주셨으니, 하나님의 사랑이 극진하셔서 십자가에 달리시기까지 인간을 사랑하신 것'을 깨닫는 데서부터 시작이 됩니다. 주도권이 하나님께 있는 것입니다. 우리는 하나님을 믿고 구원을 받았지만 불완전한 존재라는 것을 잊어서는 안 됩니다. 은혜는 내가 죄인임을 깨닫는 자, 내가 부족함을 깨닫는 자에게만 주시는 것입니다.

오늘 12절에 "그러므로 형제들아 우리가 빚진 자로되 육신에게 져서 육신대로 살 것이 아니니라"고 말씀합니다. '그러므로'라는 말은 앞의 문장과 연관되어 있다는 뜻으로 결론을 내릴 때 사용하는 단어입니다. 본문 앞 11절을 보면 '예수님을 죽은 자 가운데서 살리신 이의 영이 너희 안에 거하시면 너희도 죽어도 다시 살 것'이라는 부활의 신앙을 말씀했습니다. 우리는 모두가 부활할 성도들임을 믿으시기 바랍니다. 믿음은 내가 억지로 믿어주는 것이 아니라 자동적으로 믿어지는 것입니다. 성령님께서 역사하시면 믿어지는 것입니다. '내가 육신을 이겨야지, 육신대로 살지 않아야지' 해서 되는 것이 아닙니다. 본질적으로 바뀌어야 합니다.

"내가 그리스도와 함께 십자가에 못 박혔나니 그런즉 이제는 내가 산 것이 아니요 오직 내 안에 그리스도께서 사시는 것이라"(갈 2:20)고 말씀합니다. 나를 십자가에 못 박은 후에, 내 과거가, 내 육신의 옛 정욕이 다 죽은 후에 성령님께서 내 안에 거하시고 자동으로 믿어지는 것입니다. 십자가에 나를 못 박는 것도 내가 할 수 있는 것이 아닙니다. 주님께서 은혜 주셔야 하는 일입니다. 그래서 예수님께 나아온 귀신들린 아이의 아버지는 "나의 믿음 없는 것을 도와주소서" 하고 간청했습니다.

자비하신 보좌 앞에 꿇어 엎드려
자복하고 회개하니 믿음 주소서
주여 주여 내가 비오니
죄인 오라 하실 때에 날 부르소서

(찬송가 279장)

우리의 기도는 "나에게 믿음을 주십시오" 하고 기도하는 것입니다. 그런데 기도만 하면 이상한 데로 갑니다. 기도 좀 한다는 사람들이 이단으로 많이 갔습니다. 더 나아가 자칭 하나님이 되고 자칭 재림주가 되었습니다. 말씀에 중심을 두고 기도해야 되는 것입니다. 성경은 우리를 빚진 자라고 했습니다. 빚을 지면 답답합니다. 이자 계산하는 날이 돌아서면 돌아오고 돌아서면 돌아옵니다. 그 이자라는 것도 얼마나 많은지 몇 년 지나면 원금만큼 됩니다. 빚을 진 사람은 빌려준 사람을 멀리서 먼저 보면 피해 갑니다. 만나고 싶지 않은 것입니다.

그런데 사도 바울은 우리가 예수님께서 십자가에 달리시고 우리에게 부활의 은총을 주신 것을 빚이라고 말씀했습니다. 바울은 나 같은 죄인을 용서해 주시고 구원의 은혜도 주시고 더 나아가 하나님의 일꾼으로 사용하여 주셨으니 너무나 감사하여 예수님 생각만 하면 빚진 자의 마음으로 살았던 것입니다. 여러분은 모두가 교회에 빚진 자임을 잊어서는 안 됩니다. 그럴 때에 교회만 보아도 은혜가 되고 교회를 다윗과 같이 사모하게 되는 것입니다. 여러분은 이 종에게도 말씀의 빚을 진 것을 잊어서는 안 됩니다. 주의 종을 사랑한다는 것은 말씀을 사모한다는 뜻입니다. 나의 영혼을 살리는 하나님의 말씀을 주의 종을 통해 공급해 주시는 것을 깨달은 자는 주의 종만 바라보아도 은혜가 되는 것입니다. 빚진 자는 의무가 있습니다. 빚진 자는 감사해야 합니다.

KTF에서 부사장을 지낸 조서환이란 분이 지금은 기업체를 운영하고 있는데, 이분이 낸 아이디어 상품이 2080치약, 휴대폰 번호이동 서비스 등입니다. 이분이 군 시절에 오른손을 잃어 병상에 누워 절망하고 있을 때 그의 여자 친구가 위로하고 힘을 주었습니다. 여자 친구의 집안에서는 집안을 나가든지 결혼을 하든지 택하라고 하면서 강력하게 반대하였습니다. 그때 이 여자 친구는 “내가 이 사람 전부를 사랑한 것이지, 손을 사랑한 것이 아닙니다” 하면서 조서환 씨와 결혼했습니다. 이때 조서환 씨는 ‘내가 이 여인을 위해 평생을 살아야 하겠다. 나만을 위해 기다려주고, 믿어준 이 여인을 행복하게 해야 되겠다’고 다짐했다고 합니다. 그의 마음에 빚을 갚아야 되겠다는 마음이 들었다고 합니다.

빚을 진 사람은 빚을 갚아야 합니다. 여러분도 빚을 갚아야 하는데 그것은 육신대로 살지 말라고 말씀합니다. 오늘 말씀에 육신에게 진다는 것은 지금 이 사람이 하나님을 믿는 사람이라는 말입니다. 내 속에서 성령님이 말씀합니다. 우리의 신앙에 대해서 매일같이 말씀해 주십니다. 누구에게나 말씀해 주시는 것은 아닙니다. 평소에 하나님의 말씀을 묵상하며 하나님의 말씀을 듣고자 하는 자에게 들려주십니다. 성령님께서 늘 우리의 신앙에 깨달음을 주시는 사람은 행복한 사람입니다. 아브라함은 조금만 다른 길로 가도 하나님께서 즉시 간섭하셨습니다. 그래서 깨닫게 하십니다. 육신대로 사는 사람은 영적인 능력이 나타나지 않습니다. 하나님의 영이 말씀하시는 길로 가는 것이 아니라 내 목표, 내 생각, 내 정욕으로 살아갑니다. 육신대로 사는 사람은 영적으로는 맹인인 것을 깨달아야 합니다.

말씀의 등불이 여러분을 인도합니다. 그래서 시편 119편에서 “주의 말씀은 내 발에 등이요 내 길에 빛이니이다”라고 고백한 것입니다. 육신대로 살면 죽습니다. 반드시 죽는 날이 옵니다. 그날에는 다른 것으로 살릴 방법이 없습니다. 그러나 영으로써 몸의 행실을 죽이면 산다고 했습니다. 영원히 살게 되는 은총을 누리게 되는 것입니다. 성령으로 인도함을 받는 이들은 하나님의 아들이라 했습니다.

옛날에는 우리가 육신에 빚진 자였습니다. 그래서 육신에 끌려 다녔습니다. 그러나 이제는 성령의 인도함을 받는, 성령에 빚진 자가 된 줄로 믿습니다.

성령 받은 사람은 몸의 행실을 죽입니다. 즉 성령으로 몸의 행실을 죽입니다. 그래서 옛 생각, 옛 마음이 더 이상 이 사람을 주장하지 않습니다. 여기서 '죽이면'이라는 동사는 현재형입니다. 성경에 나오는 단어 하나하나에도 아주 깊은 의미가 있습니다. 이것은 날마다 계속해서 죽여야 한다는 뜻입니다. 옛날에 믿은 것 가지고 안 됩니다. 옛날에 100일 철야기도를 드렸고, 옛날에 어떻게 했다는 것이 문제가 아니라 지금 어떻게 하고 있느냐의 문제입니다. 계속해서 죽여야 합니다. 목사도 죽여야 하고 장로도 죽여야 합니다. "나는 목사인데, 나는 말씀을 다 공부했고, 성도들보다 성경도 많이 알고 있다"라고 하면 시험에 들게 됩니다. "나는 아직도 하나님의 말씀을 읽으며 은혜 받아야 할 곳이 너무도 많습니다. 그 깊고 오묘한 진리를 내가 어찌 다 알 수 있겠습니까? 나 같은 죄인이 어찌 성도들을 인도할 수 있습니까? 주님이 하시지 않으면 나는 못합니다." 이런 마음이 있어야 되는 것입니다.

이것을 지키지 못하니 큰 교회 목사님들이 내가 부흥시킨 줄 알고, 잘못하면 시험에 들게 되고 교만하게 되는 것입니다. 우리의 육체가 죄를 향해 갈 때 성령님께서 말씀하시는 음성을 들으시기 바랍니다. "거기로 가면 안 돼. 너는 내 자녀다." 이 음성을 여러분, 들으시기 바랍니다. 이 음성을 한 번도 못 들었다면 힘써 기도하시기 바랍니다. 내가 죄 지을 때 내 마음속에 성령님이 괴로워하시는 것을 느낄 수가 있어야 하나님의 자녀입니다. 사람마다 약한 부분들이 있습니다. 정에 약한 사람이 있습니다. 체면에 약한 사람들이 있습니다. 돈에 약한 사람이 있습니다. 그러나 나를 시험하는 것이 올 때 단호하게 물러서야 합니다.

낚시를 해보면 물고기가 먹이를 먹는데 이 물고기들이 낚시에 달린 먹이가 문제가 있는 것을 다 압니다. 즉 위험하다는 것을 다 압니다. 안 그러면 바쁜 세상에 얼른 먹어치우지 건드리기만 하겠어요? 미련을 못 버리고 건드려 보다가 밀어도 보다가 합니다. 이거 먹으면 죽는다는 것을 붕어새끼도 다 압니다. 피라미도 압니다. 그런데도 못 참는 겁니다. 묵은 잉어 같은 것은 더 잘 압니다. 그래서 자기가 다니는 길에 먹이가 있어도 건드려 보고, 괜찮은가 보고, 저거 먹으면 죽는다는 것을 알기에 그냥 갑니다. 그러고나서 생각이 나서 또 돌아옵니다. 또 건드려 보고 '저거 먹으면 죽지' 하는 생각에 돌아갔다가 또 오고, 몇 시간을 그러는 경우도 있습니다. 그러다가 꾀를 내어 살짝 먹는다는 것이 한번 무는 순간 노련한 낚시꾼에 의해 그만 잡혀 나오게 됩니다. 어떤 물고기는 미끼 옆에 있다가 들어 올리는 낚싯대에 옆구리가 꿰어 나오기도 하고 배가 꿰어 나오기도 합니다.

무슨 뜻입니까? 죄 있는 곳에 얼씬도 하지 말라는 것입니다. 죄 있는 곳에 함께 있다가는 내가 죄 짓지 않아도 이와 같이 함께 묻어가는 것입니다. 그래서 사람을 만나도 긍정적인 사람, 은혜 되는 사람을 만나면 나도 긍정적이 되고, 나도 은혜의 사람이 되는 줄로 믿습니다. 어떤 사람을 보면 예수 믿는다고 하는데, 하는 이야기를 보면 예수 믿는 이야기가 안 나옵니다. 찬양에 은혜 받고 말씀에 은혜 받고 복음 전하다가 은혜 받은 이야기를 해야 정상인데, 교회가 어떻고 정치가 어떻고 이런 이야기만 합니다. 왜요? 이 사람은 은혜 받는 일, 말씀을 사모하는 일에 생각이 있는 것이 아니라 엉뚱한 곳에 생각이 있기 때문입니다.

여러분을 성령님이 인도하시고 주장하는 은혜의 사람이 되시기를 주님의 이름으로 축원합니다. 커다란 버스를 움직이는 것은 아주 조그만 핸들입니다. 핸들이 돌아가는 대로 버스가 따라갑니다. 군함도 그렇습니다. 커다란 군함은 뒤에 달려 있는 아주 작은 방향키에 의해 움직입니다. 성령님이 인도하시면 아무리 큰 교회도 성령님이 인도하시는 대로 따라갑니다. 가정도 개인도 성령님께 맡겨드리면 말씀의 길로 여러분을 인도해 주십니다.

15절에 '종', '양자', '아빠'라는 단어들이 나옵니다. 처음에는 주인을 무서워하는 종, 노예였습니다. 사탄은 사람을 끌고 가서 노예를 만들어 버립니다. 그래서 부려먹습니다.

사탄은 처음에는 여러분을 그럴듯하게 유혹합니다. 사탄은 일시적으로 부유함도 주고 권력을 주기도 합니다. 명예를 주고 좋은 것을 줍니다. 그러나 거기에 빠지면 안 됩니다. 닭을 키우며 모이를 주는 이유는 사랑해서, 예뻐서 주는 것이 아닙니다. 잡아먹으려는 것입니다. 마귀에게 잡아먹히는 사람이 되어서는 안 됩니다. 마귀의 영을 받은 사람들은 끊임없이 불평합니다. 끊임없이 사람들을 넘어뜨리려 합니다. 자기 같은 종을 만들려 합니다. 그러므로 속지 마시기 바랍니다.

그 다음에 양자의 영이 나오는데 양자는 원래 내 아들이 아닌데 아들로 받아들인 것을 말합니다. 원래는 죄에 속해 있었는데 우리를 아들로 받아 주신 것입니다. 거기서 더 나아가 아빠 아버지라 부르도록 하십니다. 양자를 받아들이면 처음에는 아버지라 잘 부르지 못합니다.

아버지 학교에 참가하게 되면 집에 전화해서 "여보, 사랑해" 하는 숙제가 있습니다. 어느 연세 드신 목사님이 집에 전화를 걸었습니다. 주변에서 같은 조원들이 쳐다보고 있습니다. "여보, 사…. 사 사 사 사찰 집사님은 잘 계셔?"라고 말을 했습니다. 처음엔 익숙하지 않습니다. "아버님" 하고 불러도 어색합니다. 그러다가 이런저런 이야기도 하고 함께 지내다 보면 "아버지" 하고 저절로 나오게 됩니다. 그러다가 더 가까워지게 되면 "아빠" 하고 부르는 것입니다.

아빠는 아람어로 아빠라는 뜻입니다. 우리나라 말과 똑같습니다. 아빠는 굉장히 친근한 표현입니다. 아들만이 자신 있게 부를 수 있는 호칭입니다. 예수님께서는 하나님께 기도할 때에 아빠 아버지라고 기도하셨습니다. 90먹은 노인이 환갑이 넘은 아들과 함께 목욕탕을 갔습니다. 아버지가 목욕탕 매표소에서 돈을 내면서 뭐라고 했는지 아십니까? "어른 하나, 애 하나." 내 아들이 환갑이 넘어도 아버지에게는 어린 애입니다. 아들이 아무리 나이가 들어도 아빠는 아빠입니다. 여러분은 하나님의 아들입니다. 어린아이들이 아빠하고 부를 때에 이것저것 조건을 가리지 않습니다. 필요할 때마다 "아빠" 하고 찾습니다.

어느 집에 아이들이 다 자란 후에 늦둥이를 낳았습니다. 그러니 얼마나 사랑스럽고, 귀엽겠습니까? 의심나면 여러분도 한번 낳아보시기 바랍니다. 늦둥이는 무엇을 해도 용서가 되고, 무엇을 해도 예쁜 것입니다. 그런데 고등학교 다니는 아들이 실수로 아버지가 애지중지하는 백자를 깨트렸습니다. 이 아들이 안절부절 못하고 있는데, 다섯 살 난 막내 동생이 "형, 걱정하지 마, 내가 깨트렸다고 아빠에게 말할게" 하는 겁니다. 이 늦둥이가 "아빠, 미안해, 내가 백자를 닦다가 깨트렸어"라고 하면 아빠는 야단치지 않습니다. 다 용서가 되는 것입니다.

'아빠'라고 부를 수 있는 아들은 이런 대단한 존재입니다. 여러분은 이렇게 하나님의 대단한 아들입니다. 아빠라고 부를 수 있는 자녀로 여러분을 불러주셨습니다. 하나님께 담대하게 나아가시기 바랍니다. 그리하여 하나님의 응답을 받고 행복한 성도의 삶이 되시기 바랍니다.

적 용

ⓐ 오늘 말씀의 주제 파악하기:

ⓑ 오늘 말씀 중 은혜 받은 부분 나누기:

ⓒ 삶에 구체적으로 적용하기:

함께 드리는 기도 제목

1. 십자가의 사랑과 은혜에 빚진 자임을 깨닫게 하옵소서.
2. 우리 가정과 구역이 성령님의 인도대로 살아가게 하옵소서.
3. 우리 교회가 아빠 아버지 된 은혜를 전하는 교회 되게 하옵소서.

24.

미래를 꿈꾸십시오

» **본 문:** 창세기 39장 1-6절
» **찬 송:** 391장(오 놀라운 구세주, 통 446장)
» **요 절:** "여호와께서 요셉과 함께 하시므로 그가 형통한 자가 되어 그의 주인 애굽 사람의 집에 있으니 그의 주인이 여호와께서 그와 함께 하심을 보며 또 여호와께서 그의 범사에 형통하게 하심을 보았더라"(창 39:2-3)

성공한 사람들의 공통된 특징은 꿈이 있습니다. 성공한 사람들은 늘 꿈을 생각했고 그 꿈을 이루기까지 끊임없이 쉬지 않았습니다. 성경이 말씀하는 꿈은 밤 사이에 그저 한번 스쳐 지나가는 영상이 아니라 이 꿈속에는 인생의 목표가 들어 있고 소망이 들어 있습니다.

오늘 성경에 나오는 요셉은 꿈으로 유명한 사람입니다. 그가 형제들과 구별되는 점이 있었다면 요셉에게는 꿈이 있었다는 사실입니다. 이 꿈은 하나님을 향한 꿈입니다. 하나님의 말씀대로 살겠다는 꿈입니다. 이 꿈이 요셉을 절망하지 않도록 지켜 주었고, 이 꿈이 있기에 요셉은 하나님을 향한 믿음을 지켰고 이 믿음으로 마침내 그의 꿈을 이루어 냈던 것입니다. 여러분의 생애를 바꿀 수 있는 것이 무엇입니까? 그것은 바로 꿈입니다. 꿈이 있는 사람은 절망하지 않습니다. 꿈이 있는 사람은 행복합니다. 가정에 꿈이 있으면 가정이 행복하고, 직장에 꿈이 있으면 직장이 행복합니다. 가정에 꿈이 없으면 얼마나 비참합니까?

어떤 사람이 병원에서 혼수상태에 있다가 눈을 뜨게 되었습니다. 희미한 눈으로 둘러싼 흰 옷 입은 간호사들을 보며 천사라고 생각을 했습니다. 그래서 말하기를 "여기가 천국인가 보다" 했습니다. 그러자 그의 옆에서 부인이 "여보, 헛소리하지 마세요. 내가 옆에 있잖아요"라고 했습니다. 그러자 이 남편이 "아이구, 그럼 다시 지옥이구나!" 했답니다. 꿈이 없는 가정, 꿈이 없는 삶은 지옥과 같은 것입니다. 교회도 꿈이 있는 교회가 행복한 것입니다. 그래서 이 종과 같은 꿈을 꾸는 성도들이 되기를 원합니다.

지난 주간에 새가족들을 위해 기도하면서 많은 생각들을 해보았습니다. 내 자신에 대해서 생각을 했고 도림교회의 미래에 대해서 생각을 했습니다. 그리고 그 꿈이 이루어지길 기도했습니다. 하나님은 꿈이 있는 자를 사랑하십니다. 그저 되는 대로 살고, 남들처럼 살고, 지금까지 살아왔으니 그저 그렇게 살아가겠다는 사람을 하나님은 축복해 주시지 않습니다. 요셉은 꿈 때문에 많은 어려움을 겪어야 했지만 마침내 그의 꿈대로 이루어지는 축복을 받았습니다.

1. 꿈에는 대가가 있습니다

꿈을 이루기 위해서는 대가를 치러야 합니다. 그런데 어떤 사람들은 대가는 치르지 않고 꿈만을 얻으려 합니다. 그러나 성경을 보면 꿈에는 대가가 있습니다. 요셉은 그 꿈을 이루기까지 어떠한 일을 당해야 했습니까? 채색 옷이 벗겨졌습니다. 깊은 웅덩이에 던져졌습니다. 노예로 팔리고 감옥에 갇히기도 했습니다. 오늘 본문에 있듯이 이집트까지 끌려가서 무시무시한 시위대장의 집에까지 가게 되었습니다.

그러나 그 어떤 것도 요셉의 꿈을 약화시키지 못했습니다. 요셉은 감옥에 갇혀서도 죄의 유혹에 빠지지 않았습니다. 젊고 왕성한 시기에도 보디발의 집에서 유혹에 빠지지 않았습니다. 왜요? 그에게는 꿈이 있었기 때문입니다. 하나님께서 일찍이 그에게 주셨던 귀한 꿈이 있었기 때문에 그 꿈을 바라보고 사는 동안 유혹이 그를 넘어뜨리지 못했던 것입니다. 신앙생활은 요셉과 같이 목숨을 걸어야 승리합니다. 내가 죄에는 지지 않겠다는 목숨 거는 결단이 있어야 승리합니다. 악한 마귀와 싸우는데 적당히 싸워서는 영적인 싸움에서 이길 수가 없는 것입니다. 여러분, 힘을 내어 죄와 싸우십시오. 그럴 때 하나님이 도와주십니다.

요셉은 이집트의 종으로 팔려 갔습니다. 그런데 누구의 집에 가게 됩니까? 오늘 말씀에 나오는 시위대장 보디발의 집에 가게 됩니다. 여기서 다시 감옥에 들어가게 되는데 감옥에서 누구를 만납니까? 왕의 떡 굽는 관원장과 술 따르는 관원장을 만납니다. 그래서 이들의 꿈 해몽을 잘한 결과로 파라오의 꿈을 해석하고 이집트의 총리대신이란 자리에 오르게 됩니다. 이 총리대신이 바로 요셉이 꾸었던 꿈의 자리였습니다. 요셉이 허구의 인물이라고 주장하는 사람들이 있었는데 2009년 무하마드 타베트 박사팀에 의해 요셉의 이름이 새겨진 동전이 발견되었습니다. 그 동전에는 요셉의 원래 이름과 파라오가 총리로 임명하며 준 이름인 '사바 사비니'라는 이름이 새겨져 있었습니다.

성경대로인 것입니다. 성경은 거짓이 없습니다. 인류 역사상 최고의 부자로 록펠러를 이야기합니다. 록펠러는 십일조를 정확하게 하기 위해 십일조 계산하는 직원만 40명을 두었던 굉장한 부자입니다. 록펠러는 창세기 11장을 읽다가 역청으로 벽돌을 구웠다는 말씀을 읽었습니다. 역청은 타르 즉 아스팔트를 말합니다. 성경이 사실임을 믿고 타르가 있으면 반드시 석유가 있다고 확신하고 당시 이집트 지역을 탐사하여 유전을 발견했습니다. 그래서 그는 최고의 부자가 되었습니다. 성경의 말씀을 믿으면 축복이 임하는 것입니다.

여러분, 요셉이 고생하다가 애굽의 총리대신이 되었다는 사실이 중요한 것이 아닙니다. 하나님께서는 요셉을 애굽의 총리대신으로 만드시기 위하여 얼마나 많은 사람들을 사용하십니까? 보디발의 집으로 보내신 것도 하나님의 섭리요, 감옥에 가게 된 것도 하나님의 뜻입니다. 이것을 깨닫는 것이 중요합니다. 그곳에서 두 관원장에게 꿈을 주신 분도 하나님이시요, 그 꿈대로 이루시는 분도 하나님이십니다. 바로에게 번민할 수밖에 없는 꿈을 주신 분도 하나님이시요, 이 꿈을 아무도 해석할 수 없게 만드시고, 요셉을 통하여 그 꿈을 알려주시며 바로의 마음을 감동시키신 분도 하나님이십니다. 하나님께서는 요셉의 꿈을 이루시기 위하여 빈틈없이 준비하십니다.

성도 여러분, 이 이야기가 오늘 우리의 이야기인 줄로 믿으시기 바랍니다. 하나님께서는 여러분을 이렇듯 빈틈없는 계획과 섭리 가운데 인도하십니다. 어떤 곳에서도 믿음의 사람에게 은혜를 입게 하시고 복을 받게 하십니다. 여러분을 오늘 이 자리로 인도하신 것은 우연이 아닙니다. 하나님은 좋은 것을 주시려고 우리를 인도하셨습니다. 이 믿음을 가질 때에 모든 것이 하나님의 뜻과 섭리 가운데 이루어진 일임을 보게 됩니다. 다 하나님이 보고 계십니다. 하나님이 보고 계신 것을 아는 것이 믿음입니다. 그래서 믿음의 사람은 불평하지 않습니다. 감사하고 기뻐합니다. 하나님이 다 보고 계시고 듣고 계시기 때문입니다.

이 눈에 아무 증거 아니 뵈어도 믿음만을 가지고서 늘 걸으며
이 귀에 아무 소리 아니 들려도 하나님의 약속 위에 서리라

(찬송가 545장)

하나님의 약속, 그 꿈을 붙잡고 믿음만을 가지고서 늘 걷는다고 찬송을 부를 수 있는 믿음을 가지시기 바랍니다. 성도 여러분, 여러분의 삶 속에 요셉과 같은 연단의 세월이 있습니까? 남이 모르는 고통이 있습니까? 하나님은 그 일을 통하여 여러분을 연단시키고 축복해 주실 줄로 믿는 믿음으로 나아가시기를 바랍니다.

2. 꿈은 믿음의 크기입니다

주님께서는 마가복음 11장 24절에 "내가 너희에게 말하노니 무엇이든지 기도하고 구하는 것은 받은 줄로 믿으라 그리하면 너희에게 그대로 되리라"고 말씀하셨습니다. 네 믿음대로 되리라는 것입니다. 네 믿음의 크기가 얼마나 크냐에 따라서 이루어지는 것이 다릅니다. 꿈의 크기와 방향에 따라서 인생이 달라집니다. 그래서 저는 청소년들에게 위대한 꿈, 위대한 비전을 가지라고 늘 말합니다.

그런데 꿈만 가지고는 안 됩니다. 그 꿈을 하나님이 이루어 주셔야 합니다. 그 꿈이 이루어지기까지 끊임없이 기도의 불을 지피고 하나님께 나아가는 것입니다. 교회는 우리의 자녀들이 위대한 꿈을 가지도록 가르쳐야 합니다. 그것은 함께 꿈을 꾸는 것입니다. 꿈이 있는 교회, 비전이 있는 교회가 그 꿈을 이룹니다. 교회는 온 성도가 함께 같은 꿈을 꿀 때 그 꿈이 이루어집니다. 작은 꿈을 꾸면 작게 이루어집니다. 그러나 크게 꿈을 꾸면 크게 이루어집니다. 시편 81편 10절을 보면 "네 입을 크게 열라 내가 채우리라"고 하였습니다.

여러분, 행복해지는 것이 사실은 어려운 문제가 아닙니다. 하나님을 믿는 믿음 안에서 행복한 꿈을 꾸면 됩니다. 병든 자는 병이 낫는 꿈을 꾸세요. 가정에 문제가 있는 자는 가정의 평안을 꿈꾸세요. 물질적으로 곤고한 자는 하나님께서 복을 부어주시는 꿈을 꾸세요. 그러나 하나님 안에서 기도하며 꿈을 꾸시기 바랍니다.

한국교회의 성장이 정체하고 있다고 말합니다. 그 이유는 몇 가지가 있는데 첫째, 한국교회의 기도가 약해졌습니다. 둘째, 세상의 빛과 소금이 되지 못했습니다. 셋째, 이제는 배부르기 때문에 하나님을 의지하지 않습니다. 우리가 하나님을 떠나면 하나님께서도 우리에게 능력을 주시지 않습니다. 우리 교회는 계속해서 부흥하고 성장하는 교회로 알려지고 있습니다. 그 이유는 우리가 같은 꿈을 꾸기 때문입니다. 지난주에도 새생명 플러스 축제주일을 앞두고 우리 성도님들이 전도를 하기 위해 길거리에 캠프를 마련하고 전도를 했습니다. 얼마나 열심히 전도를 하는지 시간이 아까워 길거리에서 음식을 해먹으며 전도를 했다는 것입니다. 한국교회에 이런 전도의 열망을 가진 교회를 하나님께서 보시고 감동을 받으셔서 구원받을 영혼을 보내주시는 것입니다.

부흥은 그저 주시는 것이 아닙니다. 사명도 함께 주십니다. 그리고 사명을 감당할 축복도 함께 주시는 것입니다. 그러므로 늘 새로운 은혜를 사모하며 꿈을 꾸는 여러분이 되시기를 바랍니다.

3. 꿈이 있는 자를 하나님은 축복하십니다

요셉을 유혹했던 것은 사실 보디발의 아내가 아닙니다. 그 가운데 숨어 있는 마귀의 유혹이었습니다. 오늘도 사탄은 우리의 약점을 잡고 우리를 유혹합니다. 요즘 많은 교회의 시험이 왜 있습니까? 사람들이 잘못되어서요? 아닙니다. 그 속에 사탄이 역사하는 것을 알아야 시험에 들지 않고 시험을 이깁니다. 이것을 분명히 깨달아야 합니다. 여러분이 꿈꾸는 신앙을 누가 방해하고 비웃는다면 그 사람이 그러는 것이 아닙니다. 그 배후에는 마귀의 역사가 있는 것입니다. "그 꿈은 이루어질 수 없어. 너는 이런 문제 때문에 될 수가 없어" 하고 우리의 꿈을 방해합니다.

성도 여러분, 하나님이 함께 하시면 못 이룰 꿈이 없습니다. 그런데 우리는 스스로 절망합니다. 안 된다는 것입니다. 어떤 이는 나이 때문에 안 된다고 합니다. 그러나 모세는 나이 80세에 부르심을 입었습니다. 아브라함은 100세에 이삭을 낳았습니다. 나이가 문제가 아닙니다. 하나님은 왜 모세를 80세가 되어서야 부르셨습니까? 이왕이면 혈기왕성하고 자신감이 넘치는 젊은 나이에 쓰시지 않고 왜 다 늙어 힘이 없을 때 그를 불러 쓰십니까? 그리고 그에게 들려주신 무기는 고작 지팡이 하나였습니다. 그러나 하나님의 능력이 함께 할 때에 그 지팡이 하나로 바로의 군대를 능히 물리칠 수가 있었음을 기억하시기 바랍니다.

힘이 없어서도 아닙니다. 왜 하나님은 기드온의 군대를 300명만 남기고 다 돌려보내셨습니까? 크고 강한 여리고 성을 무너뜨린 이스라엘이 왜 작고 보잘것없는 아이 성에서는 패배를 했습니까? 많으면 많을수록 좋은 것이 우리의 생각입니다. 그러나 하나님은 인간의 힘으로 이기는 것이 아님을 가르쳐 주시는 것입니다. 참 믿음의 사람은 불가능에 도전하지만 그것이 나의 힘이 아니라 하나님이 도우시기에 가능하다는 것을 깨닫고 사는 사람입니다.

오늘 말씀을 자세히 보세요. 말씀이 하나의 그림처럼 연결됩니다. 요셉은 멀리 애굽에 가서도 하나님이 함께 하시므로 형통한 자가 되었다고 2절에 말씀합니다. 주인은 옆에서 하나님께서 요셉과 함께 하심을 보며 하나님께서 범사에 형통케 하시는 것도 보았다고 3절에 말씀합니다. 그러니까 어떻게 합니까? 4절에 주인이 요셉에게 은혜를 베풀었다, 노예처럼 부리지 않았다고 설명합니다. 그리고 가정 총무를 삼고 모든 것을 위임하였습니다.

그러니까 하나님께서 요셉을 인하여 보디발의 집까지 복을 내리셨습니다. 그러니까 보디발은 확신을 얻고 자기 식료 외에는 즉 자기가 먹고 마시는 것 외에는 요셉을 간섭하지 않고 살림을 다 맡겼다는 것입니다. 하나님이 도우시니 요셉뿐 아니라 보디발의 집까지 복을 받는 것입니다. 요셉은 해와 달과 열한 별이 절하는 꿈을 꾸었습니다. 부모와 형들이 묶은 단이 요셉의 단에 절하는 꿈을 꾸었습니다. 그런데 그 꿈대로 그의 인생이 쉽게 잘 풀려야 할 텐데 오히려 정반대의 길로 나아갔습니다. 오히려 꿈 때문에 고난이 왔습니다.

여러분, 어려운 일을 당한다고 두려워하지 마십시오. 내 인생에 고통이 있다고 절망하지 마십시오. 하나님은 여러분을 상대로 한 편의 아름다운 작품을 만들어 내신다고 보면 됩니다. 우리가 연속극을 볼 때에 처음부터 끝까지 밋밋하면 재미도 없고 감동도 없습니다. 주인공이 고난과 역경을 넘어 승리하게 되는 것을 보기 위해 연속극을 보는 것입니다. 하나님께서도 성도들이 아름다운 승리를 이루는 것을 보기 원하십니다. 여러분이 바로 그 주인공이 되시기를 바랍니다.

성도 여러분, 하나님께서는 꿈꾸는 자에게 복을 허락하십니다. 이 종과 여러분이 이 전을 통하여 행복한 꿈을 꾸게 되기를 바랍니다. 이 종은 하나님이 이 교회를 사랑하시는 놀라운 꿈을 꿉니다. 이 전에 말씀의 물결이 흘러넘치고, 하나님의 사랑하는 영혼이 가득 채워지는 꿈을 꿉니다. 우리의 신앙의 선조들이 기도해 왔던 그 꿈이 이루어지는 것을 봅니다. 사탄의 역사가 물러가는 꿈을 꿉니다. 이 꿈을 함께 꾸며 비전을 향하여 축복의 길로 가는 성도들이 되시기를 바랍니다.

적 용

ⓐ 오늘 말씀의 주제 파악하기:

ⓑ 오늘 말씀 중 은혜 받은 부분 나누기:

ⓒ 삶에 구체적으로 적용하기:

함께 드리는 기도 제목

1. 우리의 삶에서 하나님의 비전이 나타나게 하옵소서.
2. 우리 구역원 모두가 하나님으로 인한 꿈을 꾸게 하시고 축복받게 하옵소서.
3. 우리 교회가 기도하며 나아가는 비전이 속히 이루어지게 하옵소서.

25.

축복하는 입술

» **본 문:** 창세기 12장 1-3절
» **찬 송:** 540장(주의 음성을 내가 들으니, 통 219장)
» **요 절:** “너를 축복하는 자에게는 내가 복을 내리고 너를 저주하는 자에게는 내가 저주하리니 땅의 모든 족속이 너로 말미암아 복을 얻을 것이라 하신지라”(창 12:3)

창세기 12장을 축복장이라고 합니다. 하나님께서 아브라함을 고향 땅에서 이끌어내어 새로운 땅으로 갈 것을 명령하셨습니다. 아브라함이 지금 사는 곳은 오랫동안 정들었던 곳입니다. 아버지와 친척이 사는 곳입니다. 집에서 사병을 길렀다는 것은 대단한 부자라는 말입니다. 그런데 떠나라는 것입니다. 하나님의 명령에는 깊은 뜻이 있습니다. 네가 지금 사는 곳은 축복의 땅이 아니기 때문에 내가 네게 보여줄 땅으로 가라고 하셨습니다. 보여준 땅이 아닙니다. 앞으로 보여줄 땅입니다. 그러므로 아브라함은 정처 없이 그저 앞만 보고 나아가야 하는 것입니다.

4천 년 전 가족을 이끌고 광야를 여행한다는 것은 죽음을 각오한 무모한 도전이었습니다. 도적들과 다른 부족들의 공격을 받을 수 있었습니다. 물을 만나지 못하면 다 죽을 수도 있습니다. 사람들은 비웃었을 것입니다. 친척들이 만류했을 것입니다. 그런데 하나님의 명령은 떠나라는 것입니다. 아브라함은 많은 갈등이 있었을 것입니다. "내가 정말 떠나야 하나? 그냥 살면 안 됩니까?" 하고 질문할 수 있었을 것입니다.

그런데 아브라함이 믿음의 조상이 된 것은 결단하는 인물이었다는 것입니다. 오늘 말씀 이후에 3절까지 "떠나라" 하셨는데 그 다음 4절을 보면 "이에 아브람이 여호와의 말씀을 따라갔고"라고 기록되어 있습니다. '이에' 라는 말은 '즉시'라는 말입니다. 순간적인 갈등과 두려움을 이기고 말씀을 따라갔다는 말입니다.

나침판의 붉은 바늘인 N극이 늘 북쪽을 향해 부르르 떨고 있습니다. 떠는 것은 목표를 향하기 위해서입니다. 조금이라도 N극에서 벗어날까 떠는 그 모습이 참 아름답습니다. 우리 인생은 로봇이 아니기 때문에 떨 수 있습니다. 그러나 우리의 믿음의 시선이 하나님을 향하기 위해 떨고 있다면 되는 것입니다. 악인은 떨지 않습니다. 하나님을 떠난 사람은 떨지 않습니다. 내 멋대로 삽니다. 그러나 믿음의 사람은 말씀을 듣고 다시 돌아가고, 기도하면서 돌아가고, 하나님께로 계속해서 돌아가는 인생을 살다가 하나님 나라에까지 가게 되는 줄로 믿습니다.

먼저 우리는 하나님의 말씀을 따라가야 합니다. 프랑스의 철학자 사르트르는 인생은 B와 D 사이라고 했습니다. B(Birth, 출생)와 D(Death, 죽음)입니다. B와 D 사이를 출생부터 죽음까지 살아가는 것이 인생이라는 뜻입니다. 그런데 B와 D 사이에는 C가 있습니다. C(Choice)는 선택입니다. 우리가 태어나서 죽을 때까지 하나님께서는 선택의 기회를 주셨습니다. 오늘 여러분에게도 선택의 기회를 주셨습니다. 하나님께서는 우리에게 축복과 저주를 주셨습니다. 인생에는 선택이 참 중요합니다. 어제도 결혼주례를 하면서 "한번 결혼할 때 잘 선택해야지 잘못 선택하면 A/S도 안 됩니다. 교환도 반품도 안 됩니다. 그래서 결혼은 참 신중해야 하는 것입니다"라고 했습니다.

요즘 젊은이들이 결혼을 쉽게 생각합니다. 결혼식장에서도 웃고 즐깁니다. 인터넷에 난 기사를 보았는데 결혼식장에서 장인어른에게 잘 보이려고 장인어른을 안아 헹가래를 쳤답니다. 그런데 장인이 생각보다 무거워 그만 제대로 받지 못하고 손을 놓치는 바람에 무릎으로 받았답니다. 레슬링에서 하는 허리꺾기 동작이 된 거지요. 장인은 척추마비가 되어 평생 불구가 되었고 결혼도 무효가 되고 소송까지 당하게 되었답니다. 사실인지 모르겠지만 결혼이 쇼가 되어서는 안 됩니다. 믿음의 사람은 결혼을 중요하게 생각해야 하고 기도하며 선택해야 합니다. 인생에는 중요한 선택들이 있습니다. 직장의 선택, 결혼의 선택 다 중요한 선택입니다. 그런데 가장 중요한 선택은 하나님에 대한 선택입니다.

신명기 30장 19-20절에 "내가 생명과 사망과 복과 저주를 네 앞에 두었은즉 너와 네 자손이 살기 위하여 생명을 택하고 네 하나님 여호와를 사랑하고 그의 말씀을 청종하며 또 그를 의지하라"고 말씀하셨습니다. 하나님 여호와를 사랑하고 그의 말씀을 청종하며 의지하는 것이 생명과 복의 길입니다.

아브라함이 살던 곳은 우상이 만연한 곳입니다. 아브라함의 아버지 데라도 우상장수였습니다. 지금도 갈대아 우르 지역에서 유물들이 많이 출토가 되는데 극심한 우상숭배 지역이었음을 보여주고 있습니다. 이곳에 있으면 전염이 됩니다. 이런 곳에 살던 아브라함이 믿음을 지키고 살았다는 것이 기적입니다. 아브라함이 나침판의 끝처럼 떨며 살았을 것입니다. 이때 하나님은 아브라함을 부르십니다. 젊고 유능한 사람을 부르신 것이 아니라 나이 많아 75세가 된 아브라함을 부르셨습니다. 그리고 떠나라고 하셨습니다. 네가 있는 자리는 복을 받을 자리가 아니니 떠나라는 것입니다.

우리 교회에도 연세가 많이 들어 교회에 처음 나오시는 분들이 있습니다. 여러분은 하나님의 음성을 듣고 복을 받는 자리로 나아오신 것입니다. 우리는 이 세상을 떠나 영적인 가나안으로 가는 나그네 인생입니다. 이 세상에는 탐나는 것이 참 많이 있습니다. 이것을 떠나야 합니다. 인간관계의 문제가 있습니다. 직장 때문에 떠나기 어려울 수 있습니다. 의심의 문제가 있습니다. 이 장벽을 넘어서야 하는 것입니다.

인생은 떠나는 것이 참 어렵습니다. 바둑을 좋아하는 사람은 바둑 떠나기가 어렵습니다. 모르는 사람이 보면 그게 뭐 그렇게 재미있느냐고, 바둑판만 쳐다보고 검은 알과 하얀 알을 가지고 하루 종일 있는 것을 보면 신기한데 바둑에 빠진 사람은 바둑 떠나기가 어렵습니다. 화투에 미친 사람은 가정도 파탄 나고 부인이 도망가고 집을 다 팔아먹어도 화투짝 떠나기가 어렵습니다. 술 좋아하는 사람은 술 떠나기가 어렵습니다. 슬롯머신에 빠져 하루 종일 기계만 바라보고 돈을 다 퍼부으면서도 떠나기가 어렵습니다. 꿈을 꾸면서도, 길을 가면서도 '좌르르르' 돈 떨어지는 소리만 들리는 것입니다. 이 세상에 무엇인가 집중해서 바라보다 보면 떠나기가 어렵습니다.

어떤 분이 죄수들을 대상으로 조사했는데 죄짓는 것은 혼자서 하는 경우가 드물답니다. 죄는 같이 짓는 것입니다. 그래서 죄짓는 사람을 가까이 하면 안 됩니다. 그래서 성경은 시편 1편에서 "복 있는 사람은 악인들의 꾀를 따르지 아니하며 죄인들의 길에 서지 아니하며 오만한 자들의 자리에 앉지 아니하고 오직 여호와의 율법을 즐거워하여 그의 율법을 주야로 묵상하는도다"라고 했습니다.

세상의 빠지는 것들은 시간이 지나면 다 쇠하고 의미 없는 것들이 대부분입니다. "악인들은 그렇지 아니함이여 오직 바람에 나는 겨와 같도다"라고 했습니다. 그러나 하나님을 바라보면 바라볼수록 날마다 더 새로워지고 귀한 은혜가 있습니다. 믿음의 사람은 여호와의 율법을 주야로 묵상합니다. 누가 시켜서 하는 일이 아닙니다. 집에 가서 성경을 스스로 읽습니다. 성경 말씀이 꿀과 같이 달기 시작합니다. 하나님의 말씀을 듣는 시간이 너무나 은혜가 됩니다.

며칠 전에도 한 권사님이 "목사님, 요즘 은혜를 너무 많이 받아 감사해요" 하면서 "아파트가 당첨됐는데 이사 안 가기로 했어요"라고 하셨습니다. 왜 안 가시느냐고 했더니 "멀리 가면 수요예배에 참석하는 것도 어려워지고 받은 은혜 놓칠까 봐 아파트를 포기했어요"라는 것입니다.

얼마 전에도 어렵게 사시던 권사님이 방화동 쪽으로 서민 아파트가 당첨되었는데 안 가시겠다는 것입니다. 이분이 아주 좋지 않은 환경에 사십니다. 좋은 환경, 아파트에서 사시지 왜 그러냐고 했더니 멀리 가면 교회 나오는 것도 힘들고 예배에 은혜 받는 것이 더 소중해서 이사를 안 가겠다는 것입니다. 얼마나 굉장한 믿음입니까? 그래서 가까운 곳에 아파트가 되도록 기도하자고 했습니다. 이분은 나침반의 N극처럼 떠는 것이지만 그 끝을 주님을 향하고자 하는 것입니다.

영혼이 잘되면 그 다음에는 범사가 잘되고 강건한 축복을 주십니다. 소양강 댐을 만든 다음 물을 받는 데 7년이 걸렸답니다. 그러고 나서 물을 내리는 것입니다. 은혜가 그렇습니다. 은혜를 계속해서 받아야 합니다. 은혜 받는 것을 소중히 여겨야 합니다. 은혜가 채워지게 되면 그 다음에는 축복의 순서가 되는 것입니다. 아브라함에게 말씀하신 순서가 있습니다. 첫 번째는 '떠나라는 것'이고, 그 다음에는 '너로 큰 민족을 이루고 복을 주어 네 이름을 창대케 하리라'는 것입니다. 하나님은 말씀을 따라 떠나는 자에게 복을 약속해 주십니다.

'무소유'란 말이 유행한 적이 있습니다. 법정 스님이 《무소유》란 책을 써서 30여 년 전 베스트셀러가 되었습니다. 김수환 추기경도 이 세상을 떠날 때에 빈손으로 떠났습니다. 그러나 김수환 추기경은 가난하고 힘없는 사람들에게 가장 많은 것을 나누어 준 최고의 부자이셨습니다. 개신교의 한경직 목사님도 은퇴 후 영락동산에 칩거하며 기도하며 살다가 낡은 안경과 성경책 하나를 남기고 이 세상을 떠나셨습니다. 그러나 생전에 많은 가난한 목회자를 도우셨고 학교와 선교를 위해 많은 것을 남긴 위대한 부자였습니다. 무소유란 가난하게만 사는 것이 아니라 베풀어주는 삶입니다. 부자란 창고에 가지고 사는 사람이 아니라 잘 쓰는 사람입니다.

부교역자 시절에 가족 없이 사는 80이 다 된 어려운 할머니가 한 분 계셨습니다. 이분이 폐지를 주어 팔아 그 돈으로 먹고 사십니다. 작은 집에 사시는데 집에 들어가면 냄새가 나고 숨이 막힙니다. 그래서 청년들을 데리고 가서 집을 깨끗이 비우고 새 이불을 사드렸습니다. 한번은 그 할머니에게 "집을 팔아 전세를 들어가고 나머지 돈으로 편하게 사세요" 했는데 이분은 먹는 것도 아낍니다. 얼마 후 주일날 이분이 안 보여 가보았더니 혼자서 돌아가신 것입니다. 시신을 수습하고 정리하다 보니 장판 밑에서 통장이 나오는데 당시 20년 전에 천만 원이 넘는 돈이 예금되어 있었습니다. 돌아가신 후에 딸이라는 사람도 나타나고 조카라는 사람도 나타나서 돈을 가지고 재산을 가지고 싸우는 것입니다. 그 모습을 보고 참 안타까웠습니다. 그 돈 좀 쓰고 가시지, 늘 찬밥에 김치 몇 조각으로 물 말아 드시고 가신 것을 보니 참 안타까웠습니다. 복은 누려야 복인 것입니다.

하나님께서는 인생에 복을 약속해 주셨습니다. 이 복은 영적인 복이요 그 다음에는 인생에 필요한 복입니다. 인생은 복을 받아야 삽니다. 건강의 복을 받아야 하고 가정에 복을 받아야 합니다. 그리고 이름이 창대하게 되는 복을 받아 하나님께 영광 돌리는 삶을 살아야 합니다. 영적인 복을 받으면 그 다음에는 다른 복을 주십니다. 역사적으로 복음이 들어가면 다른 복을 함께 받았습니다. 나라에 복음이 들어가면 나라가 부강하게 되고, 가정에 복음이 들어가면 가정이 축복을 받고, 마을에 복음이 들어가면 마을이 변화가 되었습니다. 복음이 먼저인 것입니다.

영적인 복을 받지 못하고 다른 복을 받으면 사람을 곤고하게 합니다. 하나님 앞에서도 교만해집니다. 교만의 결과는 패망인 것입니다. 그래서 우리는 먼저 영적인 복을 받기를 기도해야 하는 것입니다. 한경직 목사님은 돌아가시기 직전 목사님들이 찾아갔을 때 "목사님들, 예수 잘 믿으세요"라고 하셨습니다. 매우 뼈가 있는 말입니다. 목사님도 예수 잘 믿어야 합니다. 장로님도 예수 잘 믿어야 합니다. 권사님도 예수 잘 믿어야 합니다. 우리 도림의 성도들은 예수 잘 믿는 풍성한 성도들이 되시길 바랍니다.

마지막 3절에 "너를 축복하는 자에게는 내가 복을 내리고 너를 저주하는 자에게는 내가 저주하리니 땅의 모든 족속이 너로 말미암아 복을 얻을 것이라 하신지라"고 기록되어 있습니다. 아브라함은 이 믿음을 가지고 살았습니다. 오늘 말씀의 제목을 '축복하는 입술'이라 했습니다. 우리는 서로가 축복하는 자가 되어야 합니다. 그리고 함께 복을 받아야 하는 것입니다.

여러분은 모두가 예수 믿고 입술이 변한 사람들입니다. 불평의 입술, 원망의 입술에서 감사하는 입술로 변했습니다. 슬픔의 입술에서 찬양하는 입술로 변했습니다. 하나님의 말씀을 듣고 아멘 하는 입술로 변했습니다. 복된 입술이 되면 함께 복을 받습니다. 이번에 우리 교회 상반기 새가족이 1,300명이 넘는다고 하니 요즘 한국교회에 이런 일이 없다고 다 놀랍니다.

왜 그런지 아십니까? 불평하는 입술이 없어졌습니다. 될 줄로 믿고 2만 성도가 속히 채워지기를 위해 기도하고 전도하기 위해 나아가는 입술이 되었습니다. 이전에는 전도하면 잘 안 된다고 생각했던 마음이 변하여 복음을 전하는 입술이 되었습니다. 복된 입술이 된 것입니다. 하나님은 말에 역사하시는 하나님이십니다.

어떤 분이 이혼을 하고 실의에 빠져 있는데 구역장이 그 집사님을 보면서 "집사님, 너무 아름다워요"라고 했는데 그 말이 감동을 주었습니다. 그 순간부터 이 집사님이 아름다워지기 시작했습니다. 말 한마디가 새 힘을 주는 것입니다. "목사님, 힘내세요. 우리가 기도하잖아요." 저를 만나는 분들이 늘 하는 말입니다. 이 말이 얼마나 힘이 되는지 모릅니다.

탤런트 중에 최선자 권사님이라고 계십니다. 이름은 몰라도 이분을 보면 다 압니다. 주로 무당역할로 나왔던 분인데 예수 믿고 새사람이 되었습니다. 이분이 제가 시골목회를 하고 있을 때에 "목사님, 목사님은 시골목회를 하실 분이 아닙니다. 크게 목회하실 분인데 빨리 서울 올라와서 개척하세요. 분당에 와서 개척하시면 제가 도울게요" 하셨습니다. "목사님은 크게 목회하실 분이다"라는 말이 제게 많은 도전과 힘을 주었습니다. 그래서 작은 일도 열심히 하게 되었습니다. 긍정의 말 한마디가 힘을 주는 것입니다. 부정의 말은 공동체를 무너뜨립니다. 힘을 빠지게 만듭니다. 가정에서도 불평하는 사람이 가정을 깨트리고, 교회에서도 불평하는 사람이 교회를 깨트리는 것입니다.

가나안 땅을 정탐한 열 명의 정탐꾼이 부정적인 말을 하여 이스라엘 전체를 죽음에 이르게 했습니다. 불평의 말과 부정적인 말은 사탄 마귀의 가장 강력한 무기입니다. 불평과 부정은 훈련 없이도 잘됩니다. 부정적인 사람, 불평하는 사람 옆에 있으면 반드시 그 사람을 닮습니다. 그 영혼이 부정적이 되는 것입니다. 그래서 하나님은 아브라함을 떠나게 하신 것입니다.

우리는 자꾸 좋게 보는 훈련을 해야 합니다. 자꾸 축복의 말을 해야 합니다. 예수님께서는 "너희가 비판하는 대로 비판을 받을 것"이라고 하셨습니다. 말씀 그대로입니다. 내가 뿌린 대로 거두게 되어 있는 것이 하나님의 법칙입니다. 그러므로 여러분은 늘 좋은 것을 심으시기 바랍니다. 하나님께서 주신 귀한 입으로 늘 사랑의 말을 하세요. 축복의 말, 꿈을 심는 말, 희망을 주는 말, 용기 나게 하는 말, 향기 나는 말을 하세요. 그러면 함께 축복을 받는 것입니다. 우리는 모두가 서로에게 축복하는 입술이 되기를 원합니다. 한번 따라 합시다. "당신은 참 멋져요. 기도하고 있어요. 반가워요, 행복해요." 이런 말들이 늘 여러분의 입술에 있기를 바랍니다.

평화의 사도로 알려진 로마 천주교의 최고의 교황이었던 요한 바오로 2세는 지난 2005년에 돌아가시면서 마지막으로 한 말이 "나는 행복합니다. 여러분도 행복하십시오"라고 말했습니다. 여러분, 지금 행복하십니까? 이 종은 여러분을 만나 지금 행복합니다. 여러분도 죄악을 떠나고 불평을 떠나고 영적인 갈대아 우르를 떠나 축복의 땅 가나안을 향하여 나아가는 행복한 성도들이 되시기를 바랍니다.

적용

ⓐ 오늘 말씀의 주제 파악하기:

ⓑ 오늘 말씀 중 은혜 받은 부분 나누기:

ⓒ 삶에 구체적으로 적용하기:

함께 드리는 기도 제목

1. 내 삶의 관점이 하나님만 향하게 하옵소서.
2. 우리 가정과 구역에 축복의 말들만 가득하게 하옵소서.
3. 우리 교회와 민족이 하나님께서 허락하신 생명과 복에 거하게 하옵소서.

26.

여호와께로 돌아가자

» **본 문:** 호세아 6장 1-3절
» **찬 송:** 525장(돌아와 돌아와, 통 315장)
» **요 절:** "오라 우리가 여호와께로 돌아가자 여호와께서 우리를 찢으셨으나 도로 낫게 하실 것이요 우리를 치셨으나 싸매어 주실 것임이라"(호 6:1)

호세아는 지금으로부터 2,800년 전에 활동했던 선지자입니다. 당시 이스라엘은 여로보암 2세가 통치하던 시기로 겉으로 보기에는 안정되어 있었습니다. 나라가 부강하고 영토도 솔로몬 시대의 영토를 회복하였습니다. 그러나 그 속은 곪을 대로 곪아 터지기 일보 직전이었습니다. 이들은 우상을 숭배하고 앗시리아를 의지하였습니다. 당시 강대국인 앗시리아가 지지해 주면 아무 문제도 없다고 생각했습니다. 그러나 하나님께서는 범죄한 이스라엘에 멸망의 심판을 내리기로 하셨습니다. 그리고 마지막 기회를 주셨습니다. 그 기회를 선포한 선지자가 호세아입니다.

하나님께서는 우리에게도 기회를 주십니다. 그 기회를 하나님의 말씀을 통해서 깨달을 수가 있습니다. 우리는 6·25 전쟁 62주년을 맞이하고 있습니다. 6·25 전쟁은 이 좁은 땅덩어리에 전 세계가 몰려와 벌인 전쟁으로 400만 이상의 사상자가 생긴 참혹한 전쟁입니다. 우리나라는 하나님의 은총을 크게 받은 나라입니다. 전쟁의 폐

허를 딛고 가장 가난한 나라에서 선진국으로 진입한 세계 최초의 나라가 되었습니다. 그러나 우리의 속에는 경제의 양극화와 북한의 위협, 교회의 분열 등 여로보암의 시대와 같은 모습이 있습니다. 우리는 오늘 호세아서를 통해서 우리의 모습을 보아야 하고 하나님의 은총을 입어야 하는 것입니다.

우리는 먼저 하나님의 아픈 사랑을 바라볼 수 있어야 합니다. 호세아 선지자는 "오라 우리가 여호와께로 돌아가자"라고 외쳤습니다. '돌아가자'는 히브리어 '왜나슈바'는 원래 있던 자리로 돌아가자는 뜻입니다. 지금 이스라엘은 죄의 자리로 가 있습니다. 죄라는 단어 '하마르티아'는 화살을 쏘았는데 그 화살이 과녁을 벗어난 상태를 표현하는 단어입니다. 이스라엘이 죄악 중에 있다는 말은 있어야 할 자리를 떠났다는 뜻입니다.

하나님께서는 호세아를 쓰시기 전에 결혼할 것을 명령하셨습니다. 그런데 결혼의 대상이 음란한 여인인 고멜입니다. 고멜은 아이를 셋이나 낳고도 집을 나갔습니다. 다른 남자를 찾아서 나간 것입니다. 그러면 호세아는 울면서 다시 아내를 데려옵니다. 그런데 얼마 가지 않아 이 아내가 또 집을 나갑니다. 하나님은 아내 고멜을 다시 데려오라고 하십니다. 이 연속극 같은 이야기가 참 이해가 가지 않습니다. 하나님께서 왜 호세아 선지자에게 이런 삶을 요구하시는지 이해가 가지 않습니다. 그런데 여기에는 깊은 뜻이 있습니다. 하나님께서는 고멜의 이야기를 통해서 이스라엘의 모습을 바라보게 하시는 것입니다. 호세아의 가정은 어머니가 없고 아내가 없는 가정이었습니다.

《세계 1등을 키워낸 그 어머니들의 자녀교육심리》란 책이 있는데 영화감독 스티븐 스필버그의 어머니, 미국 대통령 버락 오바마의 어머니, 마이크로소프트사의 빌게이츠의 어머니, 제너럴 일렉트릭사의 잭 웰치의 어머니, 양쪽 손이 없는 아이로 태어난 레나 마리아를 최고의 가수로 키운 어머니 등을 만나 연구한 심리학 서적입니다. 이 책에는 한국 학생들도 여럿이 소개되어 있습니다. 이들 어머니의 공통점은 어려운 상황에서도 늘 긍정적인 사람들이었고 용기를 주는 어머니들이었습니다. 자녀들이 잘된 배경에는 반드시 어머니가 있다는 것입니다.

유명한 심리학자 아들러는 현대사회에서 여성들의 사회진출이 높아지면서 여성들이 어머니로서의 역할을 소홀히 하게 되고 가정을 지키지 않음으로 아이들이 애정결핍을 가지고 자라게 된다고 말했습니다. 이것은 장차 아이의 미래에 치명적인 결함을 만드는데 상처를 받은 마음이 열등감과 폭력으로 나타나게 된다고 했습니다.

어머니는 따뜻한 존재입니다. 어머니는 힘든 삶을 살면서도 힘들다고 말하지 않습니다. 자녀가 돈이 필요해서 힘들어할 때 가난한 어머니의 주머니에는 신기하게도 늘 때 묻은 돈을 모아놓은 비밀창고가 있었습니다. 아버지 몰래 돈을 쥐어주며 힘내라고, 잘할 수 있다고 격려해 주는 분이 어머니입니다.

어머니는 자녀의 미래를 조각해 내는 사람입니다. 어머니가 건강하면 자녀들이 건강합니다. 가족을 위해 정확한 시간에 식사를 준비하는 어머니 밑에 자란 아이들은 건강한 생활습관을 갖고 살아가게 됩니다. 어머니가 검소하게 살아가는 모습을 보고 자란 자녀들은 검소하게 삽니다. 자녀들에게 보이지 않는 교육을 시키는 것입니다. 어머니가 잠시 쉼이 있을 때 부엌에서 혹은 탁자에서 성경책을 읽고 찬송을 부르는 모습을 보고 자란 아이들은 평생에 그 기억을 잊지 않고 살아갑니다. 이것은 엄청난 유산인 것입니다. 어머니는 자녀의 미래를 만드는 사람입니다. 어떤 일도, 어떤 사업도 어머니의 일에 비교할 수가 없는 것입니다. 여러분은 좋은 어머니입니까? 남편에게도 그렇습니다. 사랑받는 아내, 따뜻한 아내가 있는 가정은 늘 활기가 있습니다. 좋은 아내와 나쁜 아내의 차이점을 쓴 글이 있습니다.

좋은 아내는 천사같이 되려고 합니다.

그런데 나쁜 아내는 자신이 천사인 줄 압니다.

좋은 아내는 조그마한 선물을 받고도 기뻐합니다.

나쁜 아내는 뭘 사줘도 잘못 샀다고 구박합니다.

좋은 아내는 집안이나 집밖이나 똑같습니다.

나쁜 아내는 집안과 집밖이 다릅니다.

좋은 아내는 남편의 실수를 들춰내지 않습니다.

나쁜 아내는 남편의 실수는 곧 처벌을 뜻합니다.

좋은 아내는 남편에게 아침마다 비타민을 챙겨줍니다.

나쁜 아내는 남편이 비타민을 먹으려고 하면 혼자만 오래 살려 한다고 노려봅니다.

좋은 아내는 남편이 잘해준 것만 기억하고 삽니다.

나쁜 아내는 남편이 못해준 것만 기억하고 삽니다.

좋은 아내는 남편이 이불을 걷어차면 덮어줍니다.

나쁜 아내는 잘 때 이불을 다 뺏어옵니다.

좋은 아내의 남편이 죽으면 그 이상 슬픈 일이 없습니다.

나쁜 아내의 남편이 죽으면 기왕 죽을 거 재혼도 못하게 늙어서야 죽는다고 화를 냅니다.

여러분은 좋은 아내입니까? 어머니가 없는 가정은 어둡습니다. 아이들이 집에 들어가도 반겨줄 사람이 없습니다. 호세아의 가정이 그랬습니다. 거기다가 음란하여 늘 집을 나갑니다. 하나님께서는 호세아에게 집나간 아내를 다시 찾아오라고 합니다. 이 남자, 저 남자 만나다가 술집에 팔려가 몸이 다 망가져 있는 아내를 발견하고 다시 데리고 옵니다. 돈을 지불하고 아내를 다시 찾아오는 것입니다.

여러분, 고멜 같이 나쁜 여자가 어디 있습니까? 호세아는 늘 마음이 아픈 사람이었습니다. 명색이 선지자인데 사람들에게 본이 되지도 못했습니다. 호세아가 죄에서 돌아오라고 하면 사람들은 당신 마누라나 돌아오게 하라고 비웃었을 것입니다. 그런데 성경은 왜 이런 일을 기록합니까? 고멜의 이야기가 도대체 성경에 기록될 이유가 없습니다.

여러분, 하나님께서 이렇게 아픈 마음으로 이스라엘을 사랑하고 계시다는 것을 네 가정의 이야기를 통해 먼저 깨닫고 가슴으로 전하라는 말입니다. 주의 종이 하나님의 말씀을 전할 때에 먼저 은혜받아야 성도들이 은혜를 받습니다. 그래서 평소에 감사하고 평소에 은혜로 채우는 일이 목회자에게는 참 어려운 것입니다.

호세아의 사랑은 가슴 아픈 사랑이었습니다. '내 마음이 아내 고멜로 인하여 이렇게 아픈데 우리 하나님께서 얼마나 아프시겠나!' 하고 마음으로 깨닫게 됩니다. 호세아는 하나님을 가리키고 고멜은 이스라엘을 가리킵니다. 이스라엘은 하나님의 은혜와 사랑을 저버리고 죄 가운데로 나갑니다. 하나님께서는 고멜과 같이 음란한 이스라엘 백성을 용서하시고 회복시키시고 다시 은혜를 베푸십니다. 이 일이 계속 반복되었다는 것입니다. 그래서 호세아는 하나님의 진노가 임박했으니 우리가 여호와께 돌아가자고 외쳤습니다.

내가 집밖에 나온 것을 깨달은 사람이 돌아갈 수 있습니다. 내가 죄인인 것을 깨달은 사람이 죄에서 사함을 얻을 수가 있습니다. 바리새인들의 문제는 자신들만이 의인이었기 때문입니다. 자신들의 죄를 바라볼 줄 몰랐습니다. 늘 다른 사람들의 죄를 지적하는 일에만 선수였습니다. 그래서 이들은 돌아갈 수가 없었던 것입니다.

여러분, 우리가 죄 가운데 있는 것을 깨달아야 돌아갈 수가 있습니다. 내가 죄인인 것을 깨달아야 사죄의 은총을 누릴 수가 있습니다. 예배는 하나님께로 돌아와 은총을 누리는 가장 귀한 시간입니다. 예배는 화살이 과녁을 벗어난 것처럼 세상을 살면서 더러워진 영혼이 하나님께로 돌아오는 시간입니다. 우리가 밖에 나가 하루를 지내고 돌아와 손을 씻으면 땟국물이 나옵니다. 내가 더러운 것을 만지지 않았는데도 먼지가 몸에 붙어옵니다. 죄가 그런 것입니다. 그래서 우리는 하나님께로 돌아와야 합니다. 내가 정직하게 살았습니까? 아닙니다. 내 속에 죄가 얼마나 들어와 있었는지를 보아야 합니다. 예배를 통해 사죄의 은총을 입고 내 영혼이 정결하게 되는 은혜를 입어야 하는 것입니다. 여러분의 영혼을 누가 깨끗하게 할 수 있습니까? 하나님만이 하실 수 있습니다. 예배는 하나님 앞에 나와 엎드리는 시간입니다.

그래서 우리는 하나님 앞에 겸손해야 하는 것입니다. 성경을 보면 하나님은 내가 뛰어나다고 생각하는 사람을 한 번도 쓰신 적이 없습니다. 내가 의롭다고 생각하는 사람을 한 번도 쓰신 적이 없습니다. "내가 죄인입니다. 내가 부족합니다" 하는 사람을 하나님께서는 정결하게 만드시고 능력을 주시고 하나님의 일에 쓰시는 것입니다. 하나님은 채찍에 맞은 사람도 돌아와 엎드리면 용서해 주십니다. 찢으셨으나 도로 낫게 하시고 치셨으나 싸매어 주시는 하나님이십니다.

1. 어서 돌아오오 어서 돌아만 오오
지은 죄가 아무리 무겁고 크기로
주 어찌 못 담당하고 못 받으시리요
우리 주의 넓은 가슴은 하늘보다 넓고 넓어
2. 어서 돌아오오 어서 돌아만 오오
우리 주는 날마다 기다리신다오

밤마다 문 열어 놓고 마음 졸이시며
나간 자식 돌아오기만 밤새 기다리신다오
3. 어서 돌아오오 어서 돌아만 오오
채찍 맞아 아파도 주님의 손으로
때리시고 어루만져 위로해 주시는
우리 주의 넓은 품으로 어서 돌아오오 어서

(찬송가 527장)

하나님은 우리가 돌아가기만 하면 건강도 회복시켜 주십니다. 우리의 가정도 회복시켜 주십니다. 우리의 사업도 회복시켜 주십니다.

그래서 호세아 선지자는 "그러므로 우리가 여호와를 알자 힘써 여호와를 알자"라고 외치는 것입니다. 하나님은 어떤 분이신가 하면 "그의 나타나심은 새벽 빛같이 어김없나니 비와 같이, 땅을 적시는 늦은 비와 같이 우리에게 임하시리라"고 말씀하고 있습니다. 하나님은 새벽 빛같이 어김없는 하나님이라고 했습니다. 밤이 지나면 반드시 새벽이 옵니다. 새벽은 늦어지는 법이 없습니다. 하루 쉬고 오는 적도 없습니다. 새벽은 반드시 옵니다. 하나님께서도 이처럼 정확하게 오신다는 것입니다.

하나님은 비와 같이 오신다고 했습니다. 비는 은총을 의미합니다. 늦은 비는 결실을 위한 비입니다. 하나님께서 여러분의 삶에 늦은 비와 같이 찾아오시면 인생이 풍성해지는 것입니다.

요즘 104년 만의 가뭄으로 곡식들이 고통을 당하고 있습니다. 논바닥이 갈라지고 비를 달라고 호소하고 있습니다. 시원한 빗줄기가 내려주었으면 참 좋겠습니다. 이 땅의 정치와 경제에도, 힘들고 어려운 삶을 살아가는 사람들에게도 시원한 빗줄기가 늘 내려주면 참 좋겠습니다. 함석헌 선생님은 6·25 전쟁은 하나님께서 우리 민족에게 주신 시험문제라고 했습니다. 이 문제를 잘 풀면 우리가 제사장 나라로 쓰임을 받을 것이요, 잘못 풀면 이스라엘 백성들처럼 광야 고생을 하게 되는 것입니다.

우리가 민족상잔의 전쟁을 맞게 된 것은 다 이유가 있습니다. 우리나라는 일제 강점기에 하나님의 은총을 입었습니다. 식민지로 살던 시대에 곳곳마다 교회가 세워지고 부흥이 일어났습니다. 그런데 1938년 장로교 총회에서 신사참배는 우상숭배가 아니라고 결의를 했습니다. 그리고 목사 장로들이 신사에 가서 절을 했습니다. 그 이전에 가톨릭, 구세군, 감리교, 성결교가 다 신사참배를 결의했습니다. 이것을 보고 한 목사님은 "이것이 이가봇"이라고 절규했습니다. 하나님의 영광이 떠났다는 뜻입니다. 하나님의 은혜가 떠난다는 뜻입니다.

우리가 잘 아는 순교자 주기철 목사님은 당시 신사참배를 거부하다가 감옥에 계셨는데 다음 해 총회에서는 주기철 목사님을 혼자서 천국가려고 감옥에 가서 공짜 밥을 먹는 삯꾼 목자라고 제명을 했습니다. 감옥에 갔던 목사님들의 설교권을 빼앗아야 한다고 했습니다. 한국교회가 이렇게 타락했습니다.

기독교 역사로 볼 때에 6·25 전쟁은 그냥 온 것이 아닙니다. 우리는 하나님의 사인(Sign)을 바라볼 수 있어야 합니다. 모든 일에는 하나님의 사인이 있는 것입니다. 오늘 우리는 민족의 위기 앞에 있습니다. 겉으로 잘사는 것 같지만 학생들이 신음하고 있습니다. 거리마다 술집이 넘쳐나고 있습니다. 술집이나 유흥업소에서 일하는 여성들이 우리나라 젊은 여성들 다섯 명 가운데 한 명이라고 합니다. 이들이 곧 이 땅의 어머니들이 되어야 합니다. 비판을 잘하는 네티즌들이 술집이 넘쳐나는 것에 대해서는 비판하지 않습니다. 다섯 집에 한 집이 이렇게 된다고 할 때에 이 땅의 자녀들을 어떻게 바르게 키우고 미래가 어디로 갈 것입니까? 우리는 지금 심각하게 기도해야 할 때입니다. 한국교회가 돌아가야 합니다. 초대교회로 돌아가야 한국이, 우리의 자녀들이 살 길이 있습니다.

사랑하는 성도 여러분, 고멜의 이야기에서 고멜이 누구입니까? 내가 고멜입니다. 내가 하나님의 마음을 늘 아프시게 하고 하나님의 품을 떠난 죄인입니다. 고멜이 바로 나 자신임을 깨달을 때 문제의 해결이 시작되는 것입니다. 내가 먼저 하나님 말씀으로 돌아갑시다. 내 가정이 하나님을 떠난 것이 있으면 하나님께로 돌아갑시다. 내 일터가 하나님을 떠난 것이 있으면 돌아갑시다. 우리 민족이 하나님을 떠난 죄에서 돌아갑시다. 그래서 여러분과 가정과 일터와 이 민족이 하나님의 치유의 은총 가운데 살아갈 수 있기를 바랍니다.

적용

ⓐ 오늘 말씀의 주제 파악하기:

ⓑ 오늘 말씀 중 은혜 받은 부분 나누기:

ⓒ 삶에 구체적으로 적용하기:

함께 드리는 기도 제목

1. 나를 향한 하나님의 사랑을 날마다 경험하게 하옵소서.
2. 우리 가정과 구역에 죄 된 모습이 있다면 돌이키게 하옵소서.
3. 하나님만 바라보며 나아가는 교회와 민족이 되게 하옵소서.

27.

감사하는 자가 되라

» **본 문:** 골로새서 3장 15~17절
» **찬 송:** 512장(천성길을 버리고, 통 328장)
» **요 절:** "그리스도의 평강이 너희 마음을 주장하게 하라 너희는 평강을 위하여 한 몸으로 부르심을 받았나니 너희는 또한 감사하는 자가 되라"(골 3:15)

지독하게 가난한 미혼모의 딸로 태어나 할머니에게 키워지고 매일같이 매를 맞았습니다. 그곳에서 삼촌에게 성폭행을 당하여 14세에 출산하여 미혼모가 되었고 아이는 태어난 지 2주 만에 죽었습니다. 그 이후에도 주변 사람들로부터 성폭행을 끊임없이 당하고 가출하여 마약을 복용하고 몸무게는 107kg이나 나가는, 살 의욕이 없는 한 흑인 여인이 있었습니다.

그런 그가 지금은 1억 4천만 명의 시청자를 가진 토크쇼의 주인공이 되었고, 인터넷, TV 제작, 출판그룹인 하포그룹의 회장이 되었고, 세계 10대 여성으로 뽑혔습니다. 바로 오프라 윈프리 여사입니다. 그의 인생을 바꾼 비결이 무엇이냐고 묻자 독서와 감사일기라고 대답했습니다. 오프라 윈프리는 매일 다섯 가지의 감사일기를 쓴다는 것입니다. 그 감사일기라는 것이 거창한 것이 아닙니다.

① 오늘도 거뜬하게 잠자리에서 일어날 수 있어서 감사합니다.

② 유난히 눈부시고 파란 하늘을 보게 해주셔서 감사합니다.
③ 점심때 맛있는 스파게티를 먹게 해주셔서 감사합니다.
④ 얄미운 짓을 한 동료에게 화내지 않았던 저의 참을성에 감사합니다.
⑤ 좋은 책을 읽었는데, 그 책을 써준 작가에게 감사합니다.

오프라 윈프리는 매일같이 쓰는 감사일기를 통해 인생에 소중한 것이 무엇인지를 깨달았다고 했습니다. 많은 사람들이 감사의 행복을 모르고 살아갑니다. 하나님께서 감사하라고 명령하신 데에는 이유가 있습니다. 감사하면 하나님과 가까워집니다. 감사는 불행을 치유하는 능력이 됩니다. 감사하면 사탄이 물러갑니다. 감사하는 사람은 행복합니다. 감사하는 사람은 인생이 바뀝니다. 감사하는 사람은 축복을 받습니다.

그래서 성경에 수백 번 이상 감사하라고 말씀하신 것입니다. 감사라는 단어는 시편에만 100회 이상이 나옵니다. 베스트셀러인 《0.3초의 기적, 감사의 힘》이란 책에 보면 "감사합니다"(thank you)라는 짧은 말 한마디를 통해 인생을 바꿀 수 있다는 것입니다. 이 책에서 저자인 데보라 노빌은 불평모드에서 감사모드로 인생을 바꾸면 행복해진다고 말합니다.

개그콘서트라는 TV 프로그램 중에 〈감사합니다〉라는 인기코너가 있습니다. 기억이 나세요? "감사합니다. 감사합니다." 이 "감사합니다"를 배우려고 어제 지난 텔레비전 프로그램에 접속을 했더니 이런 이야기가 나옵니다. 아빠가 딸에게 말합니다. "딸아, 사실은 너는 내 딸이 아니란다." 그러자 이 딸이 울부짖으며 "아빠, 그럼 20년 동안 저를 속이셨어요? 그럴 수가 있어요? 그럼 나를 낳아준 친아빠는 누구예요?", "네 친 아빠는 우리나라 최고 그룹인 S그룹 이 회장님이다." 그러자 이 딸이 갑자기 펄쩍 뛰면서 "감사합니다. 감사합니다" 라고 합니다. 감사하면 행복해지는 것입니다.

오늘 성경은 감사하는 비결을 말씀해 주시고 있습니다.

1. 그리스도의 평강이 너희 마음을 주장하게 하라고 말씀하십니다

우리의 마음에 예수를 채우면 예수가 나옵니다. 그래서 예수님의 평강을 채우라는 것입니다. 하나님께서는 원래 우리에게 천국을 주셨습니다. 그런데 그 천국을 빼앗아가는 것이 무엇입니까? 사탄 마귀입니다. 사탄 마귀는 여러분을 하나님으로부터 멀어지게 합니다. 그래서 여러분의 생각을 어둡게 만들고 인생을 어둡게 만드는 것입니다. 이 세상이 어두운 것이 아닙니다. 이 세상에는 밝은 사람들이 많습니다. 세상이 차가운 것이 아닙니다. 이 세상에는 따뜻한 사람들이 많습니다.

어떤 자매님이 이혼을 하고 혼자 사시는데 상담을 요청했습니다. 이야기를 들어보니 남자는 다 나쁘고 악하고 이용하고 그런 것입니다. 이분은 그런 남자만 만난 것입니다. 남자가 다 악한 것이 아닙니다. 선한 사람도 많습니다. 착하고 따뜻한 사람도 많습니다. 그래서 이분에게 그랬습니다. "결혼할 때에 기도 많이 했습니까?" 기도 안 했다는 것입니다. "앞으로 기도 많이 하십시오. 그러면 하나님께서 자매님보다 더 좋은 남자를 만나게 해주실 것입니다" 하고 이야기를 했습니다.

교회가 사랑이 없다, 무엇이 없다고 말하는 사람들이 있습니다. 이런 사람치고 사랑 있는 사람은 없습니다. 사실은 자기가 사랑이 없는 것입니다. 내가 사랑이 넘치면 사랑을 원하는 사람이 오고, 사랑이 있는 사람들이 함께 모여들게 되어 있습니다. 감사하는 사람에게는 감사하는 사람들이 저절로 모여듭니다. 행복한 사람에게는 행복한 사람들이 모여듭니다. 불평과 부정으로 차 있는 사람에게는 불평과 부정적인 사람들이 모여듭니다. 내 가까이 있는 사람들이 불평하고 부정적이면 그 사람들이 그런 것이 아닙니다. 그 사람들이 가까이 하는 내 속에도 그런 마음이 있다는 말입니다.

《꿀벌은 항상 꽃만 찾아다닌다》라는 책이 있습니다. 꿀벌의 눈에는 꽃만 보입니다. 꿀벌은 꿀 1kg을 만들기 위해 16만km를 날아가야 합니다. 그 작은 꿀벌이 지구를 네 바퀴나 돌아야 꿀 1kg이 만들어지는 것입니다. 하루 종일 꿀벌은 꽃만 찾아다닙니다. 심지어 이 강단의 꽃꽂이에도 꿀벌이 찾아오는 것을 보았습니다. 집중하면 작은 것도 다 보입니다. 감사하는 사람은 작은 감사거리도 찾아내고, 작은 희망을 찾아내고, 작은 긍정을 찾아냅니다. 불평하는 사람을 보니까 참 신기합니다. 어쩌면 그렇게 작은 불평거리를 기가 막히게 잘 찾는지 몰라요. 불평의 은사를 받아서 그렇습니다. 사람은 병든 사람과 건강한 사람이 있습니다. 영혼도 병든 영혼과 건강한 영혼이 있습니다. 병든 사람은 무엇을 먹어도 맛이 없습니다. 그러나 건강한 사람은 김치 하나만 먹어도 맛이 있는 것입니다. 문제는 밖에 있는 것이 아니라 내 안에 있다는 말입니다. 병든 사람은 자기 입맛이 병난 것은 알지 못하고 음식 탓을 합니다.

내 안에 평강이 있으면 문제 가운데서도 평안할 수 있습니다. 평안함을 얻는 비결은 내 안에 성령님이 주장하시면 되는 것입니다. 그래서 오늘 성경은 그리스도의 평강이 너희 마음을 주장하게 하라고 하셨습니다. 그저 있는 정도 가지고는 안 됩니다. 성령님이 주장하도록 하라는 것입니다.

나 어느 곳에 있든지 늘 맘이 편하다
주 예수 주신 평안함 늘 충만하도다
나의 맘속이 늘 평안해 나의 맘속이 늘 평안해
악한 죄 파도가 많으나 맘이 늘 평안해.

(찬송가 408장)

주님이 함께 계시면 우리는 이 세상에 평안하게 살 수 있습니다.

성령님께서 하시는 역할은 많지만 성령님을 내 안에 모시고 성령님의 주장대로 살아가면 여러분을 좋은 길로 인도합니다. 사람은 자기의 길을 모릅니다. 잘 아는 것 같지만 잠시 후에 벌어질 일도 모릅니다. 사람도 모릅니다. 내 건강도 모릅니다. 그러나 성령님께서는 다 아십니다. 그래서 여러분을 평안한 길로 인도하시는 것입니다.

날 오라 하심은 온전한 믿음과
또 사랑함과 평안함 다 주려 함이라

(찬송가 254장)

날 오라 하심은 우리에게 온전한 믿음과 사랑함과 평안함을 다 주려 함이라고 하였습니다. 그러므로 주님께로 나아와 엎드리고 주님께서 주시는 평안함을 얻으면 우리는 성령님과 연합하는 삶이 되는 것입니다. 주님은 대단하신 분이십니다. 주님은 우리의 인생을 바꾸어 주시는 분이십니다. 사랑하는 성도 여러분, 주님께서 여러분의 마음을 주장하도록 드리시기 바랍니다. 그러면 여러분의 삶을 평안의 길로 인도해 주시는 줄로 믿습니다.

2. 말씀이 풍성히 거하도록 해야 합니다

그리스도의 말씀이 너희 속에 풍성히 거하라고 했습니다. 하나님의 말씀은 능력이 있습니다. 하나님은 말씀이기 때문입니다. 하나님의 말씀이 거하면 그 말씀이 여러분을 인도합니다. 사람들은 세상에서 풍성하게 되는 것을 좋아합니다. 좋은 집에 살고 좋은 차를 타고 좋은 옷을 입고 사는 것을 좋아합니다. 그러나 우리 믿음의 사람들은 말씀이 풍성하게 거하기를 사모해야 합니다.

오늘 성경은 말씀이 풍성하게 거하는 사람의 모습에 대하여 말씀합니다. "모든 지혜로 피차 가르치며 권면하고." 지혜가 있어 다른 사람을 이롭게 하는 사람이 됩니다. 지혜로운 사람은 사람에게도 사랑을 받습니다. 사람들을 가만히 보면 미움을 받는 사람들이 있습니다. 이런 사람들을 보면 참 안타깝습니다.

교회학교 어린이들을 보면 교사에게 사랑을 받는 아이와 그렇지 못한 아이들이 있습니다. 사랑받는 아이는 어떻게 하면 사랑을 받는 줄을 압니다. 사랑받을 짓을 합니다. 그런데 어떤 아이들은 늘 사고를 칩니다. 사고를 쳐도 예쁘게 치면 괜찮은데 아주 마음이 상하도록 사고를 냅니다. 교사들을 힘들게 합니다. 그런데 이 아이들은 사실은 집에서도 사랑을 못 받고 자라는 아이들입니다. 그래서 사랑받는 방법을 모릅니다. 문제를 일으키는 것이 "나를 봐 달라, 나를 사랑해 달라"는 사인인데 사랑받는 방법을 모르니 안타까운 것입니다.

어른들도 그렇습니다. 내가 사랑받고 내가 행복해지려면 내가 변해야 합니다. 다른 사람을 변하게 하려고 해도 안 됩니다. 1994년 미스 아메리카에 당선된 화이트 스톤은 청각장애인, 귀머거리입니다. 그녀는 발레를 전공했습니다. 청각은 없어도 마음의 귀로 듣고 춤을 춥니다. 발레 공연이 끝났을 때 한 기자가 "청각 장애 때문에 발레를 그만두고 싶은 생각은 없었습니까?" 하고 물었습니다. 그러자 그녀는 "세상을 부정적으로 보는 사람이 최대의 장애자가 아니겠어요?"라고 대답했습니다.

여러분의 시선을 바꾸시기 바랍니다. 영적으로 건강하면 긍정의 시선으로 바뀌는 것입니다. 오늘 성경은 말씀이 풍성히 거하면 하나님께서 지혜를 주신다고 했습니다. 하나님의 말씀이 풍성한 사람은 말씀 앞에 겸손한 사람입니다. 말씀 앞에 겸손하면 먼저 내가 죄인인 것을 깨닫게 됩니다.

옛날에는 내가 잘난 줄 알았는데 내가 가장 부족한 사람인 것을 깨닫게 됩니다. 그래서 회개하게 됩니다. 하나님께서는 회개할 때에 은혜를 주십니다. 이 비밀을 알아야 신자가 될 수 있습니다. 우리 도림교회에는 처음 예수 믿는 분들이 많습니다. 구역장들이 여러분을 잘 가르칠 것입니다. 여러분이 성경말씀을 읽으면 처음에는 잘 이해가 되지 않아도 그 말씀이 여러분을 깨닫게 해주십니다. 감동을 주십니다. 말씀을 읽고 들을 때에 마음이 뜨거워지면 성령님께서 은혜를 주시는 것입니다. 말씀을 읽고 들을 때에 겸손하시면 됩니다.

예배는 하나님 앞에 회개하고 은혜 받는 시간입니다. '하나님, 나 같이 허물 많은 사람을 구원하여 주시니 감사합니다' 하는 마음으로 나오면 하나님께서 귀한 은혜를 주십니다. 신앙생활은 죽을 때까지 나의 죄를 씻어내고 회개하고 은혜를 계속해서 받아야 하는 것입니다. 교만한 사람의 특징은 죽을 때까지 은혜를 못 받습니다. 여러분, 은혜 받아야 삽니다. 은혜 받아야 생명이 있습니다. 은혜 받아야 행복해집니다. 은혜 받은 사람은 하나님을 찬송합니다. 행복하니 찬송이 저절로 나옵니다.

예전에 할머니들이 즐겨 부르시던 복음성가처럼 "할렐루야 찬송이 저절로 난다"라는 찬송 그대로인 것입니다. 길을 가도 찬송이 나오고 일을 하다가도 찬송이 나옵니다. 이것이 성령 받은 사람, 하나님의 말씀이 풍성히 거하는 사람의 특징입니다. 우리 성도님들은 말씀이 풍성히 거하여 말씀의 능력으로 살고 하나님을 찬양하며 일평생 살아가시기를 바랍니다.

3. 하나님 아버지께 감사하라고 했습니다

오늘 말씀에 감사하라는 말씀이 세 번이 나옵니다. 그리스도의 평강이 마음을 주장하니 감사하는 자가 되고, 말씀이 풍성히 거하니 감사하는 마음으로 찬양하고, 모든 일을 내 힘이 아닌 주 예수의 이름으로 하니 감사하는 심령이 되는 것입니다. 왜 "무엇을 하든지 말에나 일에나 다 주 예수의 이름으로 하라"고 했습니까? 말씀이 여러분을 주장하면 주의 일도 내 힘으로 하는 것이 아닙니다. 교만한 사람이 내 힘으로 하려고 합니다. 그러니 그 특징이 기쁨이 없고 곤고하고 불평이 나오게 되는 것입니다. 감사하는 사람은 봉사하면서도 감사하고 전도하면서도 감사합니다. 헌금을 드리면서도 감사하게 됩니다. 세상에 내 돈을 내면서 감사하다고 하는 사람은 없습니다. 그러나 믿음의 사람은 물질을 드리면서도 감사하게 되는 것입니다.

워너 솔멘(Warner Sallman)이라는 화가가 있습니다. 이 사람은 유명한 여가수와 결혼을 했는데 지금 임신 중입니다. 그런데 이 사람이 임파선 결핵에 걸려 3개월 시한부 생명을 선고받았습니다. 실의에 빠져 있을 때에 그의 부인이 "3개월 밖에 못 산다고 생각하지 말고 하나님께서 3개월의 시간을 주셨다고 생각하세요. 감사하고 원망하지 마세요. 3개월이 얼맙니까? 천금 같은 그 시간을 아름답게 만드세요"라고 위로를 했습니다. 워너 솔멘은 힘을 얻어 3개월 동안 열심히 그림을 그렸습니다. 그가 그린 그림이 여러분이 잘 아는 예수님의 얼굴입니다. 이 그림을 다 보신 적 있으시지요? 이 그림이 오늘날 전 세계 수많은 가정에 걸려 있습니다. 우리 집에도 있습니다. 그런데 놀라운 사실은 그의 병이 씻은 듯이 나았다고 하는 것입니다.

엔돌핀에 대해서는 많은 보고가 있는데 심각한 정신적 고통에 시달리는 사람들에게 베타 엔돌핀을 주사합니다. 이 베타 엔돌핀이 1cc에 1,500만 원입니다. 그런데 감사하면 엔돌핀보다 4천 배의 효능이 있는 다이돌핀이란 것을 최근에 과학자들이 발견했습니다. 치료 불가능한 암환자들이 치료되는 것을 보고 연구하면서 발견한 것입니다. 다이돌핀은 절대적인 감사가 넘칠 때 만들어진다는 것입니다. 그래서 암환자들을 만나면 감사하라고, 눈물이 나도록 감사하라고, 혼자서도 찬송을 부르라고, 눈물이 나도록 부르라고 합니다. 절대적인 감사는 하나님을 향해 엎드릴 때 나오는 것입니다. 그러므로 감사하는 사람에게는 모든 회복의 능력이 함께 임하는 것입니다. 오늘도 이 예배를 통하여 하나님께서 주시는 다이돌핀과 같은 능력을 다 받기를 바랍니다.

감사는 회복의 역사가 있습니다. 감사는 사람과의 관계를 치유합니다. 사람과의 관계가 어렵습니까? 감사하시기 바랍니다. 감사하면 하나님과의 관계가 회복이 됩니다. 감사하는 사람은 하나님께 더욱 더 가까워집니다. 감사하면 병에서 치유됩니다. 여러분, 감사하는 사람이 되시기 바랍니다. 감사는 더 큰 축복을 가져옵니다. 사랑하는 성도 여러분, 우리 성도들은 입술에서 불평과 원망과 부정적인 마귀의 언어들을 내어버리고 모두가 감사하는 사람으로 변화되어 축복의 삶을 살아가시기를 바랍니다.

적용

ⓐ 오늘 말씀의 주제 파악하기:

ⓑ 오늘 말씀 중 은혜 받은 부분 나누기:

ⓒ 삶에 구체적으로 적용하기:

함께 드리는 기도 제목

1. 하나님, 늘 우리의 생각을 지키시고 감사가 넘치게 하옵소서.
2. 우리 가정과 구역에 말씀이 충만케 하옵소서.
3. 긍정의 말들과 마음으로 우리의 삶이 늘 감사의 삶이 되게 하옵소서.

28.

화목하라

» **본 문:** 고린도후서 5장 17-21절
» **찬 송:** 508장(우리가 지금은 나그네 되어도, 통 270장)
» **요 절:** "그러므로 우리가 그리스도를 대신하여 사신이 되어 하나님이 우리를 통하여 너희를 권면하시는 것같이 그리스도를 대신하여 간청하노니 너희는 하나님과 화목하라"(고후 5:20)

요즘 우리 교회에서 새롭게 신앙생활을 시작하신 분들이 많아서 성도들에게 주시는 하나님의 명령을 중심으로 말씀을 전하고 있습니다. 지난주에는 감사에 대한 말씀을 전했고, 오늘은 화목에 대한 말씀입니다. 감사도 신앙의 기초이고 화목도 신앙의 기초입니다. 신앙생활에는 기초가 중요합니다. 공부를 잘하는 학생은 기초가 잘되어 있습니다. 기초를 놓치면 학년이 올라갈수록 공부가 재미없고 힘이 듭니다. 영어나 수학에 기초가 잘되어 있어야 문제를 푸는 재미가 있습니다.

전국에서 수능고사 차석을 한 학생이 있었습니다. 이전에 있던 교회의 교회학교 교사를 했는데 "어떻게 그렇게 공부를 잘하느냐?"라고 물었더니 "공부하는 것이 재미있다"라는 것입니다. 기초가 잘되어 있으면 공부하는 것이 재미있습니다. 운동도 그렇습니다. 기초가 중요합니다. 기초를 잘 닦아놓아야 실력이 늘어갑니다. 기초를 제대로 하지 않으면 어느 정도까지는 하지만 그 다음에 실력이 늘지 않습니다. 무슨 운동을 배우든지 전문가에게 기초를 제대로 닦는 것이 중요합니다.

신앙도 그렇습니다. 기초를 잘 배우면 신앙생활이 행복하고 즐겁습니다. 기도응답의 역사를 체험하고 하나님과 동행하는 기쁨 가운데 살아가게 됩니다. 놀랍게도 처음 신앙생활 할 때 신앙의 기초를 잘못 배운 사람들이 많습니다. 처음 신앙생활 할 때 기초를 잘못 닦으면 신앙생활이 힘이 듭니다. 감사할 줄 모르고 불평합니다. 주시는 은혜를 받을 줄 모르고 흘려버립니다. 하나님께서는 은혜 받는 데도 기회를 주시는데 그 기회를 놓치면 안 됩니다. '나중에 또 받으면 되지' 하고 생각하지 마시기 바랍니다. 은혜는 '지금' 받는 것입니다. 예수 믿는 기회, 은혜 받는 기회가 늘 있는 것이 아닙니다. 북한의 문이 닫힌 다음에 즉시 열리는 것이 아닙니다. 반세기가 지나도록 문이 열리지 않고 있습니다. 고통의 세월을 지내야 하는 것입니다.

소아시아 지역 복음의 중심지였던 터키에 기독교인들이 그리스로 이주하고 복음의 문이 닫힌 후에 아직도 그 문이 열리지 않고 있습니다. 그러므로 닫힌 문이 열리는 것을 쉽게 생각하지 않아야 합니다. 하나님께서 은혜 주실 때에 처음부터 기도하는 생활, 찬송하는 생활, 말씀을 읽는 습관을 잘 가져야 합니다. 감사하는 습관, 은혜 받는 습관, 예배드리는 습관이 잘되어 있으면 신앙생활이 즐거워집니다.

오늘 말씀에 "누구든지 그리스도 안에 있으면 새로운 피조물이라"고 했습니다. 예수님의 초청에는 대상이 없습니다. 누구든지 주님을 영접하기만 하면 우리를 감싸주십니다. 주님은 우리를 잘 아시기 때문에 우리의 약함을 강하게 해주시고 부족함을 넉넉하게 해

주시고 막힌 것을 형통하게 해주십니다. 그러므로 주님 안에 있으면 안전합니다. 마귀는 우리를 유혹하여 좋은 것으로 채워주는 것 같지만 결국은 사람을 병들게 하고 교만하게 만들고 악하게 만들어 하나님으로부터 떠나가게 만듭니다.

고린도서를 기록한 사도 바울은 "이전 것은 지나갔으니 보라 새 것이 되었도다"라고 말씀합니다. 이전 것은 예수님 밖에 있던 때에 가졌던 것들입니다. 그래서 심령이 오염이 되었습니다. 사도 바울은 이전에 많은 것을 가졌던 사람입니다. 사도 바울의 집은 바울을 유대 최고의 석학인 가말리엘에게 유학을 보낼 만큼 부자였습니다. 유대인들이 부러워하는 로마 시민권을 가지고 있었습니다. 로마 공의회의원이었습니다. 국회의원과 같은 위치에 있었습니다. 혈통으로는 베냐민 지파였습니다. 우리로 말하면 조선시대에 진골이나 성골 정도 되는 위치입니다.

사람들이 가지려 했던 것을 다 가지고 있었습니다. 그런데 예수님을 만나고 나니 옛날 것을 자랑할 것이 없었습니다. 더 귀한 것을 알았기 때문입니다. 이 세상이 자랑하는 것들이 그렇게 대단한 것들이 아닙니다. 다 지나가는 것들입니다. 옛날에 강원도를 여행하다 보니 산을 넘어 도로를 만들어 놓았는데 아차 하면 차가 굴러 떨어지는데 수백 미터 아래로 그냥 굴러가는 것입니다. 그것이 인생입니다. 우리는 지금 아차 하면 굴러 떨어지는 인생을 살고 있는 것입니다.

러시아 최고의 작가인 톨스토이의 《인생독본》에 어떤 사람이 깊은 구렁텅이에 빠지게 되었는데 얼떨결에 칡넝쿨을 붙잡게 되었습니다. '아! 살았구나!' 하고 아래를 내려다보니 큰 구렁이가 혀를 날름거리며 사람이 떨어지기만을 기다리고 있습니다. 위를 보니 커다란 호랑이가 으르렁거리며 기다리고 있습니다. 그런데 그 순간 바위틈에서 꿀이 머리 위로 똑똑 떨어지고 있습니다. 이 사람이 이런 상황에서 정신없이 꿀을 받아먹고 있습니다. 그런데 그 칡넝쿨을 검은 쥐와 흰 쥐가 교대로 갉아먹고 있어 언제 끊어질지 모르는 상황입니다. 이것이 인생이라는 것입니다. 아래서 기다리는 구렁이는 무덤을 의미합니다. 칡넝쿨을 갉아먹는 흰 쥐와 검은 쥐는 밤과 낮을 상징합니다. 똑똑 떨어지는 꿀은 우리가 살아가며 얻으려 하는 헛된 것을 의미하는 것입니다.

사도 바울은 예수님을 만난 다음에 이전 것은 분토와 같음을 깨달았습니다. 그래서 이 복음을 전하기 위해 그의 평생을 바쳤던 것입니다. 우리 교회에도 예수를 만나고 나니 이 감격을 이 기쁨을 누군가에게 전하고 싶어 매주일 나와 전도하시는 많은 분들이 있습니다. 얼마나 감사한지 모릅니다. 예수 잘 믿고 후회하는 사람은 한 사람도 없습니다. '내가 더 잘 믿을 걸' 하고 후회하지, '괜히 믿었다' 하는 사람은 절대로 없습니다. 예수를 제대로 믿지 못한 사람이 시험도 들고 문제도 일으키는 것입니다. 예수 잘 믿는 사람은 예수의 향기가 납니다. 성령님이 그 안에 거하십니다. 그러니까 악한 마귀의 성품은 떠나게 되는 것입니다. 예수 잘 믿던 사람은 자식들에게 유언을 남길 때 마지막 순간에 꼭 하는 말이 "예수 잘 믿어야 한다"라고 이야기합니다.

마지막 이 세상을 떠나는 성도들이 "목사님 감사해요, 천국에서 만나요" 하는 이야기를 할 때에 얼마나 기쁘고 감사한지 모릅니다. 마지막 순간에 다른 이야기하면 잘못된 것입니다. 이 자리에 있는 여러분은 모두가 마지막 순간에 "예수 믿어서 감사합니다. 목사님, 말씀으로 인도해 주셔서 감사합니다. 천국에서 만나요"라고 이야기하는 성도들이 되시기를 바랍니다.

스님으로 살다가 목사가 된 사람은 많지만 목사 하다가 스님 하는 사람은 없습니다. 정말 예수님을 만나고 나면 예수님이 얼마나 귀한 분이신지를 깨닫게 되기 때문입니다. 오늘 성경은 새로운 피조물이라고 말씀합니다. 새로운 피조물이 되었다는 것은 새로운 존재로 완전히 바뀌어졌다는 것을 의미합니다. 사실 직장도 옛날 직장 그대로이고 만나는 사람들도 옛날 만나는 사람들 그대로이고 나이도 그대로인데 무엇이 바뀌어졌다는 말입니까? 예수를 믿음으로 죽음에서 생명으로, 저주에서 축복으로 인생의 길이 바뀐 것입니다. 애벌레가 잠을 자고 난 다음에 껍질을 벗고 나오면 나비가 됩니다. 꿈틀거리며 기어 다니던 벌레가 나비가 되어 하늘을 날고 새로운 삶을 살게 되는 것과 같은 이치입니다.

교만한 맘을 내버리고 예수께로 나갑니다
복되신 말씀 따르려고 주께로 갑니다
실망한 이 몸 힘을 얻고 예수의 크신 사랑 받아
하늘의 기쁨 맛보려고 주께로 갑니다
죽음의 길을 벗어나서 예수께로 나갑니다
영원한 집을 바라보고 주께로 갑니다
멸망의 포구 헤어나와 평화의 나라 다다라서
영광의 주를 뵈오려고 주께로 갑니다

(찬송가 272장)

새로운 삶이란 하루아침에 되는 것이 아닙니다. 예수 믿었다고 갑자기 천사가 되는 것이 아닙니다. 여기에는 성화의 과정이 필요합니다. 많은 신자들이 구원의 은혜를 입고도 이 성화의 과정에서 실패하는 사람들이 많습니다. 성화는 예수 믿은 증거입니다. 예수 믿고도 새사람으로 바뀌지 않으면 문제가 있는 것입니다. 예수 믿으면서 시험에 드는 사람들을 보면 별것 아닌 것 가지고 시험에 듭니다. 누가 한마디 했다고 시험에 들고, 나를 인정해 주지 않았다고 시험에 들고, 별 것 아닌 것 가지고 시험에 듭니다. 시험은 하나님께서 주시는 것이 아닙니다. 마귀가 주는 것입니다. 그 시험을 내가 받아들이니 문제가 되는 것입니다. 요셉 같은 이는 시험에 들지 않았습니다. 다윗 같은 이, 아브라함 같은 이는 잠시 흔들렸지만 시험을 잘 이겨냈습니다. 깊은 신앙을 가졌기 때문입니다.

여러분이 깊은 신앙을 가지려면 오후예배도 참석하고 수요예배에 꼭 참석해야 합니다. 주일 낮 예배는 사실 믿음이 약한 신자들을 위해 말씀을 준비합니다. 그래서 힘이 듭니다. 말 한마디에도 시험에 들기도 합니다. 오늘 말씀에 은혜를 못 받으면 다음 주일에 쉽게 결석하기도 합니다. 그러다가 신앙을 잃어버릴까 봐 걱정이 됩니다. 그래서 매주일 있는 힘을 다해서 말씀을 전합니다. 비가 오면 믿음 약한 신자가 '오늘은 비가 오니 쉬어야 되겠다' 하고 생각할까 봐 걱정이 됩니다. 날씨가 좋으면 '오늘은 날씨가 좋으니 놀러가야 되겠다'라고 생각할까 봐 걱정이 됩니다. 늘 믿음이 약한 신자 때문에 걱정이 됩니다.

그런데 수요예배는 말씀을 그대로 풀어서 전합니다. 깊은 믿음의 생활을 하려면 수요예배에 꼭 참석하시기 바랍니다. 오늘 성경은 새사람이 되었다고 말씀하시며 화목하라고 말씀하십니다. 화목은 성화를 말합니다. 겉모습만 바뀐다고 되는 것이 아닙니다. 속사람이 바뀌어야 합니다.

어떤 사람이 오페라를 보고 여자 가수에게 반했습니다. 그래서 프러포즈를 했습니다. 신혼여행을 가서 첫날밤이 되었는데 이 신부가 길고 아름다운 머리인 줄 알았는데 가발을 벗어 놓습니다. 속눈썹도 떼어 놓습니다. 멋진 눈동자인 줄 알았는데 그것도 콘택트렌즈였습니다. 얼굴에 두껍게 발랐던 화장도 지워버리니 전혀 다른 사람이 되었습니다. 그래서 실망했다는 것입니다.

겉모습만 가지고는 알 수가 없습니다. 성경책을 거룩하게 들고 다닌다고 해서 거룩해지는 것이 아닙니다. 화목은 성령님이 내주하시면서 나타나는 증거입니다. 이전의 분쟁하는 삶에서 화목하는 삶으로 바뀌어집니다. 불평하는 입술에서 감사하는 입술로 변해야 합니다. 그런데 이것은 저절로 되는 것입니다. 이 비밀을 깨달아야 합니다. 예수님을 내 마음에 모시고 나면 더러운 이야기들이 싫어집니다. 악한 사람들과의 교제가 싫어집니다.

어느 장로님이 제게 그래요. "목사님, 요즘 너무 행복합니다. 이제는 누가 불평하는 이야기를 들으면 듣기가 싫어집니다." 왜요? 그 마음에 천국이 임했기 때문입니다. 천국은 어둠을 싫어합니다. 냄새나는 것을 피하게 되어 있습니다. 어떤 집사님이 은혜 받고 나니 이전에 그렇게 예뻐 보였던 술집 아가씨들이 이제는 그렇게 싫더라는 것입니다. 은혜 받고 나면 그렇습니다.

예수님 안에 거하면 화목하게 하는 마음이 들어오고 영혼을 사랑하는 마음이 저절로 들어옵니다. 찬송을 부르면 감사하고 교회만 봐도 은혜가 됩니다. 예수님은 우리를 위해 화목의 제사를 드려주셨습니다. 우리를 하나님과 화목하게 만들기 위하여 모든 모욕을 다 참아내셨습니다. 마지막에는 십자가까지 대신 져주셨습니다. 바로 이것입니다. 예수님은 화목하게 하는 모범을 우리에게 친히 보여주신 것입니다.

국회를 보면 서로 옳다고 주장합니다. 국회가 시끄럽습니다. 그러니 국민들이 손해를 많이 봅니다. 내가 옳다고 상대방을 가르쳐서 문제가 해결되는 것이 아니라, 내가 희생하고 십자가를 질 때에 문제가 해결되는 것임을 주님께서는 가르쳐 주셨습니다. 이것이 성경의 가르침입니다. 대학생들은 비판을 많이 합니다. 건전한 비판은 조직을 발전시킵니다. 그런데 이 대학생들이 회사에 들어가서 과장이 되고 부장이 되어서도 계속해서 비판만 한다면 이 사람은 문제가 있는 사람입니다.

부교역자 시절에 비판을 잘하는 목사님이 있었습니다. 얼마나 비판을 잘하는지 이야기를 듣고 있다 보면 끌려 들어갑니다. 담임목사님을 비판하고 장로님을 비판하고 집사님을 비판합니다. 매일 비판하는 것이 그렇게 많습니다. 그래서 '참 똑똑하구나' 하고 생각했는데 이분이 지금도 비판만 합니다. 교인은 몇 십 명 되지도 않는데 늘 비판하는 것입니다. 그러니 주변의 목사님들이 함께 이야기하기를 싫어합니다. 이제는 끌어안아야 문제가 해결이 되고 하나 되는 것입니다.

부모님에 대하여 청소년 시절에는 반항하고 비판할 수 있습니다. 그러나 나이가 들면서 부모님 생각하면 가슴이 아프고 부모님을 끌어안아야 가정이 행복해지는 것입니다. 교회도 그렇습니다. 교회는 다 똑같은 사람들만 오는 곳이 아닙니다. 죄인이 오는 곳입니다. 죄인이 와서 의인이 되고 악한 자가 와서 선하게 변화되는 곳입니다. 병든 자가 와서 치유를 받고 고통받는 자가 와서 행복하게 되는 곳입니다. 어떻게 이런 역사가 나타날 수 있습니까? 믿음이 장성한 사람들이 희생하고 마음으로 끌어안고 기도할 때에 이런 역사를 허락해 주시는 것입니다. 사도 바울은 오늘 그리스도를 대신하여 간청한다고 말씀하시며 하나님과 화목하라고 말씀하십니다. 이것은 굉장히 중요한 말씀입니다.

우리가 사람을 사귈 때에도 그 사람이 좋으면 함께 식사를 해도 기분이 좋습니다. 며칠 전에도 은퇴하신 장로님과 식사를 하는데 참 보고 싶었던 장로님입니다. 장로님이 은퇴하실 때 나도 모르게 눈물이 나왔던 장로님입니다. 그러니 식사시간이 내내 즐겁습니다. 화목하면 식사를 해도 즐겁고 만나도 즐겁고 여행을 떠나도 즐겁습니다. 하나님과 화목하면 교회 오는 시간이 즐겁습니다. 주님과 만나는 시간이 즐겁습니다.

그러니 은혜를 받습니다. 은혜는 하나님을 기뻐하는 자가 받는 것입니다. 그러므로 하나님을 자꾸 좋게 보셔야 합니다.

"하나님은 감사하신 분이다, 하나님은 능력이 많은 분이시다, 하나님은 내게 은혜를 베푸시는 분이시다" 하고 좋은 것을 자꾸 바라보셔야 합니다. 다윗이 그랬습니다. 다윗은 하나님에 대하여 얼마나 많은 좋은 표현을 했는지 모릅니다. 가정에서 남편과 아내가 화목하려면 자꾸 좋게 보셔야 합니다. 우리 교회에서 은혜로운 신앙생활 하시려면 자꾸 좋게 보셔야 합니다.

신앙생활 하는 데에도 수학처럼 공식이 있습니다. 바로 "하나님과 화목 → 은혜 → 말씀 사모 → 믿음 성장 → 기도의 능력 → 응답과 축복"입니다. 은혜를 받으면 말씀을 사모하게 됩니다. 말씀을 사모하면 믿음이 자랍니다. 믿음은 들음에서 난다고 했습니다. 믿음은 오직 말씀을 통해서만 자라는 것입니다. 믿음이 장성하면 능력의 기도를 드리게 되고 능력 기도의 주인공은 축복받는 인생이 되는 것입니다.

그러므로 축복된 인생의 출발이 하나님을 기뻐하는 데에 있습니다. 하나님과 화목 하는 데 있습니다. 오늘 사도 바울이 하나님과 화목하라고 간청하며 부탁하는 이유가 여기에 있는 것입니다. 성도 여러분, 하나님과 화목하면 은혜의 길이 열립니다. 가정에서도 행복하고, 교회에서도 행복하고, 성도와 이웃과 행복한 관계가 됩니다. 사랑하는 성도 여러분, 하나님과 화목하고 성도와 서로 화목한 성도들이 되시기를 바랍니다.

적 용

ⓐ 오늘 말씀의 주제 파악하기:

ⓑ 오늘 말씀 중 은혜 받은 부분 나누기:

ⓒ 삶에 구체적으로 적용하기:

함께 드리는 기도 제목

1. 예수 그리스도 안에서 새로운 피조물이 되게 하옵소서.
2. 우리 가정과 구역이 성화되어 주님의 기쁨 되게 하옵소서.
3. 희생과 기도로 화목하게 하는 교회 되게 하옵소서.

29.

하나님의 약속

» **본 문:** 마태복음 7장 7-12절
» **찬 송:** 363장(내가 깊은 곳에서, 통 479장)
» **요 절:** "구하라 그리하면 너희에게 주실 것이요 찾으라 그리하면 찾아낼 것이요 문을 두드리라 그리하면 너희에게 열릴 것이니 구하는 이마다 받을 것이요 찾는 이는 찾아낼 것이요 두드리는 이에게는 열릴 것이니라"(마 7:7-8)

새가족을 위해 신앙생활에 꼭 필요한 주제들을 중심으로 말씀을 전하고 있습니다. 오늘은 기도에 대한 말씀을 전하려고 합니다. 예수 믿으면서 기도하지 않는 사람은 없습니다. 그러나 기도하면서 응답받지 못하는 사람은 많습니다. 오늘 말씀은 응답받는 기도에 대한 말씀입니다. 기도는 하나님께서 우리에게 주신 너무나 귀한 선물입니다. 기도처럼 쉽고 좋은 것은 없습니다. 기도는 그저 하나님과 대화하는 것입니다. 대화하지 않고 친한 사람은 없습니다. 서로 좋아하게 되면 대화하게 됩니다. 특별한 일이 없어도 전화하고, 그저 만나면 한두 시간 쉽게 이야기합니다. 좋아하면 그렇게 됩니다. 늘 대화하던 사람과 대화하지 않는다면 이것은 그 사람과 멀어졌다는 증거입니다.

하나님과의 관계가 그렇습니다. 하나님을 좋아하게 되면 기도하게 됩니다. 시간이 가는 줄 모릅니다. 기도 시간이 줄어들었다는 것은 하나님과 거리가 멀어졌다는 증거입니다. 미국교회 목사님들의 하루 평균 기도 시간이 20분 정도인데, 한국 목사님들은 평균 한두 시간 이상을 기도합니다. 한국교회가 부흥하는 이유가 있는 것입니다.

한국교회 교인 중 서울에 사는 교인 1,286명을 대상으로 설문 조사를 했는데 하루 평균 기도시간이 장로님이 37분, 권사님이 36분, 안수집사님이 35분, 집사님이 25분을 기도한다고 한 논문 조사에서 응답했습니다. 직분을 맡지 않은 교인들이 평균 18분을 기도한다고 했습니다. 우리는 기도하는 시간이 자꾸 늘어나야 합니다. 기도하는 사람은 하나님과 그만큼 가까워지기 때문입니다.

기도는 걸어가면서도 할 수 있고, 앉아서도 할 수 있습니다. 기도는 어린아이도 할 수 있고 노인도 할 수 있습니다. 기도는 학자도 할 수 있고 농부도 할 수 있습니다. 기도는 즐거워도 할 수 있고 슬퍼도 할 수 있습니다. 기도는 감사의 기도도 있고 탄원의 기도도 있습니다. 이렇게 어느 곳에서나 어떤 상황에서나 우리가 하나님을 만날 수 있는 방법이 기도입니다. 기도는 하나님의 도움을 요청하는 신호입니다.

오래전 어떤 사람이 운전하다가 도움을 요청했습니다. 운전하던 사람의 머리가 운전대 안에 들어가 있는 것입니다. 거리에 차가 많이 정체해 있자 장난기 많은 운전자가 '내 머리가 운전대 안에 들어갈까?' 하는 생각이 들어 머리를 밀어 넣어 보았답니다. 그랬더니 머리가 들어갔는데 문제는 신호가 바뀌어 차가 출발해야 하는데 들어갔던 머리가 나오지 않는 것입니다. 그래서 결국 119가 출동해 톱으로 운전대를 자른 다음에 구출될 수 있었습니다. 위급한 일이 생기면 119로 전화를 합니다. 그러면 문제가 해결됩니다. 우리 인생에도 급한 일이 있을 때 하나님께 119 신호를 보내는 것이 기도입니다.

그런데 기도란 것이 갑자기 되는 것이 아닙니다. 평소에 기도하는 사람이 위급한 순간에도 기도하는 것입니다. 기도는 거룩한 습관입니다. 아무리 작은 일도 기도하는 습관을 가져야 하는 것입니다. 마귀는 기도하는 사람을 무서워합니다. 아무리 강하고 똑똑한 사람도 기도하지 않는 사람은 무서워하지 않습니다. 언제든지 그 사람의 생각 속에 들어갈 수 있기 때문입니다. 그래서 내가 똑똑한 사람이 시험에 자주 빠지는 것입니다.

1. 하나님의 뜻을 깨달아야 바른 기도를 할 수 있습니다

처음 예수를 믿을 때 기도를 오해할 수 있습니다. "구하라 그리하면 주실 것이요"라고 했으니 무조건 구하면 된다고 생각하고 구하는 사람이 있습니다. 무당이 굿을 하거나 절에서 치성을 드리는 사람은 내가 어느 정도 기도해야 이루어진다고 생각합니다. 백만 원짜리보다는 천만 원짜리 굿을 해야 더 큰 효험이 있다고 생각합니다. 하루에 천 번씩 절을 하면 이루어진다고 생각합니다. 이것은 내가 하겠다는 것입니다. 기도는 그런 것이 아닙니다. 기도는 백만 원 드리는 것보다 천만 원을 드리면 더 큰 응답이 있는 것이 아닙니다. 이것은 기독교를 사이비로 만드는 것입니다. 헌금은 감사함으로 드리는 것이지 치성과 같은 것이 아닙니다. 기도는 내가 하겠다는 것이 아니라 하나님께서 하시는 것을 믿는 것입니다. 기도는 치성 드리듯이 오래 해야 응답받는 것이 아닙니다.

우리는 기도에 대하여 바로 깨달아야 합니다. 기도하는 사람은 세계적인 사람입니다. 내가 앉아서 기도하지만 북한을 위해서도 기도할 수 있고 외국에 있는 선교사들을 위해서 기도할 수도 있습니다. 외국을 다니고 세계적으로 일하는 사람을 부러워하지 마세요. 여러분도 세계를 위해서 기도하고 세계를 위해서 더 분명하게 일하는 사람입니다. 이 사실을 믿는 자가 분명하게 확신을 가지고 기도합니다.

하나님은 기도하는 사람을 통해 하나님의 일을 이루어 나가십니다. 하나님의 뜻대로 이루어 나가시는 것입니다. 회사에서 회장이 직원들에게 일을 시킵니다. 그런데 다 회장의 뜻을 아는 것은 아닙니다. 회장의 뜻을 깨닫고 그 방향으로 일하는 사람에게 더 큰 일을 맡기고 일이 되도록 밀어주는 것과 같은 이치입니다. 회장의 뜻과 반대되는 방향으로 일하면 더 이상 일을 맡기지 않습니다.

우리가 하나님의 일꾼이 될 때에도 하나님의 뜻을 깨닫는 것이 중요합니다. 그리고 그 뜻이 이루어지길 기도하며 나갈 때에 하나님께서는 그런 사람을 귀하게 사용하십니다. 하나님의 뜻은 겸손한 자가 깨닫습니다. 말씀을 귀히 여기는 자가 하나님의 뜻을 깨닫습니다. 성도 여러분, 하나님의 뜻을 깨달아 기도 응답의 인물들이 되시기를 바랍니다.

2. 포기하지 않는 기도를 드려야 합니다

여러분의 기도를 막는 것이 무엇인지를 잘 알아야 합니다. 사탄 마귀는 믿음이 약한 자에게 다가가서 여러분의 기도를 막습니다. 그래서 하나님과 멀어지게 합니다. 그리고 믿음이 있다고 생각하는 자에게 가서 다른 기도를 하게 만듭니다. 바리새인들이 기도하지 않은 것이 아닙니다. 이들은 오히려 기도를 많이 했습니다. 문제는 다른 기도를 했다는 것입니다. 교만한 기도를 했습니다. 기도는 '내가 죄인입니다. 내가 부족합니다' 하는 것이 기도입니다. 우리가 기도할 때 머리를 숙이고 무릎을 꿇는 것은 상징적인 의미가 있습니다. 전쟁에 패하면 장수가 적군의 왕 앞에 머리를 숙이고 무릎을 꿇습니다. 이것은 "내 목을 치시든지 아니면 살려주시든지 당신의 손에 달렸습니다" 하는 표시입니다. 기도의 자세가 그래야 하는 것입니다. 손을 맞잡고 기도하는 것은 "내 두 손이 이렇게 묶여 있습니다. 내가 할 수 없습니다" 하는 표시인 것입니다. 교만한 기도를 하면 안 됩니다. 바리새인의 기도를 하면 안 됩니다. 그래서 신앙의 기초에 대하여 잘 배워야 합니다.

어떤 자매가 친구들이 하나둘 결혼을 하고 어느 순간 보니 혼자 남게 되었답니다. 나이는 자꾸 들어가고 위기의식이 들어 열심히 기도하기를 시작했습니다. 새벽기도에도 나와서 신랑감을 달라고 기도했습니다. 하루는 목사님이 무슨 기도를 그렇게 열심히 하느냐고 물었더니 이 자매가 신랑감 달라고 기도한다고 했습니다. 그러자 목사님이 자기를 위한 기도도 좋지만 다른 사람을 위하여 기도할 때에 하나님은 기뻐하신다고 했습니다. 그 다음 날부터 이 자매의 기도가 바뀌었답니다. "하나님, 우리 어머니를 위해 기도합니다. 우리 어머니에게 멋진 사윗감을 허락해 주시옵소서. 하나님, 하나밖에 없는 여동생을 위하여 기도합니다. 여동생에게 좋은 형부를 허락하여 주시옵소서." 말만 바꾼다고 이웃을 향한 기도가 되는 것이 아닙니다. 마음이 바뀌어야 합니다.

일제 강점기와 6·25를 지나며 신앙의 선조들은 나라의 소중함을 깨달았습니다. 그래서 나라를 위해 기도하면 눈물이 나왔습니다. 그런데 지금은 눈물이 잘 나오지 않습니다. 북한 땅을 위해 기도해도 안타깝지 않습니다. 그러나 하나님의 마음을 깨달으면 안타까운 기도가 저절로 나옵니다. 하나님께서 이 민족을 보시며 얼마나 안타까워하십니까? "대한민국아, 어디로 가려고 그러느냐?" 하고 말씀하시는 음성을 들을 수 있어야 합니다.

오늘 성경은 하나님의 뜻을 깨닫고 그 다음에는 중단 없는 기도를 드릴 것을 말씀하고 있습니다. “구하라 그리하면 너희에게 주실 것이요 찾으라 그리하면 찾아낼 것이요 문을 두드리라 그리하면 너희에게 열릴 것이니 구하는 이마다 받을 것이요 찾는 이는 찾아낼 것이요 두드리는 이에게는 열릴 것이니라.” 무조건 두드린다고 열리는 것이 아닙니다. 하나님의 뜻에 합당한 기도를 드릴 때에 열리는 것입니다. 그러므로 축복의 사람은 하나님의 뜻에 따라 인생의 길을 걸어갑니다. “얘야, 너 이 길로 가야겠다.” 그리고 그 길에 복을 주십니다.

시골에 처마 밑에 제비가 집을 짓고 새끼를 위하여 먹이를 물어 옵니다. 입을 닫고 있는 새끼는 먹이를 먹지 못합니다. 입을 크게 벌려 달라고 앞장서서 나서야 먹이를 받아먹을 수 있습니다. 초등학교에서 선생님이 질문을 하면 어린이들이 “저요, 저요” 하고 손을 듭니다. 누가 대답할 수 있는 자격을 얻는가 하면 적극적으로 손을 드는 어린이를 지명합니다. 손을 들어도 안 되면 소리를 크게 치고 그래도 안 되면 책상 위로 올라가서라도 손을 흔들면 선생님이 지목하십니다. 오늘 말씀의 원리가 그런 것입니다.

처음에는 구하라고 했습니다. 그래도 안 되면 이리저리 찾아보고, 그래도 안 되면 문을 두드려서라도 얻으라고 하십니다. 기도의 강도가 점점 강해지는 것입니다. 묵상기도해서 주시는 것도 있고 부르짖어 기도해서 주시는 것도 있습니다. 조용히 기도하기를 좋아하는 성격을 가진 사람들은 통성으로 기도하면 좀 극성스럽게 기도한다고 생각합니다. 그러나 내 입장만 가지고 생각해서는 안 됩니다. 얼마나 간절하면 소리를 질러 기도하겠습니까? 성경에는 소리 질러 기도하는 많은 내용들이 나옵니다. 내 생각으로 판단하지 않아야 합니다.

또 통성으로 기도하기를 좋아하는 사람들은 조용히 기도하는 사람들을 보며 '저렇게 시원찮게 기도해서 응답받겠나?' 하고 은근히 무시하는 사람들도 있습니다. 그러나 성경에는 조용히 묵상하는 가운데 기도하여 응답받은 많은 내용들이 나옵니다. 다 다른 것입니다. 오늘 구해서 안 되면 두드려서라도 응답을 받으라고 말씀하시는 이유가 여기에 있습니다. 하나님은 포기하지 않고, 열정적으로 구하는 자에게 반드시 주십니다. 하나님의 시간이 되면 다 이루어 주십니다. 하나님의 시간이 언제입니까? 우리가 받을 그릇을 준비할 때가 하나님의 시간이 이루어지는 때입니다.

우리가 교회의 부흥을 위해 기도합니다. 가정의 복음화를 위하여 기도합니다. 직장문제를 위하여 기도합니다. 질병의 문제를 위하여 기도합니다. 이 응답이 하나님의 시간이 될 때 이루어지는 것입니다. 성도 여러분, 구하고 찾고 부르짖어 여러분의 기도의 응답이 있는 성도들이 되시기 바랍니다.

3. 하나님은 기도하는 사람에게 좋은 것을 주십니다

9-11절 말씀에 "너희 중에 누가 아들이 떡을 달라 하는데 돌을 주며 생선을 달라 하는데 뱀을 줄 사람이 있겠느냐 너희가 악한 자라도 좋은 것으로 자식에게 줄 줄 알거든 하물며 하늘에 계신 너희 아버지께서 구하는 자에게 좋은 것으로 주시지 않겠느냐"라고 말씀하십니다. 아들이 떡을 달라고 하는데 돌을 주고, 생선을 달라 하는데 뱀을 준다면 나쁜 아버지일 것입니다. "이 세상의 아버지도 그렇게 하지 않는다. 하물며 너희를 사랑하는 하늘 아버지께서 너희가 이렇게 구하는데 좋은 것을 주시지 않겠느냐"라고 말씀하십니다.

누가복음 11장 13절을 보면 "구하는 자에게 성령을 주시지 않겠느냐"라고 기록되어 있습니다. 좋은 것으로 주신다는 말은 성령님이 오셔서 우리에게 좋은 것을 보게 하시고 좋은 길로 가게 하신다는 뜻입니다. 하나님께서 선택하시면 내가 선택하는 것보다 더 좋은 줄로 믿으시기 바랍니다. 그래서 기도한다는 것은 하나님을 절대적으로 신뢰한다는 뜻입니다. 하나님은 급할 때는 급하게 응답해 주시고 천천히 해야 할 때는 천천히 응답해 주십니다.

언젠가 "실미도"라는 영화가 인기가 있었는데 그 실미도 사건의 유일한 생존자가 지금 아현성결교회의 양동수 장로님입니다. 김일성을 암살하기 위해 만들어진 부대가 실미도 684부대입니다. 이들이 얼마나 힘든 훈련을 받았는가 하면 무거운 군장을 메고 총을 들고 식량을 메고 바다에 아침에 떨어트려 놓으면 점심 때나 찾으러 온답니다. 파도와 싸우며 살아남아야 하는 것입니다.

양 장로님이 당시 훈련병들에게 총을 맞아 목에 관통되었습니다. 한참 후 깨어보니 훈련교본에 총을 맞은 사람도 다시 확인사살을 하게 되어 있기에 죽을힘을 다해 바다로 도망을 쳤습니다. 다른 병사들은 모두 산으로 도망을 쳤는데 혼자서만 숨을 곳이 없는 바다로 도망을 친 것입니다. 핏자국을 좇아 훈련병이 다가오고 있는 것을 보며 기도를 했답니다. "하나님, 저 훈련병의 눈을 가려주십시오."

그런데 기적적으로 옆을 스쳐 지나가면서도 그냥 지나간 것입니다. 한참 뒤 다시 두 명의 훈련병이 다가오고 있는 것이 보였습니다. 이때 기도하기를 "하나님, 이제 두 명입니다. 제가 어머니가 전도사님이라서 너무 고생하는 것을 보며 자라 주의 종이 되기로 서원을 하지는 못했습니다. 그러나 한 번만 살려주시면 평생을 주님을 위하여 살겠습니다" 하고 서원기도를 했습니다. 그러자 이번에도 그냥 스쳐 지나갔습니다.

나중에 구조가 되었을 때에 10시간이나 피를 흘려 군의관도 죽은 것으로 알고 시체실로 보내라고 했습니다. 그런데 놀라운 사실은 실미도에서 죽음의 위기를 넘기고 있을 때 그의 어머니는 꿈을 꾸다가 이상해서 교회로 달려가 아들을 위해 쉬지 않고 기도했다는 것입니다. 양동수 장로님은 하나님께서 기도를 응답해 주시고 생명을 주신 것을 감사하며 전국에 수천 회 이상 간증을 하고 있습니다.

여러분, 작은 문제도 기도하시고 큰 문제를 만나도 기도하시기 바랍니다. 하나님은 응답하시는 하나님이십니다. 평소에도 기도하시고 위급한 일을 만나도 기도하시기 바랍니다. 기도하고 생각하고 기도하고 움직여야 진짜 성도입니다.

오늘 기도에 대한 말씀을 주시며 마지막 12절에 "그러므로 무엇이든지 남에게 대접을 받고자 하는 대로 너희도 남을 대접하라 이것이 율법이요 선지자니라"고 말씀하십니다. 율법이요 선지자라는 말씀은 이것이 구약의 요점이라는 뜻입니다. 남을 대접하면 너희가 그대로 받을 것이라는 뜻입니다. 언뜻 보면 기도 응답과 전혀 관계없는 말씀인데 '그러므로'라고 말씀하셨습니다. 남에게 대접을 받고자 하는 대로, 즉 너희가 좋은 것을 원하면 먼저 남을 대접하라는 말씀입니다. 남을 위해서 기도하라는 말씀입니다. 그러면 반드시 응답을 받습니다. 내가 뿌린 대로 거둡니다. 내가 행한 대로 나도 받습니다. 그래서 예수님께서는 비판하지 말라고 하셨습니다. 내가 비판 받을 날이 오기 때문입니다.

기도의 목적이 나를 위해서, 내가 배부르기 위해서, 나만 행복하기 위해서 하는 것이 아니라 이웃을 향한 기도를 드릴 때, 그 복이 너희에게 이루어진다는 것을 말씀하시는 것입니다. 우리 교회가 행복하려면 나만 행복해서 되는 일이 아닙니다. 서로가 서로에게 좋은 교인들이 되어야 합니다. 그래서 교회를 위해서 기도해야 하는 것입니다.

인간에게 가장 심각한 병이 죄의 병인데 하나님께서는 기도라는 치료약을 주셨습니다. 기도하면 악한 자가 거룩한 자가 됩니다. 기도하면 문제를 만난 자가 해결을 받습니다. 기도하면 가난한 자가 축복을 받습니다. 그러므로 우리는 기도할 수 있는 것을 감사해야 합니다. 기도하기를 기뻐해야 합니다. 서로 기도하기를 권해야 합니다.

성도에게 가장 축복의 말이 "기도하겠습니다"라는 말입니다. 가장 귀한 부탁이 "기도해 주십시오" 하는 부탁입니다. 이 종이 여러분에게 주는 가장 귀한 선물 두 가지가 있는데 하나는 말씀을 전하는 일이요, 또 하나는 여러분을 위해 기도하는 일입니다. 사랑하는 성도 여러분, 기도의 씨를 뿌릴 때는 어렵습니다. 그러나 반드시 열매가 있습니다. 기도는 여러분의 인생을 이끄는 힘입니다. 여러분 모두가 기도하는 자가 되어 하나님의 뜻을 알고 축복의 인생을 살아가는 성도들이 되시기를 바랍니다.

적용

ⓐ 오늘 말씀의 주제 파악하기:

ⓑ 오늘 말씀 중 은혜 받은 부분 나누기:

ⓒ 삶에 구체적으로 적용하기:

함께 드리는 기도 제목

1. 하나님께서 기뻐하시는 기도를 드리게 하옵소서.
2. 어떤 상황 가운데에도 포기하지 않고 기도하게 붙잡아 주옵소서.
3. 내가 원하는 것보다 내게 필요한 것으로 채워 주옵소서.

30.

세상의 빛, 세상의 소금

» **본 문:** 마태복음 5장 13-16절
» **찬 송:** 510장(하나님의 진리등대, 통 276장)
» **요 절:** "이같이 너희 빛이 사람 앞에 비치게 하여 그들로 너희 착한 행실을 보고 하늘에 계신 너희 아버지께 영광을 돌리게 하라"(마 5:16)

철학자 데카르트는 "나는 생각한다. 고로 존재한다"라는 유명한 말을 했습니다. 이 말을 가지고 교수님이 작문을 하라고 했더니 학생들은 "나는 연애한다. 고로 존재한다", "나는 취업한다. 고로 존재한다" 등 각자 자기 관심사를 가지고 작문을 했습니다. 마라톤 선수인 황영조 선수에게 묻는다면 "나는 달린다. 고로 존재한다"라고 대답할 것입니다. 기독교인답게 바꾸어 본다면 "나는 하나님을 믿는다. 나는 신앙한다. 고로 존재한다"라고 말할 수 있습니다.

오늘 많은 사람들이 예수를 믿습니다. 한 분이신 예수님을 믿는데 그 믿음이라는 것이 참 많이도 다릅니다. 이 종이 늘 하나님 중심, 말씀 중심을 외치는 이유는 내 생각으로 믿으면 잘못되기 때문입니다. 내가 전능하신 하나님을 믿는 것이 아니라, 내가 창조한 하나님을 믿는 신자들이 많습니다. 성경을 읽어도 하나님의 말씀이 나를 읽도록 해야 성경을 제대로 읽는 것입니다. 하나님의 말씀을 들어도 내가 듣는 것이 아니라, 하나님이 말씀하시는 것을 마음의 문을 열고 순종함으로 받아들일 때에 진정한 예배가 되는 것입니다. 오늘의 말씀은 계속해서 새가족들을 위해 신앙의 기초가 되는 말씀을 전하려고 합니다. 기독교인들이 세상에서 어떤 존재여야 하는가의 질문입니다.

1. "너희는 세상의 빛이다"라고 말씀하셨습니다

성경에는 소금이 먼저 나오고 나중에 빛이 나오는데, 일반적으로 소금과 빛이라고 하지 않고, 빛과 소금이라고 합니다. 그래서 말씀의 제목을 세상의 빛, 세상의 소금이라 정했습니다. 빛이라는 말은 신약성경에 여러 가지 단어로 사용됩니다.

첫째는 '뤼크노스'라는 단어인데 여기서 '럭스'라는 단어가 나왔습니다. 빛의 밝기를 나타내는 단어입니다.

둘째는 '포스'라는 단어인데 요즘 젊은이들이 잘 사용하는 단어로 포스가 있다고 말합니다. '빛' 또는 '광채'라는 뜻입니다. 뭔가 강력한 힘이 있어 보일 때 "포스가 있어 보인다"라고 말합니다. 예수님께서 "나는 빛이다" 하고 자신을 말씀하실 때에 "나는 포스다"라고 하시면서 '포스'라는 단어를 사용하셨습니다. 아주 강력한 빛을 말합니다.

셋째는 '람파스'라는 단어인데 '람파스'에서 '램프'가 나왔습니다. 횃불이나 심지를 꼽아 만든 등불을 말합니다.

오늘 성경 14절과 16절에 "너희는 세상의 빛이라"는 말씀과 "너희 빛이 사람 앞에 비치게 하여"라는 말씀에 '포스'라는 단어가 사용되었습니다. 이 말은 "너희는 세상의 포스다. 아주 강력한 빛이다"라는 말입니다. 그런데 이 말을 잘 이해해야 합니다. 우리는 스스로 빛이 될 수가 없습니다. 참 빛은 예수님밖에는 없습니다. 우리는 예수님의 빛을 받아 반사하는 빛이라는 말입니다. 달이 태양빛을 받아 빛을 내는 것과 같은 원리입니다. 전구가 전기를 받아 빛이 나는 것과 같은 원리입니다. 이 빛이 비추기만 하면 산 위에 있는 동네가 숨기지 못합니다. 어둠이 밝아지는 것입니다.

15절에 나오는 등불은 '람파스'라는 단어인데, '등불'은 크리스천을 말합니다. 등불은 스스로 빛을 내지 못합니다. 기름이 있어야 하고 누군가 불을 붙여 주어야만 합니다. 기름은 성령님을 말합니다. 내 안에 성령님이 계셔야 예수님의 빛을 세상에 나타낼 수가 있습니다. 예수님께서 불을 붙여 주셔야만 빛을 발할 수 있습니다. 예수님께서 우리를 빛이라 말씀하신 것은 우리가 사는 세상이 원래 어두운 세상이기 때문입니다.

'하나님께서는 우리를 밝고 환한 곳에 따로 살게 하시지, 왜 어두운 세상에 두셨을까?' 이해가 되지 않을 수 있습니다. 어둔 세상에서 사는 것이 참 힘든 일입니다. 그런데 여기에는 하나님의 깊은 뜻이 있습니다. 사람이 스스로 노력하여 거룩하게 되려고 하는 것은 어리석은 일입니다. 이스라엘 백성들을 구원하시려면 이스라엘 백성들만 모아놓으면 참 좋을 텐데 하나님은 그렇게 하시지 않았습니다.

그의 주변에 블레셋과 바빌로니아와 앗시리아와 수많은 이방민족을 옆에 두셔서 끊임없이 하나님을 바라보게 하셨습니다. 이들에게 침략을 당하고 고난을 당할 때마다 하나님을 바라보는 훈련을 하게 하셨습니다. 이스라엘이 평안하고 잘될 때에 어김없이 한 일이 우상을 숭배하는 일이었습니다. 성경에 모든 일을 기록해 놓으신 것은 사람은 이런 존재라는 것을 말씀해 주시기 위함입니다.

사도 바울을 쓰실 때에도 그에게 많은 육체의 가시를 주셨습니다. 허리 디스크도 있었고, 간질도 있었고, 안질도 있었습니다. 주의 사자로서 참 괴로운 일이었을 것입니다. 설교를 하다가 쓰러져 발작을 할 때도 있었고 눈이 안 보여 고생을 한 적도 있었을 것입니다. 이 문제를 해결하기 위하여 사도 바울이 결사적으로 세 번이나 하나님께 기도했습니다. 사도 바울 같은 분이 결사적으로 기도했다고 하니 얼마나 대단하게 기도했을지 짐작할 수 있습니다.

그런데 하나님께서는 "네게 있는 은혜가 족하다"라고 말씀하셨습니다. 오늘 주의 일을 하는 사람들에게도 가시가 있습니다. 주의 종에게도 가시가 있습니다. 그래서 기도하게 하십니다. 내 힘으로 안 되는 것을 깨닫게 하십니다. 세상은 원래 어두운 곳인데 밝은 줄 착각하고 살다가 시험에 빠집니다. 그래서 시험에 빠지지 않는 방법은 늘 하나님의 말씀을 가까이하는 것입니다. 말씀에 순종하고 말씀 앞에 엎드리는 자는 시험에 빠지지 않습니다. 하나님의 말씀은 우리가 바라보지 못하는 새로운 세계를 바라볼 수 있도록 우리를 인도하십니다.

어둔 세상에서 지혜 있는 자도 넘어지고 힘센 자도 넘어집니다. 나는 똑똑하다고 하지만 그러면서도 우리 인생은 늘 실패하고 후회하고 방황하는 것입니다. 그러나 말씀을 사랑하는 자는 그 길을 인도해 주십니다. 시편 119편 105절에서 "주의 말씀은 내 발에 등이요 내 길에 빛이니이다"라고 고백했습니다. 말씀의 빛이 여러분을 인도하기 때문입니다. 그러므로 여러분은 말씀을 귀하게 여기는 성도들이 되시기를 바랍니다.

말씀이 내 안에 거하면 우리는 주님의 빛을 모시고 사는 것입니다. 이 빛을 세상에 비추라는 말씀입니다. 빛은 따뜻하게 하는 힘이 있습니다. 병균을 살균하는 힘이 있습니다. 생물의 성장을 돕는 힘이 있습니다. 무엇보다 빛은 어둠을 밝히는 힘이 있습니다. 예수님의 사람들이 들어가면 어둠이 물러가는 역사가 일어납니다. 불평하는 사람들이 감사하는 사람들이 됩니다. 희망을 잃은 사람들이 소망의 사람이 됩니다. 무엇보다 죄악 된 세상이 밝아지고 구원의 길이 열려지는 것입니다.

성도 여러분, 여러분이 있는 곳마다 복음의 빛을 비추어 여러분을 통해 많은 사람을 구원으로 인도하는 성도들이 되시기를 바랍니다.

2. "너희는 세상의 소금이다"라고 말씀하셨습니다

'이왕이면 너희는 세상의 진주, 보석이라고 말씀하시지 왜 흔하고 보잘것없는 소금이라고 하셨을까?' 하고 생각할 수 있습니다. 여기에는 깊은 의미가 있습니다. 사실 진주나 에메랄드 같은 보석은 없어도 그만이고 쓸 일도 별로 없지만 값이 비쌉니다.

동료 목사님 중에 아주 고생을 많이 하셨는데 아들이 의대를 졸업하고 병원에 취직이 되었습니다. 첫 월급을 받아서 어머니 샤넬 가방을 사왔더랍니다. 그 가방을 받은 사모님이 가방을 끌어안고 잠을 못자고 너무 좋아하더랍니다. 그러면서 하는 말이 "평생 남편하고 살았지만 샤넬 가방 한번 못 받았는데 아들이 사왔다"라고 하면서 아들이 최고라고 하는데 순간적으로 서운한 마음이 들더랍니다.

가방이 귀한 것이 아니라 남편이 귀한 줄 알아야 행복한 것입니다. 가방은 없어도 살지만 남편이 없으면 당장 힘이 드는 것입니다. 에르메스, 샤넬, 구찌 같은 물건을 너무 좋아하지 마세요. 내가 에르메스 같은 명품이 되어야지 가방이 중요한 것이 아닙니다. 천국에 구찌 가방 들고 가는 줄 아십니까?

오히려 세상에 좋은 것을 좇다가 그만 그것에 걸려 천국에 가지 못하게 되는 것입니다. 낙타가 바늘귀로 들어가는 것이 부자가 천국에 들어가는 것보다 쉽다고 말씀하신 예수님의 말씀은 그저 하신 말씀이 아닙니다. 부자가 자신의 물질 때문에 하나님 바라보는 것을 잊어버린다면, 부자가 자신의 물질 때문에 교만해진다면, 부자가 자신의 물질 때문에 하나님을 속이게 되면, 하나님과 점점 멀어지게 됩니다. 죄와 점점 가까워지는 것입니다.

성경은 죄를 나병에 비유해서 말씀하고 있는데 죄와 나병은 비슷한 점이 많습니다. 나병은 오랜 잠복기를 거쳐 증상이 나타납니다. 죄도 서서히 잠복하다가 그 죄가 죽음으로 끌고 가는 것입니다. 나병은 병이 깊어갈수록 점점 몸에 감각이 없어져 갑니다. 죄도 깊이 들어갈수록 점점 감각이 없어져 갑니다. 죄인의 특징은 내가 죄짓고 있는 것을 모릅니다. 나병은 죽음으로 끝을 맺게 됩니다. 죄의 삯은 영원한 사망입니다. 하나님과 멀어지게 만드는 죄를 치료하는 방법은 말씀뿐입니다. 하나님의 말씀으로 치료받아야 하는 것입니다. 그래서 우리는 힘들어도 주님 앞에 나와야 합니다. 문제가 있어도 서운해도 주님 앞에 나와야 됩니다.

세상은 좋은 것, 비싼 것을 쫓아가려고 합니다. 그러나 믿음의 사람들은 가치관이 달라야 합니다. 우리는 십자가를 자랑해야 합니다. 예수님의 옷을 입고 예수님의 마음으로 사는 것을 자랑스러워해야 합니다. 이 세상의 재물은 여러분을 영원히 지켜주지 못합니다.

그러나 십자가를 사랑하고 십자가를 붙들고 사는 사람은 십자가의 능력으로 사는 것입니다.

십자가 단단히 붙잡고 날마다 이기며 나가세
머리에 면류관 쓰고서 주 앞에 찬양할 때까지

(찬송가 270장)

십자가는 우리의 죄를 가려주고 죄를 몰아냅니다. 십자가는 죄인을 살리는 능력이 있습니다.

내 지은 죄 주홍 빛 같더라도 주 예수께 다 아뢰면
그 십자가 피로써 다 씻으사 흰 눈보다 더 정하리라

(찬송가 413장)

세상의 소금이라는 말씀은 보잘것없는 것이지만 가장 귀하게 쓰이는 것을 말씀하는 것입니다. 소금은 부패를 방지합니다. 음식을 만들 때에 소금이 들어가야 맛을 냅니다. 저는 해장국이나 설렁탕을 좋아합니다. 교인들이 식사하자고 하면서 해장국이나 설렁탕을 먹으러 가자고 하면 반갑습니다. 그런데 소금이 안 들어간 해장국은 밋밋하니 맛이 없습니다. 후추나 파나 마늘이 안 들어가도 먹을 수 있지만 소금이 없으면 맛이 없습니다.

어떤 분이 "난 소금 안 넣은 설렁탕 먹는다"라고 하더랍니다. 그래서 같이 음식점에 갔더니 이분이 김치는 몇 배로 먹더랍니다. 사람 몸에 염분이 없으면 쓰러집니다. 김치를 담글 때에도 소금을 넣어야 썩지 않고 사각사각하니 살아 있습니다.

소금을 넣어야 배추의 풀을 죽이기도 합니다. 그래서 먹기 좋은 모양이 됩니다. 심지어 눈이 올 때에도 문 앞에 소금을 뿌려 눈을 녹게 합니다. 소금은 이처럼 일상생활에 꼭 필요한 것입니다. 예수님 당시 로마병사들의 급료로 소금을 주었다는 기록이 있습니다. 여기에서 월급이라는 단어 'Salary'가 나왔습니다. "너희는 세상의 소금이다"라는 말씀은 "너희는 이 세상을 썩지 않게 하는 존재다. 너희는 세상에 맛을 내는 존재다. 너희는 세상에 꼭 필요한 존재다" 하는 말씀입니다.

빛이 어둠을 밝히려면 자신을 희생해야 하듯 소금도 그 맛을 내려면 녹아져야 합니다. 이 말은 희생이 있어야 한다는 말입니다. 내가 손해 보지 않고, 내가 참지 않으면 평화가 오지 않습니다. 가정에 평화가 오려면 참아야 합니다. 오늘의 세상은 참지 말라고 합니다. 그래서 가정이 수없이 깨어져 나갑니다.

오늘 교회에도 참지 않았으면 깨어진 가정이 많이 있습니다. 그러나 핍박을 참고, 믿음으로 참고, 기도하면서 참았더니 오늘 온 가족이 하나님 섬기며 축복받은 가정이 된 것입니다. 가정에서도 참아야 하고 교회에서도 참아야 합니다. 교회의 은혜를 깨트리는 것도 참지 못하는 사람들 때문입니다. 자신만 복을 받지 못하는 것이 아니라 다른 사람이 받을 은혜까지도 가로막는 것은 참지 못하는 사람이 하는 역할입니다. 가정에서 어머니가 할 말이 없어서 참고 살아온 것이 아닙니다. 억울해도 참고 힘들어도 참았더니 이제는 대접을 받고 복을 받게 된 것입니다.

야고보서는 특별히 참는 자의 복에 대해서 집중적으로 말씀하고 있습니다. 야고보서 5장 8절에 "너희도 길이 참고 마음을 굳건하게 하라 주의 강림이 가까우니라"고 말씀하셨습니다. 주님이 오실 날이 가까웠다는 것을 깨닫는 사람은 참게 됩니다. 아브라함도 참았고, 야곱과 요셉도 참았습니다. 욥도 참았고, 사도 바울도 참았습니다. 성경에 참는 자들은 모두가 승리하는 인생을 살았습니다. 다른 소리를 들으면 안 됩니다. "싸워라, 참지 마라, 네가 주장해라" 하는 소리를 들으면 안 됩니다. 하나님의 음성을 들어야 합니다.

소금은 들어가는 곳마다 그대로 있으면 안 됩니다. 자기 자신이 소리 없이 없어집니다. 그러나 아주 없어지는 것이 아닙니다. 곳곳에 스며들어 가고 소금은 없어지지 않습니다. 오늘의 기독교를 보고 말이 많습니다. 이것은 아직도 기독교에 대해 기대하고 있다는 뜻입니다. 술집에 대하여 "정직해라, 이웃을 위하여 살아라"고 말하지 않습니다. 기대하지 않기 때문입니다. 그러나 교회에 대하여 기대합니다. 이것을 보면 한국사회는 아직 가능성이 있습니다.

유진 피터슨 목사는 소금의 짠맛을 “하나님의 맛”(God-Flavors)이라고 번역하였습니다. 기독교인들이 곳곳에 들어가 자신을 희생하면 우리가 사는 세상이 하나님의 맛이 나는 맛난 세상이 되는 것입니다. 성도 여러분, 조금씩 조금씩 희생하시고, 조금씩 조금씩 녹아지십시오. 그러면 우리가 있는 세상이 하나님의 맛이 있는 맛있는 세상이 될 줄로 믿습니다.

3. 하나님 아버지께 영광을 돌려야 합니다

예수님께서 “너희는 빛이요 소금이라”고 하신 이유는 하나님께 영광을 돌리기 위함입니다. “너희 빛이 사람 앞에 비치게 하라”고 했습니다. 복음의 빛을 비추고 하나님의 사랑의 빛을 비추어야 합니다. 저 위의 강단 조명이 정 목사를 비춥니다. 그래서 평소보다 환하고 멋지게 보입니다. 조명이 자기 자신을 비추는 것이 아니라 설교자를 비추도록 설계되어 있습니다. 주의 종은 말씀을 통하여 나를 드러내는 것이 아니라 하나님을 비추어야 합니다. 여러분은 목사가 말 잘한다 생각하면 안 됩니다.

주의 종은 이 강단에서 지금 하나님을 비추는 것입니다. 내가 나를 비추려고 하면 하나님께서 영광을 받으시지 않습니다. 내가 숨어야 합니다. 옛날 목사님들이 강단에서 안경을 벗는 이유도 여기에 있습니다. 말씀을 듣는 사람들이 안경도 신경 쓰이지 않도록 하기 위해서입니다. 말씀을 전할 때는 커프스 버튼도 하지 않습니다. 멋진 양복을 입는 것도 아닙니다.

모든 것이 하나님을 바라보도록 나는 숨어야 하는 것입니다. 강단의 꽃꽂이도 화려하지 않게 합니다. 말씀이 중심이 되어야지 꽃꽂이에 신경 쓰이면 안 되기 때문입니다. 찬양대 지휘자가 지휘할 때에도 음악회 지휘처럼 화려하게 하지 않습니다. 음악회에 가 보면 얼마나 화려하게 합니까? 반주자도 화려하게 반주합니다. 그러나 예배드릴 때에는 찬양이 들리도록 사람이 숨는 것입니다.

우리 교회가 이웃을 섬기는 일을 점점 늘려가고 있습니다. 그러나 그 일을 자랑하거나 알리지 않습니다. 하나님만 나타나면 되기 때문입니다. 성도 여러분, 오늘도 여러분이 하나님을 나타내기 위하여 살면 여러분이 세상의 빛이요 여러분이 세상의 소금입니다. 오늘도 작은 것부터 실천하십시오. 그저 웃어주세요.

《빙점》의 작가 미우라 아야코는 척추병으로 오랫동안 병상에 누워 있었습니다. '내가 이렇게 누워 있는데 하나님을 위해 할 수 있는 일이 무엇일까?' 기도하다가 사람들에게 웃어주기로 했습니다. 의사를 보아도 환하게 웃고 간호사를 보아도 환하게 웃고 옆에 있는 환자들에게도 환하게 웃어 주었습니다. 사람들이 놀랐습니다. "아니 꼼짝도 못하는 사람이 어떻게 그렇게 행복하게 웃습니까?" 하고 묻자 "나는 예수님을 믿기 때문입니다"라고 하나님께 영광을 돌렸습니다. 미우라 아야코 여사는 이전에 건강할 때보다 병원에 입원하고 있을 때 더 많은 사람에게 행복을 주었고 더 많은 사람을 전도할 수 있었다고 간증했습니다.

불평하는 사람, 인상 쓰는 사람은 은혜를 빼앗아 가는 사람입니다. 여러분은 은혜가 임하도록 하는 사람이 되시기 바랍니다. 여러분은 모두 하나님의 맛을 본 사람들입니다. 하나님의 사랑, 하나님의 은혜, 하나님의 약속, 하나님의 축복, 여러분이 받은 그 맛을 세상 사람들에게 전하여 복음의 빛을 비추는 성도들이 되시기를 바랍니다.

적용

ⓐ 오늘 말씀의 주제 파악하기:

ⓑ 오늘 말씀 중 은혜 받은 부분 나누기:

ⓒ 삶에 구체적으로 적용하기:

함께 드리는 기도 제목

1. 빛과 소금의 역할을 감당하는 하나님의 일꾼 되게 하옵소서.
2. 우리 가정이 치유되고 회복되고 하나님께 영광 돌리는 가정 되게 하옵소서.
3. 우리 교회와 민족을 축복하시고 하나님이 원하시는 교회와 민족 되게 하옵소서.

31.

구원받았습니까?

» **본 문:** 요한복음 3장 14-18절
» **찬 송:** 521장(구원으로 인도하는, 통 253장)
» **요 절:** "하나님이 세상을 이처럼 사랑하사 독생자를 주셨으니 이는 그를 믿는 자마다 멸망하지 않고 영생을 얻게 하려 하심이라 하나님이 그 아들을 세상에 보내신 것은 세상을 심판하려 하심이 아니요 그로 말미암아 세상이 구원을 받게 하려 하심이라"(요 3:16-17)

성경에는 성경 전체를 대표하는 요절이 있는데 그 말씀이 요한복음 3장 16절입니다. 즉 성경 전체가 하나님의 사랑으로 채워져 있으며 성경의 요절이 예수님께서 우리에게 생명을 주시기 위하여 이 땅에 오셨다는 말씀입니다.

빌리 그레이엄 목사님은 오늘 본문의 말씀을 가지고 설교하면서 "여러분, 내가 이 설교를 할 때는 마지막 설교인 것처럼 할 수 있기를 원합니다. 그러므로 여러분도 들을 때 이것은 내가 마지막으로 듣는 설교인 것처럼 들으시기 바랍니다. 왜냐하면 인간은 내일을 아무도 보장하지 못하기 때문입니다. 이 말씀을 바로 들으면 내일이 없다 해도 영원히 사는 자가 될 것이고, 이 말씀을 듣지 못하면 영원히 불행해질 수밖에 없기 때문입니다. 나는 마지막 설교를 하는 것처럼, 여러분은 마지막 듣는 설교인 것처럼 겸허하게, 겸손하게 하나님이 보낸 심부름꾼의 입을 통해 하나님의 음성을 듣는 시간이 되길 바랍니다"라고 말했습니다.

빌리 그레이엄 목사님의 말씀을 빌리지 않더라도 오늘 이 말씀을 인간의 입술로는 감히 그 사랑의 깊이와 넓이를 표현할 수가 없습니다. 단지 성경의 말씀을 그대로 전하는 것뿐입니다. 이 종은 20여 년 전에 이 말씀을 묵상하다가 밤을 샌 적이 있습니다. 하나님이 세상을 이처럼 사랑하셨다는 이 말씀이 밤새도록 내 마음을 붙잡았기 때문입니다. 하나님의 말씀이 여러분의 심령을 붙잡으면 그 사람은 복된 사람이 됩니다. 말씀에 붙잡힌 사람은 삶의 철학이 변하고 미래가 변하고 교회생활이 변합니다. 주님을 만난 그 순간 세상은 보이지 않습니다. 사랑하는 사람을 만나면 그 사람 생각만 하고 다른 모든 것은 보이지 않듯이, 주님을 만나면 다른 것이 보이지 않는 법입니다. 교회생활을 하면서 이것저것 너무 많이 보이면 내가 주님을 더 사랑해야 하는 줄로 아시기 바랍니다.

베드로가 신앙에 승리한 비결이 어디에 있습니까? 예수님께서 나를 사랑하셨다는 것을 깨달았기 때문입니다. 예수님을 세 번씩이나 부인하고 물고기나 잡으러 가겠다고 떠나간 베드로에게 예수님은 다시 나타나셔서 "네가 나를 사랑하느냐?"라고 세 번씩이나 물으셨습니다. 이 말씀은 다시 말하면 "내가 너를 사랑한다. 그런데 너도 나를 사랑하느냐?" 하고 물으시는 것입니다. 이 사실을 깨달았기 때문에 베드로는 주님을 사랑하게 되었고 주님을 사랑하니 다른 어떤 것도 그 앞에 보이지 않았던 것입니다. 이전에 보였던 죽음에 대한 공포도 보이지 않았습니다. 제자들과 함께 서로 높아지려고 했던 세상 명예도 보이지 않았습니다.

사랑하는 성도 여러분, 오늘도 주님은 여러분을 사랑하십니다. 요한복음 3장 16절 말씀에서 '세상을'에 자기 이름을 넣어 함께 읽어봅시다. "하나님이 ○○을 이처럼 사랑하사 독생자를 주셨으니 이는 그를 믿는 자마다 멸망하지 않고 영생을 얻게 하려 하심이라." 오늘의 말씀이 여러분 각자에게 주시는 하나님의 음성으로 들리시기를 바랍니다.

요한복음 3장 16절은 유명한 말씀이지만 사실 독립된 말씀이라기보다는 본문 앞의 말씀과 긴밀히 연결되어 있는 말씀입니다. 그래서 3장 16절에는 '이처럼'이라는 단어가 들어 있습니다. '이처럼'이 무엇을 말합니까? 14절의 말씀 "모세가 광야에서 뱀을 든 것같이"와 연결이 되어 있는 말씀입니다. 민수기 21장을 보면 모세를 불순종하며 불평했던 이스라엘에게 불뱀이 등장하여 불순종한 백성들을 물어 죽은 자가 많았다고 했습니다.

그래서 모세가 하나님께 기도하자 구리뱀을 만들어 장대에 달고 구리뱀을 바라보라 하셨습니다. 그랬더니 뱀에 물려 죽어 가던 사람도 구리뱀을 바라보기만 하면 살아났습니다. 뱀에 물리면 피를 빨아내든지 약초를 붙이든지 하는 것이 정상일 텐데, 구리뱀을 바라보라니 이런 엉터리 처방이 어디 있습니까? 그래서 그저 모세의 진에 와서 고개를 들어 한번 바라보기만 하면 살 수 있는 것을 고집을 피우다가 많이 죽었습니다. 단지 모세의 말을 믿고 바라본 자만이 생명을 구할 수가 있었습니다.

이 말씀을 주님께서 하시면서 "하나님이 세상을 이처럼 사랑하사" 하고 말씀하십니다. 여기에는 의미가 있습니다. 우리는 모두 광야에 사는 백성들입니다. 우리는 모두 사탄에게 물린 자입니다. 하루 종일 우리는 생각하는 것이 죄 된 일입니다. 그래서 우리에게 치료의 처방을 주셨는데 예수 그리스도를 바라보라는 것입니다.

예수 그리스도를 바라보는 것이 무엇입니까? 십자가에 구리뱀처럼 달리신 예수님을 믿는 것입니다. "이는 저를 믿는 자마다 멸망치 않고 영생을 얻게 하려 하심이라"고 말씀하셨습니다. 뱀의 독이 얼마나 무서운지 어떤 뱀은 물자마자 수초 내에 사람이 죽는다고 합니다. 독사가 많은 인도 같은 나라에서는 독사에게 물려 죽은 사람이 지금도 해마다 5만 명이나 된다고 합니다. 오늘 본문에서 갑자기 모세의 뱀 이야기를 하고 있는 이유는 뱀의 독이 이렇게 무서운 것인데 죄의 독은 더 무섭다는 것을 말씀하려고 하는 것입니다.

뱀에게 물렸으면 빨리 치료를 받아야 생명을 살릴 수가 있습니다. 마찬가지로 우리가 사탄의 죄의 독에 물렸으면 빨리 주님을 바라보고 치료를 받아야 하는 것입니다. 내 몸에 죄의 독이 들어와 퍼져 가고 있는데 그것을 모르고 있는 인생이 가장 불행한 인생입니다. 이제 불과 몇 분 후면 죽어야 할 인생인데 공부를 한다, 혹은 일을 해야 한다고 일터에 나간다면 이 얼마나 어리석은 인생이겠느냐 말입니다.

'15분'이라는 연극에 이런 이야기가 있습니다. 어떤 유망한 청년이 30세에 대학을 마치고 박사 논문을 제출해 놓고 그만 폐병으로 죽게 되었습니다. 의사에게 진찰을 받은즉 15분 후면 죽는다는 선고를 받았습니다. 최후의 시간은 지나갑니다. 병상에 누워 최후의 순간을 기다리는 청년에게 우편 배달부는 편지 한 장을 전달했습니다. 편지를 뜯어 보니 억만장자 삼촌이 죽었다는 부고와 함께 상속할 자가 없으니 와서 재산을 상속하라는 편지였습니다. 그러나 이 부자 재산의 상속인도 청년에게는 아무 의미가 없었습니다. 시간은 그의 생명을 재촉하고 있습니다.

그의 생명이 8분이 남아 있는 순간에 박사 학위 논문 합격 통지가 왔습니다. 그의 생명 5분을 남겨놓고 애인에게서 결혼 승낙의 편지가 왔습니다. 그러나 이제 와서는 반가워야 할 애인의 결혼 승낙 편지도 그의 죽어 가는 생명에는 아무런 위로가 되지 못하였습니다. 행복한 결혼 약속의 편지와 백만장자 상속권, 박사 학위의 논문 합격증을 손에 쥔 채 그는 죽었습니다. 그는 30세에 평생을 수고해도 얻기 힘든 것을 다 얻었으나 생명을 못 얻으니 억만장자 상속권도, 박사 학위도, 결혼 승낙서도 다 휴지 조각처럼 무의미한 것이 되고 말았습니다. 그런데 이 연극에서 청년의 이야기가 누구를 말하는 것입니까? 바로 나의 이야기입니다.

인생에는 순서가 없다는 말이 있습니다. 무슨 말인가 하면 오는 순서는 있지만 가는 순서는 없다는 말입니다. 화장터에 가 보면 가끔 조그마한 관이 옵니다. 1미터가 안 되는 관도 있고 그저 초등학교 어린이의 키만 한 관도 옵니다. 그러한 관을 보게 되면 마음이 참 착잡해집니다.

그런데 여러분, 우리가 그들을 불쌍하다고 생각만 할 것이 아님을 아셔야 합니다. 만약에 그 어린이가 60년을 더 살아 70세에 죽으면 괜찮은 것입니까? 그러면 행복한 인생을 산 것입니까? 더 중요한 영생이 있다는 것을 항상 기억하고 살아야 합니다. 죄의 독에 중독되면 다 죽습니다. 영원히 죽습니다. 잘난 사람도 죽고 못난 사람도 죽습니다. 이 죄와 사망의 늪에서 우리를 건져낼 자가 아무도 없습니다.

그래서 사도 바울은 "이 사망의 몸에서 누가 나를 건져내랴?" 하고 외치고 있는 것입니다. 그러므로 오늘 본문에서는 "이는 저를 믿는 자마다 멸망치 않고 영생을 얻게 하려 하심이라"고 반복해서 말씀하고 있습니다. 하나님이 독생자를 주신 이유는 우리로 하여금 생명을 주시기 위해서입니다.

구약시대에 이스라엘 백성들에게 장대에 달린 구리뱀의 교훈을 주신 것은 예수님께서 십자가에 달리실 것과 십자가에 달리신 예수님을 바라보아야 생명을 얻음을 예고하신 것입니다. 신앙생활을 어렵게 생각하면 안 됩니다. 신앙생활은 예수를 믿는 것입니다. 신앙의 기초를 잘 배워야 합니다. 태권도장에 가면 10여 년씩 수련을 하며 4단, 5단이 된 사람도 매일 같이 기초를 늘 다시 합니다. 기초를 잊어버리면, 게을리하면 큰일 나기 때문입니다. 신앙도 기초가 중요합니다. 신앙의 기초는 예수님을 믿는 것입니다.

요즘 성경공부를 많이 합니다. 성경공부도 잘해야 합니다. 말씀을 잘 푼다, 쪼갠다 하는데 대단하게 공부하고 독특하게 공부하는 것이 좋은 것이 아닙니다. 바리새인들이 그랬습니다. 지식만 들어가면 영적인 바리새인 되기 딱 알맞습니다. 이 영적인 교만의 병에 걸리면 잘 낫지도 않습니다. 말씀을 들어도, 말씀을 공부해도 바리새인식으로 해서는 안 됩니다. 말씀은 단순합니다. 말씀이 내 안에 들어오면 내 영혼이 얼마나 죄 된 영혼인지 스스로 깨닫습니다. 그래서 감사하게 되고 나가서 예수님을 증거하는 것입니다. 이 말씀 속에 힘이 있습니다. 이 말씀을 통해 내가 변하고 내 가족이 변하고 이웃이 변하는 것입니다. 그래서 내가 주님처럼 나의 삶을 주님을 위해 내어놓는 것입니다.

어떤 사람이 죽어 하늘나라에 갔습니다. 천국문 앞에 사도 베드로가 지키고 서 있는데 베드로가 묻습니다. “당신, 예수를 믿느냐?” 그러자 이 사람이 대답을 합니다. “예, 저는 70년 동안 교회를 다녔습니다.” 그러자 베드로가 또 묻습니다. “당신, 예수를 믿느냐?” “예, 저는 모태신앙이고 세례도 받았고 교회에서 직분을 받아 봉사도 했습니다.” 그런데도 베드로는 계속 묻습니다. “당신, 예수를 믿느냐?” “예, 우리 아버지도 장로님이고 어머니도 권사님입니다.” 열심히 자신의 신앙생활 한 것을 설명하는데 베드로는 “당신, 예수를 믿느냐?” 하고 묻고 있습니다. 각자 옆 사람에게 질문해 보시기 바랍니다. “당신은 예수 믿으십니까?” “정말 분명히 예수를 믿습니까?”

어떤 집사님이 하루는 교회에 찾아와서 목사님께 기도해 달라는 것입니다. 갑자기 죽을 것 같은 생각이 드는데 정말 내가 구원받을 수 있는가에 확신이 없다는 것입니다. 구원받았다는 것은 내가 나를 세뇌시켜서 되는 일이 아닙니다. 정말 내 속에 성령님께서 감동을 주셔서 느껴져야 하는 것입니다. 지금까지 내가 구원받았다고 확신하라고 가르쳐 왔습니다. 내가 확신한다고 되는 것이 아닙니다. 확신이 되어져야 하는 것이 맞습니다. 이분이 가만히 보니 지금까지 신앙생활하면서 구원받았다고 스스로 생각해왔지, 성령님께서 감동을 주셔서 깨달은 것이 아닙니다. 그래서 이분을 위해 기도해 주었습니다. 그리고 이분이 돌아갔는데 지금까지 돌아가셨다는 이야기는 못 들었습니다.

신앙생활을 오래 한 것이 예수 믿은 것이 아닙니다. 직분을 받은 것이 예수 믿은 것이 아닙니다. 지금 예수를 믿고 있느냐, 지금 예수님을 마음에 모시고 사느냐 하는 것입니다. 성도 여러분, 예수님이 여러분의 구주이심을 믿고, 여러분을 위하여 십자가에 달리시고 피 흘려 죽으심을 믿으시기 바랍니다.

예수를 정말 믿어야 모든 것이 해결됩니다. 이스라엘 백성들이 광야에서 뱀에 물려 살기 위해 독을 입으로 빨아내고 상처를 찢고 약초를 발라도 다 죽었습니다. 그러나 구리뱀을 바라본 자만이 살 수 있었습니다. 마찬가지입니다. 내 힘으로, 행위로 무슨 일을 하든지 그것으로 구원을 얻을 수는 없습니다. 오로지 예수님을 믿어야만 구원을 얻을 수가 있는 것입니다. 아직 예수를 믿지 못하는 성도님들이 이 자리에 있습니까? 그런 분은 지금 죽으면 안 됩니다. 예수 믿고 죽어야 합니다. 아직 마음속에 예수님을 믿지 못하는 분이 있다면 아직 죽지 마시기 바랍니다. 죽으면 안 됩니다.

예전에 목회하던 교회에서 30대의 젊은 집사님이 있었습니다. 이 분이 목사님 아들입니다. 아버지 목사님도 공부를 많이 하신 분입니다. 그런데 이 집사님이 교회가 싫어서 신앙을 떠났었습니다. 신학하라고 하면 집나간다고 반항을 했습니다. 목사님 아들들이 착하게 신앙생활 하는 것은 쉬운 일이 아닙니다. 교회에서 늘 자라며 보는 것이 부정적인 것을 듣고 보니, 교회에 대한 반감이 생기는 것입니다. 그래서 저는 집에서는 교회에 대한 부정적인 이야기를 일체 하지 않습니다. 좋은 이야기만 합니다. 그래야 내 아들이 3대 목사 할 것 아닙니까?

이 집사님이 직분은 집사님이지만 아버지를 괴롭혔던 사람들을 생각하며 독을 품고 살았습니다. 사람을 보면 분노합니다. 그러다가 덜컥 암에 걸렸습니다. 이분이 괴로워할 때에 가서 기도해 주며 다 용서해야 한다고 했습니다. 돌아가시기 얼마 전부터 변화가 왔습니다. 감사하면서 살았습니다. 몸은 이미 온몸에 암이 다 번져 수술이 불가능한 상태였지만 웃으며 살았습니다. "내가 이제 낫기만 하면 봉고차 사서 매일 전도하러 다닐 거야. 주일학교 어린이들을 차에 가득 싣고 전도 제일 많이 하는 교사 할 거야" 했습니다. 예수 믿고 구원받은 증거가 이것입니다. 예수를 정말 믿으면 생각이 변합니다. 많이 변합니다. 얼굴이 변합니다.

복음을 무엇보다 가장 귀하게 여깁니다. 어제도 날씨가 너무 더운데 장로님, 집사님, 권사님들이 전도하러 나오셨습니다. 사업하시는 분도 있습니다. 그런데 다 놓고 전도하는 날을 하나님께 드리기 위하여 뙤약볕에 나온 것입니다. 이분들을 보면 그저 감사하게 됩니다. 하나님께서 우리 교회를 축복해 주시려고 이런 귀한 분들을 보내주셨기 때문입니다.

하나님이 이처럼 세상을 사랑하셨다는 말씀이 이 시간 여러분의 마음을 울리시기를 간절히 바랍니다. 나의 죗값으로 내가 피를 흘려야 하는데 그 피를 우리 주님이 대신 흘려주셨다는 이 사실을 꼭 믿으시기 바랍니다. 찬송가 294장 가사가 "하나님은 외아들을 주시는 데까지 세상 사람 사랑하니 참 사랑이로다"입니다. 이 찬송가의 가사처럼 하나님은 참 사랑이십니다. 로마서 5장 8절을 보면 "우리가 아직 죄인 되었을 때에 그리스도께서 우리를 위하여 죽으심으로 하나님께서 우리에게 대한 자기의 사랑을 확증하셨느니라"고 하였습니다. 우리는 다 죄인이었습니다.

그런데 주님은 우리의 구원을 위해 십자가를 지셨습니다. 사랑하는 성도 여러분, 하나님은 여러분이 다 구원 얻기를 기다리고 계십니다. 오늘 요한복음 3장 16절의 말씀을 붙들고 여러분의 인생이 진정한 구원의 확신과 감동으로 살아가시기를 바랍니다.

적 용

ⓐ 오늘 말씀의 주제 파악하기:

ⓑ 오늘 말씀 중 은혜 받은 부분 나누기:

ⓒ 삶에 구체적으로 적용하기:

함께 드리는 기도 제목

1. 십자가의 사랑이 나를 향한 사랑임을 날마다 깨달으며 살게 하옵소서.
2. 우리 가정과 구역이 주님의 사랑에 빚진 자 되어 늘 주님을 사랑하며 살게 하옵소서.
3. 모든 성도들이 믿음의 눈으로 주님을 바라보고 믿음의 길을 걷게 하옵소서.

32.

성도의 교회생활

» **본 문:** 로마서 12장 9-11절
» **찬 송:** 214장(나 주의 도움 받고자, 통 349장)
» **요 절:** "형제를 사랑하여 서로 우애하고 존경하기를 서로 먼저 하며 부지런하여 게으르지 말고 열심을 품고 주를 섬기라"(롬 12:10-11)

로마서는 크게 두 부분으로 나뉘어져 있는데 1장부터 11장까지 구원론에 대하여 말씀하고 있고, 12장부터는 실천론에 대한 말씀입니다. 본문 앞 3절에 사도 바울은 하나님께서 "내게 주신 은혜로 말미암아 각 사람에 말한다"라고 하면서 오늘의 말씀을 시작합니다.

사도 바울은 지식이 많은 사람입니다. 그러나 그 많은 지식의 배경을 가지고 말하는 것이 아니라 하나님께서 내게 주신 은혜로 말한다고 했습니다. 이 말은 참 중요합니다. 하나님의 일은 은혜로 하는 것입니다. 교회생활도 은혜로 하고, 봉사도 섬김도 은혜로 해야 합니다. 직분을 감당하는 것도 은혜로 해야 합니다. 여러분은 모두 은혜 받은 사람입니다. 이 종도 은혜를 많이 받은 사람입니다. 하나님의 은혜가 아니면 감히 쓰임 받을 수 없는 사람인데 하나님의 크신 은혜로 하나님의 말씀을 전하는 종으로 부르심을 입었기 때문입니다. 하나님께서 은혜를 주실 때에 그 은혜를 쏟지 않으면 차고 넘칩니다. 그래서 계속 은혜의 길을 걸어가다 보면 사도 바울과 같은 은혜의 사람이 되는 것입니다.

은혜 없이 일하는 사람은 내가 대단한 일하는 것처럼 착각하지만 은혜 없이 일하면 결국은 하나님을 방해하는 일을 하게 됩니다. 은혜 없는 사람은 심령이 거칠고 강퍅하게 메마르기 때문입니다. 여러분은 그런 사람을 가까이하면 안 됩니다. 은혜를 아는 사람은 겸손합니다. 내가 받은 모든 것이 하나님의 은혜로 된 것임을 고백하는 사람은 겸손할 수밖에 없습니다. 내가 받은 구원도, 내가 가진 물질도, 가정도, 지혜도 다 은혜로 받은 것이기 때문입니다.

성 어거스틴에게 어떤 사람이 질문하기를 "당신은 어떻게 해서 은혜 충만한 삶을 사십니까?" 하고 묻자 "하나님의 은혜를 받으려면 첫째가 겸손, 그리고 둘째가 겸손, 셋째도 겸손입니다"라고 대답했습니다. 겸손하지 않으면 성경을 읽어도 말씀을 들어도 기도를 해도 은혜 받을 그릇이 없기 때문에 안 된다고 했습니다.

오늘 한국교회의 위기는 교인들이 교회를 떠나는 것이 아닙니다. 은혜를 떠나는 교인들이 생겨나는 것이 위기입니다. 옛날에는 "나 같은 죄인 살리신 그 은혜 놀라워", "천부여 의지 없어서 손들고 옵니다" 하는 찬송을 부르면 눈물이 나오고 그랬는데, 요즘은 그런 찬송을 잘 부르지 않습니다. 옛날 교인들이 지금 교인들보다 죄를 더 많이 지어서 그런 것이 아닙니다. 은혜를 깨달으니 내가 죄인인 것을 바라보게 되고 내가 구원받은 것을 바라보게 되니 감사가 저절로 나오는 것입니다. 은혜만 있으면 언제든지 다시 부흥할 수 있습니다.

신앙생활의 위기는 다른 것 때문에 오는 것이 아닙니다. 은혜가 떨어지면 신앙의 위기가 오는 것입니다. 신앙의 위기에 빠진 사람들의 특징은 지금 내가 은혜가 떨어진 것을 모르고 있습니다. 절벽을 향해 떠내려가는 배를 타고 잠시 후면 폭포 아래로 떨어지게 되는데 그것도 모르고 잠들어 있는 사람과 같은 것입니다. 이 은혜는 모두에게 다 같이 주신 것이 아니라 각기 다르게 주셨습니다. 그러므로 마땅히 생각할 그 이상의 생각을 품지 말라고 하셨습니다. 나에게 주신 은혜의 분량을 잘 살펴서 그 일을 감당하는 사람이 은혜를 깨달은 사람입니다.

한 몸에 여러 지체가 있는데 하루는 발이 생각하니 좀 불공평한 것 같습니다. 자기는 하루 종일 땀나게 다니는데 좋은 것은, 맛있는 것은 입이 다 먹어 버립니다. 그래서 화가 났습니다. 눈은 내가 발견했는데 먹기는 입이 먹어 버립니다. 손도 그렇습니다. 자기는 열심히 일하는데 맛있는 것이 있으면 자기 손으로 집어다가 입으로 쏙 넣어 버립니다. 이런 식으로 생각하니 모두가 다 불평이 생겼습니다. 그래서 데모를 하기로 했습니다. 이 입을 골탕 먹이자는 것입니다. 일을 안 하고 모두 누워 버렸습니다. 하루가 지나고 이틀이 지나니 어떻게 되었습니까? 모두가 다 힘이 빠져 버렸습니다. 눈은 며칠을 못 먹어서 쑥 들어가고 힘이 없습니다. 하늘이 노랗게 보입니다. 손도 힘이 없고 발도 힘이 없습니다. 그래서 데모를 중단하고 각자 일을 열심히 했다는 이야기가 있습니다. 몸을 건강하게 하기 위하여 손과 발과 눈과 코가 다 자기의 할 일이 있습니다. 이 일을 넘어서려고 하면 문제가 발생합니다.

그래서 예수님도 이와 비슷한 이야기를 우리에게 해주셨습니다. 자기에게 맡겨진 일을 잘 감당하는 것이 오늘 성경에 지혜로운 일이라고 했습니다. 하나님께서는 각 사람에게 각기 다른 은사를 주셨습니다. 똑같이 준 것이 하나도 없다는 말입니다. 기술도 지식도 얼굴도 다 다릅니다. 이것이 내게 주신 분량입니다. 미술을 잘하는 사람, 음악을 잘하는 사람이 있습니다. 미술도 노력만 가지고는 안 되는 부분이 있습니다. 음악도 노력만 가지고는 안 되는 부분이 있습니다. 각자에게 주신 달란트가 다른데 그 다양성을 인정하고 하나로 함께 일하는 것이 중요합니다. 하나님께서는 우리 모두를 경쟁의 상대가 아니라 조화의 상대로 만들어 주셨습니다. 그래서 노래를 잘하는 사람도 있고, 일을 잘하는 사람도 있습니다.

하나님은 우리를 조화의 상대로 만들어 주셨는데 경쟁의 상대로 보니 자꾸만 분쟁이 일어나는 것입니다. '저런 사람은 무엇에 필요할까?'라고 생각하지 마시기 바랍니다. 하나님은 다 뜻이 있어서 만드신 것입니다. 어떤 사람은 시험거리만 주는 사람도 있습니다. 이런 사람은 남을 쑤시고 흔들어야 사는 의미를 느낍니다. 그런데 그런 사람도 다 뜻이 있어서 만드신 것입니다. 양들 사이에는 염소를 집어넣어 놓는다고 합니다. 그것은 양들만 있으면 더운 날씨에도 서로 계속 뭉치다가 죽기도 한다는 것입니다. 그러나 염소가 자꾸 훼방을 놓고 들어가서 치받으니 서로가 흩어져서 다닌다는 것입니다.

가만히 평안하게 있으면 기도하지 않고 영적으로 쇠약하게 되니 그런 사람을 통해 내 기도가 살아나게 하시는 것입니다. 그러나 여러분, 여러분은 훼방하는 자로 쓰임 받지 마시고 기도함으로 축복받는 자가 되시기 바랍니다. 오늘 말씀은 이렇게 은혜를 깨닫고 은혜대로 섬기라고 말씀을 하면서 9-12절에 귀한 교훈을 주십니다.

지금까지 말씀한 것에 대한 결론으로 참사랑에 대해 말씀하십니다. 기독교를 사랑의 종교라고 말하는데 이 의미를 잘 깨달아야 합니다. 예수 믿는다고 하면서 사랑을 모르고 사랑할 줄 모르고 사랑을 받을 줄 모른다면 예수를 잘못 믿는 것입니다. 하나님은 사랑이시라고 했습니다.

사도 바울은 고린도전서 13장 1-3절을 보면 "사람의 방언과 천사의 말을 할지라도 사랑이 없으면 소리 나는 구리와 울리는 꽹과리가 되고 내가 예언하는 능력이 있어 모든 비밀과 모든 지식을 알고 또 산을 옮길 만한 모든 믿음이 있을지라도 사랑이 없으면 내가 아무것도 아니요 내가 내게 있는 모든 것으로 구제하고 또 내 몸을 불사르게 내줄지라도 사랑이 없으면 내게 아무 유익이 없느니라"고 하였습니다. 이웃을 위해 몸을 불사르게 내어주어도 사랑으로 하지 않는 것은 유익이 없다고 했습니다. 주님을 위해 일해도 사랑으로 하는 것입니다. 헌금을 드려도 주님 사랑으로 하고, 봉사를 해도 주님을 사랑하기 때문에 하는 것입니다.

한 율법사가 예수님께 가장 큰 계명이 무엇이냐고 물었을 때에 예수님은 "주 너의 하나님을 사랑하는 것이 가장 크고 첫째 되는 계명이요, 이웃을 네 몸같이 사랑하는 것이 둘째 계명으로 이 두 계명이 온 율법과 선지자의 강령이라"고 하셨습니다. 이 말씀은 위로 하나님을 사랑하고 옆으로 형제를 사랑하는 것이 성경의 전부라는 것입니다. 교회에 처음 나오면 사랑을 잘 배워야 합니다. 교회 나온다고 다 예수 믿는 것이 아닙니다. 예수 믿는다는 것은 예수님을 사랑한다는 말입니다. 사랑하지 않으면 믿어지지 않습니다. 예수님을 사랑하게 되는 것이 그냥 되는 것이 아닙니다.

예수님께서 나를 위해 십자가를 지시고 나를 위해 고난을 당하시고 나를 위해 참아주셨다는 것을 깨달을 때 그저 감사하게 되고 예수님을 사랑하게 되는 것입니다. 예수님을 사랑하게 되면 예수님께서 목숨까지 주시면서 사랑하신 사람들을 나도 사랑하게 되는 것입니다. 성경이 말씀하는 사랑이라는 것은 노력해서 되는 것이 아닙니다. 은혜를 받아야 되는 것입니다. 저절로 되는 것입니다.

사랑하게 되면 사람이 변합니다. 지난번 시무했던 교회의 한 여자 청년이 나이도 많이 들고 시집도 가야 하는데 갈 생각을 별로 안 합니다. 화장도 안 하고 옷도 티셔츠에 헐렁한 바지를 입고 다닙니다. 그런데 어느 날 이 청년이 변했습니다. 화장을 하고 눈썹도 붙이는 것입니다. 거기다가 정장 투피스를 입고 머리도 스트레이트파마를 하고 교회에 나옵니다. '야, 이제 시집가려고 하나 보다' 생각했는데 그것이 아니라 사랑을 하게 된 것입니다. 사랑하면 사람이 변하게 되어 있습니다. 사랑하는 사람을 위해 더 좋은 것을 주려 하고, 사랑하는 사람을 위해 내가 바뀌려 합니다. 예수님을 사랑하면 예수님께 더 좋은 것을 드리려 하고, 예수님을 사랑하면 예수님 때문에 내가 바뀌게 되는 것입니다. 사랑하지 않는 사람의 특징은 상대방을 나에게 맞추어 바꾸려 합니다. 그러나 사랑하면 내가 상대방을 위해 바뀌는 것입니다.

사랑에는 거짓이 없다고 했습니다. 사랑하면 다 드러납니다. 사랑하면 더 주고 싶어 합니다. 이웃을 사랑하면 나의 것을 나누게 됩니다. 무디 선생님이 길을 가다가 불쌍한 소녀가 길에서 병에 걸려 죽은 것을 보았습니다.

집에 돌아와 그 이야기를 했더니 어린 딸이 물었습니다. "아빠, 만약 제가 길에서 죽어 방치되어 있다면 아빠 마음이 어떻겠어요?", "그야 마음이 너무 아프겠지.", "그러면 아빠, 그 소녀가 저라고 생각하고 가서 장례를 치러 주세요"라고 말했습니다. 무디는 딸의 말에 깨달음을 얻었습니다. '내가 사랑이 없다'는 것입니다. 예수님께서는 "형제를 네 자신과 같이 사랑하라"고 하셨는데 형제를 내 딸과 같이만 사랑해도 내 태도가 바뀌는 것입니다. 그래서 가서 장례를 잘 치러 주었습니다. 사랑하면 악을 미워하고 저절로 선에 속하게 됩니다.

예수 예수 믿는 것은 받은 증거 많도다

(찬송가 542장)

예수를 믿으면 예수 믿는 증거가 나타나게 되는 것입니다.

예수님 때문에 내가 사는 방법이 바뀝니다. 세상 사람들이 갖는 자기 철학과는 다릅니다. 예수님 때문에 내가 새롭게 되고 예수님 때문에 사는 방향이 바뀝니다. 그러므로 예수님을 사랑하는 것은 큰 축복입니다. 예수님을 사랑하면 은혜가 임하기 시작합니다. 인생이 새롭게 됩니다. 그러므로 여러분 모두에게 예수님을 사랑하도록 만드는 성령님의 역사가 임하시기를 바랍니다.

죄악은 성도들의 귀를 막아 하나님의 음성을 듣지 못하게 만듭니다. 죄악은 성도들의 눈을 막아 하나님을 보지 못하고 자꾸 다른 것을 보게 만듭니다. 그래서 성도들은 악을 미워해야 합니다. 내 마음속에 나를 하나님과 멀어지게 만드는 사탄의 역사들을 미워해야 하는 것입니다. 그러면 성령님께서 여러분 안에 역사해 주십니다. 성령님께서 여러분을 지켜주시지만 더 나아가 성령 충만한 사람이 되어 성령님께서 특별히 사랑하는 성도가 되는 줄로 믿습니다.

10절에 "형제를 사랑하여 서로 우애하고 존경하기를 서로 먼저 하며"라고 했습니다. 사랑하면 서로 우애하게 됩니다. 서로 존경합니다. 부부간에도 서로 존경해야 합니다. 아내가 남편을 존경하면 그 가정은 행복합니다. 가정을 위해 땀 흘려 일하는 남편은 그 자체로도 존경받을 자격이 있습니다. 이런 남편을 존경할 줄 모르는 아내는 어리석은 아내입니다. 성경이 그렇게 말씀하기 때문입니다. 남편을 경쟁상대로 여기는 사람이 있다면 그 가정은 얼마나 황폐하겠습니까?

남편도 마찬가지입니다. 아내를 존경해야 합니다. 아내가 나 같은 사람을 사랑해서 가정을 위해 인생을 희생하고 헌신하는 그 자체만으로도 아내는 존경받아야 마땅합니다. 자녀들도 존경해 보십시오, 자녀가 바뀌는 것입니다.

어느 가정에 아들이 성적표를 가져왔는데 보니 모두가 다 '양'인데 한 과목이 '미'가 있더랍니다. 그것을 보고 아버지가 하는 말이

"애야, 너무 한 과목만 집중해서 공부하지 말거라" 했답니다. 모든 것을 긍정적인 눈으로 바라보면 좋게 보이는 것입니다.

교회에서도 그렇습니다. 오늘 이 말씀은 교회에 주시는 말씀입니다. 성도들끼리 서로 우애하라고 했습니다. 존경하기를 먼저 하라고 했습니다. 상대방이 나를 삐딱하게 보면 나도 상대방을 삐딱하게 본다는 것을 알아야 지혜로운 사람입니다. 내가 상대방을 풍성하게 보고 풍성하게 대하면 상대방도 나를 풍성하게 대하는 것입니다. 그래서 성경은 서로 우애하고 서로 존경하기를 먼저 하라고 했습니다. 먼저 하는 자가 복된 자입니다. 성도 여러분, 우리 교회 안에는 모든 것을 좋게 봅시다. 먼저 좋게 보고 먼저 존경해 주고 먼저 인사하고 먼저 웃어주는 성도들이 되시기를 바랍니다.

마지막으로 11절에 "부지런하여 게으르지 말고 열심을 품고 주를 섬기라"고 했습니다. 주님을 섬기는 일에는 부지런해야 합니다. 예수님께서는 제자들을 부르실 때에도 게으르고 노는 자를 부르신 적이 없습니다. 예수님께서 부르신 사람들은 세관에 앉아 일을 하든지 바다에서 물고기를 잡든지 자기 일에 최선을 다하는 사람들이었습니다. 요즘 한국 사람들이 많이 게을러졌습니다. 소위 3D 업종에서는 일을 하려 하지 않습니다. 일이 없다고 놀아서는 안 됩니다. 일이 있습니다. 찾아보면 얼마든지 있습니다. 교회에서도 식당 봉사하는 것 때문에 걱정들을 합니다. 요즘은 식당 봉사 같은 어려운 일은 안 하려고 합니다. 그래서 사람을 고용을 하기도 합니다.

여러분, 교회가 사람을 고용할 돈이 없어서 성도들이 교회 식당에서 땀 흘리고 일하는 것이 아닙니다. 우리 교회도 사회적으로 보면 굉장한 사람들도 다 팔을 걷어붙이고 일을 합니다. 이것은 예수 그리스도의 이름으로 봉사하는 것이기 때문입니다. 형제를 섬기는 것입니다. 이것이 예수님의 가르침에 순종하는 것입니다. 차량 안내하시는 분들도 그렇습니다. 형제를 섬기기 위해 땀 흘리는 것입니다. 주를 섬기는 일에는 열심히 있어야 합니다. 기도하는 데도 열심이 있어야 합니다. 밤을 새워 기도하고, 금식을 하며 기도한 사람들을 하나님은 분명히 기억해 주십니다.

찬송을 불러도 열심히 불러야 합니다. 전도를 해도 열심히 해야 합니다. 여러분, '내가 죽을 때까지 그저 주일날 예배만 드리겠다'고 생각하지 마세요. 그러면 예배드리기도 힘든 일이 생깁니다. "내가 구역장으로 봉사하겠다, 찬양대로 봉사하겠다. 차량으로 봉사하겠다" 하고 기도하기 시작하면 하나님께서 은혜를 폭포수같이 부어주시는 것입니다.

요즘 건강을 위해 운동을 많이 합니다. 조깅을 하고 헬스를 하고 등산을 합니다. 달리기를 하면 심장이 튼튼해집니다. 그래서 피곤해도 운동을 하는 것입니다. 몸이 피곤해서 운동을 하지 않으니 점점 더 피곤해지는 것입니다. 주님의 일도 열심히 하는 자가 영적으로 튼튼해집니다. 힘들어도 하고 피곤해도 하다 보면 건강하여 웬만한 어려움은 쉽게 이겨나가는 능력의 사람이 되는 것입니다.

주의 일은 열심히 하면 심은 대로 거두게 됩니다. 은퇴하신 분들을 심방하다 보면 한창때는 가장 중요한 것이 무엇인지 모르고 살았다고 하는 말을 종종 듣습니다. 기회가 늘 주어지는 것이 아닙니다. 하나님께서 불러주셨을 때에 은혜 받고 일해야 합니다. 주님을 위하여 열심히 일한 사람은 후회하지 않습니다. 하나님의 농원에 심은 것은 쭉정이가 없습니다. 사랑하는 성도 여러분, 오늘 주신 말씀을 기억하고 복된 성도의 길을 걸어가는 성도들이 되시기를 바랍니다.

적 용

ⓐ 오늘 말씀의 주제 파악하기:

ⓑ 오늘 말씀 중 은혜 받은 부분 나누기:

ⓒ 삶에 구체적으로 적용하기:

함께 드리는 기도 제목

1. 주님 주신 은혜로 겸손히 섬기는 사람이 되게 하여 주옵소서.
2. 우리 가정이 서로가 서로를 이해하고 존중하는 가정이 되게 하옵소서.
3. 믿음의 눈으로 교회를 바라보고 섬김의 자리에 열심히 충성하는 성도가 되게 하옵소서.

33.

내가 너희를 쉬게 하리라

» **본 문:** 마태복음 11장 28-30절
» **찬 송:** 324장(예수 나를 오라 하네, 통 360)
» **요 절:** "수고하고 무거운 짐 진 자들아 다 내게로 오라 내가 너희를 쉬게 하리라"(마 11:28)

오늘 우리 도림교회에 오신 여러분을 진심으로 환영하고 축복합니다. 오늘 여러분이 이 자리에 오기까지 주위에 있는 분들이 초청하고 부탁하고 또한 귀찮게 했을 것입니다. 그런데 정말 잘 오셨습니다. 인생은 누구를 따라가느냐가 참 중요합니다. 도둑을 따라가면 도둑이 되고 사기꾼을 따라가면 사기꾼이 됩니다. 훌륭한 스승을 만나면 훌륭한 제자가 되고 불량배 친구를 만나면 나도 불량배가 됩니다. 감사하고, 행복하고, 긍정적인 사람을 만나면, 나도 감사하고, 행복하고, 긍정적인 사람이 됩니다. 그래서 사람을 잘 만나야 합니다.

오늘 여러분을 인도하신 분들이 왜 그렇게 간절히 여러분을 교회 한번 나와 보라고, 예수 믿자고 했을까요? 내가 예수 믿어 보니 너무 행복하고 너무 좋아 이 기쁜 소식을 전하고 싶어 그렇게 간절히 여러분을 초청한 것입니다.

친척 중에 조카가 있는데 아주 어릴 적에 한 번도 아이스크림을 먹어본 적이 없었습니다. 어머니가 지독하게 자연식만 먹이고 가게에서 파는 것은 먹지 못하게 했습니다. 그런데 친척들이 모였을 때 아이스크림을 주었습니다. 한입 먹어보는 순간 세상에서 그런 기막힌 맛을 처음 보았거든요. 갑자기 이 아이가 "악~" 소리를 내며 아이스크림을 품에 안고 좌우를 살피는 것입니다. 누가 빼앗아 갈까봐…. 먹어보지 않으면 그 맛을 알 수 없듯이 예수를 믿어보지 않으면 그 행복을, 그 진리를 알 수 없는 것입니다.

지금까지 많은 사람들이 예수를 믿었습니다. 세계적인 석학들이 예수를 믿었습니다. 유명한 정치가들이 예수를 믿었습니다. 우리나라의 대표적인 지성인인 이어령 씨는 지난 5월 15일 전국 목사장로대회에 나와서 자신은 과거에 실패한 인생을 살았다고 고백했습니다. 첫째는 아버지로 실패했다고 했습니다. 딸에게 좋은 옷 사주고 돈을 주는 것이 사랑인 줄 알았는데 그것이 아니었다고 했습니다. 딸은 아버지의 따뜻한 사랑을 원했는데 그 사랑을 주지 못했다고 했습니다. 둘째는 비평가로 살아온 삶이 실패였다고 했습니다. '선이냐, 악이냐? 아름다우냐, 추하냐?'의 기준으로 살아온 삶이 실패였다고 했습니다. 하나님의 은혜, 지혜를 구하는 삶을 살지 못했다고 했습니다. 이어령 교수는 딸을 통해 예수님을 영접한 뒤 지금은 전국을 다니며 예수를 전하고 있습니다.

《팡세》로 유명한 철학자요 수학자인 파스칼은 "사람의 마음속에는 하나님만이 채워줄 수 있는 큰 홀이 있다"라고 했습니다. 사람은 신을 찾는 본능이 있습니다. 아프리카의 원시부족을 만나보아도 남미의 원주민들을 만나보아도 이들은 신을 섬깁니다. 누가 가르쳐 주지 않았는데도 신을 섬기는 본능이 있습니다. 그러나 동물들은 신을 섬기지 않습니다. 여러분, 원숭이들이 신을 섬긴다는 이야기를 들어보셨습니까? 사자들이, 개미떼들이 신을 섬긴다는 이야기를 들어보셨습니까? 본능이 있기 때문입니다. 하나님께서는 동물들에게 살아가는 본능을 주셨습니다. 이것은 과학으로 상식으로 진화로 설명할 수 없는 신비가 있습니다.

그래서 유명한 철학자인 칸트는 자연을 겸손하게 보면 하나님이 살아 계신 것을 깨달을 수 있다고 했습니다. 악어가 알을 낳을 때가 되면 모래밭에 올라와 땅을 파고 알을 낳습니다. 그리고 묻어둡니다. 누가 시킨 것이 아닙니다. 그러면 알이 적당한 온도에 의해 부화가 되어 알 껍질을 깨고 부화를 합니다. 이 손가락만 한 새끼는 태어나자마자 죽을힘을 다해 물 있는 곳을 향하여 달립니다. 달리는 도중에 독수리도 만나고 도마뱀도 만납니다. 그래서 죽을힘을 다하여 물로 달려 들어가는 것입니다. 물로 들어간 다음에는 풀뿌리를 붙잡고 숨어 작은 물고기를 잡아먹습니다. 잘못하면 큰 물고기의 밥이 됩니다. 누가 가르쳐주지 않았는데 이렇게 살 길을 알고 있습니다.

거미가 알에서 태어나자마자 바람을 타고 날아가 거미줄을 치는 것을 보세요. 본능에 의하여 살길을 알고 있는 것입니다. 식물도 그렇습니다. 민들레는 바람이 불기를 기다려 홀씨가 바람에 날립니다. 그래서 번식을 합니다. 이렇게 하나님께서는 본능을 주셔서 신비한 자연을 이루어 나가시는데 사람에게는 하나님을 찾는 본능을 주셨습니다.

보물을 찾기 위해 보물지도가 필요하듯 하나님께서는 우리에게 성경책을 주셨습니다. 이 성경책은 하나님께로 가는 책입니다. 이 신비한 책은 1,600년 동안 각기 다른 지역에서 각기 다른 40여 명의 사람들에 의해 기록된 책입니다. 그런데 이들은 놀랍게도 한 번도 서로 만난 적이 없으며, 살아온 지역도 다릅니다. 그러나 같은 하나님, 같은 말씀을 기록하고 있습니다. 수천 년 전의 이야기를 경험하지 못한 사람들이 똑같은 내용을 기록했습니다.

성경은 어린이든 노인이든, 지식인이든 문맹자든 그 말씀을 들으면 다 감동을 받고 믿게 됩니다. 이 성경을 기쁜 소식, Good News 라고 부릅니다. 그 기쁜 소식이 무엇입니까? "수고하고 무거운 짐 진 자들아 다 내게로 오라 내가 너희를 쉬게 하리라"는 것입니다. 이 세상은 수고하고 무거운 짐이 있습니다. 직장의 짐, 질병의 짐이 우리를 괴롭게 합니다. 부모의 짐, 자녀의 짐 등 수많은 짐이 있습니다. 더욱 심각한 짐이 있는데 죄의 짐입니다. 우리는 이 짐을 지고 가야 합니다.

그런데 예수님께서는 "다 내게로 오라 내가 너희를 쉬게 하리라"고 말씀하셨습니다. 세상에서 여러분을 오라고 하는 데가 참 많습니다. 백화점에서 오라고 합니다. 은행에서도 서로 오라고 합니다. 음식점에서도 오라고 하고 길거리에 나가면 모두가 우리를 오라고 초청하는 가게들이 줄 서 있습니다. 그런데 세상의 초청에는 조건이 있습니다. 돈을 가지고 오라는 것입니다. 돈이 없으면 안 됩니다.

그러나 우리 예수님께서는 "다 내게로 오라"고 하셨습니다. 여기에는 조건이 없습니다. 인생의 짐이 있는 자는 다 오라는 것입니다. 쉬게 한다는 것은 우리의 죄의 짐을 풀어 주시겠다는 것입니다. 사람은 동물과 다른 것이 있는데 영혼이 있습니다. 이 영혼은 추수할 때가 있습니다.

식물이 자라 열매를 맺는 것처럼 사람도 열매를 맺습니다. 그리고 그 열매를 가지고 하나님 앞에 서게 되는 날이 반드시 옵니다. 그러므로 우리는 인생의 추수 때를 준비하는 인생이 지혜로운 인생입니다. 성경은 인생을 나그넷길이라고 했습니다. 나그네는 지금 있는 곳이 영원히 살 곳이 아닙니다. 하나님께서는 우리가 영원히 살 집을 예비해 놓으셨습니다.

고대 이집트의 투탕카멘 왕의 피라미드에서 3,300년 전 미라가 발견되었습니다. 그곳에 다 말라 쭈그러진 완두콩이 함께 발견되었는데 한국에서도 다섯 알을 입수하게 되었습니다. 이것을 국립수목원에서 심었더니 싹이 나와 지금 1,500개가 되었습니다. 살펴보니 색깔만 보라색이고 지금의 완두콩과 모양이 똑같습니다. 얼마나 빨리 자라는지 하루에 1센티가 자란다고 합니다. 3,300년 전의 완두콩, 다 말라버린 완두콩이 어떻게 싹이 나고 열매를 맺을 수 있겠습니까? 그 안에 생명이 있었기 때문입니다.

미국의 22대 대통령 클리브랜드는 젊은 시절 방탕한 삶을 살았습니다. 날마다 나쁜 친구들과 어울려 술에 취해 살았습니다. 어느 날 친구와 술집에 가다가 교회 앞에 붙어 있는 글을 보았습니다. "죄의 삯은 사망이요 하나님의 은사는 그리스도 예수 우리 주 안에 있는 영생이니라"(롬 6:23). 이 글을 보는 순간 가슴을 찌르는 충격을 받았습니다. '이렇게 사는 것이 아니다' 하는 생각이 들었습니다. 친구는 술을 먹으러 갔고 클리브랜드는 교회로 들어갔습니다.

세월이 흘러 감옥에 사형을 언도받은 한 죄수가 통곡을 하고 있었습니다. 이 죄수는 클리브랜드와 함께 술을 먹으러 가던 친구였습니다. 22대 대통령으로 클리브랜드가 취임한다는 소식을 듣고 후회하며 통곡을 한 것입니다. 무엇이 이들의 인생을 다르게 만들었습니까? 결단입니다. 우리 인생에는 결단의 시간이 필요합니다. 내 인생의 발걸음이 실패의 길로 가고 있다면 성공의 길로, 불행의 길로 가고 있다면 행복의 길로, 멸망의 길로 가고 있다면 구원의 길로 돌이켜야 하는 것입니다.

우리나라에도 기독교가 전해지고 5천 년 동안 암흑과 고통 속에 살던 이 나라가 세계 10대 강대국이 되었고, 가톨릭을 포함해 1,300만이 예수 믿는 나라가 되었습니다. 이 수많은 사람들이 예수 믿는 이유를 알아야 하는 것입니다. 그것은 예수 안에 행복이 있고, 예수 안에 생명이 있고, 예수 안에 축복이 있기 때문입니다. 예수를 믿으면 행복합니다. 불행한 가정, 싸움이 있는 가정이 회복되고, 마음에 상처가 있는 사람, 육체의 질병을 지고 가는 사람이 회복되고, 근심과 걱정으로 살아가던 인생이 웃음과 기쁨이 있는 인생으로 변화되는 것입니다. 예수를 믿으면 생명이 있습니다. 여러분의 영혼을 지켜주셔서 사탄이 주장하지 못하도록 보호해 주십니다. 이 세상은 보이지 않는 영적인 힘이 있습니다.

우리나라 말로 귀신이라 하는데 사탄이 분명이 있습니다. 그래서 귀신은 사람을 괴롭히고 인생을 곤고하게 만드는 것입니다. 공자도 석가모니도 훌륭한 사람이지만 우리를 구원하러 오신 분이 아닙니다. 예수님은 우리를 죄에서 구원하기 위해 이 땅에 찾아오셨습니다. 예수 믿으면 생명이 있습니다. 예수 믿으면 축복이 있습니다. 예수 믿은 나라는 모두가 복을 받았습니다. 우리도 예수 믿고 복을 받았습니다. 우리나라에 교회가 처음 들어올 때에는 가난한 사람들이 믿는 종교라고 했는데, 시골에서 믿는 종교라고 했는데, 지금은 이들이 다 복을 받아 그 후손들이 잘되었습니다.

우리나라 18대 국회의원의 64.8%가 하나님을 믿는 사람입니다. 경제, 문화, 학계에 예수 믿는 사람들이 점점 많이 진출하고 있습니다. 스포츠 스타들도 많습니다. 한국 프로농구 최다승을 거둔 울산 모비스의 유재학 감독도 우리 교회 안수집사입니다. 예수 믿고 말씀대로 살면 영원한 생명을 주시고 이 땅에서도 행복을 약속해 주셨기 때문입니다. 예수님을 여러분의 주님으로 모시면 우리의 인생의 짐을 가볍게 해주시고 쉼을 주십니다. 예수 믿는 것은 어려운 일이 아닙니다. 여러분이 예수 믿는 것을 방해하는 마음이 있습니다. 그 마음을 이기면 되는 것입니다. 예수 믿으면 매주일이 행복합니다. 긍정적인 인생이 되고 감사하는 인생이 되고 운명이 바뀌게 됩니다.

여러분을 다시는 영원히 못 볼 분도 있겠고 다시 만날 분도 있을 것입니다. 간절히 바라는 것은 하나님은 분명히 계십니다. 다시 한 번 분명히 전하는 것은 하나님은 계십니다. 예수, 예수, 예수 믿어야 삽니다. 예수 믿는 사람들은 이 사실을 분명히 알기에 예수 믿는 것입니다. 하나님을 만나고자 하는 이에게 하나님은 찾아오십니다. 여러분 모두가 예수님을 믿고, 행복한 인생이 되며, 영원한 생명을 얻는 여러분이 되시기를 바랍니다.

적 용

ⓐ 오늘 말씀의 주제 파악하기:

ⓑ 오늘 말씀 중 은혜 받은 부분 나누기:

ⓒ 삶에 구체적으로 적용하기:

함께 드리는 기도 제목

1. 예수님이 주시는 평안과 기쁨이 넘쳐나게 하옵소서.
2. 우리 가정과 구역에 더 많은 식구가 예수님을 만나는 기쁨을 누리게 하옵소서.
3. 우리 교회가 생명 넘치는 교회 되게 하시어 구원의 역사를 감당하게 하옵소서.

34.

내가 주님을 사랑합니다

» **본 문:** 요한복음 21장 15~18절
» **찬 송:** 315장(내 주 되신 주를 참 사랑하고, 통 512장)
» **요 절:** "세 번째 이르시되 요한의 아들 시몬아 네가 나를 사랑하느냐 하시니 주께서 세 번째 네가 나를 사랑하느냐 하시므로 베드로가 근심하여 이르되 주님 모든 것을 아시오매 내가 주님을 사랑하는 줄을 주님께서 아시나이다 예수께서 이르시되 내 양을 먹이라"(요 21:17)

베드로의 행동은 이해하기가 어렵습니다. 어떤 때는 바다 위에서 예수님이시라는 소리를 듣고 물위로 뛰어내리는 믿음을 보여주기도 했고, 또 어떤 때는 어린 소녀의 말 한마디에 나는 주님을 모른다고 세 번씩이나 부인하기도 했습니다. 어떤 때는 성령이 충만하여 5천 명이 회개하는 놀라운 능력을 보여주기도 했고, 어떤 때는 나는 물고기나 잡으러 가겠다고 실의에 빠져 고향으로 돌아가기도 했습니다.

그런데 이 모습이 사실은 우리 자신의 모습입니다. 내가 주님과 함께 할 때에는 능력과 확신의 길을 걸어가지만 주님의 손을 놓쳐버리고 나면 작은 시험에도 고통스러워하는 연약한 인생이 바로 우리의 모습입니다. 오늘 본문에 예수님께서는 베드로에게 나타나셨습니다. 베드로와 제자들이 디베랴 바다에서 고기를 잡는데 아무것도 잡지 못했습니다. 그런데 새벽에 누군가 나타나서 오른편에 그물을 던지라고 해서 그물을 던졌더니 물고기가 153마리나 잡혔다고 했습니다. 아마 제자들이 신기해서 도대체 몇 마리나 잡혔나 세어보았을 것이라고 이야기합니다. 어떤 학자는 이것은 분명히 의심 많은 도마가 세어보았을 것이라고 추측하기도 합니다.

한편 바다 위에서 주님이시라는 소리를 듣고 베드로는 그냥 배에서 뛰어내려 헤엄쳐 주님께로 왔습니다. 오늘 본문 앞의 9절을 보니 예수님께서 숯불에 떡을 굽고 계셨습니다. 그런데 베드로는 예수님을 향해 반가워 다가가는 순간 움찔했을 것입니다. 어둠속에서 빨갛게 달구어진 숯불을 보니 옛생각이 떠오르는 것입니다.

요한복음 18장을 보면 베드로는 숯불을 쬐고 있다가 예수님을 부인했습니다. 그래서 그 이후 베드로는 숯불 콤플렉스가 있었다고 합니다. 숯불만 보면 옛날의 그 수치스런 기억이 떠오르는 것입니다. 그런데 예수님께서 이 숯불을 피워놓고 베드로를 기다리시는 것이 아닙니까? 바로 이 자리에서 예수님께서 "네가 나를 사랑하느냐?"라고 물으시는 것은 특별한 의미가 있습니다. 여기서 베드로가 무슨 할 말이 있겠습니까? 예수님께서는 말없이 숯불을 뒤적거리시는데 때는 새벽이어서 수탉이 울기 시작합니다. 예수님께서는 "네가 닭 울기 전 나를 세 번 부인하리라"고 하셨는데 지금의 상황은 도저히 견딜 수 없이 부끄러워 쥐구멍이라도 들어가고 싶은 상황이었을 것입니다. "네가 나를 사랑하느냐?"라고 물으시는 첫 번째 의미는 "네가 나를 사랑하는 것이 사실이냐?"라고 물으시는 것입니다. "내가 십자가의 죽음을 눈앞에 두고 피땀 흘려 기도할 때 너는 잠만 자지 않았느냐? 내가 로마 병정에게 이리저리 채이고, 찢기고, 모욕을 당할 때 너는 어디에 있었느냐? 십자가에 못이 박혀 숨이 넘어가는 그 순간에도 너는 어디에 숨어 있었느냐? 그런데도 네가 나를 사랑한다는 것이 사실이냐?" 하고 묻고 계신 것입니다.

예수님은 숯불을 뒤적거리시고, 수탉은 자꾸 울어대는데 계속해서 물으십니다. 왜 예수님께서는 베드로를 이렇게 몰아붙이십니까? 적당히 해도 되는데, 이미 다 알고 있는데 왜 그렇습니까? 그것은 베드로를 철저히 훈련시키시고, 철저히 회개시키시기 위해서입니다.

예수님께서는 중생의 표현을 "너희가 거듭나지 아니하면"이라고 말씀하십니다. 이 말은 너희가 철저히 죽지 아니하면, 그리하여 죽고 다시 태어나지 아니하면 결단코 천국에 갈 수 없다는 것입니다. 천국은 그저 쉽게 가는 곳이 아닙니다. 우리는 흔히 천국에 대한 잘못된 이해를 가지고 있고 또 잘못 가르쳐 왔습니다. 그래서 천국에 들어가지도 못할 교인들을 교회가 양산해 내고 있습니다.

> "나더러 주여 주여 하는 자마다 다 천국에 들어갈 것이 아니요 다만 하늘에 계신 내 아버지의 뜻대로 행하는 자라야 들어가리라 그날에 많은 사람이 나더러 이르되 주여 주여 우리가 주의 이름으로 선지자 노릇하며 주의 이름으로 귀신을 쫓아내며 주의 이름으로 많은 권능을 행하지 아니하였나이까 하리니 그때에 내가 그들에게 밝히 말하되 내가 너희를 도무지 알지 못하니 불법을 행하는 자들아 내게서 떠나가라 하리라"(마 7:21-23).

믿음은 입으로만 하는 것이 아닙니다. 그래서 거듭남의 체험이 필요합니다. 예수님께서는 베드로를 철저히 죽이시는 것입니다. 로마 병정이 예수님을 잡으러 왔을 때 베드로는 칼을 빼어 제사장의 종의 귀를 쳤습니다. 예수님을 사랑하되 혈기로 사랑한 그것을 지금 죽이시는 것입니다.

"그거 소용없다. 그 혈기는 순식간에 비겁해지지 않느냐" 하시면서 일관되지 못한 사랑 등 이 모든 것을 철저하게 회개시키시는 물음이 "네가 나를 사랑하느냐?"입니다. 예수님께서는 "네가 나를 사랑하느냐?"라고 세 번을 물으셨는데 가만히 살펴보면 그 의미가 모두 다릅니다. "이 사람들보다 나를 더 사랑하느냐?"라고 할 때에 사랑이라고 하는 단어를 바꾸어 나를 사랑하느냐고 물으시는 것입니다.

첫 번째는 하나님의 사랑인 아가페로 물으십니다. "네가 나를 아가페 하느냐?" 두 번째도 아가페로 물으십니다. 그런데 베드로는 "예, 내가 주님을 '필로쎄' 즉 친구의 사랑으로 사랑하는 줄을 주님께서 아십니다"라고 대답합니다. 다른 대답을 하는 것입니다. 그런데 주님은 세 번째에는 단어를 바꾸어 '필레이스메' 즉 "네가 나를 친구의 사랑으로는 사랑하느냐?"라고 물으십니다. "네가 나를 아가페로 사랑하느냐? 그렇지 못하지? 그러면 네가 필로스의 사랑, 친구의 사랑 정도로는 나를 사랑하느냐? 내가 네 마음을 다 안다. 그러니 내 양을 먹이라"는 것입니다.

1. 주님은 베드로를 거듭나게 하신 후 쓰셨습니다

이전 것은 모두 죽이셨습니다. 사회에서는 외적 조건이 특출해야 출세를 합니다. 직장을 들어가려 해도 실력과 외모와 사람관계를 다 따져 봅니다. 그러나 하나님은 외모를 보시는 분이 아니십니다. "나 여호와는 중심을 보느니라." 하나님께서는 하나님의 사람을 쓰십니다.

남편이 진짜 남편이 되기 위해서는 함께 늙어가는 마누라를 보면서 눈물이 핑 돌아야 비로소 남편이 된다고 합니다. 아내가 진짜 아내가 되기 위해서는 가정을 위해 하루 종일 일하여 녹초가 되는 남편을 볼 때 눈물이 핑 돌아야 비로소 아내가 된다고 합니다. 진짜 하나님의 자녀가 되기 위해서는 예수님 이름만 들으면 눈물이 핑 돌아야 진짜입니다. 눈물이 핑 돌아야 사랑입니다. 사랑하는 사이가 되면 외적인 조건이 문제가 되지를 않습니다. 사랑하는 사람의 이름만 들어도 마음이 짜릿하고, 내 무엇이든 내어줄 각오가 되어 있습니다.

예수님께서 베드로에게 "너 그때 어디 갔었니?" 하고 물으시는 것이 아니라, "네가 나를 사랑하느냐?"라고 물으신 이유가 바로 여기에 있습니다. 사랑한다는 것은 모든 것 이상입니다. 요나가 물고기의 뱃속에서 비로소 뭐라고 회개했습니까? "주가 나를 버릴지라도 내가 주를 사랑하나이다"라고 고백합니다. "내가 힘들어도 주님을 사랑합니다. 내가 병들어도 주님을 사랑합니다" 하는 고백입니다. 철저히 부서지고 깨어진 이후의 깨달음이 사랑입니다. 사랑은 변화된 사람의 모습입니다. 주님을 사랑하면 다른 것이 문제가 되지 않습니다. 다른 것이 보이지 않습니다. 많은 크리스천이 왜 주님을 위해 헌신합니까? 여러분이 왜 이 소중한 시간에 나와 주님을 만나려고 합니까? 주님을 사랑하기 때문이 아닙니까? 다른 세상 것보다 주님의 시간을 귀하게 여기기에 이 자리에 나온 것이 아닙니까?

주님께서는 말씀하십니다. "네가 나를 사랑하기만 하면 된다. 그러니 내 양을 먹이라." 이 말의 의미는 이전 것은 이미 다 용서하셨다는 말입니다. 여러분, 이전 것이 살아 있으면 주님의 일을 하지 못합니다. 옛사람의 뿌리는 쉽게 죽지 않습니다. 산에 있는 아카시아 나무를 보십시오. 잘라버려도 또 나옵니다. 그래서 아카시아가 한번 뿌리를 내리기 시작하면 다른 나무들이 자라지 못합니다.

저는 어렸을 적에 개구리를 잡아본 적이 있습니다. 개구리는 참 신기한 것이 잡아서 땅에 던지면 네 다리를 쫙 벌리고 죽어버립니다. 딱딱하게 굳어버립니다. 그런데 사실은 죽은 것이 아니라 조금 있으면 언제 그랬냐는 듯이 다시 살아나 도망을 칩니다. 옛사람이 그렇습니다. 적당히 죽여 놓으면 다시 살아납니다.

복음성가에도 보면 "나의 입술은 주님 닮은 듯하나 그러나 아직도 추하여 받을 사랑만 계수하고 있으니 예수여 나를 도와주소서" 하고 고백을 합니다. 노력해도 잘 되지 않는 옛사람의 뿌리에 대해 고백하고 있습니다. 환경을 바꾸어도 되지 않습니다. 그래서 예수님께서는 "네가 나를 사랑하느냐? 사랑한다면 너의 옛사람을 버리라"고 말씀하고 계시는 것입니다.

사랑하는 성도 여러분, 2천 년 전 베드로에게 물으셨던 주님께서는 지금도 여러분에게 묻고 계십니다. "네가 나를 사랑하느냐?" 벗어버려야 할 옛사람의 뿌리가 무엇입니까? 주님의 전에 나와 옛사람의 뿌리를 뽑는 은혜를 입으시기를 바랍니다.

2. 하나님은 사랑하시는 사람을 쓰십니다

"요한의 아들 시몬아, 네가 나를 사랑하느냐?"라는 질문을 과연 베드로에게 하실 필요가 있었습니까? 예수님께서는 조금 후면 이 세상을 떠나셔서 수많은 성도들과 함께 기쁨의 생활을 누리실 것입니다. 그런데 무엇이 아쉬워서 또 와서 베드로에게 "네가 나를 사랑하느냐?"라고 물으시는 것입니까?

어떤 책에 보니 이런 예를 들었습니다. 태평양 한가운데에 춤추고 있는 멸치 새끼 중 한 마리에게 "멸치야, 네가 나를 사랑하느냐?"라고 세 번씩 물으신 것과 같다는 것입니다. 우리는 태평양 한가운데에서 폴짝폴짝 뛰며 잘난 줄 알고 사는 멸치 새끼 한 마리와 같다는 말입니다. 예수님은 베드로의 사랑을 구걸할 만큼 외롭지도 허전하지도 않으셨습니다.

그런데 왜 물으십니까? 사실은 "내가 너를 사랑한다"라고 말씀하시는 것입니다. 이미 주님은 다 알고 계십니다. 베드로가 어떤 사람인지, 또 얼마나 괴로워하는지도 다 알고 계십니다. 그러나 "베드로야, 내가 너를 사랑한다. 네가 나를 떠나서는 살 수 없다. 네가 나를 사랑해야 네가 살 수 있다"라고 말씀하시는 것입니다.

하나님께서 여러분을 불러주신 이유가 무엇입니까? 하나님께서 여러분을 사랑하시기 때문입니다. 하나님께서 여러분을 사랑하신다는 그 말씀을 믿으십니까? 하나님은 사랑하실 때 불러 쓰십니다. 하나님께서는 여러분 한 사람 한 사람에게 사랑을 확인할 필요가 없지만 그럼에도 불구하고 "네가 나를 사랑하느냐? 나도 너를 사랑한다"라고 말씀하시고 싶어서 어쩔 줄 모르십니다. "내가 너를 위해 이 땅에 왔다, 내가 너를 위해 십자가를 졌다. 이 사랑을 네가 아느냐?"라고 물으시는 것입니다.

우리 함께 고백합시다. "하나님, 사랑합니다." 우리의 어린 자녀들에게서 "아빠, 사랑해요"라는 말을 들으면 얼마나 기쁜지 모릅니다. 하나님이 그렇습니다. 우리가 주님을 사랑한다고 고백할 때 하나님은 기뻐서 어쩔 줄 모르십니다. 하나님은 사랑하는 사람이 잘되기를 원하십니다. 축복하십니다. 능력을 주십니다. 길을 열어 주십니다. 사탄의 권세가 틈타지 못하도록 지켜주실 줄로 믿습니다.

3. 하나님께서는 베드로를 성령으로 새롭게 변화시키셨습니다

어린 소녀에게서 도망치던 비겁한 자가 한 번 설교함으로 5천 명이 회개하게 되었습니다. 초대교회의 반석이 되었습니다. 앉은뱅이를 일으키는 능력을 소유하게 되었습니다. 베드로가 이런 위대한 일을 하게 된 시점이 어디입니까? 자신만만하던 과거의 옷을 모두 벗고, 예수님의 물음에 부끄러운 모습으로 "내가 그래도 주님을 사랑합니다"라고 고백한 이후부터입니다.

변화를 경험하지 못하면 변화하는 시대의 주인이 될 수가 없습니다. 하나님의 일도 그렇습니다. 하나님의 일은 새롭게 변화된 사람만이 할 수가 있습니다. 변화된 사람에게 하나님은 일을 주십니다. 은사를 부어 주십니다. 이전에는 그릇이 작아 작은 은사만 받아도 그것 때문에 시험에 들곤 했는데, 변화된 이후에는 모든 은사를 받아도 넉넉합니다. 변화된 사람은 내 힘으로 살지 않습니다. 성령님의 힘으로 살고 성령님이 원하시는 대로 삽니다.

우리는 모두 베드로와 같은 사람입니다. 베드로는 주님을 세 번 부인했지만 우리는 하루에도 세 번뿐 아니라 삼십 번씩 부인하며 살아왔습니다. 베드로처럼 나의 힘으로 주님을 섬기려 했고, 베드로처럼 실의와 절망에 빠진 적도 많았습니다. 그러나 그때마다 주님께서는 "네가 나를 사랑하느냐?"라고 물으셨습니다. 그리고 새 힘을 주시고 위로를 주셨습니다.

사랑하는 성도 여러분, 지금도 주님은 여러분을 이 자리에 불러 주시고 "네가 나를 사랑하느냐?"라고 묻고 계십니다. 주님은 여러분이 "내가 주님을 사랑합니다"라고 고백하는 음성을 듣고 싶어 하십니다. 이 시간 주님의 물음에 "예, 내가 주님을 사랑합니다"라고 대답하시는 여러분이 되시기를 바랍니다.

적 용

ⓐ 오늘 말씀의 주제 파악하기:

ⓑ 오늘 말씀 중 은혜 받은 부분 나누기:

ⓒ 삶에 구체적으로 적용하기:

함께 드리는 기도 제목

1. "내가 주님을 사랑합니다"라고 고백할 수 있는 믿음을 주옵소서.
2. 주님 전에서 옛 사람의 뿌리를 뽑는 은혜를 주옵소서.
3. 성령의 능력으로 변화되어 하나님의 일을 감당하게 하옵소서.

35.

하나님의 전신갑주

» **본 문:** 에베소서 6장 10-20절
» **찬 송:** 352장(십자가 군병들아, 통 390장)
» **요 절:** "구원의 투구와 성령의 검 곧 하나님의 말씀을 가지라 모든 기도와 간구를 하되 항상 성령 안에서 기도하고 이를 위하여 깨어 구하기를 항상 힘쓰며 여러 성도를 위하여 구하라"(엡 6:17~18)

과거의 전쟁이 무력을 근간으로 하는 전쟁이었다면 오늘의 전쟁은 주로 문화전쟁, 경제전쟁의 시대입니다. 몇 년 전 아프리카를 방문했을 때와 확연하게 달라진 것은 거리마다 한국 자동차들이 줄지어 달리고 있었다는 점입니다. 가나에는 거의 두세 대 중의 한 대가 한국 자동차일 정도로 많은 자동차들이 있었습니다.

그런데 참 반가웠던 것이 아프리카의 거리마다 한글로 쓰인 자동차들이 많다는 것입니다. 그곳에는 중고 자동차들을 많이 수입하게 되는데 한글이 선명하게 인쇄되어 있으면 있을수록 차의 가격이 높다는 것입니다. 그래서 반가운 이름들을 많이 보고 왔습니다. 영등포 속셈학원, 부평 자동차 학원, 심지어는 일산 순복음교회 차도 돌아다니는 것을 보았습니다. 어떤 차량에는 한글로 쓴 쪽지를 소중하게 붙여가지고 다니기에 가만히 보니 '매각차량'이라는 글씨를 붙이고 있는 차도 있었습니다. 호텔에는 삼성이나 LG 텔레비전이 설치되어 있고 청소년들은 삼성 휴대폰을 갖는 것이 꿈이라고 합니다. 해

외에서는 '대장금'이 인기 있는 드라마이고 K-pop 열기도 대단합니다. 이것을 보며 '우리나라가 참 대단한 나라구나' 하는 생각을 했습니다.

실제로 우리나라는 별로 대단한 나라가 아니었습니다. 예수 믿기 전에는 늘 전쟁에 시달리고 빼앗기고 사는 나라였습니다. 우리는 몇십 년 전과 지금을 비교해 볼 때에 그 나라에 그 사람들이 살고 있습니다. 변한 것이 없습니다. 그런데 한 가지 변한 것이 있다면 예수 믿는 나라가 된 것입니다. 우리는 예수 믿고 축복받은 나라가 된 것입니다. 이번에 가나에서 유네스코 세계 문화유산으로 선정이 된 노예성을 보고 왔습니다. 부족 간 전쟁에 패해 그 성에 한번 끌려 들어가기만 하면 다시는 돌아올 수 없는 먼 나라에 노예로 팔려가게 되는 것입니다.

전쟁에 패한 나라는 비참합니다. 자유도 미래도 없습니다. 생명도 내 생명이 아닙니다. 그래서 우리는 나라를 위해 기도해야 하고 나라를 잘 지켜내야 하는 것입니다. 물리적인 전쟁도 중요하고 경제 전쟁도 중요합니다. 그런데 가장 중요한 전쟁이 있습니다. 경제 전쟁에 패한 나라는 우리나라처럼 일어설 수 있습니다. 물리적인 전쟁에서 패한 나라는 아프리카처럼 노예로 끌려간 흑인의 후예가 미국의 대통령이 되기도 하고, 서양을 지배할 수도 있습니다. 그러나 절대로 패하면 안 되는 전쟁이 바로 영적 전쟁입니다.

여러분에게는 수많은 영적 전쟁이 매일같이 쉬지 않고 있습니다. 오늘도 여러분은 전쟁터를 통과하여 이곳에 왔습니다. 혈기, 탐식, 거짓, 교만, 게으름 등 수천수만의 전쟁이 있습니다. 그런데 이 많은 싸움의 우두머리는 단 하나입니다. 사탄입니다. 사탄은 수많은 부하들을 거느리고 성도들을 공격합니다. 사탄은 우는 사자같이 두루 다니며 삼킬 자를 찾는다고 했습니다. 그러므로 우리는 깨어서 이 싸움에 준비해야 하는 것입니다. 전쟁의 승패가 어디서 옵니까? 준비되지 않은 상태에서 적을 맞이하면 패할 수밖에 없습니다. 6.25 전쟁이 바로 그렇습니다. 북에서는 만반의 준비를 하였는데 준비하지 않고 당쟁에 빠져 있던 우리는 불과 며칠 만에 부산까지 쫓겨가지 않았습니까?

성경에는 준비되지 않은 자가 패망하는 것에 대해 여러 곳에서 말씀하고 있습니다. 천국은 마치 등불을 들고 신랑을 맞으러 나간 열 처녀와 같으니 미련한 처녀들은 등을 가져갔으나 기름을 충분히 가지고 가지 않아 신랑이 올 때 그만 신랑을 맞이하지 못하였음을 마태복음 25장에서 말씀해 주고 있습니다.

두 사람이 맷돌을 갈고 있다가 하나는 데려감을 당하고 하나는 버려둠을 당할 것이며, 두 사람이 밭에 있다가 하나는 데려감을 당하고 하나는 버려둠을 당할 것이라고, 준비가 없는 자의 실패에 대해 경고하고 있습니다. 그러므로 우리는 영적인 싸움에서 이기고 승리하는 성도가 되어야 하는 것입니다.

오늘 성경은 어떻게 해야 악한 마귀와 대적하여 이기고 승리하는 삶을 살 수 있는가에 대하여 말씀하고 있습니다. “너희는 하나님의 전신갑주를 입으라”고 말씀합니다. 전신갑주란 당시 군인들이 싸움터에 나갈 때의 필수품입니다. 왜 신앙생활을 이런 전쟁에 비유하여 전신갑주를 입으라고 했을까요? 전쟁에서 병사들은 검과 방패와 갑옷과 투구 등이 필요하듯, 영적 전쟁에서 하나님의 병사들은 복음과 믿음과 구원, 성령과 말씀과 기도가 필요하기 때문입니다.

이 모든 무기는 하나님으로부터 오는 것입니다. 그러기 때문에 하나님께서 주신 이 강력한 무기만 잘 가지고 있으면 반드시 승리할 수 있습니다. 그러나 병사들이 아무리 좋은 무기를 가지고 있어도 평소에 잘 관리하지 않아 녹이 슬고, 또 훈련을 충분히 하지 않으면 그 무기가 무용지물이 되듯이 우리는 하나님께서 주신 이 신앙의 무기를 잘 훈련하여 언제라도 싸울 수 있도록 준비해야 할 것입니다.

하나님께서 주신 무기는 무엇입니까?

1. 진리의 허리띠를 띠어야 합니다

요즈음은 허리띠 없이도 입을 수 있는 바지나 치마가 있지만 당시 갑옷은 허리띠가 없으면 그냥 흘러내리고 맙니다. 사람의 몸은 허리가 중심입니다. 허리를 쓰지 못하면 힘을 잃습니다. 그래서 우리의 삶을 진리의 허리띠로 묶어야 하는 것입니다.

진리란 무엇입니까? 성경은 진리에 대해 분명하게 말씀하고 있습니다. 요한복음 14장 6절 말씀에 "예수께서 이르시되 내가 곧 길이요 진리요 생명이니 나로 말미암지 않고는 아버지께로 올 자가 없느니라"고 말씀하셨습니다.

그렇습니다. 예수님만이 진리가 되십니다. 이 예수님의 말씀으로, 성경으로 허리를 둘러야 합니다. 성경책으로 허리를 두르라는 이야기가 아니라 예수님의 그 진실, 예수님의 말씀, 생각, 행동으로 허리를, 삶의 중심을 둘러야 한다는 말입니다. 우리 자신의 지혜나 힘으로는 이길 수가 없습니다. 그래서 우리는 하나님 앞에서 겸손해야 합니다. 하늘로부터 오는 은혜의 도움을 얻어야 합니다. 그러므로 우리는 주 안에 있을 때에만 강건해질 수 있습니다.

2. 의의 호심경을 지녀야 합니다

전쟁에 나가는 사람은 그 가슴에 구리로 만든 흉배를 붙여서 적의 창이나 활이 가슴을 뚫고 들어오지 못하게 했습니다. 의의 반대는 죄와 불의입니다. 죄란 '과녁에서 빗나간다'는 뜻을 가지고 있습니다. 그러므로 의의 호심경을 붙인다는 것은 죄에서 불의에서 돌아온다는 뜻을 가지고 있습니다. 인간은 하나님으로부터 벗어난 존재였습니다. 그러므로 누구에게로 돌아옵니까? 하나님께로 돌아오는 것입니다. 마귀는 늘 우리를 죄 가운데로 인도하려고 속삭입니다. 마귀의 시험에는 대상이 없습니다. 하늘에 올라갔다온 사람도 시험합니다. 심지어는 예수님에게도 시험을 합니다. 그래서 우리는 늘 시험을 당할까 조심해야 합니다.

솔로몬이 세상 부귀를 다 얻었고 지혜도 얻었을 때 마귀는 여인을 통하여 유혹했습니다. 세상 모든 것이 다 갖추어졌으니 내 수준에 걸맞는 시바라고 하는 여왕이 필요했던 것입니다. 이로 인해 솔로몬은 유혹에 빠졌습니다.

모세는 하나님이 들어 쓰신 위대한 사람입니다. 모세에 대적하는 자는 모두 죽임을 당했습니다. 심지어 그의 누이조차 온몸에 하얗게 문둥병이 생겼습니다. 홍해를 가르는 기적도, 10가지 재앙도 모두 모세를 통하여 이루어졌습니다. 그러자 어떻게 되었습니까? 백성들이 물을 달라고 원망할 때 마귀는 틈을 놓치지 않고 기습을 합니다. 교만한 마음을 줍니다. 어떻게 했습니까? "내가 너희를 위하여 이 반석에서 물을 내랴." 이 교만한 한마디로 인해 모세는 가나안 땅에 들어가지 못하고 바라만 보다가 죽지 않았습니까? 마귀는 한번 생기는 찬스를 결코 놓치지 않습니다.

그러므로 의의 호심경을 단단히 붙여야 합니다. "이보게, 하나님을 꼭 그렇게 믿을 필요가 있는가? 꼭 그렇게 믿어야 구원받는가?" 하고 묻는 시험이 올 때에 의의 호심경을 단단히 붙이고 "나는 하나님 중심으로 살겠다"라고 대답하시는 여러분이 되시길 바랍니다.

3. 평안의 복음이 준비한 신을 신어야 합니다

"수고하고 무거운 짐 진 자들아 다 내게로 오라 내가 너희를 쉬게 하리라"고 말씀하신 예수님께서 우리의 일생이 다가도록 평안하게 신을 수 있는 신을 준비해 주셨다는 말씀입니다. 맨발로 가시밭길이나 자갈밭을 갈 수 없습니다. 발이 상처투성이가 될 것입니다. 마찬가지로 우리가 신발을 신지 않고 인간의 힘을 의지하고 나가면 세상 풍파와 돌에 찢기고 가시에 찔리고 피투성이가 되어 걸을 수가 없습니다. 그러나 주님이 준비해 주신 은혜를 입고 그것을 신발로 신고 나아가면 "이 눈에 아무 증거 아니 뵈어도 믿음만을 가지고서 늘 걸으며"(찬송가 545장) 평안의 길을 갈 수 있는 것입니다.

신발이라는 것이 우리 몸에 얼마나 중요한지 모릅니다. 옷은 조금 안 맞아도 그냥 입을 수 있지만 신발이 맞지 않으면 얼마나 괴롭습니까? 군대에 가면 군화를 나누어 주는데, 옛날에는 발 크기는 관계없이 막 나누어 줍니다. 너무 커서 헐떡거리고 다니다 보니 뒤꿈치가 다 까져서 얼마나 쓰리고 괴로운지 모릅니다. 큰 것은 그래도 괜찮습니다. 오히려 작은 신을 신다보면 발톱이 다 빠져 버립니다. 나에게 맞는 신을 신어야 합니다. "고무신이 낡아 구멍이 뚫어져서 물을 밟으면 물이 들어오고, 진탕을 밟으면 진탕이 들어오고, 오물을 밟으면 오물이 들어온다"는 말이 있습니다. 그렇습니다. 우리가 복음을 전하는 평안의 신이 낡아 제 역할을 감당하지 못하면 사탄을 통하여 그 틈으로 미움, 시기, 거짓, 분노 같은 오물들이 우리의 심령으로 들어오는 것입니다.

평안의 복음이 준비한 신을 신고 어디로 갑니까? 복음이 없는 곳으로 가는 것입니다. 복음을 이곳저곳으로 날라 주는 것입니다. 그래서 "복음 들고 산을 넘는 자들의 발이 어찌 그리 아름다운고"라고 성경은 말합니다. 여러분은 모두 복음의 신발을 신고 복음을 전하는 성도들이 되시길 바랍니다.

4. 믿음의 방패가 있어야 합니다

로마 병사에게 방패는 생명입니다. 온몸을 갑옷으로 잘 가렸어도 화살이나 도끼의 공격을 받으면 방패로 막아야 합니다. 오늘 말씀 16절에 보면 '불화살'이라고 했습니다. 불화살이 몸에 박히거나 스치고 지나가면 온몸에 불이 붙어 버립니다. 그래서 방패로 미리 막아야만 합니다. 그런데 무슨 방패라고 했습니까? 믿음의 방패입니다. 믿음은 내 환경이 아무리 요동할지라도 환경을 바라보지 않고 하나님의 말씀 위에 서는 것입니다.

사탄이 불화살을 쏠 때 무엇으로 막아요? 믿음의 방패로 막아야 합니다. 한번 물어봅시다. 마귀가 공격을 합니다. 불화살을 쏩니다. "너는 죄인이다." "십자가의 보혈로 죄 사함을 받았다." "네가 무슨 신자냐? 너는 가짜 신자다." "성령님이 내 안에 계신다." 이렇게 믿음으로 방어하시기 바랍니다.

믿음은 어떻게 생깁니까? "믿음은 들음에서 나며 들음은 하나님의 말씀으로 말미암느니라"고 했습니다. 믿음은 말씀을 들을 때 생겨납니다. 그래서 말씀을 듣는 것을 사모해야 합니다. 여러분이 매주일 말씀을 듣는 순간 믿음이 나도 모르게 자라나는 줄로 믿으시기 바랍니다.

말씀을 사모하지 않는 성도는 지금 내가 방패를 들고 나가는 줄 알지만 그 믿음의 방패가 아주 작습니다. 구멍이 뚫려 있어요. 그러니 적의 화살이 막 날아올 때 그것을 막기가 얼마나 괴롭습니까? 믿음이 적으니 고통스러운 거예요. 성도 여러분, 커다란 믿음의 방패를 가지고 마귀의 공격을 다 막아내시길 바랍니다.

5. 구원의 투구입니다

투구는 머리를 보호하는 것입니다. 요즘 말로 하면 철모입니다. 구원의 투구를 머리에 쓴다는 것은 완전히 구원의 생각으로 머리를 채우는 것을 말합니다. 다른 곳은 조금 다쳐도 회복될 수 있지만 머리를 다치면 치명적입니다. 따라서 병사는 투구를 써서 머리를 보호해야 합니다.

오늘날 성도들이 왜 우왕좌왕합니까? 구원의 확신이 없어서 그렇습니다. 구원의 확신이 없는 성도는 투구 없이 전쟁에 임하는 병사와 같아서 신앙생활에 치명적인 상처를 입을 수 있습니다. 이단에 넘어가는 사람이 왜 그렇습니까? 구원의 확신이 없기 때문에 여기저기 기웃거리다가 넘어가게 되는 것입니다. 성도의 머리에는 흔들리지 않는 구원의 투구가 쓰여 있어야 합니다.

나중에 구원받는다고 착각하지 마세요. 지금 구원 못 받았으면 나중도 없는 것입니다. 이 종이 왜 불평하는 사람들, 부정적인 사람들을 향하여 그렇게 안타깝게 외치는지 아세요? 지금 천국이 그 마음속에 없으면 나중도 없는 것입니다. 지금 천국이 임해야 합니다. 지금 구원의 감격과 은혜 속에 사는 성도가 되시기를 바랍니다.

6. 손에는 성령의 검을 들어야 합니다

지금까지는 모두 방어용 무기입니다. 그런데 계속 방어만 한다면 어떻게 됩니까? 언젠가 당하게 되어 있습니다. 그래서 하나님께서는 우리에게 공격용 무기를 하나 주셨는데, 그것이 성령의 검입니다. 적을 베고 찌를 수 있는 날카로운 하나님의 말씀입니다. 칼을 쓰는 검객들은 늘 칼을 아끼고 날을 세우고 간수합니다. 그 칼이 곧 생명이기 때문입니다. 마찬가지로 하나님의 군사들은 성령의 칼을 잘 간수해야 합니다. 날을 세워야 합니다. 성령의 능력이 있을 때 그 공동체가 변화됩니다. 거라사 지방에 군대 귀신들린 자가 예수께 나올 때 "더러운 귀신아 그 사람에게서 나오라"고 명하실 때 이 사람이 평안을 얻었습니다.

성령의 9가지 열매를 보시기 바랍니다. "사랑과 희락과 화평…절제라." 사랑이 없는 곳에 사랑이라는 성령의 검을 들고 들어가야 그 공동체의 문제가 해결됩니다. 불화와 분쟁이 있는 곳에는 화평이라는 성령의 검을 들고 들어가 불화와 분쟁을 베어버려야 해결됩니다. 성령의 능력이 없으면 마귀와 제대로 싸울 수 없습니다. 다른 장비는 그럴 듯한데, 손에는 용사의 검이 들려 있어야 하는데 성령 받는 일에 소홀히 하여 도루코 면도날이나 과일 깎는 칼 하나 들고 있다면 영적인 싸움을 제대로 싸울 수가 없는 것입니다

성령의 검은 곧 하나님의 말씀이라고 17절에 말씀하고 있습니다. 예수님께서는 마귀에게 시험을 받으실 때에 다른 것으로 물리치신 것이 아니라 하나님의 말씀으로 물리치셨습니다. 마귀와의 싸움에 다른 것으로 이기는 것이 아닙니다. 하나님의 일은 말씀으로, 말씀 가운데 해결해 나가야 합니다. 하나님의 전신갑주를 입고 나서는 그 다음에 기도와 간구로 하라고 말씀합니다. 이 말은 하나님의 전신갑주를 입고 늘 기도와 간구로 싸우라는 말입니다.

기도는 하나님과 통신하는 것과 같습니다. 적과 싸움하는 도중에 통신이 끊겨버리면 이 병사들은 큰 어려움을 당합니다. 어디로 피해야 할지, 식량은 어디서 받아야 할지, 아무것도 상급 부대로부터 지시를 받을 수가 없습니다. 오늘도 우리가 기도의 통신이 끊기면 이

와 같이 어려움을 당합니다. 기도라는 강력한 수단이 있을 때 하나님께서는 "조금 더 기다려라" 하든지 "계속 싸워라" 하든지 우리에게 알려 주십니다. 성도는 기도가 살아 있어야 영적 싸움에 이길 수가 있습니다. 교회도 기도가 살아 있어야 영적 싸움에 이길 수가 있습니다.

성도 여러분! 이제 휴가를 마치고 가을이 시작됩니다. 우리의 신앙을 다시 점검하고 나아가는 때입니다. 우리 모두가 하나님의 전신갑주를 입읍시다. 어느 하나가 부족할 때 악한 마귀는 그곳으로 침투하게 될 것입니다. 완전하게 무장을 하지 않는다면 모두 실패할 수밖에 없습니다. 우리 모두 진리의 허리띠를 띠고, 의의 호심경을 붙이고, 평안의 복음이 준비한 신을 신고, 믿음의 방패를 들고, 구원의 투구를 쓰고, 성령의 검을 들고 나갑시다. 그리하여 여러분이 있는 곳마다 복음이 전파되고 평안과 축복의 역사가 나타나기를 바랍니다.

적 용

ⓐ 오늘 말씀의 주제 파악하기:

ⓑ 오늘 말씀 중 은혜 받은 부분 나누기:

ⓒ 삶에 구체적으로 적용하기:

함께 드리는 기도 제목

1. 하나님의 전신 갑주를 입고 승리하는 인생 되게 하옵소서.
2. 믿음의 방패로 우리 가정과 구역을 지켜주시고 늘 주의 말씀으로 살게 하옵소서.
3. 구원의 투구와 하나님의 말씀으로 하나님의 구원의 역사에 쓰임 받게 하옵소서.

36.

첫사랑을 회복하라

» **본 문:** 요한계시록 2장 1-7절
» **찬 송:** 314장(내 구주 예수를 더욱 사랑, 통 511장)
» **요 절:** "그러므로 어디서 떨어졌는지를 생각하고 회개하여 처음 행위를 가지라 만일 그리하지 아니하고 회개하지 아니하면 내가 네게 가서 네 촛대를 그 자리에서 옮기리라"(계 2:5)

요한계시록은 사도 요한을 통하여 주신 계시의 말씀입니다. 계시란 앞으로 있을 일에 대하여 알려주셨다는 뜻입니다. 요한계시록은 특별히 이단에 대하여 많은 경계를 하고 있는데 매우 난해한 내용으로 되어 있어 잘못 해석하여 오히려 이단들이 많이 나왔습니다. 성경은 하나님의 말씀을 사사로이 풀지 말 것을 경고하고 있습니다.

존 칼빈조차도 성경을 주석하면서 요한계시록만은 주석을 하지 않았습니다. 이단들은 예외 없이 요한계시록을 해석하기 좋아합니다. "요한계시록을 공부하자"라고 하면 대부분 이단입니다. 요한계시록이 수많은 은유와 비유로 되어 있기 때문에 사사로이 해석하여 자신들의 입맛에 맞게 가져다 맞추어왔기 때문입니다.

신학교에서도 성경의 어느 한 권을 분리해서 학점을 취득할 만큼 집중해서 가르치는 경우가 거의 없습니다. 소선지서, 대선지서 또는 모세오경 등으로 분류해서 공부를 합니다마는 요한복음, 로마서, 요한계시록 등은 독립된 과목으로 가르칩니다. 그만큼 잘못 이해하면 큰일나기 때문입니다. 우리는 하나님의 말씀을 받을 때에 두렵고 떨림으로 받아야 하는 것입니다.

당시 에베소는 안디옥과 알렉산드리아와 더불어 지중해 동부의 3대 도시 가운데 하나였습니다. 항구도시로 경제적으로 풍요했고, 교통의 중심지였으며, 정치적으로는 로마 총독이 주재할 정도로 비중이 있는 도시였습니다. 당시 항구도시라 하면 거의 다 각 나라의 문화가 들어오는 곳으로 우상이 만연하고 죄가 만연한 도시였다고 보면 맞습니다.

더구나 에베소는 아시아의 끝에 있는 도시로 서양과 동양을 연결하는 아주 중요한 도시였습니다. 에베소는 세계 7대 불가사의의 하나인 아데미 신전이 있는 곳입니다. 거대한 돌기둥이 127개나 있는 곳입니다. 아데미 신전에서는 다이아나란 여신을 숭배하였는데 당시 사람들이 가장 열렬하게 숭배하였던 우상입니다. 다이아나 신은 성적인 신으로 이곳에서는 창녀들이 있었고 샤머니즘이 만연한 도시였습니다.

그런데 바울이 이곳에 복음을 전했습니다. 죄가 있는 곳에 하나님의 은혜가 임한 것입니다. 바울은 3차 전도 여행 때에 이곳에 무려 3년 가까이 머물며 복음을 전했습니다. 두란노 서원을 빌려 성경공부를 가르치고 교회를 세웠습니다. 이곳에는 디모데가 바울의 뒤를 이어 목회를 했고 우리가 잘 아는 브리스길라와 아굴라, 아볼로 등 당시 신앙의 거목들이 섬겼던 교회입니다. 이곳에는 우상이 만연했기에 특별히 은사가 많이 나타났습니다. 사도 바울의 손수건만 얹어도 병든 자가 일어섰고 귀신이 쫓겨 나갔습니다. 그러니까 에베소 교회는 은혜를 많이 받은 교회입니다. 그런데 이 교회에 문제가 생겼습니다. 처음 사랑을 버렸다는 것입니다. 에베소 교회는 원래 사랑이 없던 교회가 아닙니다. 사랑이 많은 교회였습니다. 사도 바울이 이곳을 떠날 때에 장로들이 울면서 항구까지 따라왔던 교회입니다. 그런데 시간이 지나면서 사랑이 식어 버렸습니다.

예수님께서는 이것을 보고 계셨습니다. "오른손에 있는 일곱 별을 붙잡고 일곱 금 촛대 사이를 거니시는 이"란 예수님을 뜻합니다. 일곱 별이란 초대 일곱 교회의 주의 종들을 의미하는데, 주의 종들을 오른손으로 붙들어 주신다는 말입니다. 성경의 이 말씀은 옛날이나 지금이나 변함이 없습니다.

이 종이 개인적인 인격이나 학문의 능력으로 목회하는 것이 아닙니다. 정 목사가 훌륭해서 목회하는 것이 아닙니다. 정말 그렇게 생각하면 주님께서는 버리십니다. "나는 부족합니다. 무익한 종입니다. 주님이 오른손으로 붙잡아 주시지 아니하면 하루도 목회할 수 없습니다" 하고 겸손하게 엎드릴 때에 주님이 지켜주시는 것입니다. 제가 하나님 앞에서 이렇게 말한다고 해서 여러분도 저를 그렇게 부족한 종, 무익한 종이라고 보시면 안 됩니다. 여러분은 '주의 종은 주님께서 오늘 말씀처럼 오른손으로 붙들어 주신다'고 생각하셔야 영적으로 유익합니다.

일곱 금 촛대는 교회를 의미합니다. 옛날 교회나 서양 교회에 가보면 교회 안에 일곱 금 촛대를 강단 옆에 설치한 교회들을 볼 수가 있습니다. 이것은 바로 주님께서 이 교회를 지켜주신다는 뜻입니다. 주님께서 교회를 거니시며 지켜주십니다. 오늘의 한국교회도 주님께서 지켜주셔서 은혜를 입는 것입니다. 주님께서 지켜주시니 이 정도지, 내버려두시면 악한 사탄에 의하여 흔들리고 세상 사람들에 의하여 벌써 넘어졌을 것입니다. 그러므로 교회를 주시고 교회를 지켜주시는 주님께 감사하시기 바랍니다.

오늘 말씀에서 주님은 에베소 교회에 대해 세 가지 칭찬을 하십니다.

1. 주님을 잘 섬겼다고 말씀합니다

"네 행위와 수고와 인내를 내가 다 안다"고 말씀하십니다. 우리 교회가 어제 바자회를 했습니다. 많은 성도들이 나와서 정말 힘들게 일을 했습니다. 예년보다 훨씬 많은 물건을 준비했는데 오히려 남는 것이 없었습니다. 어느 권사님이 하시는 말씀이 "거의 다 팔았는데 몇 개가 남았어요. 그런데 인건비는 고사하고 목사님, 물값도 안 나와요" 하는 것입니다. 물건을 씻느라 쓴 수도세도 안 나온다는 것입니다. 그래서 참 잘했다고 했습니다. 세상 사람들이 그런 것을 더 잘 압니다. 모르고 오는 것이 아닙니다.

어제 국민일보 기자와 인터뷰를 하는데 이렇게 큰 바자회, 잘 준비된 바자회는 지금까지 본 것 중에서 세 손가락 안에 든다고 말을 했습니다. 사람들이 참 많이 오는데 그 비결이 어디에 있느냐 묻기에 "우리는 남기지 않는 바자회를 하려고 애를 씁니다. 다른 교회는 전도지를 나가서 돌리는데 우리는 김치가 전도지입니다" 했습니다. 그렇습니다. 우리가 이웃을 위해 뿌리는 땀과 수고가 전도지입니다. 우리가 애를 써서 돈 벌려고 바자회를 한다면 왜 바자회를 하겠습니까? 교회가 병원도 세우고, 기업체도 운영하면 더 큰 돈을 벌 수 있는데 수많은 성도들이 인건비도 안 나오는 바자회를 왜 합니까? 바자회가 전도지이기 때문입니다. 이것이 복음 전하는 일이기 때문입니다.

오늘 한국교회가 많은 손가락질을 받고 있는데 우리는 칭찬을 받고 있는 것입니다. 주님께 영광을 돌리고 있는 것입니다. 해가 갈수록 성도님들이 잘 순종해 주셔서 얼마나 감사한지 모릅니다. 밑지면 어떻습니까? 전도행사를 하려면 재정이 들어가는 것이 당연한 것입니다. 우리는 복음을 전하는 것입니다. 올해 좋은 소문이 나서 내년에는 분명히 더 많은 이웃들이 올 것입니다. 에베소 교회가 이웃을 위해 수고하고 인내한 그 행위를 주님께서 다 아신다고 했습니다. 여러분, 우리 주님께서는 여러분이 주님의 나라를 위해 수고한 것을 다 알고 계십니다. 그래서 칭찬해 주실 줄로 믿습니다. 할렐루야.

데살로니가전서 1장 3절에 "너희의 믿음의 역사와 사랑의 수고와 우리 주 예수 그리스도에 대한 소망의 인내를 우리 하나님 아버지 앞에서 끊임없이 기억"하신다고 했습니다. 오늘 말씀과 같은 내용입니다. 주님을 위한 행위에는 역사가 나타나고, 수고는 사랑이 있어야 수고가 됩니다. 사랑 없이 수고가 되지 않습니다.

"네 인내를 알고"라고 했는데, 인내는 천국의 소망이 있어야 인내할 수 있습니다. 하나님 나라가 다가온다는 것을 분명히 믿는 성도는 참습니다. 악한 일을 하지 않습니다. 죄를 짓지 않습니다. 힘들어도 인내하고 눈물이 나도 인내하는 것은 천국의 소망이 있기 때문입니다. 오늘 우리 성도들의 행위와 수고와 인내를 다 기억해 주실 줄로 믿습니다.

2. 진리를 잘 지켰다고 칭찬을 해주셨습니다

"악한 자들을 용납하지 아니한 것과 자칭 사도라 하되 아닌 자들을 시험하여 그의 거짓된 것을 네가 드러낸 것과"라고 했습니다. 당시 교회에는 악한 자들이 있었습니다. 악한 자들이 교회 안에 있는 것이 성경이 말씀하는 내용입니다. 악한 자들은 악한 영이 있습니다. 그래서 교회를 흔듭니다. 하나님의 영광을 가리우는 것에 대해 안타까워하지 않습니다. 에베소 교회는 이 악한 자들을 잘 구별하여 용납하지 않았습니다.

우리 한국교회는 처음에 순수한 복음이 들어왔습니다. 무디의 영향을 받은 복음의 열정에 불타는 선교사들이 들어와서 교회를 세우고 학교를 세우며 복음을 전했습니다. 예수 중심이었고 복음 중심이었습니다. 우리는 이 전통을 잘 지켜나가야 하는 것입니다. 한국교회에 어려움이 올 것입니다. 교만의 영이 들어와서 교회에서 높은 자리를 차지하려고 합니다.

마귀는 교만의 영을 집어넣어 수많은 사람들을 굴복시켰습니다. 내가 대접받아야 하겠다는 것입니다. 내가 주장해 보겠다는 것입니다. 오늘 한국교회를 흔드는 가장 강력한 사탄 마귀의 무기가 바로 교만의 영입니다. 여러분, 하나님 앞에서 겸손하셔야 삽니다. 겸손하셔야 천국이 있습니다. 성경은 이 세상은 나그네 인생이라고 했습니다. 시민권은 천국에 있다고 했습니다. 이 말씀은 헛된 욕심을 갖지 말라는 말씀입니다. 에베소 교회가 이 일을 잘했습니다.

3. 주님의 이름을 위하여 핍박을 이기고 충성했습니다

초대교회에 많은 환난과 핍박이 있었는데 예수님 이름을 위하여 잘 참고 견디었습니다. 환난의 시기에 옥석이 다 구분됩니다. 주님의 이름을 위하여 눈물을 흘리는 사람들이 나타납니다. 주님은 때로는 핍박을 허락하시면서 이렇게 주의 일꾼들을 훈련시키시고 축복받을 그릇을 만들어 주십니다.

우리가 신앙생활을 하는 데에도 여러 가지 시험이 있었는데 주님의 이름을 위하여 시험을 이기면 그것이 복된 것입니다. 주님께서 일곱 교회를 두루 다니시며 살펴보신 것처럼 지금도 교회를 두루 다니시며 살펴보십니다. 시험거리도 아닌데 자기가 시험거리를 만들어 시험에 드는 사람이 있습니다. 이런 사람에게는 시험이 끊이지 않습니다. 감기를 달고 사는 사람은 늘 감기에 걸립니다. 여름에도 걸리고 가을에도 걸리고 겨울에도 걸립니다. 계절의 문제가 아니라 자기 몸의 문제인 것을 깨달아야 감기를 이길 수 있는 것입니다.

이 세상에는 풍랑이 있습니다. 믿음의 사람들에게는 당연한 것입니다. 그런데 그 풍랑을 이길 힘을 주시고 피할 길을 주십니다. 내 힘으로는 이길 수 없으나 성령님께서 도와주십니다. 지금 힘이 들고 어렵지만 핍박을 이기는 자에게는 하나님의 위로가 있습니다.

믿음으로 사는 자는 하늘 위로 받겠네
무슨 일을 만나든지 만사형통하리라
무슨 일을 만나든지 만사형통하리라

(찬송가 384장)

계속해서 핍박이 있는 것이 아닙니다. 끝나는 날이 반드시 옵니다. 믿음으로 사는 자에게는 형통하는 날이 반드시 옵니다. 이것을 믿는 것이 믿음입니다. 마지막에 이기는 자가 복된 자입니다. 하나님께서 9회 말에 우리 인생을 역전시키시고 축복해 주시는 줄로 믿으시기 바랍니다.

그 다음에 에베소 교회를 향한 책망이 있습니다. 그 책망은 처음 사랑을 버렸다고 했습니다. 오늘 말씀의 제목을 첫사랑을 회복하라고 했는데 처음 사랑은 헬라어 원어에서 "텐 아가펜 쑤 텐 프로텐"이라고 합니다. 이것은 '가장 우선적인 사랑'이라는 뜻입니다. 주님을 가장 사랑했던 그 사랑을 말합니다. 내가 예수 믿고 내가 죄인임을 깨닫고 눈물로 주님을 만난 그날, 주님께서 나를 사랑해 주신다는 사실이 믿어지고 내가 주님을 사랑한다고 고백했던 그날 그 사랑을 회복하라는 것입니다. 그래서 말씀의 제목을 첫사랑이라고 했습니다. 첫사랑을 잊어버리는 이유는 감사를 잊어버렸기 때문입니다.

처음에는 물 한 잔만 주어도 감사했는데, 자꾸 주다 보면 "나중에는 찬물 준다. 더운물 준다"라고 불평이 많습니다. 사람이 그렇게 간사한 존재입니다. 관절염 때문에 고생할 때에는 내가 걷기만 하면 더 이상 소원이 없겠다고 생각하지만 다리가 나아서 뛰어다니다 보면 다 잊어버립니다.

어제도 어떤 분이 "목사님, 감사해요, 목사님 기도 받고 눈이 보입니다. 의학적으로 완전히 실명선언을 받았고 전혀 보이지 않았는데 목사님 기도 받고 다시 보이기 시작했습니다. 병원에서 기적이라고 말합니다" 하고 이야기합니다. 그래서 "감사하세요"라고 했습니다. 내 눈으로 사물을 볼 때마다 이 감사를 잊지만 않으면 이 사람은 신앙에 승리하는 것입니다. 우리 인생은 감사를 잊어버리면 안 됩니다. 이스라엘의 문제는 감사를 잊어버린 데에 있습니다. 그래서 수많은 고난을 당합니다. 하나님께서는 감사를 회복시키시기를 원하십니다.

소설가 웰스(Wells)가 쓴 "무덤"이라는 단편소설을 보면 인도에 아주 아름다운 왕비가 있었는데 결혼 1년 만에 병으로 죽게 됩니다. 왕비를 무척이나 사랑했던 왕은 왕비를 위해 아름다운 무덤을 지었습니다. 그러나 그것만으로는 왕비에 대한 자신의 사랑을 다 쏟지 못한 것 같아서 무덤 옆에 조각상을 세웠습니다. 그것은 바로 자기 자신을 상징하는 것이었습니다.

1년이 지났을 때, 왕은 그것으로도 왕비에 대한 자신의 사랑을 다 표현하지 못한 것 같아 이번에는 서편에 왕가를 상징하는 호랑이 조각을 세웠습니다. 그리고 또 1년이 지났습니다. 그러나 왕비에 대한 아쉬움이 남아 있던 왕은 무덤 남쪽에 호화로운 집을 세웠습니다. 그리고 또 1년이 지났습니다. 무덤 주위를 보니 북쪽이 허전해 보였습니다. 그래서 왕비를 위해 무덤 위쪽에 멋진 성을 지었습니다.

다시 1년이 지났습니다. 왕이 높은 산에 올라서 왕비의 무덤을 내려다보았습니다. 동쪽에는 멋진 동상, 서쪽에는 호랑이, 남쪽에는 호화로운 집, 북쪽에는 멋진 성, 모두가 잘 조화를 이루는데 눈에 거슬리는 것이 하나 있었습니다. 바로 왕비의 무덤이었습니다. 그래서 신하에게 명령을 내렸습니다. "저 한가운데 있는 무덤을 파버려라." 처음에는 무덤 속에 있는 왕비를 잊지 않기 위해서 시작했는데 나중에는 그 왕비의 무덤이 거슬린 것입니다.

에베소 교회가 그랬습니다. 사도 바울을 만나 하나님 사랑을 깨닫고 그 가장 극심한 죄악의 도시, 우상이 만연한 곳에서 가장 아름다운 신앙생활을 했던 에베소 교인들이 30여 년이 지나는 동안에 처음 사랑을 잊어버렸습니다. 주님은 이 사실을 지적하고 계신 것입니다. 우리는 주님을 향한 나의 사랑을 점검해 보야 합니다. 사랑하면 자꾸 보고 싶고 자꾸 생각이 납니다. 어제 보았는데 또 보고 싶은 것이 사랑입니다. 주님을 사랑하면 그렇습니다. 자꾸 주님 전에 나오고 싶어지는 것이 사랑입니다. 은혜 받고 나면 새벽마다 주님이 보고 싶어집니다.

이제 다음 주부터는 2주간 특별새벽기도회가 시작됩니다. 이번 특별새벽기도회에 모두 나와서 첫사랑을 회복하는 시간이 되기를 원합니다. 주님을 만나는 기쁨이 여러분 안에 충만하기를 원합니다. 우리 주님은 첫사랑이 회복되기를 기다리고 계십니다. "만일 그리하지 아니하고 회개하지 아니하면 내가 네게 가서 네 촛대를 그 자리에서 옮기리라"고 하셨습니다. 우리 주님은 촛대를 옮기시는 하나님이십니다. 하나님의 역사를 가만히 보십시오. 하나님은 촛대를 늘 옮기셨습니다. 사울 왕이 겸손을 잃어버리자 그 촛대를 다윗에게 옮기셨습니다. 엘리 제사장이 축복받을 일을 하지 못하자 그 촛대를 사무엘에게 옮기셨습니다.

심지어 위대한 하나님의 종 모세도 순간적으로 교만해졌을 때 그 촛대를 여호수아에게 옮기셔서 가나안 땅에 들어가는 축복을 여호수아가 받았습니다. 모세에게까지도 촛대를 옮겨버리시는 하나님을 기억하셔야 합니다. 하나님께서 옮기시면 내가 억지로 애쓴다고 되는 것이 아닙니다. 로마에서 독일로 영국으로 촛대를 옮기셨습니다. 유럽의 국가들이 미지근하게 믿을 때에 그 촛대를 목숨을 걸고 예수 믿는 미국으로 옮기셨습니다. 미국이 처음 사랑을 잊어버리고 주님을 향한 사랑이 식어질 때에 그 촛대로 우리 한국으로 옮기셨습니다. 그 촛대가 옮겨지는 나라마다 축복을 받았습니다.

그러나 우리도 마찬가지입니다. 처음 사랑을 잊어버리면 하나님은 촛대를 옮기시는 하나님입니다. 우리 신앙의 선조들이 밤마다, 새벽마다 주의 전에 달려나와 눈물로 기도하던 그 첫사랑을 오늘 우리가 잊어버리고 허탄한 것을 좇는다면 그 촛대를 옮기십니다. 유럽이 1,000년의 시간이 경과하며 첫사랑을 잊어버렸다면 미국은 400년 만에 첫사랑을 잊어버렸습니다. 우리는 100년 만에 잊어버릴 수도 있습니다. 내가 예수 잘 믿었어도 그 첫사랑이 식어지면 내 자식대에 촛대를 옮기십니다. 그러므로 회개해야 하는 것입니다. 주님 앞에 낮아져야 회개할 수 있습니다.

첫사랑을 회복하면 우리에게 축복의 약속이 있습니다. “이기는 그에게는 내가 하나님의 낙원에 있는 생명나무의 열매를 주어 먹게 하리라”고 말씀하십니다. 세상을 이기는 것은 믿음밖에는 없습니다. 믿음으로 사는 자가 세상을 이기는 것입니다.

성도 여러분, 물질을 달라고 눈물로 부르짖었는데 물질을 주시니 그 물질을 내가 지키겠다고 첫사랑을 떠나지 않았는지, 자녀 때문에 눈물로 기도하며 주님을 만났는데 그 자식을 내가 어떻게 해보겠다고 첫사랑을 버리지 않았는지 우리 자신을 돌아보아야 합니다.

성도 여러분, 내가 주님 만나 눈물 흘렸던 그 자리를 잊지 마십시오. 내가 주님을 만난 그 첫사랑을 다시 회복하십시오. 그리하여 이기는 자가 되어 생명나무의 열매 되시는 주님의 은총 가운데 살다가 영원한 주님의 식탁에 참여하는 성도들이 되시기를 바랍니다.

적용

ⓐ 오늘 말씀의 주제 파악하기:

ⓑ 오늘 말씀 중 은혜 받은 부분 나누기:

ⓒ 삶에 구체적으로 적용하기:

함께 드리는 기도 제목

1. 주님을 만난 첫 사랑의 감격을 날마다 느끼게 하옵소서.
2. 우리 구역과 가정에 감사의 고백이 넘치게 하옵소서.
3. 교만하지 않고 겸손함으로 축복의 촛대가 늘 거하는 교회가 되게 하옵소서.

37.

번제 – 향기로운 냄새

» **본 문:** 레위기 1장 10–13절
» **찬 송:** 272장(고통의 멍에 벗으려고, 통 330장)
» **요 절:** "그는 그것의 각을 뜨고 그것의 머리와 그것의 기름을 베어낼 것이요 제사장은 그것을 다 제단 위의 불 위에 있는 나무 위에 벌여 놓을 것이며 그 내장과 그 정강이를 물로 씻을 것이요 제사장은 그 전부를 가져다가 제단 위에서 불살라 번제를 드릴지니 이는 화제라 여호와께 향기로운 냄새니라"(레 1:12–13)

로마서는 크게 두 부분으로 나뉘어져 있는데 1장부터 11장까지는 예수 그리스도의 구원에 대한 말씀이고, 12장부터는 그러면 구원받은 크리스천이 어떻게 살아야 하는가에 대한 말씀입니다. 사도 바울은 로마서 11장까지의 말씀에 대한 결론으로 12장 1절에 "그러므로 형제들아" 하고 말하면서 "너희 몸을 하나님이 기뻐하시는 거룩한 산 제물로 드리라 이는 너희가 드릴 영적 예배니라"고 말씀합니다.

'그러므로'라는 말은 결론을 내릴 때 사용하는 단어입니다. 로마서의 결론이 산 제물로 산 제사를 드리라는 것입니다. 산 제사는 살아 있는 예배를 말합니다. 교회의 수준은 예배의 수준입니다. 교회가 크고 화려하고 많은 사람이 있다고 예배가 훌륭한 것이 아닙니다. 북한에서 몇 가족이 야산에 숨어 예배를 드리다가 발각이 되어 사형을 당한 일이 있었습니다. 찬송도 소리 내어 부르지 못하고, 기도도 힘 있게 하지 못해도 하나님께서는 그 예배를 귀하게 여기십니다.

성도의 수준도 예배입니다. 하나님을 존귀하게 섬기는 성도는 예배를 귀중하게 여깁니다. 예배를 귀하게 여기는 성도는 은혜를 받습니다. 자동차가 기름이 떨어지면 움직일 수 없는 것처럼 성도에게 은혜가 떨어지면 힘을 잃어버립니다. 사탄은 은혜가 떨어진 성도들을 누구보다 정확하게 찾아냅니다.

'동물의 왕국'에 보면 병이 들거나 부상을 당한 짐승은 절대로 살지 못합니다. 사자나 하이에나 같은 맹수가 절대로 놓치지 않습니다. 사람이 동물 같다면 우리는 다 죽을 수밖에 없습니다. 그런데 하나님께서는 주의 백성들을 천사들을 통해 보호해 주시고, 우리가 치료받을 수 있는 병원을 주셨습니다. 그 병원이 교회입니다. 성도들은 세상에 나가 살다 보면 영혼이 상처를 입습니다. 그 상처를 빨리 치료받아야 합니다. 그러므로 성도들은 교회를 사랑해야 합니다. 교회를 귀하게 여기고 감사해야 합니다.

교회는 주유소와 같은 곳입니다. 일주일을 살다 보면 은혜가 떨어집니다. 그러면 다시 교회에 나와 예배를 드리고 하나님께서 주신 은혜를 채워야 세상에 나가 이길 수 가 있습니다. 내가 기름이 다 떨어져 가고 있는데도 모르고 있다면 불쌍한 사람입니다.

미국 동부에서 서부를 향해 달려가다가 자동차에 기름이 떨어진 적이 있었습니다. 우리나라처럼 주유소가 자주 있는 것이 아니기 때문에 가도 가도 주유소가 없었습니다. 사막 한가운데에서 기름이 떨어져 차를 길가에 세워놓고 가시떨기 나무 아래 앉아 기름이 오기를 몇 시간 동안이나 기다렸습니다. 기름을 가지고 온 차량을 만난 후에야 다시 움직일 수가 있었습니다.

아프리카에 한 나라를 방문했는데 안내하는 사람이 가방을 의자

시트 아래로 다 넣으라는 것입니다. 왜 그러냐고 했더니 이곳은 치안이 엉망이기 때문에 가방을 가진 외국 사람들을 보면 망치로 차 유리를 깨고 가방을 빼앗아 간다는 것입니다. 이런 곳에서 기름이 떨어지면 어떻게 되겠습니까? 사탄은 우는 사자같이 두루 다니며 삼킬 자를 찾는다고 했습니다. 그러므로 우리는 매주일 하나님 앞에 나와 예배를 드리고 은혜를 받고 성령 충만한 삶을 사는 성도들이 되시기를 바랍니다.

레위기는 제사에 대한 용어가 많이 나오기 때문에 읽기 힘들고 재미가 없어 잘 읽혀지지 않습니다. 그러나 레위기는 하나님의 뜻이 자세하고 구체적으로 들어 있는 아주 중요한 말씀입니다. 출애굽기 다음에 레위기가 나오는데 출애굽기는 이스라엘 백성들을 애굽에서 인도해 내신 내용입니다. 이스라엘은 애굽에 사는 동안 희망이 없었습니다. 노예로서 살다가 노예로 죽는 것이 그들의 전부였습니다.

그런데 하나님께서 이스라엘을 해방시켜 주셨습니다. 이제는 자유인이 되었고 소망을 가지게 되었습니다. 애굽에서 나온 이스라엘 백성들에게 주신 명령이 제사의 명령입니다. 그렇습니다. 죄악 가운데 있던 사람이 하나님의 은혜 가운데 나와서 드리는 것이 예배입니다. 그러므로 예배는 축복이요 은혜의 자리인 것입니다.

이스라엘이 지금으로부터 3,500년 전에 시내 산 밑에서 성막을 지었을 때에 하나님께서 성막 가운데 나타나셔서 주신 말씀이 레위기입니다. 우리는 흔히 생각하기를 '우리나라가 몇 백 년 전만 해도 옷도 제대로 없이 살았으니 3,500년 전이면 참 미개한 사람들이겠다'라고 생각할 수 있지만 그렇지 않습니다. 레위기의 말씀을 보면 섬세하고도 수준 높은 말씀입니다.

다윗의 시편을 보세요. 어느 시대에 읽어도 감동을 주는 아름다운 시입니다. 성경은 시대를 초월하고 문화를 초월하는 살아 계신 하나님의 말씀이기 때문입니다. 성경은 어린이가 읽어도 감동을 받고 노인이 읽어도 감동을 받습니다. 강한 자가 읽어도 은혜를 받고 약하고 병든 자가 읽어도 은혜를 받는 책이 성경입니다.

오늘 말씀은 번제에 대한 말씀인데 번제는 원어로 '올려드린다'는 뜻을 가지고 있습니다. 번제는 하나님께 올려드리는 헌신의 제사, 감사의 제사입니다. 번제는 오늘날 하나님께 예배를 드리는 모형입니다. 그러므로 번제를 명하신 하나님의 뜻을 깨달을 때에 우리는 하나님께서 열납하시는 예배를 드릴 수 있는 것입니다.

오늘 말씀에는 번제의 예물 세 종류가 나오는데 3절에는 소의 번제가 나오고, 10절에는 양과 염소의 번제, 14절에는 비둘기의 번제가 나옵니다. 이것은 각 사람의 형편에 따라서 힘에 맞게 드리라는 뜻입니다.

그런데 여기에는 공통점이 있습니다. 살아 있는 짐승이어야 합니다. 살아 있는 짐승을 끌고 와서 하나님 앞에서 기도하고 그 짐승을 내 눈앞에서 잡습니다. 소는 영리한 짐승입니다. 주인을 알고 주인에게 복종합니다. 그런 소를 내 눈앞에서 잡는 일이 쉬운 일이 아닙니다. 양도 그렇습니다. 유대인들은 집 안에서 양과 함께 살았습니다. 부자들은 양을 많이 키우기에 수십 마리에서 수백 마리도 있지만 대부분의 가정에서는 그렇지 않습니다. 그러니 그 양이 얼마나 정이 들었겠습니까? 그런데 내 눈앞에서 잡는 것입니다. 하나님께서 이렇게 잔인한 일을 시키시는 이유가 어디에 있습니까? 예배를 가르쳐 주시는 것입니다.

예배는 하나님을 경배하는 시간입니다. 2절에 "드릴지니라"고 했고 10절에도 "드릴지니"라고 했습니다. 우리는 하나님 앞에 나와 "건강을 주십시오, 자녀를 어떻게 해주십시오"라는 수준 낮은 기도보다는 좀 더 수준 높게 "믿음을 주십시오, 영광 돌리게 해주십시오"라고 기도해야 합니다. 그런데 성경은 예배를 말씀하면서 '드리라'고 했습니다. 하나님께서 소가 필요해서, 혹은 양이나 염소가 필요해서 제물로 바치라는 것이 아닙니다. 예배를 가르치시기 위해서입니다.

예배는 하나님을 만나는 시간입니다. 그래서 어떤 사람에게는 소를 드리라고 하셨고, 어떤 사람에게는 양을 드리라고 하셨습니다. 너무 가난하여 소나 양을 준비할 수 없는 사람은 비둘기를 잡아다 드리라고 하셨습니다. 누구나 다 예배를 통해 만나기를 원하십니다. 문제는 예배의 자세입니다. 예배는 먼저 하나님께 영광을 올려드리고 감사를 드리고 찬양을 드리며 예물을 드리는 것입니다. 그러면 하나님께서 예배의 향기를 받으시고 우리에게 복을 주십니다. 그리고 예배는 내가 죽는 시간입니다. 내가 사랑하는, 내가 아끼는 것을 하나님 앞에 굴복시키는 시간입니다.

하나님께서 살아 있는 짐승을 끌고 와서 눈앞에서 잡으라고 하신 이유가 여기에 있습니다. 예배드리는 자는 제사장 앞에 짐승을 끌고 옵니다. 그리고 제사장이 손을 얹게 하고 짐승의 머리 위에 힘을 다해 누르며 안수하고 기도합니다. "지금 이 짐승이 나의 죄를 대신하여 죽습니다. 나의 죄를 용서하여 주시옵소서" 하고 기도하는 것입니다. 우리는 예배를 통하여 가장 먼저 죄의 문제를 해결 받아야 합니다. 사탄은 우리의 죄를 통하여 공격합니다.

이스라엘이 모세의 인도로 출애굽 했을 때에 애굽의 군대가 홍해까지 다시 따라왔습니다. 애써 잡은 노예들을 그저 돌려보낼 수가 없다는 것입니다. 마귀 사탄이 그렇습니다. 여러분을 따라옵니다. 다시 죄의 노예로 끌고 가기 위해 따라오는 것입니다. "너는 죄인이야, 너 같은 것이 예수 믿는다고?"라고 여러분을 유혹합니다. 그러나 속지 마시기 바랍니다. 주님께서는 여러분의 죄를 다 용서해 주셨습니다. 예배는 사죄의 은총이 임하는 자리입니다.

예수님께서는 영과 진리로 예배하라고 하셨습니다. 옛날 성경에는 '신령과 진정'이라고 했습니다. 예배는 영적으로 하나님과 교제하는 시간입니다. 이 시간 예배드리며 하나님의 음성이 들려지기를 바랍니다. 하나님의 손길이 여러분을 만져주시고 고쳐주시는 것을 느낄 수 있기를 바랍니다.

예배를 드리는 가운데 하나님의 영이 내게 임하시면 예배하는 자가 깨끗하게 됩니다. 예배의 시작과 함께 사죄의 선언을 합니다. 이것은 정 목사가 하는 것이 아닙니다. 이 종은 한 사람의 죄도 사할 능력이 없습니다. 여러분의 가장 작고 사소한 죄도 사할 능력이 없습니다. 다만 성부와 성자와 성령의 이름으로 하나님의 말씀을 따라서 선포하는 것입니다. 그러므로 아멘 하고 하나님의 말씀이 다 내게 이루어질 줄로 믿고 고백하는 자에게 죄 사함의 은총이 주어지는 줄로 믿으시기 바랍니다.

안수기도를 마친 후 짐승은 죽임을 당하게 됩니다. 짐승이 쉽게 죽는 것이 아닙니다. 죽는 것은 다 비참합니다. 그런데 하나님께서는 왜 이런 제사를 명하셨습니까? 그것을 바라보면서 깨달으라는 것입니다. '죄의 값은 이렇게 죽는 것이구나, 죄의 값은 반드시 치러야 하는 것이구나' 하고 깨달으라는 것입니다. 그리고 지금까지 지은 죄를 용서받았으니 이제 가서 새로운 삶을 살겠다고 다짐하는 것이 예배입니다.

살아 있는 짐승이 와서 죽음으로 제물이 됩니다. 그렇습니다. 내가 살아 있으면 예배가 되지 않습니다. 예배는 내가 제물이 되는 시간입니다. 예배는 내 교만을 죽이는 시간입니다. 내 정욕을 죽이는 시간입니다. 나의 나태함과 더러운 욕심을 장사지내고 가는 시간이 예배입니다. 죽은 사람은 힘이 없습니다. 대항하지 않습니다. 내 정욕, 내 생각이 하나님의 말씀 앞에서 살아 있기 때문에 문제가 일어나는 것입니다.

이러한 부조화에 대해 어느 복음성가에서 이렇게 고백하고 있습니다.

> 내가 먼저 섬겨주지 못하고 내가 먼저 이해하지 못하고
>
> 내가 먼저 높여주지 못하고 이렇게 고집부리고 있네
>
> 그가 먼저 섬겨 주길 원했고 그가 먼저 이해하길 원했고
>
> 그가 먼저 높여주길 원했네 나는 어쩌된 사람인가
>
> 오, 추악한 나의 욕심이여 오 서글픈 나의 자존심이여
>
> 왜 나의 입은 사랑을 말하면서 왜 나의 맘을 화해를 말하면서
>
> 왜 내가 먼저 져줄 수 없는가 왜 내가 먼저 손해 볼 수 없는가

오늘 말씀에 산 제사로 드리라고 했는데 산 제사란 나의 삶으로 예배드리라는 말입니다. 나의 잘못된 죄악이 죽고 내 안에 예수님께서 사시도록 하라는 말씀입니다. 산 제사는 교회당 안에서 예배드릴 때만이 아니라 우리의 삶 속에서 계속해서 너희의 삶이 살아있는 제사가 되게 하라는 말씀입니다.

며칠 전 강남의 어느 아파트에 우유배달과 신문배달은 엘리베이터 사용금지라는 경고문이 붙어 화제가 되었고 뉴스에 보도가 되었습니다. 그런데 사실인지 모르겠지만 그 안내문을 만들도록 주도한 사람들이 새벽기도 나가는 교인들, 교회에서 믿음이 가장 좋다는 사람들이었다는 이야기를 들었습니다. 새벽기도 나가는 시간과 배달하는 시간이 겹치는데, 배달하는 분들이 고층에서부터 한 층, 한 층

누르며 내려오다 보니 아마 짜증이 날 수도 있었을 것입니다. 그런데 우리 크리스천이 내가 5분 먼저 일어나고, 내가 먼저 손해 볼 수는 없습니까?

우리 믿음의 사람들이 어렵고 힘든 사람들을 마음 아프게 해서는 안 됩니다. 가난한 자들의 마음을 힘들게 해서는 안 됩니다. 교회는 슬픈 자를 위로하고, 병든 자를 치료하며, 가난한 자를 부하게 하는 능력이 있습니다. 그것은 슬픈 자와 함께하고 병든 자와 가난한 자와 함께 할 때에 가능한 것입니다. 우리 교회는 예수님의 말씀대로 옥에 갇힌 자를 돌아보고, 헐벗은 자에게 옷을 주며, 굶주린 자에게 먹을 것을 주고, 목마른 자에게 물을 주는 교회가 되기를 원합니다.

오늘 본문은 번제의 세 가지 예물 가운데 두 번째 예물인 양과 염소를 드릴 것을 말씀합니다. 이 두 짐승을 특별히 명하신 것은 의미가 있습니다. 먼저 양은 스스로 살 수 없는 짐승입니다. 사나운 짐승이 다가오면 냄새를 맡고 알아차려야 하는데 그런 능력도 없습니다. 다리라도 빨라야 하는데 달리기도 못합니다. 날카로운 이빨이나 발톱 같은 무기도 없습니다. 날개도 없습니다. 더구나 지독한 근시라서 10미터 앞도 제대로 보지 못합니다. 양은 한마디로 목자가 필요한 짐승입니다. "너희는 양 같은 존재다. 너희가 잘난 체해봐야 네 힘으로 살 수 없는 존재라는 것을 깨달아라" 하는 의미에서 양에 비유하셨습니다.

그 다음 염소는 들이받는 성질이 있습니다. 시골에 가면 풀밭에 염소를 묶어놓은 것을 볼 수 있는데 한번 만져보려 하면 머리를 들고 덤벼듭니다. 심술이 많습니다. 혼자 있기를 좋아합니다. 그리고 위험한 난간에 서 있기를 좋아합니다. 댐의 벽을 타고 오르는 염소들입니다. 한번 미끄러지면 죽는 길을 가는 것입니다. 우리 인생이 이렇게 아슬아슬한 벽 타기 인생을 살고 있는 것을 잊지 않아야 합니다. 염소를 제물로 드리라는 것은 "너희가 바로 염소 같은 존재야. 늘 보호해 주어도 감사한 줄 모르고 치받으려 하고, 있어야 할 곳에 안 있고, 꼭 위험한 곳에 가서 서 있고, 주인을 떠나 혼자 돌아다니는 위험을 자초하는 그런 존재야" 하시면서 예배를 드리는 가운데 그것을 잊지 말라는 말씀입니다.

번제는 짐승을 잡아 껍질을 벗기고 내장을 제하고 살의 각을 떠서 불에 태워드리는 제사입니다. 굽는 정도가 아니라 태워 없애는 것입니다. 고기를 불로 태우면 고약한 냄새가 납니다. 냄새가 잘 없어지지도 않습니다. 이스라엘 백성들이 절기에 성전에 와서 번제를 드리면 온 땅에 고기타는 냄새가 진동했을 것입니다.

오늘 말씀을 묵상하며 당시의 광경을 상상해 보았더니 온 땅에 풀과 나무와 돌 사이에도 고기 타는 냄새가 가득했을 것입니다. 그런데 하나님께서는 "제사장은 그 전부를 제단 위에서 불살라 번제를 드릴지니 이는 화제라 여호와께 향기로운 냄새니라"고 말씀하셨습니다. 왜요? 하나님의 백성들이 하나님 앞에 나와 예배하고 죄 사함의 은총을 받는 것이 너무나 기쁘시기 때문에 죄를 제하여 버리는 그 냄새가 향기롭다고 하신 것입니다.

지금 여러분이 하나님을 예배하며 내 속에 있는 죄와 단절하고, 죄를 던져버리고 하나님 앞으로 나아가는 그 모습이 향기로운 것입니다. 지금 여러분이 하나님 앞에 나와 영과 진리로 예배하고 우리의 죄를 사함 받는 그 모습이 하나님 보시기에 향기로운 것입니다. 여러분, 예배를 이 세상에서 가장 귀하게 여기시기 바랍니다. 예배를 잃으면 모든 것을 잃는 것입니다. 생명도, 은혜도, 능력도 다 잃어버리는 인생이 되는 것입니다. 예배하는 성도는 행복합니다.

마지막으로 퀴즈를 내면서 말씀을 마치려고 합니다. 이 세상에서 제일 행복한 성도가 누구입니까? 한 글자로 "나", 두 글자로 "나야", 세 글자로 "또 나야", 네 글자로 "그래도 나"입니다. 매주일의 예배를 통해 하나님을 만나고 죄 사함의 은총과 영원한 생명의 축복으로 나아가는 성도들이 되시기를 바랍니다.

적 용

ⓐ 오늘 말씀의 주제 파악하기:

ⓑ 오늘 말씀 중 은혜 받은 부분 나누기:

ⓒ 삶에 구체적으로 적용하기:

함께 드리는 기도 제목

1. 예배드리는 자리에 머물게 하시고 은혜 받게 하옵소서.
2. 우리 구역과 가정에 향기로운 제사의 향기가 가득하게 하옵소서.
3. 하나님 앞에 나를 내려놓고 주님의 능력으로 사는 성도 되게 하옵소서.

38.

나 때문입니다

» **본 문:** 요나서 1장 11~16절
» **찬 송:** 273장(나 주를 멀리 떠났다, 통 331장)
» **요 절:** "그가 대답하되 나를 들어 바다에 던지라 그리하면 바다가 너희를 위하여 잔잔하리라 너희가 이 큰 폭풍을 만난 것이 나 때문인 줄을 내가 아노라 하니라"(욘 1:12)

성경에는 많은 은혜를 받은 사람들의 이야기가 나옵니다. 아브라함이나 야곱이나 요셉, 다윗이나 사도 바울이나 바나바나 이 모든 사람들이 하나님의 큰 은혜를 입은 사람들입니다. 은혜를 받을 때에 처음부터 깨달아 아는 사람이 있습니다. 마리아와 같은 사람입니다. 그래서 은혜를 받자마자 흔들리지 않습니다. 은혜 다음에 오는 것이 축복입니다. 그래서 마리아는 참으로 아름다운 축복의 사람이 되었습니다.

그런데 은혜를 받았어도 깨닫지 못하는 사람이 있습니다. 그래서 깨달을 때까지 계속해서 연단을 받습니다. 모세는 은혜를 깨달아 축복을 감당할 나이가 되기까지 80년이란 세월이 필요했습니다. 하나님의 일은 은혜가 있어야 움직입니다. 우리가 살아가는 것이 하나님의 은혜임을 깨달아야 합니다.

은혜가 있는 사람을 만나면 마음이 편안해지고 늘 즐겁습니다. 여러분도 은혜가 있는 목사를 만나면 이미 축복의 길로 들어선 것입니다. 그러므로 은혜가 참으로 귀한 것입니다. 똑똑한 것도 좋고 지식이 많은 것도 좋고 잘난 것도 좋지만 무엇보다 은혜가 있는 것이 좋습니다. 은혜가 있으면 좀 모자라도 다 채워줍니다. 상대방이 잘못해도 눈감아 줄 줄 압니다. 하나님께서는 이렇게 은혜가 많으시기 때문에 우리의 연약함을 도와주시고 우리의 잘못을 용서해 주십니다. 그러므로 은혜를 사모하고 은혜에 감사하는 성도님들이 되시기를 바랍니다.

내가 자녀를 교육을 잘 시켜서 공부를 잘하는 것이 아님을 알아야 합니다. 내가 똑똑해서 사업을 잘하는 것이 아님을 알아야 합니다. 내가 건강하게 사는 것이 그저 되는 일이 아님을 알아야 합니다. 모든 것이 하나님의 은혜입니다. 이 사실을 깨달아야 감사가 나옵니다. 그래서 다윗은 “하나님이여, 내게 은혜를 베푸소서. 내게 은혜를 베푸소서” 하고 수없이 간구하였습니다.

오늘 성경에 나오는 요나는 하나님의 큰 은혜를 입은 사람이었습니다. 수많은 사람 가운데 특별히 선택되어 니느웨로 가서 복음전하는 사명을 받았습니다. 그런데 요나는 이 사명을 애써 외면하려고 합니다. 니느웨는 당시 앗시리아의 수도였습니다. 그런데 앗시리아가 어떤 나라입니까? 이스라엘을 괴롭히는 나라입니다. 이스라엘을 식민지로 삼아 괴롭혔기 때문에 그런 니느웨에 가서 복음을 전하라는 것이 요나의 마음에 받아들여지지를 않는 것입니다.

오늘 말씀의 배경을 보면 하나님께서 먼저 풍랑을 내리셨습니다. 그래서 배가 거의 깨어지게 되었습니다. 멀쩡한 바다에 풍랑이 일고 그 사나운 물결이 배를 흔들어 거의 깨어질 지경에 이르렀을 때 요나는 이미 그 마음속에 두려움이 밀려오기 시작했습니다. ‘아, 하나님께서 나를 좇고 계시구나.’ 이때 요나가 일어나 “이 모든 일이 나 때문입니다" 했더라면 문제가 해결되었을 텐데, 요나는 가만히 있습니다. 이때 사공이 두려워하여 각각 자기의 신을 부르고 기도하고 배를 가볍게 하려고 물건을 던져 버렸습니다. 그런데도 요나는 배 밑층에 내려가서 깊이 잠이 들었습니다. 지금 잠이 들 때가 아닙니다.

요나가 잠이 들었다고 하는 것은 사실 육체의 잠이 아니라 영적인 잠에 빠져 있었다고 하는 것입니다. 풍랑이 일어난 것도 하나님의 음성입니다. "요나야, 네가 어디로 가느냐?" 하고 하나님이 부르시는 음성입니다. 선원들이 소동을 하고 배에 있는 물건을 내어버리는 것도 하나님의 음성입니다. 상황을 통하여 하나님이 깨닫게 하시는 것입니다.

우리는 우리 가운데 일어나는 모든 일들을 통해서 하나님의 사인(Sign)을 깨달아야 합니다. 참새 두 마리가 한 앗사리온에 팔리는 것을 주관하시는 하나님께서 모든 일을 그저 허락하시는 것이 아닙니다. 이 징조를 보고 요나는 깨달아야 했는데 깨닫지 못합니다. 선원이 내려와서 "자는 자여, 어찌함이냐? 일어나서 네 하나님께 구하라"고 할 때 요나는 이 선원의 음성이 하나님의 음성임을 알아야 했습니다. 아마 속이 뜨끔했을 것입니다. 천둥 번개가 치면 대개 죄 많은 사람들이 더 놀라지 않습니까? 그러나 애써 태연한 척 했을지도 모릅니다.

배에 탄 사람들은 생각했습니다. '이 배에 있는 누군가가 하나님의 노여움을 샀다. 누구 때문인가? 제비를 뽑자. 이 재앙이 누구 때문인가 알아보자' 하며 제비를 뽑았습니다. 하나님의 추적이 요나를 몰아붙이고 있습니다. 결국 요나가 걸렸습니다. 여러분! 이쯤 되면 "내 탓입니다. 나 때문입니다"라고 고백해야 되지 않겠습니까? 그런데도 요나는 고백하지 않습니다. 이 요나의 모습을 보면서 이것이 바로 우리의 모습이 아닌가 생각해 봅니다.

오늘의 시대는 나 중심의 시대로 변화해 가고 있습니다. 문제가 있다면 모두가 너 때문입니다. 토마스 헤리스는 그의 저서 《I am OK, You are OK》라는 책에서 '나는 옳고 너는 틀렸다'는 생각을 가질 때 그는 배타적이고 투쟁적인 인생이 된다고 했습니다. 공동체를 가장 힘들게 하는 사람이 나는 옳은데 너는 틀렸다고 주장하는 사람이라고 했습니다. 사람은 내 생각이 옳다면 너의 생각도 옳아야 합니다.

성도 여러분, 우리 가정이 평화롭지 못하다면 그것이 나 때문이요, 우리 교회가 은혜롭지 못하다면 그것이 나 때문이요, 오늘 한국 사회의 모습을 보면서 "내가 잘못했습니다" 하면 풍랑이 멈추는 것입니다. 오늘 말씀에서 풍랑의 원인이 어디에 있습니까? 바로 요나에게 있습니다. 하나님께서는 요나를 깨우시기 위하여 풍랑을 보내신 것입니다. 하나님께서는 한번 계획하신 것을 멈추시지 않고 이루시는 분입니다. 1차로 안 되니까 선원들을 통해서, 그래도 안 되니까 제비를 뽑아서 요나를 계속 깨우십니다. 선원들이 "이 재앙이 누구 때문에 우리에게 임하였는가? 네 생업이 무엇이며 네가 어디서 왔으며 네 나라가 어디며 어느 민족에 속하였느냐 말하라" 할 때에 비로소 요나는 자신이 막다른 골목에 이르렀음을 알고 모든 것을 시인합니다. "나를 들어 바다에 던지라 그리하면 바다가 너희를 위하여 잔잔하리라 너희가 이 큰 폭풍을 만난 것이 나 때문인 줄을 내가 아노라"고 고백합니다.

사람과의 관계에서 무엇이 다른 사람을 감동시킬 수 있습니까? 나의 조리 있는 말이나 뛰어난 판단력이 그들을 감동시키지 못합니다. 나의 잘못을 여러 가지 말로 합리화하며 빠져나가려고 할 때 나는 이겼다고 생각할지 모르나 오히려 위선적인 크리스천의 모습으로 보여질 수밖에 없습니다. 내가 잘못하지 않았다고 반박하는 것이 아니라 내 잘못을 그대로 시인하고 받아들이며 인정하는 솔직한 자세가 감동을 줍니다. 내가 실수한 것을 말하는 것을 두려워하지 마십시오. “여보, 내가 잘못했소” 혹은 “애들아, 내가 잘못했다”, “성도여, 내 잘못이요”라고 솔직히 인정할 때 여기에 평화가 있고 부흥이 있습니다.

요나가 자신의 잘못을 인정할 때 이들은 그들의 신을 버리고 여호와께 부르짖었습니다. 16절을 보면 “그 사람들이 여호와를 크게 두려워하여 여호와께 제물을 드리고 서원을 하였더라”고 기록되어 있습니다. 요나의 시인이 다른 이방인들로 하여금 하나님의 이름을 부르게 하였고 하나님의 권세를 깨닫게 하였습니다. 그러나 요나의 말 속에 보면 요나의 회개가 없다는 사실이 중요합니다. “나를 들어 바다에 던지라”는 이 요나의 말은 그의 책임질 줄 아는 자세, 희생정신이 있지만 그러나 여기에는 “하나님, 용서해 주시옵소서. 이제라도 니느웨로 가겠나이다” 하는 회개가 없습니다. 눈물이 없고 애통함이 없습니다.

요나서를 읽어 보면 요나는 참 고집이 대단한 사람입니다. 니느웨로 가라고 했는데 다시스로 가는 것부터 시작하여 물고기 뱃속에서 3일을 회개한 이후에 니느웨 성에 올라가서도 그의 본성이 잘 변하지 않습니다. 하나님의 사랑을 깨닫지 못하고 니느웨 성이 언제 망할 것인가에만 관심이 있었습니다. 자신의 머리 위에 있는 박넝쿨이 말라죽는 것에만 관심이 있었습니다. 지독히 이기적인 사람이었습니다. 그러나 하나님께서는 이 요나를 사랑하시며 쓰시는 것을 볼 수 있습니다.

오늘 우리가 하나님의 일을 하면서 하나님께서는 요나와 같은 나를 참고 기다리시며 사용하시는 것을 감사하시기 바랍니다. 회개가 무엇입니까? 나 때문임을 깨닫고 고백하는 것입니다. 예수 믿고 나면 제일 먼저 깨닫게 되는 것이 예수님 십자가가 나의 죄 때문이라는 것입니다. 그래서 십자가만 보아도 감사하고 예수 이름만 들어도 감사한 것입니다.

옛날에 세례문답을 하는데 시어머니를 교회에 인도한 며느리가 열심히 문답 연습을 시켰습니다. “어머니, 예수님이 누구 죄 때문에 십자가에 못 박혔느냐고 목사님이 물으시면 꼭 ‘내 죄 때문’이라고 대답하셔야 해요.” 목사님이 묻습니다. “예수님이 누구 죄 때문에 십자가에 못 박히셨습니까?” 그러자 이 할머니의 대답이 “우리 며늘아가 죄 때문이라 하던데요.” 며늘아가 때문도 아니고 김 집사, 박 집사 때문도 아니고 바로 나 때문입니다. 나 때문이라고 할 때 어떤 변화가 일어납니까?

1. 공동체에 평화가 옵니다

분쟁은 서로 간에 손바닥이 마주쳐 일어나는 것입니다. 한쪽 손이 다가와도 다른 한쪽 손이 피해버리면 소리가 나지 않습니다. 분쟁은 서로가 피하지 않을 때 일어나는 것입니다. 문제가 있어도 나 때문이라고 물러서는 사람들이 많아질 때 그곳에는 평화가 임하는 것입니다.

2. 기도생활에 변화가 옵니다

자꾸자꾸 풍랑을 만나 요나가 배 밑창까지 내려갔듯이 경제 문제, 가정 문제. 건강의 문제, 교회의 문제가 더 이상 내려갈 수 없을 때 우리는 기도하게 됩니다. “하나님, 이 모든 것이 나 때문에 왔습니다. 내가 잘못 생각했고, 내가 신앙생활을 게을리했고, 내가 하나님의 음성을 듣는 일을 게을리했습니다. 경제의 문제가 내 문제입니다. 하나님, 우리 가정의 문제가 사실은 내 문제입니다. 우리 교회의 문제가 내 문제입니다. 그래서 하나님께서 나에게 풍랑을 주셨고, 하나님의 음성을 들려주셨고, 오늘 많은 문제로 나를 깨닫게 하시는군요. 다 나 때문입니다" 하는 기도가 나오게 됩니다.

밑바닥까지 떨어졌을 때 기도가 제대로 나오게 됩니다. 하나님의 창조물 가운데 우리 인간이 제일 교만한 존재입니다. 그래서 잘될 때는 기도가 제대로 되지 않습니다. 요나도 요나서 2장을 보면 물고기 뱃속에서 비로소 회개의 기도를 드리는 것을 볼 수 있습니다. 더 이상 갈 수 없는 상황에서, 나 때문이라는 것을 깨닫고 회개의 기도를 하게 되는 것입니다. 이때 주님께서 우리에게 다가오십니다.

3. 하나님의 뜻에 순종할 때 우리의 생각을 넘어서는 축복의 섭리가 있습니다

내 뜻대로, 내 계획대로 행할 때 그것이 잘되는 것 같았지만 하나님께서는 사랑하는 자녀를 그대로 내버려두시지 않습니다. 배 밑바닥까지 요나를 찾아가신 하나님께서는 오늘도 우리에게 끝까지 찾아오십니다. 그래서 깨닫게 하십니다. 니느웨로 가는 것이 내 생각에는 합당한 것이 아니었지만 하나님의 계획에는 더 깊은 뜻이 담겨져 있습니다. 우리가 교회생활에서 "나 때문입니다" 하고 내가 십자가를 질 때에 그것이 인간의 계획과 생각으로는 잘 안 되는 것 같지만 하나님께서는 더 좋은 계획으로 인도하십니다.

새옹지마(塞翁之馬)라는 옛 고사가 있습니다. 잘 안 되는 것 같지만 그것이 더 좋은 결과를 가져오게 된다는 의미입니다. 하나님은 그렇게 우리를 인도하십니다. 우리를 낮아지게 하시는 데에는 하늘의 비밀이 있습니다. “봐라, 네 힘으로 하는 것이 아니지 않느냐?” 하고 우리를 깨닫게 하십니다. 하나님의 계획은 우리가 깨닫고 나면 감히 상상할 수 없는 축복이 있습니다. 믿음의 비밀이 바로 여기에 있습니다. 그러므로 믿음의 사람은 계획하고 생각하는 그 이면에 숨겨져 있는 하나님의 축복을 믿으며 헌신하는 것입니다. 요나는 다시스로 가는 길이 평안하고 유익한 길이라고 생각했지만 사실은 그 길이 고통의 길이었습니다. 니느웨로 가는 길이 내 생각과 다르고 고통의 길이라고 생각했지만 사실은 그 길이 하나님이 택하신 축복의 길이었습니다.

성도 여러분! 하나님의 뜻에 순종하여 니느웨로 가시길 바랍니다. 여러분의 삶에 곤고한 부분이 있습니까? 혹시 내가 다시스로 가고 있는 것은 아닌지, 이것이 하나님이 주시는 사인(Sign)은 아닌지 생각해 보시기 바랍니다. 하나님의 뜻을 깨닫고 축복의 길로 가시길 바랍니다. 내가 지금까지 은혜 받지 못하고 살았다면 나 때문입니다. 내가 지금까지 축복받지 못하고 살았다면 다 나 때문입니다. 내가 지금까지 이웃과 성도와 불편한 관계가 있었다면 그것도 나 때문입니다. 이렇게 기도할 때에 하나님께서 막힌 담을 헐어 주시고 형통한 은혜로 채워 주실 줄로 믿습니다.

주님은 교회를 몸으로 말씀하셨습니다. 몸의 어느 한 부분에 문제가 생기게 되면 모든 지체가 함께 병이 듭니다. 같이 나빠지는 것입니다. 그러므로 서로 도우면서 살아야 합니다. 아픈 상처를 끌어안고 치유해야 합니다. 누가 해야 합니까? 내가 해야 합니다. 치유는 남의 탓을 하고 있으면 해결되지 않습니다. 남의 문제만 바라보고 있으면 나도 병들게 됩니다. 의심이 생기고, 원망이 생기고, 불평이 생깁니다. 그래서 은혜가 떠나가고 축복의 길에서 멀어져 가게 됩니다.

주일은 은혜 받는 날입니다. 여러분이 받는 은혜가 여러분을 살립니다. 좋은 직장이 여러분을 살리는 것이 아닙니다. 밤낮없이 일한다고 해서 여러분을 살리는 것이 아닙니다. 은혜가 여러분을 살리는 것입니다. 말씀을 듣고 은혜를 받은 후 이 은혜를 빼앗아 가려는 악한 마귀의 역사가 기다리고 있다는 사실을 알아야 합니다. 무슨 일을 만나든지 "내가 부족해서 그렇습니다. 내가 사랑이 부족하고 내가 헌신이 부족하고 내가 부족해서 그렇습니다" 하고 고백할 때 그 교회는 부족한 것이 아니라 더욱 넘쳐나게 될 줄로 믿습니다.

사랑하는 성도 여러분, 이 전에 나아오는 성도들은 문제가 있을 때마다 서로가 "나 때문입니다"라고 고백하여 하나님께서 기뻐하시고 축복하시는 성도들이 되시기를 바랍니다.

적용

ⓐ 오늘 말씀의 주제 파악하기:

ⓑ 오늘 말씀 중 은혜 받은 부분 나누기:

ⓒ 삶에 구체적으로 적용하기:

함께 드리는 기도 제목

1. 우리가 살아가는 것이 하나님의 은혜임을 깨닫게 하옵소서.
2. 잘못을 인정하고 회개하여 하나님께서 기뻐하시는 성도가 되게 하옵소서.
3. 하나님 뜻에 순종하여 축복의 길로 나아가게 하옵소서.

39.

믿음의 사람들

» **본 문:** 사도행전 18장 1-3절
» **찬 송:** 543장(어려운 일 당할 때, 통342장)
» **요 절:** "아굴라라 하는 본도에서 난 유대인 한 사람을 만나니 글라우디오가 모든 유대인을 명하여 로마에서 떠나라 한 고로 그가 그 아내 브리스길라와 함께 이달리야로부터 새로 온지라 바울이 그들에게 가매"(행 18:2)

오늘부터 몇 주 동안 믿음의 사람들의 발자취를 따라가려고 합니다. 성경에 수많은 믿음의 사람들의 이야기가 있습니다. 우리는 이 믿음의 사람들의 행한 모습을 따라가다 보면 나도 그 믿음의 사람들이 가졌던 축복을 소유하게 되는 것입니다. 내 인생의 모델을 멘토라고 합니다. 좋은 멘토를 만나는 것이 인생의 굉장한 축복입니다. 바울은 바나바를 만나 축복받는 인생이 되었습니다. 엘리사는 엘리야를 만나 최고의 선지자가 되었습니다. 사업을 하는 사람도 좋은 멘토를 만나야 합니다. 정치를 하는 사람도 좋은 멘토를 만나야 합니다. 자기 혼자 크는 사람은 없습니다. 이 종은 목회를 하면서 좋은 멘토를 만나기 위해 애를 썼습니다.

한국에서 교회행정을 가장 잘하는 목사님으로 알려진 김순권 목사님을 만나 7년 동안 부교역자로 사역하면서 교회행정을 배웠습니다. 전임전도사 시절에 뜨겁게 기도하는 김재원 목사님을 만나 기도생활을 배웠습니다. 교회부흥을 배우기 위해 교회성장학의 대가인

피터 와그너 교수가 있는 풀러 신학교에 가서 공부를 했습니다. 여러분의 자녀들이 훌륭한 인물이 되기를 원한다면 좋은 멘토에게로 데려가면 되는 것입니다. 내 자녀를 사기꾼에게 데려가면 사기꾼이 됩니다. 무당에게 데려가면 무당이 되는 것입니다. 비판하는 사람을 만나면 나도 비판하는 사람이 되고, 부정적인 사람을 만나면 나도 부정적인 사람이 됩니다. 그러므로 축복의 멘토를 만나야 하는 것입니다.

엊그제 총회 때에 시골에서 목회할 때에 헌신적으로 교회를 섬겼던 한 권사님의 동생을 만나게 되었습니다. 이분이 이사를 간다고 하여 오래전에 은혜로운 한 교회를 소개했습니다. 그런데 이분이 그만 다른 교회를 나간 것입니다. 그런데 그 교회가 분쟁이 있어 오랫동안 고통을 겪었습니다. 총회 기간에도 유인물을 들고 온 것입니다. 이분을 보고 가슴이 아파 불러서 한참을 이야기했습니다.

교회를 만나도 은혜로운 교회를 만나야 인생이 행복해집니다. 매주일 은혜 받아도 이기기 힘든 세상인데 분쟁이 있는 교회에서 무슨 은혜가 되겠습니까? 그러므로 우리는 우리에게 평안을 주시는 하나님께 감사해야 합니다. 교회가 평안하면 성도들이 은혜를 받습니다. 은혜를 받으면 그 다음에는 자동적으로 축복이 따라오는 것입니다. 인생의 가장 큰 축복은 교회 안에 있습니다. 신앙의 가장 축복받는 멘토는 여러분의 자녀를 목사님에게 데려가는 것입니다. 여러분의 자녀들이 목사님과 친하면 축복을 받습니다.

며칠 전에 한 성도로부터 받은 메일을 소개합니다.

"저희 가족이 이번 주에 은혜 받은 내용을 너무 기쁜 나머지 목사님께 메일로 내용을 전해드립니다. 이번 주일은 우리 가족 모두가 예배시간에 하나님의 임재를 느꼈습니다. 부모님과 막내 이모, 막내 여동생, 제가 올해 전도한 친한 언니 모두 11시 예배를 드렸는데요. 예배시간 내내 뜨거움과 하나님의 사랑을 체험할 수 있는 시간이었습니다. 파송찬양 할 때에는 모두 본인의 의지가 아닌 알 수 없는 눈물을 흘리며 감격해 했습니다. 또한 저희 가정이 체험했던 것처럼 다른 가정도 그렇게 되기를 소망합니다. 저희 엄마는 목사님의 얼굴이 너무나도 하얀 나머지 마치 목사님 얼굴이 천사의 얼굴처럼 후광과 광채가 빛났다고 합니다. 절을 다니고 미신을 믿었던 막내 이모는 작년 8월 갑상선암 판정을 받고 올해 초 특별새벽기도회에 저의 끈질긴 권유로 마지막 날 나오셨는데 교회 출입구부터 시작하여 멈추지 않는 끊임없는 눈물을 흘리며 하나님께서 주시는 위로를 받았습니다. 이모는 아직도 목사님 얼굴만 뵈면 설레고 기쁘다고 합니다. 그 이후 이모부도 전도하여 매주는 아니더라도 한 달에 한두 번은 꼭 나와서 예배를 드리고 있습니다."

이 가정은 교회에 와서 목사님을 만나고 은혜를 받은 가정입니다. 이 종이 여러분을 위하여 기도할 때마다 늘 복된 사람들, 긍정적인 사람들, 축복받을 사람들을 만나게 해달라고 기도하는 이유가 여기에 있습니다. 사람 만나는 것이 내가 원해서 되는 일이 아니라 하나님께서 은혜를 베풀어 주셔야 되는 일이기 때문입니다. 한나는 아들을 엘리 제사장에게로 데려가서 제사장의 수업을 받게 했습니다. 그래서 최고의 사사가 된 것입니다.

한국의 YMCA 회관을 비롯하여 전 세계에 수많은 교회를 세운 미국의 존 워너메이커의 어머니는 아들을 존 챔버스 목사님에게로 데리고 갔습니다. 존 워너메이커는 벽돌공의 아들이었지만 좋은 멘토를 만나 그의 인생이 바뀌어졌습니다. 쉬브라는 사람은 카네기 회사의 청소부였지만 이후 청소반장이 되고 카네기의 비서가 되고 부사장의 지위까지 오르게 됩니다. 좋은 멘토는 가능성을 바라보고 장점을 살려 훌륭한 인물로 키웁니다. 훌륭한 멘토는 칭찬하고 격려

하는 사람입니다. 사람은 비판을 통해서 바뀌지 않습니다. 비판은 서로를 상하게 만들 뿐입니다. 그러므로 여러분은 서로에게 칭찬하고 격려하며 좋은 멘토가 되시기 바랍니다.

성경에 훌륭한 인물들이 많이 나오지만 부부가 함께 나오는 가정은 흔치 않습니다. 브리스길라와 아굴라는 성경에 다섯 번 나오는데 항상 그 이름이 같이 나옵니다. 브리스길라와 아굴라 부부는 로마에서 핍박을 피해 쫓겨나 고린도에 와서 바울을 만나게 되었습니다. 로마에서 쫓겨날 때는 빈손으로 정처 없이 나왔습니다. 인생이 망하는 것 같았고 희망이 없었지만 그곳에서 바울을 만나고 믿음의 사람이 되었습니다. 그리고 큰 축복을 받아 초대교회의 중심적인 인물이 되었습니다. 바울이 에베소에 와서 복음을 전할 때에 바울을 따라 에베소까지 오게 됩니다. 그리고 에베소에 자신의 집을 예배처소로 내어놓고 헌신하여 에베소 교회의 시작이 되었습니다.

우리는 먼저 하나님께서 맺어주신 관계를 소중히 여길 줄 알아야 합니다. 우리의 만남은 우연이 아닙니다. 하나님께서 맺어주신 관계입니다. 하나님께서 맺어주신 관계는 보통 관계가 아닙니다. 그러므로 우리는 서로를 소중하게 여겨야 하는 것입니다. 하나님께서는 사람을 통하여 여러분을 행복하게 만드시고 여러분의 인생을 인도해 주십니다. 사람은 강한 사람만 있으면 서로 부러집니다. 부드러운 사람도 있고 날카로운 사람도 있습니다. 교회에 믿음 있는 사람만 있다고 생각하면 안 됩니다. 날카로운 가시와 같은 사람도 있습니다.

하나님은 이런 사람들을 섞어 놓으셔서 주의 백성들을 연단시키시고 기도하게 만드시고 훈련시키십니다. 그러므로 같이 미워하고 같이 싸워서는 안 됩니다. 하나님의 뜻을 바라보아야 하는 것입니다. 우리 주변에는 병든 사람도 있습니다. 이들을 위해 기도하라고 여러분을 보내주셨습니다. 안타까운 마음으로 기도할 때 내가 기도의 능력을 받게 되고 병자에게는 치유의 역사가 나타납니다. 부족한 사람을 무시하면 안 됩니다. 그 부족한 것을 감싸주고 내가 채워주려 할 때에 하나님은 기뻐하시고 내가 축복의 사람이 되게 하십니다.

가만히 보면 이 세상의 모든 것들은 끼리끼리 모입니다. 토끼풀은 토끼풀끼리 모여 있고 소나무는 소나무끼리 모여 있습니다. 원숭이는 같은 종류의 원숭이가 고릴라는 고릴라대로, 침팬지는 침팬지대로 무리를 지어 삽니다. 바다 속에도 같은 종류의 물고기들이 떼를 지어 다닙니다. 사람도 그렇습니다. 같은 사람끼리 모입니다.

그래서 우리는 하나님께 복된 만남을 달라고 기도해야 하는 것입니다. 좋은 사람을 만나는 것이 큰 축복입니다. 교회를 부흥시켜 주실 때에도 하나님은 좋은 사람들을 보내주십니다. 그래서 복음을 위하여 헌신하는 일꾼들이 넘쳐나게 하십니다. 권력이 대단한 것 같지만 권력이 행복을 주는 것이 아닙니다. 권력이 있을 때는 사람들이 모여들지만 권력이 떨어지면 그 많던 사람이 다 없어지고 쓸쓸해지는 것이 권력입니다. 돈이 대단한 것 같지만 돈이 행복을 주는 것이 아닙니다.

그러나 하나님은 영원하십니다. 하나님을 믿고 의지하는 사람은 주변에 늘 위로자를 보내주시고 친구를 보내주시고 말씀이 떨어지지 않도록 은혜를 베풀어 주십니다. 그러므로 늘 하나님을 바라고 하나님의 은혜를 구하는 자가 영원한 은혜 가운데 승리하는 것입니다.

브리스길라는 로마 명문가의 여인이요, 아굴라는 디아스포라의 유대인 남자였습니다. 로마의 노예 출신이었다고 알려진 인물입니다. 이 두 사람이 만나 복음의 열매를 맺었습니다. 성경에는 자세히 나오고 있지 않지만 귀족 출신의 여성과 노예 출신의 남성이 만나 사랑을 하고 결혼하게 된 이야기는 영화의 한 장면 같습니다. 오늘 본문에는 아굴라가 먼저 나오는데 다른 곳에서는 브리스길라의 이름이 먼저 나옵니다. 성경에 여자 이름이 먼저 나오는 법이 없습니다. 당시 문화에서는 남성 이름이 먼저 소개되는 것이 당연한 일입니다.

그런데 아내의 이름이 먼저 소개된 이유를 두 가지로 추측을 하는데 첫째는 브리스길라가 귀족 출신이었기 때문이라고 이야기하기도 하고, 두 번째로는 브리스길라의 믿음이 더 훌륭했기 때문이라고 이야기합니다. 교회는 영적인 순서가 더 중요하기 때문입니다. 우리 교회에서는 여성 구역장들이 매주일 성경공부를 합니다. 그리고 나가서 구역원들을 말씀으로 가르치고 예배를 드립니다. 앞으로 남성 구역장도 세우려고 합니다. 여러분의 가정에서 '에이, 여자가 가르치는데 뭘 배우나'라고 생각하지 마시기 바랍니다. 사실 여성들은 늘 성경공부를 하고 모여 기도를 하고 영적으로 충전하는 일에 열심을 냅니다. 그러니까 여성들이 교회에 점점 많아지는 것입니다.

여러분, 여성들이 착한 사람이 많겠습니까? 남성들이 착한 사람이 많겠습니까? 옛말에 '교회 가면 여자가 많고 감옥에 가면 남자가 많다'는 말이 있습니다. 맞는 말입니다. 이거 보면 여자가 착한 사람이 더 많습니다. 저는 천국에 가면 남자는 별로 없고 여자들만 많을까 봐 그것이 걱정입니다. 목회하면서 가만히 보면 남자가 잘 믿고 여자가 신앙생활 안 하는 가정은 참 힘듭니다. 대개 남자들이 신앙생활을 제대로 못합니다. 그런데 여자가 잘 믿고 남자가 안 믿는 가정은 나중에 보면 온 가족이 다 잘 믿습니다. 처음에 예수 믿는다고 남편에게 야단맞고, 시어머니에게 구박받고 제사 안 지낸다고 온 집안이 난리가 나고 큰 문제가 일어날 것 같은데 나중에 보면 온 가족이 다 믿습니다.

여러분의 가정들이 그렇지 않습니까? 그러므로 여성들이 참 대단합니다. 한국교회는 여성들에게 감사해야 합니다. 어쨌든 귀족 출신의 여성이 노예를 남편으로 맞아들였다니 굉장한 이야기입니다. 그래서 이 가정이 굉장한 가정이 되었습니다.

우리나라에서도 선교 초기에 이재형이란 왕족이 상놈에게 나이가 많다 하여 형님이라 불렀습니다. 이것은 놀라운 이야기입니다. 얼마 전 장로님들과 김제에 있는 금산교회에 다녀왔는데 우리나라 선교초기에 지은 ㄱ(기역)자 교회입니다. 남자와 여자가 함께 앉을 수 없다 하여 교회를 ㄱ(기역)자로 지어 이쪽에서는 남성이, 저쪽에서는 여성이 예배를 드렸습니다. 조덕삼이란 분이 자기 집을 교회로 드리고 믿음생활을 아주 잘했습니다. 조덕삼 씨 집에 고아로 와서 일하게 된 머슴인 이자익이란 사람이 있었는데 조덕삼 씨의 전도를 받아 교회에 나오기 시작하였습니다.

1908년 장로투표를 하는데 당연히 주인인 조덕삼이 장로가 될 것이라 생각했는데 교인들이 머슴 이자익을 장로로 뽑고 전도했던 주인인 조덕삼은 떨어졌습니다. 대단한 교인들입니다. 사회적 위치를 본 것이 아니라 영적인 면을 귀하게 보았습니다. 그런데 조덕삼 씨는 머슴 이자익 장로를 극진히 장로님으로 섬겼습니다. 그리고 이후 이자익 장로는 신학교를 졸업하고 목사가 되었는데 그 교회 2대 목사로 다시 청빙을 받게 됩니다. 머슴을 담임목사로 청빙하여 그 아래서 말씀을 듣고 섬긴 것은 세상의 지위가 아니라 영적인 능력을 더 귀한 것으로 믿었기 때문입니다.

이자익 목사는 신사참배를 반대하고 이후 총회장을 세 번씩이나 하게 됩니다. 이후 장로가 된 조덕삼 장로님은 세상을 떠나면서 자녀들에게 유언을 하기를 금산교회와 이자익 목사님을 대대로 잘 섬기라고 유언을 하고 세상을 떠났습니다. 조덕삼 장로님의 손자가 바로 고 조세형 국회의원입니다. 성경에 브리스길라와 아굴라의 모습이 우리나라 선교 초기에도 있었던 것입니다.

교회는 믿음의 사람을 귀하게 여길 줄 알아야 합니다. 그러면 나의 길이 열립니다. 교회는 영적인 순서를 잘 세워야 합니다. 브리스길라와 아굴라는 사도 바울처럼 천막을 깁는 사람이었습니다. 그런데 사도 바울로부터 복음을 받고 훈련을 받아 나중에 아볼로를 가르치게 됩니다. 당시 아볼로는 굉장한 신학자였습니다. 그런데도 아볼로를 가르쳐 훌륭한 목회자로 만들었습니다.

브리스길라와 아굴라 부부와 사도 바울의 만남, 이 부부와 아볼로와의 만남은 우연이 아닙니다. 브리스길라와 아굴라는 글라우디아 황제 때에 로마에서 추방된 사람들로 핍박을 피하여 고린도로 갔는데 이때 바울이 복음을 전하며 돌다가 고린도에 오게 되었습니다. 이것은 우연이 아닙니다. 하나님께서 예비하신 일입니다.

예수님께서 우물가에서 수가 성의 한 여인을 만나셨는데 이것은 우연이 아닙니다. 예수님은 한낮 아무도 없는 동구 밖 우물가에 이 여인을 구원하시기 위하여 찾아가신 것입니다. 빌립이 광야에서 에티오피아의 내시를 만나게 되는데 이것도 우연이 아닙니다. 성령님께서 빌립을 강권하여 광야로 나가게 하시고 광야 길을 통해 고국으로 돌아가는 에티오피아의 장관을 만나게 하셔서 복음을 전하게 하신 것입니다.

하나님의 자녀들에게는 우연이 없습니다. 여러분이 도림교회에 오게 된 것도 우연이 아닙니다. 여러분에게 은혜를 주시고 하나님의 자녀로 복되게 살라고 이 도림교회에 보내주시고 믿음의 사람들을 만나게 하신 하나님의 뜻과 섭리가 있습니다. 이 사실을 깨닫는 자는 축복의 기회를 붙잡는 것입니다.

여러분, 브리스길라와 아굴라는 복음 중심으로 살았습니다. 고린도에서 바울을 만나 제자가 된 브리스길라와 아굴라는 이후 바울이 에베소 전도를 위하여 떠나자 함께 에베소로 가서 교회를 세우고, 이후 고향 로마에 가서 복음을 전하다가 순교하였다는 이야기가 있습니다. 요즘 교인들은 이사 가면 가까운 교회를 쉽게 찾습니다. 그러나 내가 은혜 받은 교회를 쉽게 생각하면 안 됩니다. 우리 교회 자녀들이 먼 곳으로 이사 가면 교회를 소개하면서 즉시 등록하지 말고 한동안 다녀보고 등록하라고 합니다. 그렇다고 여러분도 우리 도림교회에 등록하지 않고 너무 오래 다니지는 마시기 바랍니다.

브리스길라와 아굴라는 사도 바울을 만나 은혜를 받았습니다. 처음 고린도에 왔을 때는 믿음이 연약했지만 바울의 가르침을 받으며 날로 믿음이 성장했습니다. 나중에는 아볼로라는 석학을 가르치는 인물이 되었습니다. 이후 아볼로는 아가야 지방에 가서 큰 은혜를 끼치는 목회자가 됩니다. 브리스길라와 아굴라 부부가 얼마나 열심히 교회를 섬겼던지 바울은 훗날 로마에서 "너희는 그리스도 예수 안에서 나의 동역자들인 브리스가와 아굴라에게 문안하라 그들은 내 목숨을 위하여 자기들의 목까지도 내놓았나니 나뿐 아니라 이방인의 모든 교회도 그들에게 감사하느니라"(롬 16:3-4)고 말하였습니다.

이 얼마나 굉장한 부부입니까? 우리 도림교회 성도들의 가정이 이런 분들이 점점 많아져 이 종이 마지막에 사도 바울과 같이 이런 고백을 할 수 있기를 원합니다. 이들은 처음에는 믿음이 미약하였습니다. 그러나 날이 갈수록 영향력 있는 믿음의 인물들이 되었습니다. 성도 여러분, 여러분도 날이 갈수록 더 믿음이 성장하는 성도들이 되시기를 바랍니다.

브리스길라와 아굴라 가정은 로마에서 추방될 때에는 빈털터리였지만 복음 중심으로 살며 이들의 집안은 점점 번성하여 갔습니다. 조덕삼 장로의 집처럼 자기 집을 교회로 내어놓고 아볼로를 가르치며 초대교회의 중심 가정이 되는 축복을 받았습니다. 오늘날 브리스가의 고향 에벤틴에는 이들 부부를 기념하여 '티투루스 세인트 브리스가' 교회가 세워졌습니다.

사랑하는 성도 여러분, 여러분의 가정이 브리스길라와 아굴라처럼 하나가 되어 교회를 섬기고 기둥이 되고 큰 영향력을 나타내는 가정들이 모두 되시기를 바랍니다.

적용

ⓐ오늘 말씀의 주제 파악하기:

ⓑ 오늘 말씀 중 은혜 받은 부분 나누기:

ⓒ 삶에 구체적으로 적용하기:

함께 드리는 기도 제목

1. 좋은 믿음의 사람을 만나 믿음에 믿음이 더해지게 하옵소서.
2. 브리스길라와 아굴라 같은 가정과 구역이 되게 하옵소서.
3. 믿음의 성도들이 넘쳐나게 하시고 민족과 열방에 하나님의 영향력을 나타내는 교회 되게 하옵소서.

40.

영원한 고향

» **본 문:** 고린도전서 15장 12-19절
» **찬 송:** 488장(이 몸의 소망 무언가, 통 539장)
» **요 절:** "그리스도께서 죽은 자 가운데서 다시 살아나셨다 전파 되었거늘 너희 중에서 어떤 사람들은 어찌하여 죽은 자 가운데서 부활이 없다 하느냐"(고전 15:12)

추석은 음력 8월 15일로 다른 말로 한가위라고도 부르는데 '한'이라는 말은 '크다'라는 뜻이고 '가위'라는 말은 '가운데'라는 뜻을 가진 옛말로 8월 15일인 한가위는 8월의 한가운데 있는 큰 날이라는 뜻입니다. 추석이 되면 더위도 물러가고 서늘한 가을철로 접어든 때입니다. 넓은 들판에 오곡이 무르익어 황금빛으로 물들어 가며 온갖 과일이 풍성한 계절입니다. 즉 결실의 계절, 추수의 계절입니다. 일 년 동안 열매맺은 것을 결산하는 계절입니다. 우리는 오늘 추석을 맞으며 하나님 앞에 무엇을 결실하였는지를 보여드릴 수 있어야 할 줄로 압니다. 우리는 오늘 추석을 맞이하며 말씀으로 주시는 은혜를 받게 되기를 바랍니다.

먼저 영원한 고향을 사모하시기를 바랍니다. 모천회귀(母川回歸)라는 말이 있습니다. 연어는 알을 낳을 때나 죽을 때 수만 킬로미터를 헤엄쳐 자신의 고향으로 돌아갑니다. 학자들에 의하면 연어는 자기가 태어난 물의 냄새를 기억한다고 합니다. 죽음의 자리를 향해 자신이 부화했던 그 물줄기를 거슬러 올라가는 연어를 보노라면 참으로 많은 생각을 하게 됩니다. '우리도 이렇듯 고향을 향해서 돌아가고 있구나' 하는 생각을 해보게 됩니다. 짐승들이 죽을 때가 되면 자기의 고향을 향해 슬피 운다는 이야기도 있습니다. 고향에 가고 싶어도 갈 수 없는 사람들도 있습니다. 객지에서 사업에 실패하여 정말 가고 싶은 고향을 갈 수 없는 괴로운 추석을 맞이하는 사람도 있습니다.

북한에서 태어나 월남한 실향민들 가운데는 이제나 저제나 통일의 날을 기다리며 눈물 짓는 분들도 있습니다. 고국을 떠나 멀리 외국에서 명절이 되면 옛일을 회상하며 그리워하는 사람들도 있습니다. 우리 교회가 섬기고 있는 해외 선교지의 한 선교사님은 고향이 너무 그리워 "독도야 간밤에 잘 잤느냐 아리랑 아리랑 홀로 아리랑" 하는 노래를 바다를 보며 몇 백 번을 울면서 불렀다고 합니다. '아니, 선교사가 찬송을 불러야지 왠 유행가를 불렀나?' 하고 생각하다가 그 마음을 생각하니 찡했습니다. 가나를 방문하면서 이명석 선교사님께 "고향에 간 지 얼마나 되었습니까?" 했더니 "3년이 되었습니다" 하는 이야기를 듣고 참 미안했습니다. 그래서 "올해는 초청할테니 꼭 오십시오"라고 얘기했습니다.

추석이면 많은 사람들이 고향을 찾아갑니다. 고향을 찾는 우리 한국인의 귀소본능은 가히 본능이라 할 만큼 유난하고도 굉장합니다. 교통체증과 불편함을 무릅쓰고 고향을 찾는 이유는 무엇입니까? 여기에는 몇 가지 이유가 있을 것입니다. 부모님의 산소를 찾아보고 옛일을 회상하는 분들도 있고, 생존해 계시는 부모님을 찾아뵙는 사람도 있고, 지치고 피곤한 현대인의 삶을 잠시라도 떠나 어릴 적 뛰어놀던 고향으로 돌아가는 모습이 있습니다. 고향에 돌아올 때 자녀들은 정성껏 부모님께 드릴 선물을 준비합니다. "제가 객지에 나가서 이렇게 잘살고 있습니다. 이 모든 것이 저를 키워주신 부모님의 은혜입니다" 하는 뜻에서 정성껏 부모님이 기뻐하실 선물을 준비합니다.

오늘 이 예배를 드리고 고향에 가시는 분들도 많이 있을 것입니다. 고향교회에 가시면 부모님을 찾아뵙는 마음으로 어려운 시골교회를 위해 헌금을 꼭 드리고 오시기 바랍니다.

우리는 고향을 찾는 분주한 발걸음을 통해서 사람은 누구나 본향을 그리는 마음이 있음을 알게 됩니다. 그러나 육신의 몸이 태어난 고향을 그리워하듯이 우리 생명의 영원한 본향을 사모해야 된다는 사실을 잊지 않아야 인생에 실패하지 않습니다. 우리는 죽는 사람들을 가리켜 '세상을 떠난다' 혹은 '돌아간다'고 합니다. 이 말 속에는 의미가 있습니다. 세상을 떠나면 어디로 떠난다는 말입니까? 돌아간다니 어디로 돌아간다는 말입니까? 온 곳이 있어야 가는 곳도 있습니다. 그곳이 어디입니까? 바로 우리 영혼의 고향, 영원한 생명이 있는 곳입니다.

우리는 누구나 내 몸을 소중히 여깁니다. 그러나 더욱 중요한 것은 내 영혼의 가치를 알아야 합니다. 내 영혼을 잘 관리해야 합니다. 성경은 육신의 몸은 잘 관리했으나 영적인 몸은 잘 관리하지 못한 한 부자의 이야기를 말씀합니다. 부자는 일 년 동안 열심히 농사를 지어 많은 결실을 거두고 그것을 창고에 쌓아놓고 평안히 먹고 마시며 쉬고 즐거워하자고 스스로 말합니다.

그런데 하나님께서 뭐라고 하십니까? "어리석은 자여, 오늘밤 네 영혼을 도로 찾으리니 그러면 네 예비한 것이 뉘것이 되겠느냐"라고 말씀하셨습니다. 인생은 살면서 모든 것을 받아들입니다. 나이를 먹는 것, 몸이 약해지는 것을 다 받아들입니다. 어느새 머리가 희끗해졌다고 거울을 바라보며 놀라면서도 다 인정합니다. 그런데 누구나 잘 받아들이지 못하는 것이 있습니다. 그것은 죽음입니다. 죽음은 언제 우리에게 다가올지 모르는데 사람들은 죽을 준비를 하지 않습니다. 아니 안 죽을 줄 알고 삽니다.

자동차를 타고 가다 백미러를 잘못 보아서 실수를 한 적이 있습니다. 고속으로 달리다가 뒤에서 오는 차의 경적소리를 들으며 가까스로 비켜섰을 때 '죽을 뻔 했다'라고 합니다. 가슴이 두근거리며 깜짝 놀랍니다. 이것은 살고 싶다는 것입니다.

옛날 섬겼던 한 교회에서 밤 두 시쯤에 전화가 왔습니다. 사람이 죽는다고 연락이 왔습니다. 달려가 보았더니 신길동에 있는 성애병원의 중환자실에 산소호흡기를 쓰고 있는 뼈만 남은 앙상한 60대의 남자가 있었습니다. 의사 선생님의 말이 30분을 못 넘긴다고 합니다. 제가 보기에도 곧 죽을 것 같았습니다. 뇌세포가 죽어서 기계로 살려놓고 있다고 합니다. 그런데 손을 잡는 순간 이 사람이 눈을 떴습니다. 보름 만에 처음으로 눈을 떴다는 것입니다. 그래서 "살고 싶냐?"라고 물었습니다. 그랬더니 입을 달싹거리는데 살고 싶다는 것입니다. 그래서 "영원히 사는 길이 있다. 예수님을 영접하겠느냐?"라고 묻고 기도했습니다. "생명은 하나님께 달린 것이니 하나님의 뜻대로 하옵소서" 하고 간절히 기도했습니다. 아내와 자녀들이 얼마나 안타깝게 붙드는지 간절히 기도했습니다.

그런데 놀라운 일은 이 사람이 죽지 않았습니다. 그래서 다음 날도 또 찾아갔습니다. 병원에서 이미 죽은 목숨이라고 해서 수의까지 다 준비해 놓았는데 이 사람이 살아났습니다. 회복이 되면서 "예수 잘 믿겠냐?"라고 했더니 그러겠다고 합니다. "당신은 하나님이 살려주신 생명이니 특별히 잘 믿으라"고 했습니다.

그런데 이분이 보름 만에 퇴원을 해서 몇 주는 잘 나오더니 예배에 안 나오는 겁니다. 그런데 놀라운 일은 새벽 다섯 시면 일어나 아파트 옥상에 올라가 뒤뚱거리며 열심히 뛰는 것입니다. 새벽기도 나갈 때마다 그분이 옥상 위에서 뛰는 것을 보면서 '앞으로 몇 년을 더 살려고 저렇게 열심히 운동하면서, 영원히 살아야 할 생명은 벌써 잊어버렸구나'라고 생각하니 안타깝기 그지없었습니다.

여러분, 우리 인생은 다 죽습니다. 그러므로 죽을 준비를 해야 합니다. 그런데 이 죽을 준비란 무엇입니까? 정확히 말하면 다시 살 준비입니다. 영생을 준비하는 것입니다. 하나님은 우리 인생을 죽을 인생으로 만들지 않으셨습니다. 우리에게 영원한 생명을 주셨습니다. 영원한 본향을 만들어 놓으시고 그 고향으로 돌아오라고 우리를 초청하고 계십니다. 예수님께서는 이 땅에 오셔서 잠자는 자들의 첫 열매가 되심으로 우리에게 새로운 생명의 길을 열어 주셨습니다. 예수님께서 첫 열매가 되셨으므로 우리는 예수님을 따라 부활하는 것입니다. 기독교는 부활의 종교입니다. 이것이 기독교의 핵심입니다.

오늘 사도 바울은 만일 죽은 자의 부활이 없다면 그리스도도 다시 살지 못하셨을 것이요, 그리스도께서 다시 살지 못하셨으면 우리의 전파하는 것도 헛것이요, 믿음도 헛것일 것이라고 말씀합니다. 그러나 우리는 소망이 있습니다. 이 소망 때문에 크나큰 고통 중에서도, 어찌할 수 없는 절망 중에서도 견디어 나갑니다. 우리 성도들에게 있어서 최후, 최대의 소망이 바로 부활의 소망이기 때문입니다. 이 부활의 소망 때문에 성도들은 모든 재능과 시간과 건강을 주를 위해 기꺼이 바칠 수 있었습니다. 땀을 흘리며, 피를 흘리며, 최후의 순간에 목숨까지도 후회 없이 주를 위해 바칠 수 있었던 것은 부활의 소망이 있었기 때문입니다.

그런데 이 부활이 거짓이라면 모든 성도들이 그토록 최선을 다해 힘쓰고 걸었던 모든 것은 어떻게 되는 것입니까? 얼마나 억울하겠습니까? 오늘 우리가 예수님 때문에 참고, 예수님 때문에 누명도 쓰고,

예수님 때문에 수고했는데 이 모든 것이 다 헛것이 되면 얼마나 억울하겠습니까? 그래서 오늘 사도 바울은 정말 그렇게 된다면 우리가 더욱 불쌍한 자일 것이라고 말씀합니다. 이 말은 우리가 절대로 불쌍한 자가 아니라는 말씀입니다.

여러분, 주님을 위해 믿음으로 사는 사람은 절대로 불쌍한 자가 되지 않습니다. 해마다 추석이 되면 객지에 나가 살던 자녀들이 고향으로 돌아갑니다. 9월이 되면 내가 돌아갈 고향을 그리며 열심히 선물도 준비합니다. 만약 돌아갈 고향이 없다면 어떻게 하시겠습니까? 열심히 선물을 사도 가지고 갈 곳이 없는 것입니다. 우리가 바로 그런 신세가 될 것입니다. 그러나 우리 주님께서는 이 땅에 오셔서 희망이 없는 우리에게 생명의 줄을 주셨습니다. 우리는 이 줄을 붙잡기만 하면 되는 것입니다. 단지 생명의 줄을 붙잡기만 하면 성령님께서 우리를 영원한 고향으로 인도해 주십니다. 우리는 지금 성령님의 시대에 살고 있습니다. 이 세상에는 다 비슷비슷하게 살아가는 것 같지만 두 종류의 사람밖에는 없습니다. 성령님이 인도하는 사람과 그렇지 않은 사람입니다. 성령님이 인도하시는 사람은 성령님의 생각을 하고, 성령님의 시키시는 일을 합니다. 성령님의 인도를 받으면 여러분을 영원히 살길로 인도해 주십니다.

미국에서 일본에 원자폭탄을 투하했을 때 히로시마와 나가사키에 미리 수많은 전단을 뿌렸습니다. '여기에는 무시무시한 폭탄이 투하되니 이 도시가 다 죽게 된다. 살려면 이 도시를 떠나라'는 경고의 메시지였습니다. 그런데 많은 사람들이 '설마 그런 폭탄이 있겠는가?' 하며 그대로 있다가 죽음을 당했다고 합니다. 성령님께서는 모든 사람에게 찾아오셔서 살 길을 일러주십니다. 그 음성을 들을 줄 알아야 합니다.

주님께서는 말씀하시기를 "볼지어다 내가 문 밖에 서서 두드리노니 누구든지 내 음성을 듣고 문을 열면 내가 그에게로 들어가 그와 더불어 먹고 그는 나와 더불어 먹으리라 이기는 그에게는 내가 내 보좌에 함께 앉게 하여 주기를 내가 이기고 아버지 보좌에 함께 앉은 것과 같이 하리라 귀 있는 자는 성령이 교회들에게 하시는 말씀을 들을지어다"라고 요한계시록 3장 20절 이하에 말씀하십니다.

성령이 교회들에게 하시는 그 말씀이 무슨 말씀입니까? 생명의 길로 인도하는 말씀입니다. 주님께서 여러분의 심령의 문밖에 서서 두드리십니다. "내가 너를 사랑한다. 너를 인도한다. 내 음성을 들어야 산다"라고 말씀하시며 두드리십니다. 그 음성을 듣고 주님을 향해 심령의 문을 여시기 바랍니다.

사랑하는 성도 여러분, 우리에게는 누구나 가게 될 영원한 고향이 있습니다. 이 세상은 나그넷길이라고 했습니다. 우리의 본향은 하늘에 있습니다.

1. 잠시 세상에 내가 살면서 항상 찬송 부르다가
 날이 저물어 오라 하시면 영광 중에 나아가리
2. 눈물 골짜기 더듬으면서 나의 갈 길 다 간 후에
 주의 품안에 내가 안기어 영원토록 살리로다
3. 나의 가는 길 멀고 험하며 산은 높고 골은 깊어
 곤한 나의 몸 쉴 곳 없어도 복된 날이 밝아오리
4. 한숨 가시고 죽음 없는 날 사모하며 기다리니
 내가 그리던 주를 뵈올 때 나의 기쁨 넘치리라

[후렴] 열린 천국문 내가 들어가 세상 짐을 내려놓고
빛난 면류관 받아 쓰고서 주와 함께 길이 살리

(찬송가 492장)

"잠시 세상에 내가 살면서 항상 찬송 부르다가." 이 종이 참 좋아하는 찬송입니다. 이 민족의 명절에 영원한 고향을 생각하며 믿음으로 사는 여러분이 되시기를 바랍니다.

적용

ⓐ 오늘 말씀의 주제 파악하기:

ⓑ 오늘 말씀 중 은혜 받은 부분 나누기:

ⓒ 삶에 구체적으로 적용하기:

함께 드리는 기도 제목

1. 영원한 고향을 바라보며 하늘 소망으로 살게 하옵소서.
2. 우리 가정과 구역이 영적 생명력이 넘쳐나게 하시고 영생을 맛보게 하옵소서.
3. 성도들이 부활신앙으로 믿음의 길을 걷게 하옵소서.

41.

절대 긍정

» **본 문:** 민수기 14장 6–12절
» **찬 송:** 545장(이 눈에 아무 증거 아니 뵈어도, 통 344장)
» **요 절:** "다만 여호와를 거역하지는 말라 또 그 땅 백성을 두려워하지 말라 그들은 우리의 먹이라 그들의 보호자는 그들에게서 떠났고 여호와는 우리와 함께 하시느니라 그들을 두려워하지 말라 하나 온 회중이 그들을 돌로 치려 하는데 그때에 여호와의 영광이 회막에서 이스라엘 모든 자손에게 나타나시니라"(민 14:9~10)

신앙은 절대긍정에서 출발합니다. 십자가를 그 자체만 보면 형벌이요, 공포의 대상이요, 망하는 길이지만 그 뒤에 있는 하나님을 바라보면 면류관이요, 승리의 십자가로 바라보게 됩니다. 성경에 나오는 신앙의 인물들은 절대긍정의 신앙으로 살았습니다.

다니엘과 세 친구는 사자 굴에서도 사자를 본 것이 아니라 절대긍정으로 하나님의 능력을 바라보았습니다. 요셉은 감옥생활을 하면서도 감옥 안을 바라본 것이 아니라 해와 달과 열한 별이 내게 절하는 꿈을 주신 하나님의 능력을 바라보았습니다. 바울과 실라는 감옥 안에 갇혀서도 감옥을 바라본 것이 아니라 천국을 바라보고 오히려 하나님을 찬송했습니다. 이런 절대긍정의 인물들에게 하나님은 역사하시기를 기뻐하십니다.

오늘 성경에 이스라엘 백성들은 이집트를 나온 지 2년 만에 드디어 가나안 땅의 입구에 도달하게 되었습니다. 모세는 각 지파의 대표를 뽑아 12명을 가나안 땅의 정찰대로 보냈습니다. 이들은 무려 1,000리 길을 40일 동안 걸어 가나안 땅의 구석구석을 정탐하고 돌아왔습니다. 그런데 돌아온 정탐꾼들의 보고내용이 서로 다릅니다. 열 명의 정탐꾼은 과연 그 땅에 젖과 꿀이 흐르는 땅이라고 말합니다. "그러나 그 땅 거주민은 강하고 성읍은 견고하고 심히 클 뿐 아니라 거기서 아낙 자손을 보았으며"(민 13:28)라고 말합니다.

'그러나'가 중요합니다. "도림교회는 참 좋은 교회야. 그러나 사랑이 없어" 하면 정말 사랑이 느껴지지 않습니다. 누가 나에게 관심도 가져주지 않습니다. 그래서 시험에 빠집니다. 사탄은 이렇게 교묘하게 본질을 바꾸는 데 천재입니다. 왜 사랑이 없습니까? 매일같이 여러분을 위해 쉬지 않고 눈물로 기도하는 수많은 기도의 용사들이 이 교회에는 있습니다. 교역자들이 섬깁니다. 장로님들, 권사님들이 섬기고 구역장들이 섬깁니다. 이 기도가 여러분을 돕는 것입니다. 그런데 '그러나'라고 하면 사람은 흔들리게 되어 있습니다.

이단도 그렇게 교회를 흔듭니다. "목사님이 설교는 참 좋아. 그러나 좀 말랐어." '그러나' 하고 말합니다. 그러면 설교말씀을 듣는데 하나님의 말씀은 안 들리고 계속해서 정 목사가 마른 것만 보입니다. 제가 지극히 정상이지 왜 말랐습니까? 부정적인 '그러나'가 이렇게 무서운 것입니다.

이스라엘 백성들은 이 '그러나'를 듣고 집단적인 패닉 상태에 빠졌습니다. 1절을 보면 "온 회중이 소리를 높여 부르짖으며 백성이 밤새도록 통곡하였더라"고 했습니다. 2절에는 "이스라엘 자손이 다 모세와 아론을 원망하며 온 회중이 그들에게 이르되 우리가 애굽 땅에서 죽었거나 이 광야에서 죽었으면 좋았을 것을"이라고 말하며 차라리 애굽으로 돌아가는 것이 낫다고 말합니다.

상황은 점점 더 악화됩니다. 4절에는 우리가 지도자를 따로 세워 애굽으로 돌아가자고 합니다. 노예생활로 돌아가자는 것입니다. 모세와 아론을 돌로 쳐 죽이려고 했습니다. 부정적인 결과가 무엇입니까? 14장 후반부를 보면 "모세의 보냄을 받고 땅을 정탐하고 돌아와서 그 땅을 악평하여 온 회중이 모세를 원망하게 한 사람 곧 그 땅에 대하여 악평한 자들은 여호와 앞에서 재앙으로 죽었고"라고 36절에 기록하고 있습니다. 이들은 재앙으로 먼저 죽었지만 이들이 선동할 때 이들과 함께 했던 이스라엘 백성들은 38년을 더 광야에서 고생하다가 죽게 됩니다. 고생만 하다가 죽었으니 얼마나 억울하고 불쌍합니까?

하나님은 부정적인 사람을 미워하십니다. 그래서 여러분은 부정적인 사람하고는 가까이하지도 말라고 했습니다. 내 영혼에, 내 미래에 엄청난 손해를 끼치게 되기 때문입니다. 우리는 부정적인 '그러나'가 아니라 긍정적인 '그러나'의 사람이 되어야 합니다.

여호수아와 갈렙이 이런 사람이었습니다. 여호수아와 갈렙은 "여호와께서 우리를 기뻐하시면 우리를 그 땅으로 인도하여 들이시고 그 땅을 우리에게 주시리라 이는 과연 젖과 꿀이 흐르는 땅이니라"고 했습니다. 그 땅에 강한 족속이 살고 있는 것은 맞습니다. 그러나 그들은 우리의 먹이입니다. 개역성경에는 "그들은 우리의 밥이라"고 했습니다. 여호수아와 갈렙은 "하나님이 함께 하시면 우리는 능히 그 땅을 차지할 것입니다"라는 절대긍정의 신앙을 가졌습니다.

1. 하나님께서는 우리에게 좋은 것을 주시기를 원하십니다

하나님께서 주시고자 하는 가나안 땅은 좋은 땅이었습니다. 부정적인 사람들도 눈앞에 나타난 이 사실은 부정할 수가 없었습니다.

여호수아와 갈렙은 그 땅은 심히 아름다운 땅이라 하였고, 과연 젖과 꿀이 흐르는 땅이라 했습니다. 이름만 봐도 그 땅이 좋은 땅입니다. '가나안'을 뒤에서부터 읽으면 '안 나가'입니다. 얼마나 좋은 땅이면 한번 들어오면 안 나가려고 합니까?

하나님께서는 늘 우리에게 좋은 것을 주시는 하나님이십니다. 우리를 너무나 사랑하셔서 독생자 예수님까지 이 땅에 십자가에 주신 하나님이십니다. 워렌 워어스비 목사님은 "하나님은 좋은 것으로 시작해서 더 좋은 것으로 주시고 마지막에는 가장 좋은 것을 주십니다"라고 말했습니다. 하나님을 믿고 순종하고 따라가면 가장 좋은 것을 우리에게 주시는 하나님이십니다.

마태복음 7장 9-11절을 보면 "너희 중에 누가 아들이 떡을 달라 하는데 돌을 주며 생선을 달라 하는데 뱀을 줄 사람이 있겠느냐 너희가 악한 자라도 좋은 것으로 자식에게 줄 줄 알거든 하물며 하늘에 계신 너희 아버지께서 구하는 자에게 좋은 것으로 주시지 않겠느냐"라고 말씀하셨습니다. 성도님들 가운데 하나님께서 응답하시지 않는다고 나를 사랑하시지 않는 모양이라고 낙심하시는 분들이 있습니다.

여러분, 어린 자녀가 부모에게 좋지 않은 것을 달라고 하면 부모님은 주시지 않습니다. 자녀를 사랑하기 때문입니다. 하나님께서도 그렇습니다. 하나님은 우리에게 필요한 것이 무엇인지를 더 잘 아십니다. 그래서 "우리가 마땅히 기도할 바를 알지 못하나 오직 성령이 말할 수 없는 탄식으로 우리를 위하여 친히 간구하시느니라"(롬 8:26)고 했습니다.

아브라함은 하나님의 약속을 받은 후에 25년이 지나 아들 이삭을 얻었습니다. 25년이란 기간 동안 아브라함은 자식을 주실 줄로 믿고 기도했습니다. 이 기간이 아브라함의 믿음을 완성시키는 기간이었습니다. 아브라함이 믿음의 조상이 되기 위해서는 25년이 필요했던 것입니다. 25년은 짧은 시간이 아닙니다. 이 정도를 이겨냈기에 믿음의 조상이 될 수 있었던 것입니다.

어거스틴의 어머니 모니카는 아들이 돌아오기를 17년을 기도했습니다. 모니카는 어거스틴이 환락과 타락의 도시 로마로 떠나는 것을 하나님께서 막아달라고 기도했으나 어거스틴은 어머니를 거부하고 로마로 떠났습니다. 하나님께서 기도에 응답하시지 않는 것처럼 보였습니다. 그러나 하나님은 그곳에서 어거스틴으로 하여금 위대한 설교가요 교부인 성 암브로스 감독을 만나게 하셨습니다. 암브로스 감독은 당시 밀라노에 온 테오도시우스 황제가 예배드리려 할 때에 무고한 시민을 학살한 죄를 엎드려 회개하지 않으면 예배드릴 수 없다고 성전 문을 가로막고 섰던 유명한 감독입니다.

그는 "기도는 영혼이 하늘로 날아가는 날개다"라는 유명한 말을 했습니다. 어거스틴은 당대의 최고의 성자를 만나 회심을 하고 초대교회의 완성자 성 어거스틴이라는 위대한 칭호를 얻게 되었습니다. 성 어거스틴은 참회록에서 "주님, 주님은 어머니의 기도를 들으셔서 어머니가 구한 대로가 아니라 그분의 소원대로 나를 만드셨나이다"라고 하나님의 섭리를 고백했습니다. 성 어거스틴의 어머니 모니카는 하나님께서 좋은 것을 주실 줄로 믿고 포기하지 않는 기도를 드려 결국 불량한 아들을 성 어거스틴으로 만들었습니다.

인간의 눈으로 보기에 좋은 것이 좋은 것은 아닙니다. 그것이 독이 될 수도 있습니다. 인간은 물질을 원하고 높은 자리에 오르기를 원하고 유명해지기를 원하지만 그것이 오히려 독이 되는 경우들이 많습니다. 영적으로 준비되지 않은 사람에게는 독이 되는 것입니다. 그래서 우리는 하나님 앞에 겸손하게 엎드려 하나님께서 내 인생에 좋은 것으로 주실 줄로 믿고 하나님께 맡기는 믿음이 필요합니다.

성도 여러분, 하나님께서 여러분에게 좋은 것을 주실 줄로 믿고 의심치 않는 성도들이 되시기를 바랍니다.

2. 하나님의 말씀을 믿어야 합니다

하나님은 말씀하십니다. 민수기 14장 24절에 "그러나 내 종 갈렙은 그 마음이 그들과 달라서 나를 온전히 따랐은즉 그가 갔던 땅으로 내가 그를 인도하여 들이리니 그의 자손이 그 땅을 차지하리라"고 했습니다. '나를 온전히 따랐다'는 것입니다. 여호수아와 갈렙은 자기의 눈으로 본 것을 판단하지 않았습니다. 자기 생각을 말한 것이 아닙니다. 예수 믿을 때에 "내 생각에…" 하는 사람이 가장 위험한 사람입니다. 사탄은 이런 사람을 잘 사용합니다. 예수 믿는 것은 하나님의 말씀을 그대로 믿는 것입니다. 여호수아와 갈렙은 하나님께서 아브라함과 이삭과 야곱에게 주신 말씀을 믿었습니다.

하나님께서는 창세기 12장에 아브라함에게 "너와 네 자손에게 가나안 땅을 주겠다"라고 약속하셨습니다. 이것을 믿는 것입니다. 가나안 땅은 하나님께서 약속하신 땅입니다. 이곳에서 이스라엘을 축복해 주시려고 부르셨습니다. 이스라엘이 가나안에서 하나님의 말씀을 붙들고 살기만 하면 자손대대로 축복을 약속받았습니다. 교회는 영적인 가나안입니다. 교회는 성별된 곳이요, 하나님을 예배하는 곳이기 때문에 복된 곳입니다. 이 교회를 귀하게 여기고 이 전에서 나오는 하나님의 말씀에 순종하며 살면 대대로 축복해 주시겠다고 약속하셨습니다.

하나님의 말씀을 믿으면 여러분의 심령이 순결해집니다. 그 말씀이 여러분을 씻어주고 영혼을 붙들어 주십니다. 여러분의 영혼은 다른 것으로 붙들 수 있는 것이 아닙니다. 돈이 아무리 많아도 그 돈이 여러분의 영혼을 지키지 못합니다. 지식이 많아도 그 지식이 영혼을 살리지 못합니다. 오직 하나님의 말씀만이 여러분을 살리는 것입니다. 그러므로 여러분은 날마다 하나님의 말씀을 사모하고 바로 보셔야 합니다. 하나님의 말씀에서 시선이 떨어지면 세상의 다른 것이 뚜렷하게 보입니다.

높은 빌딩을 짓는 분들을 보면 공중에서 철제 빔 위를 걸어 다닙니다. "무섭지 않습니까?" 하고 물어보니 아래를 가만히 내려다보면 무섭다고 합니다. 그래서 내가 가는 쇠막대만 보고 걷는다고 합니다. 하나님의 말씀이 희미해지면 다른 것이 더 크게 보이고 강하게 보이며 위대하게 보입니다. 세상을 의지하면 후회할 일이 생기지만 하나님을 의지하면 후회하지 않습니다.

6·25 전쟁 시기에 피난을 나오다가 자녀를 잃어버린 가정들이 많습니다. 옛날 교회의 어떤 분도 피난 오면서 어머니 손을 붙잡고 왔는데 어머니가 머리에 짐을 이고 가느라 어머니 치맛자락을 붙잡고 좇아왔답니다. 그런데 사람이 많아 그만 어머니를 놓쳐버렸다는 것입니다. 사람은 아무리 든든한 사람도, 소중한 사람도 놓쳐버리는 것이 인생입니다. 그러나 우리 주님은 우리의 인생길을 끝까지 버리지 않고 붙들어 주십니다.

온 세상 날 버려도 주 예수 안 버려
끝까지 나를 돌아보시니
주는 저 산 밑에 백합 빛나는 새벽별
이 땅 위에 비길 것이 없도다

(찬송가 88장)

이 찬송처럼 우리 주님께서 끝까지 붙들어 주십니다.

3. 절대긍정의 성도들이 됩시다

부정적인 보고를 했던 열 명의 정탐꾼과 이들의 보고를 받고 불평했던 백성들은 모두 광야에서 죽음을 당했습니다. 그러나 열두 명의 정탐꾼 중에서 긍정의 눈으로 바라보고 믿음의 보고를 했던 여호수아와 갈렙은 모세도 밟지 못한 가나안 땅을 차지했습니다. 긍정의 눈으로 보는 것과 부정의 눈으로 보는 것과는 정반대의 차이가 있습니다. 세상이 악해지고 악한 사람들이 일어설 때에 믿음의 사람은 천국이 가까움을 바라봅니다. 나이가 들어 육체가 약해져도 믿음의 사람들은 천국이 가까움을 깨닫습니다.

던킨 도너츠를 만든 빌 로젠버그 회장은 록펠러처럼 어릴 때 너무 가난하게 살았고 십일조를 정확하게 드린 유명한 사람입니다. 그가 1971년 폐암에 걸렸습니다. 이때에 그는 절대긍정의 믿음으로 '예수 그리스도 안에서 나는 살 수 있다'는 믿음을 가지고 기도하며 살았는데 폐암이 나았습니다. 6년 뒤에는 임파선암에 걸렸는데 또다시 예수님을 의지하고 십자가를 목에 걸고 감사와 찬양으로 살았는데 또 임파선암에서 고침을 받았습니다. 1990년에는 치명적인 고환암에 걸렸는데 역시 믿음으로 기도하며 찬송하며 고침을 받고 85세까지 살았습니다.

그는 자신이 암에 걸린 이유를 이렇게 해석했습니다. 하나님께서는 암에 걸려 고통스런 삶을 사는 사람들을 위해 나에게 이 병을 주셨다고 했습니다. 그리고 그의 수많은 재산을 사회로 환원하고 암 퇴치를 위해 앞장서게 되었습니다. 긍정의 눈으로 보면 세상이 다르게 보입니다.

성도 여러분, 하나님은 긍정적인 사람들을 기뻐하시고 복을 주십니다. 하나님의 전에서 긍정적인 생각을 하는 것은 이미 복을 크게 받은 것입니다. 그 마음에 천국이 임했기 때문입니다. 행복한 신앙의 길을 걸어가게 됩니다.

우리 교회에는 주간장애인학교가 있습니다. 지적 장애를 가진 자녀를 둔 부모님의 마음을 누가 감히 헤아릴 수 있겠습니까? 이들은 내 자녀를 통해 영혼이 맑아지고, 내 자녀와 같이 어려운 사람들을 깊이 이해하는 마음과 관심을 갖습니다. 불신앙의 사람은 왜 우리 가정에 이런 일이 일어났는가를 생각하며 고통스럽고 절망하지만, 긍정적인 믿음의 사람은 하나님께서 나에게 이런 시련을 통해 하나님의 영광을 위해 무슨 일을 하라고 하시는가를 깨닫습니다. 그래서 축복의 사람이 됩니다.

두 나그네가 구름 한 점 없는 사막을 횡단하고 있었습니다. 한 나그네는 너무 고통스러워 여행을 포기하고 싶었습니다. 그런데 그들의 눈앞에 펼쳐진 것은 무덤뿐이었습니다. 이때 부정적인 친구가 말합니다. “이제야 올 것이 왔군. 저 사람들도 우리처럼 지쳐서 쓰러져 죽은 사람들의 무덤이야.” 그러자 긍정적인 친구는 “친구여, 포기하지 말자. 조금만 더 힘을 내자. 무덤이 여기에 있다는 것은 멀지 않은 곳에 마을이 있다는 뜻이야.” 과연 조금 더 걸어가다 보니 마을이 나타났습니다. 긍정은 사람을 살립니다.

부정적인 사람들은 자신이 부정적인지 모릅니다. 부정적인 생각은 사탄이 주는 것입니다. 그래서 얼마나 교묘한지 모릅니다. 부정적인 생각을 정의로운 생각으로 착각하게 만듭니다. 나는 의롭다는 것입니다. 그래서 그 입에서 나오는 말로 다른 사람들을 함께 죄짓게 만듭니다. 여러분은 항상 긍정적인 믿음으로 살아가시기 바랍니다. 그래서 신앙은 아멘입니다. 내 생각에는 안 되지만, 내 경험으로는 안 되지만 아멘 하고 믿음의 눈으로 바라보면 성령님께서 도와주십니다. 나를 긍정의 사람으로 바꾸어 주십니다. 여러분은 예배시간에 좋아도 긍정적으로 조시기 바랍니다. 머리를 좌우로 흔들며 "아닙니다. 못합니다" 하는 것이 아니라 졸더라도 앞뒤로 흔들며 "그렇습니다. 맞습니다" 하시기 바랍니다.

학생들을 학습을 시키며 한 그룹은 머리를 앞뒤로 흔들며 암기를 시키고 다른 한 그룹은 머리를 좌우로 흔들며 암기를 시켰답니다. 그리고 시험 결과가 나온 다음에 이번에는 서로를 바꾸어 옆으로 흔들던 그룹은 앞뒤로 흔들게 하고, 앞뒤로 흔들던 그룹은 좌우로 흔들며 암기를 하게 했더니 놀랍게도 앞뒤로 흔들며 암기한 그룹이 훨씬 더 성적이 좋았다는 것입니다. 우리나라 선비들이 옛날에 앞뒤로 흔들며 공부한 것이 다 이유가 있습니다. 연구결과를 보면 앞뒤로 흔들면 척추가 곧게 펴진다는 것입니다.

데살로니가전서 5장 16-18절의 "항상 기뻐하라, 쉬지 말고 기도하라, 범사에 감사하라"는 말씀은 우리 성도들이 늘 암송해야 할 구절입니다. 이 말씀은 절대긍정의 신앙을 잘 나타내주는 말씀입니다. 슬픈 일이 있어도 기뻐하고, 힘들어도 낙심할 일이 있어도 쉬지 말고 기도하고, 억울한 일이 있어도, 시험들 일이 있어도 범사에 감사하라는 것은 절대긍정의 말씀입니다. 부정적인 사람은 장미나무를 보며 가시를 봅니다. 그리고 가시가 있다고 지적을 하고 불평을 합니다. 그러나 긍정적인 사람은 가시가 있는 나무에 이런 아름다운 꽃이 피는 것을 찬송합니다.

성경은 긍정의 책입니다. 교회는 성도들을 새롭게 만드는 긍정의 장소입니다. 여러분 마음속에 부정적인 것들이 있습니까? 예배의 자리에서 다 내려놓으십시오. 그리고 하나님께 구하십시오. 구하는 자에게 하나님은 새 마음을 주시고 여러분의 인생을 복된 길로 이끌어 주십니다. 우리 도림의 성도 모두가 절대긍정의 믿음으로 하나님께서 주실 약속의 기업을 모두 차지하는 성도들이 되시기를 바랍니다.

적용

ⓐ 오늘 말씀의 주제 파악하기:

ⓑ 오늘 말씀 중 은혜 받은 부분 나누기:

ⓒ 삶에 구체적으로 적용하기:

함께 드리는 기도 제목

1. 하나님을 온전히 믿는 믿음이 있게 하옵소서.
2. 하나님께서 주시는 것이 나를 살리고 세우는 길임을 고백하게 하옵소서.
3. 늘 긍정의 말과 생각으로 삶과 가정과 교회를 세우는 성도가 되게 하옵소서.

42.

능력 있는 기도로 인생을 바꾸라

» **본 문:** 시편 145편 18-19절
» **찬 송:** 302장(내 주 하나님 넓고 큰 은혜는, 통 408장)
» **요 절:** "여호와께서는 자기에게 간구하는 모든 자 곧 진실하게 간구하는 모든 자에게 가까이 하시는도다"(시 145:18)

하나님께서는 우리에게 생명을 주셨습니다. 생명이 있는 자는 호흡을 합니다. 숨 쉬지 않고 살 수 있는 사람은 아무도 없습니다. 보통 사람은 3분만 숨을 참아도 얼굴이 붉어지고 가슴이 답답하고 더 이상 참을 수 없는 상태가 됩니다. 숨을 쉬고 싶어집니다. 학생 시절에 물속에 들어가 누가 숨을 오래 참는지 내기를 하곤 했는데 한참을 참다가 더 이상 못 참게 될 때 갑자기 물위로 올라와 '후' 하고 숨을 쉬면 얼마나 좋은지 모릅니다. 사람은 숨을 쉬어야 살게 되어 있습니다. 기도는 영혼의 호흡이라 했습니다. 호흡을 멈춘 사람이 숨을 쉬고 싶어 하는 것처럼 우리가 하나님을 만나고 기도하고 싶어 한다면 이 사람은 영혼이 살아 있는 사람입니다.

한참 은혜를 받았을 때는 교회를 지나가다가도 기도하러 들어가고 길을 가다가도 기도하고 자꾸만 기도하고 싶어집니다. 초등학교에 다니던 그 어린 시절에도 밤마다 교회에 모여 기도했습니다. 그때 기도할 제목이 뭐 그렇게 많았는지 매일 밤 모여 기도했습니다.

그때에 하나님께 평생을 주님을 위해 살겠다고 서원도 했고 체험도 했습니다. 어린 나이에 무얼 알겠습니까? 그러나 이 나라 이 민족을 구원할 주의 종이 되게 해달라고 기도했을 때 하나님은 그 기도를 기억해 놓으시고 주의 종으로 삼으시고 인도해 주셨습니다.

하나님께 기도드린 시간은 절대로 손해가 없습니다. 하나님과 점점 더 가까워지는 것입니다. 하나님께서 그 기도시간을 기억해 주시는 것입니다. 평소에 기도하지 않는 사람은 기도거리가 없습니다. 그래서 무슨 선교회가 이번 주에 기도담당이라고 해서 심야기도에 와서 한 시간을 기도하려고 하면 나는 한 30분은 기도한 것 같은데 눈을 떠 보면 3분밖에 안 지났습니다.

마음이 맞지 않는 사람과 마주 앉아 이야기를 해보십시오. 30분 이야기하는 것도 쉬운 일이 아닙니다. 재미가 없습니다. 그런데 사랑하는 사람과 앉아서 이야기를 해보십시오. 시간이 가는 줄 모릅니다. 기도가 그런 것입니다. 하나님을 사랑하면 기도하는 시간이 그리워지고 기도시간이 너무나 짧게 느껴집니다. 우리는 기도하는 즐거움이 있어야 하나님을 가까이 만나게 되고 신앙에 승리하게 됩니다.

성경에 나오는 다윗은 기도하기를 즐거워하는 사람이었고 그의 평생을 하나님과 동행하면서 승리한 사람입니다. 다윗의 일생은 기도였습니다. 늘 하나님과 대화하며 살았습니다. 그 체험을 오늘 다윗은 시편의 마지막 결론이 시작되는 145편에서 고백하고 있습니다.

오늘 말씀에 하나님은 간구하는 자에게 가까이 하십니다. 기도는 하나님과의 대화입니다. 대화를 통해 우리는 사랑을 고백하기도 하고 필요한 것을 요청하기도 합니다. 사랑하면 가까이 하게 됩니다. 1년 내내 전화 한 통 없다가 사랑한다고 하면 그것은 거짓말입니다. 사랑하면 보고 싶어 합니다. 대화하고 싶어 합니다. 어린아이들이 어머니와 떼어놓으면 보고 싶어서 웁니다. 어린이집에 자녀를 보내야 직장생활을 할 수 있는데 아이가 떨어지지 않으려고 웁니다.

신학교 시절 집사람과 함께 대학원을 다니느라 아이들을 키울 수가 없었습니다. 그래서 할머니 집에 맡겨놓고 돌아오려고 하면 아이가 웁니다. 얼마나 우는지 한 시간을 쉬지 않고 악을 쓰며 울어대니 서울로 한참을 올라오다가 다시 데려가라고 해서 돌아가 데려온 적도 있습니다. 왜 웁니까? 부모가 보고 싶어 우는 것입니다. 나를 혼자 두지 말라는 것입니다. 그러니 마음이 아파 '어찌되었든 데려오고 보자' 하고 데려오는 것입니다. 하나님이 이렇게 보고 싶어 울도록 사랑하면 하나님께서 마음에 감동을 받으십니다. "하나님, 보고 싶어요. 보고 싶어요." 매주일 눈물이 여러분에게 있기를 바랍니다.

다윗은 하나님의 마음에 감동을 드린 사람이었습니다. 사도행전 13장 22절에 하나님은 "내가 이새의 아들 다윗을 만나니 내 마음에 맞는 사람이라 내 뜻을 다 이루리라" 말씀하셨습니다. 골리앗이 하나님의 이름을 모욕하고 이스라엘 백성들을 조롱할 때에 다윗은 물맷돌을 들고 골리앗 앞으로 달려나갔습니다. 성경에 다윗이 이미 이겼으니 "아, 물맷돌을 잘 던졌구나!" 하지만 당시의 상황은 그것이 아닙니다. 창칼을 든 병사들도 벌벌 떨고 있는데 짐승을 쫓을 때 사용하는 돌 던지는 막대기 하나 들고 앞으로 뛰어나간 것입니다. 죽으려고 나간 것입니다.

왜요? 하나님의 이름을 모욕하는 것을 보고 참을 수가 없었던 것입니다. 그때 하나님은 감동을 받으셨습니다. "네가 네 생명보다 나를 더 사랑하는구나. 내 마음에 합한 사람이라." 그리고 뭐라고 하십니까? "내 뜻을 다 이루게 하리라"고 말씀하셨습니다. 하나님께서 하실 일의 주역에 앞으로 다윗을 세우시고 다윗을 지켜주시고 다윗의 편이 되어 주시겠다는 약속입니다.

오늘 성경은 하나님께 간구하는 자에게 가까이 하신다고 했는데 그저 간구하는 자가 아닙니다. 진실하게 간구하는 자입니다. 내가 얻으려고 하는 자는 힘이 듭니다. 곤고합니다. 실패할 수가 있습니다. 인생이 다 성공하면 좋겠지만 하나님은 때로는 실패의 길을 주기도 하십니다.

베드로에게도 실패의 길을 주셨습니다. 베드로가 밤새도록 그물을 던져 물고기를 잡았지만 한 마리도 잡지 못했습니다. 베드로는 고기 잡는 데 선수입니다. 낚시꾼도 어디 어디 수초 사이에 던져야 고기가 잘 오는지 잘 압니다. 베드로는 매일같이 그물을 던지는 사람으로 자신이 있었습니다. 그러나 내 마음대로 안 되는 것을 깨닫고 지치고 피곤한 몸으로 돌아올 때에 주님을 만나게 하셨습니다. 주님은 다시 나가 배 오른편에 그물을 던지라고 하십니다. 그랬더니 배에 다 실을 수 없을 정도로 많은 물고기가 잡혔습니다.

여러분, 하나님은 우리가 가는 길이 어디가 축복의 길인지, 어디가 망하는 길인지를 미리 다 아십니다. 그래서 하나님께 미리 기도하고 그 길을 따라가면 행복한 길이 됩니다.

어느 장로님이 하나님과 별로 친하지 못했습니다. 직분도 잘 감당하지 못하면서 주일예배만 끝나면 부리나케 일터로 달려갔습니다. 돈을 너무 사랑했습니다. 그런데 어느 날 회사가 갑자기 기울기 시작합니다. 백방으로 뛰어다녔지만 이미 때는 늦었습니다. 결국 회사가 부도가 나고 거래처도 끊기고, 친구도 다 떨어져 나갔습니다. 이분이 배신감과 좌절감을 느끼기 시작합니다. 인생이 그렇습니다. 돈이 있어야 사람이 모이지 돈이 떨어지면 다 떠나는 것이 세상입니다.

이때 이 장로님이 드디어 금식기도를 하기 시작합니다. 그리고 하나님께서 주시는 깊은 은혜를 받았습니다. 그리고 간증하기를 "내가 세상으로부터 멀어지니 하나님께 가까워지기 시작했습니다"라고 말했습니다. 하나님은 우리가 하나님께 가까이 가는 것을 바라고 계십니다. 그것은 간구하는 것입니다. 그러면 주님은 우리에게 좋은 길을 보여주십니다.

여러분 가정에 문제가 있어 내가 해결해 보려고 열심히 그물을 내려 보셨습니까? 인간관계에 문제가 있어 내가 어떻게 해보려고 밤이 새도록 애를 쓰셨습니까? 미래가 불안합니까? 자녀 때문에 염려할 일들이 있습니까? 주님께 간구하시기 바랍니다. 이것이 문제를 해결하는 최고의 길입니다. 그리고 주님의 음성을 들을 수 있기를 바랍니다. 주님은 말씀하십니다. "배 오른편에 그물을 던져라." 내가 해보려고, 내 힘으로 만들어보려고 발버둥치는 것이 아니라 주님의 음성을 들으면 전능하신 주님은 좋은 길을 우리에게 보여주십니다. 세상은 우리에게 늘 좋은 해결책을 주지 않습니다. 그러나 주님은 해결하지 못할 일이 없으십니다. 주님께 진실하게 간구하면 주님의 뜻을 이루는 복된 인생이 되는 줄로 믿으시기 바랍니다.

19절 말씀에 "그는 자기를 경외하는 자들의 소원을 이루시며 또 그들의 부르짖음을 들으사 구원하시리로다"라고 말씀하십니다. 경외란 거룩한 두려움입니다. 히브리어에서 '경외'란 '예레아'(יִרְאָה)로 공포스런 두려움이 아니라 하나님을 찬양하고 순종하면서 따르는 행위를 뜻하는 단어입니다. 사탄 마귀는 자기를 따르는 자들에게 공포를 줍니다. 처음에는 약간의 순종을 요구했다가 점점 더 큰 것을 요구합니다. 사탄 마귀는 인간을 행복하게 하려고 하는 것이 아니라 불행하게 만들고 망하게 하는 것입니다. 그러나 하나님은 하나님의 자녀들에게 행복을 주시려고 순종을 요구하십니다. 그러므로 우리는 경외하는 가운데 하나님의 말씀을 따라야 하는 것입니다.

지금 우리는 하나님을 두려워하지 않는 시대에 살고 있습니다. 세상 사람들이 하나님을 두려워하지 않습니다. 하나님을 두려워한다면 그렇게 살 수 없습니다. 하나님을 경외하는 사람은 죄를 미워합니다. 하나님을 경외하면 맑은 샘물이 흙탕물을 씻겨 보내듯이 우리의 심령을 깨끗하게 닦아줍니다. 하나님을 경외하는 자의 소원을 이루시며 우리의 부르짖음을 들으십니다. 주님이 오시면 모든 문제가 해결됩니다. 인생은 아담과 하와로부터 시작하여 늘 문제 속에 살아왔습니다. 아프리카에도 문제가 있고 유럽에도 문제가 있습니다.

미국사회는 큰 혼란 속에 있습니다. 미국교회도 그렇습니다. '하나님을 어떻게 잘 믿을까?'를 가지고 싸워야 하는데, 동성애가 가장 큰 이슈가 되었습니다. 잘 산다고 문제가 없는 것이 아닙니다. 주님을 떠나 있으면 더 크고 심각한 문제가 계속 일어나는 것입니다. 인생의 문제의 해결은 주님께 부르짖어야 합니다. 예수님께 부르짖은 사람들은 다 문제의 해결을 받았습니다. 목사는 문제가 없습니까? 다 문제가 있습니다. 목사도 주님께 부르짖어야 합니다. 오래 믿었어도 부르짖어야 하고 지금 믿었어도 부르짖어야 합니다. 문제가 있는 사람도 부르짖어야 하고 문제가 없는 사람도 부르짖어야 합니다.

어제도 말씀을 준비하면서 "하나님, 나는 목회에는 영 달란트가 없는 사람입니다. 왜 나 같은 사람에게 이런 큰 교회를 맡겨주시고 힘들게 하십니까? 이 많은 영혼들을 어떻게 다 구원시켜야 합니까? 나는 자신 없습니다"라고 기도했습니다. 그때 하나님께서 내 마음에 감동을 주셨습니다. "네가 네 힘으로 살아온 줄 아느냐? 내가 너를 지금까지 인도하고 너를 위해 많은 것을 주었다." 그래서 "그렇구나! 주님께서 주신 것을 100분의 1이라도 갚아야지…" 하고 기도하면서 은혜를 받았습니다.

주님의 은혜를 갚는 것이 무엇입니까? 복음을 전하는 것입니다. 쉬지 않고 복음을 전하는 것입니다. 우리 교회에는 젊은이들이 참 많습니다. 요즘 젊은이들이 교회마다 줄어가고 있는데 우리 교회는 젊은이들이 늘어갑니다. 수요예배에도 젊은이들이 나와서 열심히 말씀을 듣습니다. 얼마나 감사한 일인지 모릅니다. 이들이 대한민국의 미래를 이끌고 가도록 우리는 기도해야 합니다.

우리 교회는 해야 할 일이 너무나 많습니다. 어려운 노인들을 위한 시설도 만들어야 하고, 좋은 학교, 미래를 이끌고 갈 신앙의 인물을 키워낼 학교도 만들어야 합니다. 시골교회를 돕고 개척교회를 돕는 일에도 힘을 써야 하고 선교지에도 복음을 계속해서 전해야 합니다. 부흥이 멈춘 한국교회에 복음의 불씨를 지필 비전도 주어야 합니다. 우리는 나만 바라보고 나만 위해서 예수를 믿어서는 안 됩니다. 그러기 위해서는 우리 교회에 믿음의 사람들, 비전이 있는 사람들, 이 민족을 사랑하고 눈물 흘려 기도할 일꾼들을 많이 세워야 합니다. 이 세상은 학력이 좋은 사람이 만들어 가는 것이 아닙니다. 똑똑한 사람들이 만들어 가는 것이 아닙니다. 서구 사회에 똑똑한 사람들이 많습니다.

화성에 탐사선을 보내고 상상할 수 없는 무기도 만들어냅니다. 인터넷이 발달하는 속도가 너무 빨라 전 세계가 동일한 시간대에 모든 정보를 공유합니다. 그러나 서구사회의 신앙이 식어 가고 교회가 비어 가고 있습니다.

한국교회도 너무 편해져 갑니다. 예수를 너무 편하게 믿으려고 합니다. 얼마 전만 해도 20리, 30리 길을 걸어 예배에 참석했는데 지금은 잠깐이면 오는 거리에도 예배시간에 늦습니다. 옛날에는 선풍기 없이도 예배 드렸는데 요즘은 에어컨이 조금만 약해도 짜증이 납니다. 이웃에 대한 관심이 사라져 갑니다. 내 마음에 안 든다고 교회를 버립니다. 교회는 나오지만 예수의 능력이 없습니다.

우리는 하나님께 부르짖는 것을 잊어서는 안 됩니다. 여러분, 미래는 하나님을 경외하는 사람들이 이끌어 가는 줄로 믿습니다. 우리의 가정도, 우리의 교회도, 우리의 나라도 하나님을 경외하고 부르짖는 사람들을 통해 하나님은 뜻을 이루어 가십니다. 우리의 모든 문제를 하나님께 부르짖어 응답을 받고 능력 있는 기도의 인물이 되어 인생을 바꾸어 나가는 성도들이 되시기를 바랍니다.

적용

ⓐ 오늘 말씀의 주제 파악하기:

ⓑ 오늘 말씀 중 은혜 받은 부분 나누기:

ⓒ 삶에 구체적으로 적용하기:

함께 드리는 기도 제목

1. 주님을 만나는 기도의 시간이 내게 가장 큰 즐거움이 되게 하옵소서.
2. 우리 구역과 가정의 간절한 간구에 하나님, 축복의 길을 열어 주옵소서.
3. 하나님을 경외하며 날마다 순종하는 믿음의 성도들 되게 하옵소서.

43.

감사를 기억하는 성도

» **본 문:** 신명기 8장 1-4절
» **찬 송:** 589장(넓은 들에 익은 곡식, 통 308장)
» **요 절:** "너를 낮추시며 너를 주리게 하시며 또 너도 알지 못하며 네 조상들도 알지 못하던 만나를 네게 먹이신 것은 사람이 떡으로만 사는 것이 아니요 여호와의 입에서 나오는 모든 말씀으로 사는 줄을 네가 알게 하려 하심이니라" (신 8:3)

오늘은 주님의 살과 피를 기념하는 성찬의 예식이 있는 날입니다. 예식을 위하여 말씀을 짧게 전하려 합니다. 우리는 지금 추수감사절을 기다리며 특별새벽기도회를 드리고 있습니다. 우리는 1년에 두 차례 특별새벽기도회를 갖는데 고난주간에 첫 번째 특별새벽기도회를 갖습니다. 고난주간 특별새벽기도회는 주님의 고난에 나도 동참하면서 기도로 우리의 신앙을 돌아보자는 의미입니다. 그리고 추수감사절을 기다리며 특별새벽기도회를 갖습니다. 이 기도회를 통해 내 인생에 감사를 잊어버린 것을 돌이켜보고 감사의 신앙이 되자는 것입니다.

인생은 감사를 잊어버리면 하나님을 잊어버리게 됩니다. 부모님 은혜를 잊어버리면 불효자가 되듯이 하나님의 은혜를 잊어버리면 불신앙의 사람이 됩니다. 기도는 하늘의 창고의 문을 여는 열쇠와 같습니다. 기도는 주님의 마음을 감동시키는 신문고와 같습니다. 특별새벽기도회를 통해 하나님의 은혜와 사랑을 기억하고 감사하는 성도들이 되시기를 바랍니다.

추수감사절은 미국의 청교도들이 첫 추수를 거둔 후 하나님께 감사를 드린 후 유래되었다고 하는데, 사실은 성경에 하나님께서 명하신 절기입니다. "너희는 무교절, 칠칠절, 초막절로 일 년에 세 번 절기를 지키라"고 명하셨는데 초막절이 오늘의 추수감사절입니다. 초막절은 하나님께 예배하기 위하여 예루살렘으로 나아가는 절기입니다.

그러므로 단순히 예물을 드리는 절기가 아니라 하나님을 만나는 놀라운 은혜가 있는 절기입니다. "너희는 반드시 내게 보일지니라." 말씀하신 대로 이날에는 모든 성도들이 빠짐없이 나와 하나님께 찬양하고 예배하는 절기입니다. 이날에는 1년 동안 나의 죄를 대속해 주시고 구원해 주신 하나님의 은혜를 잊지 않고 감사합니다. 또한 1년의 추수를 통해 복을 주시고 지켜주신 것을 감사하며 예물을 들고 하나님 앞에 나오는 절기입니다.

이스라엘 백성들은 추수감사절의 절기 즉 초막절에 모두가 광야로 나와 초막을 짓고 그곳에서 일주일을 지내며 하나님의 은혜를 회상합니다. 하나님의 특별한 은혜가 아니었으면 절대로 이집트의 노예에서 해방될 수 없었기에 이 사실을 회상하고 기억하며 자손들에게 현장의 교육을 시킵니다. 우리 인간은 망각의 존재이기 때문에 하나님은 이스라엘 백성들에게 시청각 교육을 시키십니다. 광야에 텐트를 치고 사는 생활이 고단합니다. 유월절에도 허리에 띠를 띠고 지팡이를 잡고 앉지도 못하고 서서 쓴 나물과 누룩이 들어가지 않은 딱딱한 빵을 씹어 먹으며 조상들이 겪었던 광야 생활을 기억합니다. 하나님의 은혜를 잊어버리면 교만하게 되고 방자히 행하게 됩니다. 감사하지 않는 인생이 됩니다.

오늘 우리는 나 같은 죄인을 구원해 주신 은혜를 잊지 않고 기억하며 1년 동안 우리 인생을 지켜주신 것을 감사하며 추수감사절을 드리시기 바랍니다. 이스라엘 백성들이 광야에서 일주일 동안 텐트를 치고 살면서 하나님의 은혜를 기억했듯이 여러분도 따뜻한 침대를 떠나 새벽에 주님 앞에 나와 새벽을 깨우며 기도하면서 구약의 초막절, 오늘의 추수감사절을 지킬 수 있기를 바랍니다.

오늘 하나님께서는 1절에 "내가 오늘 명하는 모든 명령을 너희는 지켜 행하라"고 말씀하십니다. 이 명령은 무거운 것이 아닙니다. 우리를 복 주시고 우리의 짐을 가볍게 해주시는 명령입니다. 순종의 결과는 "너희가 살고 번성하고 여호와께서 너희의 조상들에게 맹세하신 땅에 들어가서 그것을 차지하리라"는 것입니다. 우리가 사는 길, 번성하는 길, 땅을 차지하는 길을 하나님께서는 다 준비해 놓으셨습니다. 우리가 하나님의 명령을 지켜 행하기만 하면 그 다음에 하나님께서 얻게 해주십니다.

여러분, 기도의 제목이 있습니까? 해결해야 할 문제가 있습니까? 먼저 하나님의 말씀을 지켜 순종하시기 바랍니다. 하나님은 능력이 있으십니다. 우리에게 주시려고 순종하라고 하셨습니다. 순종할 때에 하나님께서 이미 여러분을 위해 준비해 놓으신 줄로 믿습니다.

2절에 "40년 동안에 네게 광야 길을 걷게 하신 것을 기억하라"고 말씀하셨습니다. 이스라엘이 광야 길을 걷게 된 이유를 기억하라는 것입니다. 이들은 불과 열흘이면 들어갈 가나안 땅을 40년 동안 걸었습니다. 울면서 걸었습니다. 그 이유를 기억하라고 하십니다.

10명의 정탐꾼들이 부정적인 말을 할 때에 이스라엘 백성 전체가 시험에 들었습니다. 더구나 불평하던 자들은 아무도 가나안 땅을 차지하지 못했습니다. 하나님께서는 가나안 땅으로 올라가라고 하셨는데 이들은 이 땅을 차지하지 못할 것이라고 불평했습니다. 차라리 우리 가운데 지도자를 세워 애굽으로 돌아가는 것이 낫겠다고 했습니다. 지금 내게 주신 은혜와 축복을 벌써 잊어버리고 옛날로 돌아가겠다고 외쳤습니다.

말은 하나님의 영역입니다. 하나님께서는 말씀으로 천지를 창조하셨습니다. 예수님께서 말씀하시면 그대로 이루어졌습니다. 나면서 앉은뱅이 된 자에게 일어나라고 말씀하시면 그대로 되었습니다. "사탄아 물러가라" 하시면 그대로 되었습니다. 소경에게 보라고 말씀하시면 그대로 되었습니다. 오늘도 성령이 임한 자에게 말은 이루어지는 능력이 있습니다. 이것은 내가 하는 것이 아니라 기도를 통하여 그 기도대로 하나님의 능력이 임하게 되는 것입니다. 그러므로 우리는 말을 조심해야 합니다. 말을 해도 늘 축복의 말, 감사하는 말, 긍정적인 말, 사람을 살리는 말을 해야 합니다.

부정적인 말, 불평의 말도 강한 전염성이 있습니다. 영적인 영역이기 때문입니다. 열 사람의 부정적인 정탐꾼의 말이 이스라엘 모든 백성을 전염시켰습니다. 연가시라는 생물이 있습니다. 물속에 흐느적거리는 연가시를 본 적이 있는데 얼마나 징그러운지 모릅니다. 이 연가시의 알이 부화되어 물속에 사는 작은 곤충에 기생하다가 사마귀나 메뚜기 같은 곤충이 먹도록 합니다. 그러면 사마귀 같은 곤충의 뱃속에서 자라다가 알을 낳을 때가 되면 곤충의 뇌를 조종합니다.

"물로 들어가라, 물로 들어가라" 하고 조종하는 것입니다. 그러면 실제로 물로 들어갑니다. 뱃속에 있는 연가시가 살아 움직이는 곤충의 뇌를 조종한다는 것이 참 무섭고 신기한 일입니다. 그래서 곤충이 물에 들어가 빠져 죽으면 그 속에서 나와 물속에 다시 알을 낳습니다. 깊은 산속에 있는 물속에 빠져죽은 곤충은 거의 연가시에 조종되어 죽은 곤충들입니다.

여러분, 사탄이 그렇습니다. 사탄은 사람의 마음속에 들어가 그 생각을 조종합니다. 죽을 자리, 망하는 길로 가라고 합니다. 그러므로 우리는 불평의 생각, 부정적인 생각이 자라지 못하도록 늘 말씀으로 깨어 있어야 합니다. 주님께서는 신령과 진리로 예배드리라고 하셨습니다. 깨어 있는 예배를 드리라는 말씀입니다. 그러면 말씀의 능력으로 여러분을 씻어주십니다. "아멘" 하고 하나님의 말씀을 받아들이면 여러분의 영혼을 정결하게 하고 사탄의 가라지를 제거해 주시는 줄로 믿습니다.

오늘 우리는 기억해야 합니다. 우리의 지혜 때문에 성공한 줄로 생각하면 하나님은 섭섭해하십니다. 내가 잘해서 된 줄로 생각하면 안 됩니다. 이것은 교만입니다. 우리가 사는 세상은 능력이 있어도 안 되고, 계획을 잘 세워도 안 되고, 경영학을 전공해도 사업이 안 되는 일들이 많습니다. 철학을 전공해도 세상을 모르는 어리석은 사람들이 많습니다. 하나님께서 은혜를 주셔야 전공을 하지 않아도 최고가 되고 형통하게 됩니다. 우리의 생각을 자꾸만 감사로 채워야 합니다.

"금년 채소농사를 망쳤어." 한 농부가 낙심하여 말합니다. 그러자 친구가 묻습니다. "자네, 감자농사도 망쳤는가?" "아니, 감자농사는 잘되었네." "그러면 벼농사는?" "벼농사도 잘되었지." "그럼 옥수수는?" "그것도 잘되었네." 그러자 친구가 말합니다. "자네는 왜 잘된 것이 많은데, 그것을 먼저 감사하고 기뻐하지 않고 안 된 것 하나 가지고 낙심하나?" 그렇습니다. 우리는 잘된 것을 바라보고 감사할 줄 아는 인생이 되어야 합니다.

성경은 불평하는 인생, 부정적인 인생은 마음이 병들고 영혼이 병들고 육체가 병든다고 말씀합니다. 사람을 사귈 때에도 잘하는 것을 보아주면 서로가 행복한 관계가 됩니다. 그러나 못하는 것을 바라보면 좋은 관계가 되지 못합니다. 부부관계도 그렇습니다. 잘하는 것을 보아주면 서로가 행복합니다. 열 가지를 잘하는데 한 가지 잘못한 것을 바라보고 살면 이 가정은 불행하게 되는 것입니다. 하나님께서 범사에 감사하라고 말씀하신 이유가 있습니다.

하나님께서는 이스라엘 백성들이 감사를 회복하기를 원하셨습니다. 이들을 테스트해 보셨다고 했습니다. 그래서 40년 동안 이들을 낮추셨습니다. 고난의 광야 길을 걷게 하셨습니다. 여러분, 고난이 다 해가 되는 것은 아닙니다. 고난의 의미를 깨달으면 이 고난이 축복이 됩니다.

성경의 인물들은 다 고난의 광야를 지났습니다. 처음부터 축복의 인물이 된 것이 아닙니다. 귀공자같이 자란 요셉은 웅덩이에 던져지고 노예로 끌려가고 감옥에 갇히는 광야를 겪었습니다. 무려 13년입니다. 모세는 왕궁에서 자란 왕자의 교만과 자신감을 꺾으시기 위하여 무려 40년 동안 광야의 양치기를 해야만 했습니다. 40년입니다. 40년 동안 모세는 다 늙어 버렸습니다. 좀 더 일찍 깨달았다면 20년 만에 하나님의 부르심을 입을 수도 있었을 것입니다. 우리는 고난의 시기에 기도하며 감사를 회복하는 성도들이 되시기를 바랍니다. 그러면 하나님께서 여러분의 광야생활을 끝내시고 가나안 땅의 축복을 주시는 것을 믿으시기 바랍니다.

3-4절의 말씀을 보면 이스라엘 백성들이 광야의 길을 걸어가는 동안에 애굽에서 나온 사람들은 다 죽었습니다. 이들은 가나안 땅을 차지할 자격이 없었기 때문입니다. 그러나 광야에서 낳은 자녀들은 애굽도 모르고 가나안도 모릅니다. 광야가 전부였습니다. 그런데 이들을 하나님께서 인도해 주셨습니다. 만나를 먹이시고 의복이 해어지지 않게 하셨고 발이 부르트지 않게 하셨습니다. 먹을 것이 없

는 광야에서 먹고 사는 기적을 베풀어 주셨고, 풀도 제대로 없는 광야에서 옷도 입혀 주셨고, 그 열악한 상황에서 건강도 지켜주셨다는 말씀입니다.

여러분, 우리가 하나님의 말씀에 순종하며 살면 이와 같은 은총을 여러분에게 베풀어 주십니다. 불황에도 만나를 주십니다. 경제가 어려워서 망하는 것이 아닙니다. 또한 잘산다고 다 건강한 것이 아닙니다. 세계에서 가장 부한 나라가 되어도 내가 병이 들면 소용없는 것입니다. 하나님의 은혜가 있어야 행복한 인생이 되는 것입니다.

그러므로 이 추수감사의 계절에 주님 앞에 감사의 무릎을 꿇으시기 바랍니다. 내가 살아온 지난 1년을 진정으로 감사하고, 가정을 감사하고 내 영혼을 지켜주시고 말씀을 주시는 교회를 감사하시기 바랍니다. 그리하여 여러분의 영혼이 더욱 풍성해지고 영혼이 잘됨같이 범사에 잘되고 강건한 축복이 여러분에게 임하시기를 바랍니다.

적 용

ⓐ 오늘 말씀의 주제 파악하기:

ⓑ 오늘 말씀 중 은혜 받은 부분 나누기:

ⓒ 삶에 구체적으로 적용하기:

함께 드리는 기도 제목

1. 하나님께서 주신 은혜를 잊지 않게 하옵소서.
2. 우리 가정에 감사의 말들과 감사의 생각이 넘쳐나게 하옵소서.
3. 어떤 상황 가운데서도 주님께 감사의 고백을 돌리는 성도가 되게 하옵소서.

44.

감사하는 교회, 감사하는 사람

» **본 문:** 신명기 16장 13-17절
» **찬 송:** 593장(아름다운 하늘과, 통 312장)
» **요 절:** "네 하나님 여호와께서 택하신 곳에서 너는 이레 동안 네 하나님 여호와 앞에서 절기를 지키고 네 하나님 여호와께서 네 모든 소출과 네 손으로 행한 모든 일에 복 주실 것이니 너는 온전히 즐거워할지니라"(신 16:15)

우리에게 지난 1년 동안 많은 일이 있었습니다. 예전에 경험하지 못했던 축복을 받은 성도들도 있을 것입니다. 또한 기억하고 싶지 않은 일, 다시는 만나고 싶지 않은 고통스러운 일도 있을 것입니다. 그러나 오늘 이 자리까지 인도하신 하나님께 감사하는 성도들이 되시기를 바랍니다. 추수감사주일은 하나님이 특별히 명하신 절기입니다.

출애굽기 23장 14절을 보면 "너는 매년 세 번 내게 절기를 지킬지니라"고 하나님이 명령하셨습니다. 오늘 본문 말씀에도 이 세 가지 절기를 지킬 것을 말씀하고 있습니다.

첫째는 유월절(무교절)로서 하나님의 은혜를 감사하는 절기입니다. 이 절기는 출애굽하게 될 때에 어린양을 잡아 그 피를 문설주와 인방에 바르고 쓴 나물과 누룩이 들어가지 않은 떡을 먹으며 출애굽을 준비하는 절기였습니다. 이 절기는 노예에서 자유인이 되었듯 신약에서는 죽음에서 생명으로 옮겨지는 부활절의 의미를 갖습니다.

둘째는 오순절(맥추절)로서 모세가 십계명을 받은 것과 첫 번째 수확하는 곡식인 보리 수확을 감사하는 절기입니다. 맥추절은 단순한 농사에 대한 감사가 아니라 이스라엘이 출애굽하여 첫 번째 수확을 거둔 후 하나님께 드린 감사의 절기입니다. 신약시대에 오순절에 성령강림의 역사가 일어났습니다. 초대교회의 시작이 되었습니다. 우리는 이날을 성령강림절로 지키고 있습니다.

셋째는 초막절(수장절, 칠칠절)로서 가을에 거둬들인 곡식들과 포도와 무화과 추수를 감사하며 또 출애굽하여 가나안까지 인도하여 주신 하나님의 은혜를 감사하면서 지내는 절기입니다. 오늘의 추수감사절입니다.

오늘 말씀은 초막절 즉 추수감사절을 지키는 정신에 대하여 말씀해 주고 있습니다. 먼저, 13절에 7일 동안 절기를 지키라고 했습니다. 이 절기를 지킬 때에는 광야로 나아가 초막을 짓고 일주일 동안 그 안에서 조상들이 겪은 삶을 실제로 경험해 보면서 보내는 절기입니다. 일주일 동안 나가서 생활한다고 하는 것이 쉬운 일이 아닙니다. 목축을 하는 이스라엘 백성들은 모든 가축들을 데리고 나가야 합니다. 어려운 일입니다. 그만큼 추수감사절을 분명하게 지키라는 뜻입니다. 지금 평안하게 되었다고, 지금 잘살게 되었다고 하나님의 은혜를 잊어버리는 자가 되지 말라는 뜻입니다.

그 다음, 14절에 "너와 네 자녀와 노비와 네 성중에 거주하는 레위인과 객과 고아와 과부가 함께 즐거워하되"라고 했습니다. 이것은 추수감사절이 개인의 감사가 아니라 함께 지켜야 할 절기임을 말씀해 주는 것입니다. 자녀와 노비들까지 빼놓지 말라고 했습니다. 아무리 작은 자라도 소홀히 하지 말고 하나님의 은혜를 잊지 않도록 하라는 뜻입니다.

레위인은 하나님 일을 하면서 생활하는 사람들입니다. 오늘날 주의 종들입니다. 이들과도 함께 감사하라는 것입니다. 그리고 객과 고아와 과부를 말씀하십니다. 너희들이 먹을 것이 있어서 너희끼리 즐거워하지 말고 사회적인 약자들과 이 감사를 함께 하라는 것입니다. "너희가 광야 생활을 하며 비참한 생활을 겪지 않았느냐? 그때 고통스럽지 않았느냐? 그런데 하나님의 은혜로 이렇게 풍요로운 삶을 누리게 되었다. 그러니 그때를 잊지 말라"는 것입니다.

현대교회의 추수감사절은 이 공동체의 정신을 많이 잃어버렸습니다. 그저 우리끼리 헌금 드리고 국 끓여 먹는 것을 추수감사절로 생각하고 있습니다. 그러나 성경이 말씀하는 추수감사절은 약자들과 함께 하는 추수감사절입니다. 공동체적인 추수감사절입니다. 그래서 추수감사절에는 떡도 해서 노인정에도 돌리고 이웃들에게도 돌리고, 과일을 나눕니다. 이것이 성경이 말씀하는 추수감사절의 정신이기 때문입니다.

우리가 풍요를 누리는 이 절기에 우리 주변에 약자들, 배고픈 자들이 없는지 돌아보는 풍요로운 마음을 가지는 성도님들이 되시기를 바랍니다. 그래서 하나님께서 주신 이 축복을 함께 나누는 성도님들이 되시기를 바랍니다.

그 다음 16-17절을 보면 "네 하나님 여호와께서 택하신 곳에서 여호와를 뵈옵되 빈손으로 여호와를 뵈옵지 말고 각 사람이 네 하나님 여호와께서 주신 복을 따라 그 힘대로 드릴지니라"고 했습니다. 저는 봉헌을 할 때에 다른 교회처럼 헌금 바구니를 돌리기를 원치 않습니다. 그래서 부임하는 교회마다 헌금 바구니를 없앴습니다. 잘못하면 하나님께 드리는 것을 사람을 의식하게 되고 축복받아야 할 헌금이 아나니아와 삽비라의 헌금처럼 되기 때문입니다.

우리 교회는 헌신예배의 헌금도 없앴습니다. 헌신예배는 부서나 기관이 헌신을 서원하는 예배이지, 성도들이 헌금을 드려 도와주는 것이 아니기 때문입니다. 헌신을 서원하는 예배는 구약의 번제입니다. 항존직 임직자들이 예물을 드리는 것은 바로 이 서원하는 번제와 같습니다. 그래서 이 번제의 예물을 뜻 깊게 하기 위해 우리 교회는 교회를 세우는 일이나 학교를 세우는 일 등 귀한 일에 사용합니다. 전주도림교회가 이 서원의 예물을 통해 세워졌고, 필리핀에 있는 장로회신학대학교에 본관밖에 없었는데 비전홀 건축을 준비하고 있습니다.

특별히 절기 때에 헌금을 드리는 것, 이것은 하나님의 명령이요, 절기를 지키라고 하신, 즉 훈련하라고 하신 성경말씀대로 순종하기 위해서입니다. 하나님께 순종하며 예물을 드리는 것은 축복이 약속되어 있기 때문에 주의 종은 마땅히 성경대로 가르쳐야 합니다. 하나님 앞에 드리는 것은 감사한 마음과 기쁜 마음으로 자원하여 드려야 합니다. 누가 어떻게 하는지 신경 쓸 필요가 없습니다. 다른 사람을 바라보면 시험에 듭니다. 오늘 말씀을 보면 내가 받은 복을 생각하여 그 힘대로 드리라고 하십니다. 힘대로 드리라는 것은 너무 힘들게 드려 고통스럽지도 않고, 또 인색하여 하나님을 기쁘시게 못하는 예물이 되지 않게 하라는 말씀입니다.

주님은 가난한 과부의 두 렙돈을 보시며 많은 것을 드렸다고 했습니다. 오늘로 말하면 그저 이백 원 정도 되는 예물인데 이 여인의 전부였습니다. 하나님은 인간의 기준으로 많고 적음을 판단하시는 분이 아니십니다. 내가 받은 복이 조금이라고 하면 조금 드리면 될 것이고, 많다고 생각하면 많이 드리면 되는 것입니다. 하나님께서는 그 마음을 이미 아시기 때문에 열납하시는 예물이 되어야 합니다.

사랑하는 성도 여러분, 오늘 성경이 말씀하는 대로 하나님이 기뻐하시는 추수감사절이 되기를 바랍니다. 그래서 온 교회가 함께 기뻐하고 함께 주의 은혜를 받는 추수감사절이 되기를 바랍니다.

이번 추수감사절의 주제를 '감사를 기억하는 성도'라고 정했습니다.

1. 우리 도림교회를 보며 감사해야 합니다

성경이 말씀하는 감사는 감사할 조건이 있어야만 감사하는 것이 아닙니다. 하박국 선지자는 "비록 무화과나무가 무성하지 못하며 포도나무에 열매가 없으며 감람나무에 소출이 없으며 밭에 먹을 것이 없으며 우리에 양이 없으며 외양간에 소가 없을지라도 나는 여호와로 말미암아 즐거워하며 나의 구원의 하나님으로 말미암아 기뻐하리로다"라고 고백했습니다. 이것이 성경이 말씀하는 감사입니다.

하루는 미국의 한 부흥사가 버스를 탔는데, 보통사람의 세 배는 되는 뚱뚱한 아주머니가 개구쟁이 어린아이 다섯을 데리고 올라탔습니다. 억지를 부리는 놈, 떼를 쓰는 놈, 고래고래 고함을 지르는 놈에다 버스 안을 이리 뛰고 저리 뛰며 난리를 피우는 놈으로 인해서 버스 안이 어린아이들로 난장판이 되었습니다. 뚱뚱한 아주머니는 이런 아이들을 때리고 무식하게 욕하고 팔짝팔짝 뜁니다. 피곤해서 쉬고 싶었던 그 부흥사는 도무지 참아내기가 어려웠습니다. 불평이 나옵니다. 승객들도 모두 얼굴을 찡그리고 있었습니다.

그런데 문득 마음속에 감동이 오는데 "범사에 감사하라"는 말씀이 떠올랐습니다. 인생의 길을 걸어가며 순간순간 하나님의 말씀이 기억나는 성도는 복된 성도입니다. '그래, 감사해야지' 하면서 감사할 조건을 찾는데 "하나님, 저 여자가 내 아내 아닌 것을 감사하고, 저 아이들이 내 아이들이 아닌 것을 감사합니다" 하고 기도했다고 합니다.

여러분, 어떠한 경우에도 감사할 줄 아는 자기 나름의 비결을 찾아야 합니다. 우리 교회도 불평할 것들을 찾으면 참 많습니다. 식당은 왜이리 비좁은지 줄을 서서 기다려야 하고, 주차장도 비좁고, 또 아무개 집사만 보면 은혜가 다 떨어집니다. 왜 가만히 있는 사람을 쫓아와서 은혜 떨어지게 하는 그런 분들이 있지 않습니까? 그러나 감사의 눈으로 바라보면 감사할 일들이 더 많습니다. 조금 전의 그 부흥사처럼 그런 은혜 안 되는 집사님이 내 아내, 내 남편이 안 된 것만 생각해도 너무나 감사하지 않습니까? 봉사하는 많은 일꾼들이 있는 것을 감사할 수 있습니다. 한가했던 식당이 비좁은 식당이 된 것도 감사하고, 비좁은 식당에서도 일 년 내내 땀 흘리며 봉사하는 일꾼들을 보면 감사할 수 있습니다.

식당에서도 처음에는 봉사자 외에는 매식을 했는데 주일에 우리 모두가 기쁨으로 성도의 교제를 갖기 위해서 매식을 없앴습니다. 자꾸 없애니까 재정적으로 더 어려워 질 것 같은데 오히려 더 넉넉해졌습니다. 결혼이나 장례나 결혼기념일이나 감사한 일을 맞이하여 식사를 감사로 드리는 성도들이 올해 지금까지 한 주도 거르지 않고 다 채웠습니다.

교회마다 어렵다고 하는데 우리 교회는 새가족도 많이 보내주셔서 아마 내년에도 한 교구가 새롭게 증설될 것입니다. 일 년에 한 구역이 아니라 한 교구가 늘어나는 교회는 특별한 축복을 받은 교회입니다. 지난 한 해, 사탄 마귀의 시험과 유혹 가운데서도 하나님께서는 이 교회를 지켜주셨습니다. 교회를 통해서 성도들의 영혼을 지켜주셨습니다. 수많은 영혼을 구원하게 하셨습니다. 이 모든 것을 감사하는 성도님들이 되시기를 바랍니다.

2. 감사하는 사람이 되어야 합니다

감사하지 못하는 사람들은 세 가지 이유가 있다고 합니다. 첫째는 자기 주변에서 일어나는 모든 사건들을 우연으로 보기 때문입니다. 하나님의 섭리와 은혜를 바라보지 못하는 것입니다. 둘째는 자기 힘으로 했다고 여기기 때문입니다. 내가 열심히 일해서 돈을 벌었고, 내가 힘써서 이루어진 것으로 여기기 때문에 감사할 필요가 없다고 생각을 합니다. 셋째는 다른 사람과 나를 비교해서 감사하지 못합니다.

자녀들이 가장 듣기 싫어하는 말이 무엇인가 설문조사를 했는데 1위를 한 말이 비교해서 하는 말입니다. "네 형은 잘하는데, 너는 왜?" "이웃집 누구는 공부를 잘하는데, 너는 왜?" 이 말을 제일 듣기 싫어한다고 했습니다. 비교는 불행을 낳습니다.

텔레비전에 나온 김태희를 보면서 '왜 내 마누라는 저렇게 못생겼나?' 생각하면 불평이 나옵니다. 그러는 자기는 장동건처럼 생겼습니까? 자녀보고 성적 가지고 늘 야단하는 부모들은 자기는 공부 잘했습니까? 요즘 초등학교 시험문제 보세요. 얼마나 어려운지 모릅니다. 있는 그대로를 사랑하면 서로가 행복한 것입니다. 불행한 사람의 특징은 다른 사람을 자꾸 자기의 생각처럼 바꾸려고 하는 사람입니다. 자기도 불행하고 만나는 사람도 참 피곤합니다.

복음성가 "왜 나만 겪는 고난이냐고" 하는 곡이 있습니다. 이 곡은 우리나라 최고의 찬양사역자 중의 한 분인 김석균 목사님이 만든 곡입니다. 김석균 목사님이 우리 도림교회 출신이지요. 자제분들이 우리 교회에 지금도 열심히 출석하고 있습니다. 언젠가 김석균 목사님을 한번 모시려 합니다. 이 곡의 배경이 있습니다. 뇌성마비 장애자 한 자매로부터 편지를 받았습니다. 그 편지 속에 쓰인 내용입니다.

가난한 한 집사님이 셋집으로 이사를 했습니다. 그 가정에 초등학교에 다니는 아이들이 어찌나 장난이 심한 녀석이든지 신발을 사주면 한 달을 채 신지 못했습니다. 신발이 그러는데 옷은 아무리 빨아대도 도무지 댈 수가 없었습니다. 그래서 이사한 다음 큰 마음먹고 중고 세탁기 한 대를 샀습니다. 세탁기를 가지고 대문을 들어서다가 그 집 주인 부인을 만났습니다. 집주인이 "웬 세탁기입니까?" "네, 중고 세탁기 한 대 샀습니다. 애들이 워낙 번잡스러워서 당할 수 있어야죠. 아니 글쎄, 얼마나 뛰어다니는지 신발이 한 달을 못 가요, 글쎄."

그 순간 집주인 부인이 갑자기 울면서 집 안으로 뛰어 들어가는 것입니다. 알고 보니 그 가정에 여섯 살 아이가 있는데 걷지 못하는 것입니다. 이 부인의 남편이 이야기하기를 "아이에게 신발 한 번 신겨 걷게 해보는 것이 저희들 소원입니다"라고 말을 했습니다.

그 가난한 집사님은 몇 번이나 죄송하다고 말한 다음 방으로 들어가서 무릎을 꿇고 기도했답니다. "하나님, 아이들 신발을 빨리 닳게 해주셔서 감사합니다. 이것을 불평한 저를 용서하옵소서!" 이 편지의 내용을 가지고 은혜를 받아 "왜 나만 겪는 고난이냐고 불평하지 마세요"라는 곡을 썼습니다.

사실 감사라는 것이 참 어렵습니다. 잘되고 형통할 때는 감사할 수 있지만 지금 병중에 있는데, 지금 빚 때문에 쫓겨 다니는데, 지금 가정이 엉망이 되었는데 어떻게 감사가 나옵니까? 남의 이야기를 하기는 쉽습니다. 우리가 감사, 감사 하지만 사실 내가 고통스러운 상황이 되었을 때에 감사하기가 참 어렵습니다. 그런데도 성경은 감사하라고 말씀합니다. 그냥 감사도 아니고 범사에 감사하라고, 감사함을 넘치게 하라고 말씀합니다.

어떻게 범사에 감사할 수 있습니까? 주님을 여러분 안에 모시면 감사가 나오게 됩니다. 다른 방법이 없습니다. 세상적인 방법으로는 감사가 없습니다. 여러분, 믿음의 사람의 감사는 세상적인 조건으로 인하여 감사하는 것이 아닙니다. 세상을 보면 감사할 것들이 자꾸 사라집니다. 그러나 주님을 바라보세요. 영원한 천국의 소망을 바라보세요. 주님을 여러분 안에 모시고 살아가세요. 그러면 부족한 중에도 감사하게 되는 역사가 일어납니다.

왜 주님은 감사하라고 하십니까? 감사가 축복을 받는 그릇이기 때문입니다. 감사하면 걱정과 근심이 사라집니다. 마귀가 시험할 통로를 차단합니다. 또 감사하면 더 감사할 조건을 찾습니다. 미래의 소망을 갖습니다. 절망이 소망으로 변합니다. 의심이 확신으로 변합니다. 부정적인 생각이 변하여 긍정적인 생각이 됩니다. 그래서 축복의 사람, 행복한 사람으로 변화되는 것입니다.

사랑하는 성도 여러분, 하나님께서 이미 주신 것을 감사하시기 바랍니다. 또 앞으로 주실 것을 소망을 가지고 감사하시기 바랍니다. 그러면 우리에게 후히 주시는 하나님께서 더 많은 감사를 여러분에게 주실 줄로 믿습니다.

추수감사절을 맞이하여 지금까지 여러분을, 우리 교회를, 우리 민족을 인도해 주시고 지켜주신 하나님 은혜에 진심으로 감사하며 하나님께 영광 돌리는 추수감사절이 되기를 바랍니다.

적용

ⓐ 오늘 말씀의 주제 파악하기:

ⓑ 오늘 말씀 중 은혜 받은 부분 나누기:

ⓒ 삶에 구체적으로 적용하기:

함께 드리는 기도 제목

1. 평생 감사하는 감사의 성도가 되게 하옵소서.
2. 우리 가정에 주신 하나님의 은혜를 생각하며 늘 기쁨으로 살게 하옵소서.
3. 교회를 은혜의 눈으로 바라보고 주님의 몸 된 교회에 덕을 세우는 성도가 되게 하옵소서.

45.

시온을 긍휼히 여기시는 하나님

» **본 문:** 시편 102편 13-16절
» **찬 송:** 379장(내 갈 길 멀고 밤은 깊은데, 통 429장)
» **요 절:** "이에 뭇 나라가 여호와의 이름을 경외하며 이 땅의 모든 왕들이 주의 영광을 경외하리니 여호와께서 시온을 건설하시고 그의 영광 중에 나타나셨음이라"(시 102:15~16)

오늘의 시대는 성령의 시대입니다. 예수님께서 약속해 주신 성령님께서 마가의 다락방에 기도하는 성도들에게 오신 후 우리는 성령님의 도우심 속에 살고 있습니다. 하나님은 성령님을 통해 성도들을 보호하시고 성령님을 통해 인생을 인도해 주십니다. 성령님이 도우시지 않으면 우리는 광야에 흩어진 양떼와 같습니다. 사나운 맹수들이 덤벼들어도 지켜줄 목자가 없습니다. 먹을 것도 없고 쉴 수 있는 집도 없습니다. 성령님께서는 교회를 통하여 우리에게 은혜를 주시고 영의 양식을 주시고 말씀의 능력을 통하여 보호해 주십니다. 성령님께서 우리 교회를 복 주시고 인도해 주셨습니다.

올해도 많은 새가족이 등록하고 세례를 받았습니다. 예수 믿고 이분들이 구원의 확신을 가지고 예수님 말씀으로 살려고 애쓰는 것을 보면 얼마나 놀라운지 모릅니다. 이미 신앙생활 하시던 분들도 날마다 은혜를 받았습니다. 이 종이 아무리 능력이 있어도 사람을 구원시킬 능력은 없습니다. '내 인생을 주님 안에서 살아야 되겠다'

하는 인생의 발걸음을 이 종이 바꿀 수가 없습니다. 말 잘해도 안 됩니다. 애를 써도 안 됩니다. 모든 것이 하나님의 은혜로 된 것입니다. 주의 종도 은혜를 받아야 목회할 수 있고, 교회도 은혜를 받아야 부흥하고 교회의 사명을 감당하고 성도들이 영적으로 살찌게 됩니다. 성도들도 은혜를 받아야 성도답게 살게 됩니다. 성도 여러분, 우리 교회에 늘 은혜가 넘치는 성도들이 가득하시길 바랍니다.

1. 교회를 통해 은혜를 베푸십니다

은혜란 내가 한 것이 없는데 거저 받는 것이 은혜입니다. 성도는 은혜의식이 있어야 합니다. 은혜를 모르고 사는 성도는 교만한 사람입니다. 죄가 은혜를 바라보지 못하게 합니다. 내가 회사에서 월급을 받으면서 내가 일을 한 만큼 받았다고 생각하면 여기에는 감사가 없습니다. 믿음의 사람들은 내 회사에 대해서도 감사하는 마음을 가져야 합니다. 내가 회사에 다니고 싶다고 해서 되는 것이 아닙니다. 회사에 다니고 싶어도 회사가 없어 놀고 있는 사람들이 많은 나라가 이 지구상에는 수없이 많습니다. 학교에 다니면서 감사하는 마음을 가지면 이 학생은 바르게 자라게 됩니다.

아프리카에 가 보십시오. 동남아에 가 보십시오. 공부하고 싶어도 학교가 없습니다. 우리가 아프리카에 우물을 파주는 운동을 하고 있는데 길을 가다 보면 조그만 어린이들이 물통을 들고 길을 걸어갑니다. 한나절을 걸어가서 물 한 통을 길어오는 것입니다. 그러니 무슨 학교를 갑니까? 우물을 파주면 이들이 학교에 갈 시간이 비로소 생기는 것입니다. 그러므로 이들은 우물을 볼 때에 감사하고 학교를 볼 때에 감사하게 될 것입니다. 우리는 감사를 너무 모릅니다. 풍요하다 보니 감사를 잃어버렸습니다.

우리는 교회를 보면서 감사해야 합니다. 교회 안에 있는 성도들은 주님의 품안에 있음을 감사해야 합니다. 물론 하나님은 어디에나 다 계십니다. 그러나 하나님이 특별한 은혜의 장소로 교회를 우리에게 주신 것을 잊지 않아야 교회를 바라볼 때에 은혜가 되고 감사하게 되는 것입니다.

이 세상은 언제나 문제가 있습니다. 잘살아도 문제가 있고 높은 자리에 올라도 문제가 있습니다. 더 잘산다고 해서, 더 높은 자리에 오르게 된다고 해서 문제가 해결되는 것이 아닙니다. 옛날보다 가정이 더 풍요해졌지만 가정에는 점점 더 문제가 많습니다. 옛날에는 문제라고 해야 아버지가 술 먹고, 바람 피우는 정도였는데 지금은 별의별 문제가 가정에 일어납니다. 과학이 발달해도 문제는 더 많아질 것입니다. 의학이 발달해도 문제는 더 많아집니다.

그러므로 우리는 교회로 나와야 하는 것입니다. 교회는 여러분을 치료하시고 위로를 주시는 곳입니다. 교회를 감사하는 성도에게 하나님은 은혜를 베풀어주십니다. 오늘 성경에 "시온을 긍휼히 여기시리니 지금은 그에게 은혜를 베푸실 때라"고 말씀하셨습니다. 시온은 교회를 말합니다. 하나님은 교회를 긍휼히 여겨주십니다. "주의 종들이 시온의 돌들을 즐거워하며 그의 티끌도 은혜를 받나이다"라고 했습니다. 시온의 돌이나 티끌은 멸망한 이스라엘을 상징하는 말입니다.

그렇습니다. 우리가 은혜 받는 비결이 여기에 있습니다. "하나님, 나는 버려진 돌과 같고 티끌과 같습니다. 나를 긍휼히 여겨주십시오" 하고 시온을 바라볼 때에 은혜를 주십니다. 내가 교회에 나오는 것이 얼마나 큰 은혜인지를 깨달아야 합니다. 내가 주일 지키는 것이 아닙니다. 은혜를 주셔야 오늘도 하나님 앞에 나와 예배할 수가 있는 것입니다. 은혜를 받으면 다른 것은 다 따라오는 것입니다.

상처받은 자가 은혜를 받으면 치유를 얻습니다. 불행한 자가 은혜를 받으면 행복해지고 가난한 자가 은혜를 받으면 부요해집니다. 방탕한 자가 은혜를 받으면 거룩한 자가 됩니다. 인생의 문제가 막힌 성도가 은혜를 입으면 형통하게 되는 역사가 일어납니다. 성도들 가운데 간혹 우울증에 걸린 분도 있고, 잠을 못 자는 분도 있습니다. 은혜를 받으면 모든 문제가 해결될 줄로 믿고 은혜를 구하시기 바랍니다.

오늘날 교회가 고통을 겪고 있습니다. 교회에 분쟁이 있습니다. '내가 무엇인가 하겠다. 내가 주도권을 잡겠다' 하면 문제가 일어납니다. 교회의 주도권은 예수님께 있습니다. 문제는 은혜가 없어서입니다. 은혜 받으면 분쟁이 사라지고 성령의 열매가 풍성하게 됩니다. 그래서 성도는 먼저 은혜 받기를 사모해야 합니다. 하나님은 은혜 주시기를 기뻐하신다고 했습니다. 성도 여러분, 은혜는 거저 주시는 것이지만 성도들은 은혜 받기를 위해 간절히 기도해야 합니다. 특별히 은혜를 구하는 기도에 시간을 많이 들여야 합니다. 하나님은 구하는 자에게 주시는 줄로 믿으시기 바랍니다.

2. 교회의 사명이 있습니다

교회의 5가지 지표라 해서 5가지의 사명이 있습니다. 첫째는 예배, 둘째는 선교, 셋째는 교육, 넷째는 섬김과 봉사, 다섯째는 성도의 교제입니다. 교회는 이 5가지가 다 있어야 합니다. 예배만 잘 드린다고 되는 것이 아닙니다. 섬김과 봉사만 잘해서 되는 것도 아닙니다. 이 5가지가 서로 연결이 되어 있어야 합니다.

아이들이 자라나면서 키가 자라고 지혜가 함께 자라야 합니다. 키가 다 자랐는데 지혜는 두 살 그대로이면 심각한 것입니다. 지식도 채워나가야 합니다. 사회적으로 일도 해야 합니다. 이 모든 것이 다 채워져 건강한 사회인이 되는 것처럼 교회도 5가지 사명이 골고루 채워져야 합니다. 그런데 이 모든 것의 핵심에는 복음이 있습니다.

예배를 드리는 이유는 하나님께 영광을 돌리고 예배를 통해서 은혜와 복을 받기 위해서입니다. 예배하지 않는 영혼은 곤고해집니다. 은혜가 떨어집니다. 예배에 은혜가 충만할 때에 영적으로 건강하게 되고 이 힘으로 나아가서 복음을 전하게 됩니다. 교육을 하는 이유도 성경을 바르게 배워 하나님의 뜻을 깨닫고 복음을 전하기 위해서입니다.

이웃을 섬기는 일과 봉사하는 일도 복음이 빠지면 세상 사람들이 선행을 하는 것과 하나도 다를 바가 없습니다. 세상을 섬기는 일도 예수님 때문에 하는 것입니다. 그러므로 이 모든 것의 핵심에는 복음전파가 있습니다. 하나님은 복음 전하는 교회를 귀하게 여기십니다. 복음을 전하는 교회에 복을 주시고 능력을 주십니다.

예수님은 제자들에게 복음을 전하라고 파송하시면서 "너희를 보내는 것이 이리 가운데 양을 보내는 것 같다"고 하셨습니다. 양이 이리를 절대로 이길 수가 없습니다. 그런데도 예수님은 제자들을 세상 가운데로 보내십니다. 그런데 성령님이 인도하시면 양이 이리를 이기는 역사가 일어납니다. 어리석은 자가 지혜 있는 자를 이깁니다. 섬기는 자가 대접받는 자를 이깁니다. 약한 자가 강한 자를 이깁니다.

예수님은 로마에 의해 십자가에 달린 불쌍한 죄수였습니다. 그런데 예수님의 제자들은 성령을 받자 담대하게 십자가에 달린 예수를 증거하기 시작하였습니다. 사도 바울은 "내가 로마를 보아야 하리라"고 하였습니다. 로마에 가서 복음을 전하겠다는 것입니다. 이것은 상식적으로 있을 수가 없는 일입니다. 강대국 로마의 식민지의 하나인 변방 이스라엘에서 십자가에 못 박혀 죽으신 예수님을 하나님으로 전하겠다니 있을 수가 없는 일입니다. 복음을 전하는 데도 핍박이 많았습니다.

이리저리 쫓겨 다니고 로마에 가서도 감옥에 갇혔습니다. 사람들이 볼 때에는 어리석은 꿈이었습니다. 그런데 어떻게 되었습니까? 시간이 많이 흐른 것도 아닙니다. 313년 밀라노 칙령에 의해 로마에서 기독교가 공인이 되었습니다. 이처럼 성령님은 놀라운 일을 행하십니다. 나아가 전 유럽을 복음화시켰습니다. 그 복음이 이 한반도에 와서 오늘 우리가 그 십자가에 못 박히신 예수님을 믿습니다.

우리 대한민국은 예수를 믿어도 특별하게 믿은 민족입니다. 조선시대에 복음이 처음 들어왔을 때 예수 믿는 세 명 중의 한 사람이 순교를 당했습니다. 참수를 당했습니다. 그러면서도 우리 믿음의 조상들은 두려워하지 않았습니다. 세계 선교를 위하여 기도한 민족입니다. 평양신학교 첫 졸업생 7명 가운데 3명을 선교사로 파송한 나라가 대한민국입니다. 굶주리고 가난에 지친 조선 땅, 외세에 의해 빼앗기고 고통당하는 나라에서 복음을 받고 먼저 한 일이 선교사를 파송한 일입니다. 말이 선교사지 중국에 가서 거지가 되어 돌아오고 병들어 죽었습니다.

하나님은 이 모습을 보고 감동을 받으신 것입니다. 그래서 우리 민족이 신앙고백 그대로 전 세계에 복음을 전하는 대한민국이 되는 풍요의 축복을 받았습니다. 신앙의 1대가 참 어렵습니다. 예수 믿고 나면 주일 아침이 되면 갑자기 머리가 아프고 배가 아프고 아이들이 아프고 이런 일들이 일어나는 사람들이 있습니다. 사탄이 시기하는 것입니다. 그럴 때에 성령님께 도우심을 구하며 더 믿음으로 매달려야 합니다. 물러서면 사탄 마귀에게 도로 끌려가는 인생이 되고 맙니다.

사탄 마귀는 성도들이 믿음으로 나아갈 때에 결국은 방해하지 못합니다. 성령님께서 인도해 주시기 때문입니다. 믿음으로 나아갈 때에 하나님은 지나고 보면 놀랍게 축복해 주신 것을 깨달을 수가 있습니다. 누가 이 일을 하십니까? 성령님께서 하시는 일입니다. 성령님은 복음을 위하여 일하는 자들을 도우시고 함께 해주십니다.

우리 교회는 지난 1년 동안도 열심히 복음을 전했습니다. 하나님께서는 한 영혼이 구원받을 때에 의인 아흔아홉을 인하여 기뻐하는 것보다 더 기뻐하신다고 했습니다. 어떻게 아흔아홉이 중요하지, 하나가 중요할 수 있는가 생각할 수 있습니다. 예수님의 비유에서도 큰아들이 그런 생각을 가졌습니다. 여러분, 잃어버린 영혼이 돌아오는 것을 기뻐하는 이 하나님의 마음을 깨달을 때 비로소 복음을 전하는 자가 됩니다.

여러분 가정에 자녀가 열이 있는데 어린 막내를 잃어버렸습니다. 부모님은 밥을 먹어도 막내아들 생각, 일을 하면서도 막내아들 생각이 납니다. '이 녀석이 어디서 밥은 먹고 있을까? 죽지는 않았을까?' 그러면서 아들을 찾아 나섭니다. 전단지를 뿌리고 지나가는 사람을 붙들고 "이런 아이 못 보았습니까?"라고 묻습니다. 이런 일들이 실제로 많이 일어납니다.

그런데 없어졌던 막내아들이 1년이 지나서 어느 날 갑자기 돌아왔습니다. 그러면 부모님의 마음이 어떻습니까? 그 기쁨은 말로 다 표현할 수가 없는 것입니다. 집에 잘 있는 아홉 자녀가 잘하는 것보다 막내아들이 비록 옷을 꾀죄죄하게 입고 거지의 꼴로 돌아왔어도 이 아들이 너무나 반갑고 기쁩니다. 그래서 아들을 부둥켜안고 울다가 웃다가 뽀뽀도 하고, 아들에게 목욕을 시키고 옷도 새로 사서 입히고 맛있는 음식도 만들어 주고 즐거워합니다. 이것이 예수님이 들려주신 탕자의 비유입니다.

이 땅에는 길을 잃은 탕자와 같은 영혼들이 많이 있습니다. 이들이 집을 찾지 못하고 방황하고 있는데 우리가 길을 가르쳐 주어야 합니다. 그러므로 때를 얻든지 못 얻든지 복음을 전파하라고 하신 것입니다. 불이 불타고 있어야 불인 것처럼, 교회는 복음을 전하고 있어야 교회입니다. 복음 전하는 일은 반드시 열매가 있습니다.

군 선교를 하는데 부정적으로 보는 사람은 군대에서는 교회 나온다고 해서 예수 믿는 것도 아니고 초코파이로 선교하는 것, 1980년대 사고방식으로 전도한다고 비판하는 사람도 있습니다. 해외선교에 대해서도 비판적으로 말하는 사람들이 있습니다. 미션스쿨은 의미가 없이 돈만 많이 들어간다고 말하는 사람들도 있습니다. 부정적으로 보는 사람은 무엇이든지 부정적으로 봅니다.

그러나 씨앗을 뿌린 것을 하나님이 거두게 하십니다. 세상에서 방황하다가 돌아오시는 분들 보면 “내가 대광고등학교 다녔는데…” “내가 숭의여고 다녔는데…” 하면서 그때 목사님이 말씀을 전할 때는 몰랐는데 성령님께서는 씨앗을 뿌려두셨기 때문에 상처입고 교회로 돌아오는 것입니다. 군에서 초코파이 먹으러 예배에 참석하여 늘 졸다가 왔는데 그 기억이 교회로 다시 돌아오게 하는 것입니다. 병원선교에 힘을 쓰면 열매를 거두게 하십니다.

그러므로 때를 얻든지 못 얻든지 열심히 복음을 전하면 열매를 거두게 하시는 분은 하나님이십니다. 우리가 씨앗을 뿌려놓아야 우리의 후손이 그 열매를 먹게 되는 것입니다. 여러분, 하나님께서 나에게 주신 은혜대로 열심히 복음의 씨앗을 뿌리는 성도들이 되시기를 바랍니다.

3. 하나님은 성도들을 통하여 영광을 받으십니다

우리 교회는 올해 열심히 전도를 하여 새가족이 많이 늘어났고 주차장이 비좁아 지난 정책당회에서는 주차장 건축을 하기로 결정을 했습니다. 얼마나 큰 은혜인지 모릅니다. 이럴 때 더 열심히 기도하셔야 합니다. 사탄 마귀가 방해하기 때문입니다. 은혜를 받는 것도 중요하지만 받은 은혜를 간직하는 것이 더 중요합니다. 그러면 은혜가 더욱 풍성해집니다. 사탄 마귀는 은혜를 쏟게 만드는 일에 선수입니다. 은혜 받았다 하면 화나는 일이 생기고 불평할 일을 만들어냅니다. 은혜 받고 예배당 문을 나서기가 무섭게 불평하는 사람을 만나기도 합니다. 그럴 때 얼른 '주여 은혜 쏟지 않게 하여 주시옵소서' 하고 기도하시기 바랍니다.

성도는 은혜 받은 만큼 귀하게 살아 갑니다. 그 은혜가 여러분의 인생을 복되게 만들고 행복하게 만들고 하나님께서 귀하게 사용하시는 일꾼으로 만듭니다. 은혜 없이는 주의 일꾼이 될 수가 없습니다. 그러므로 은혜를 귀하게 여기는 성도들이 되시기를 바랍니다.

오늘 말씀 마지막 절에 "여호와께서 시온을 건설하시고 그의 영광 중에 나타나셨음이라"고 했습니다. 뭇 나라가 이 땅의 모든 왕들이 하나님께 영광을 돌리는데 하나님은 교회를 세우시고 그의 영광중에 나타나셨다고 했습니다. 우리가 예배할 때에 영광송을 부릅니다. 주보에 송영이라고 되어 있는데 송영은 찬송가 9장에 "하늘에 가득 찬 영광의 하나님 온 땅에 충만한 존귀하신 하나님" 하는 찬송들입니다.

우리는 하나님께서 이 시온에, 이 예배에 영광중에 나타나시는 것을 찬송하는 것이 이 찬송입니다. 매주 부르니 그냥 부르는 찬송이 되어서는 안 됩니다. 이 교회에 예배 가운데 임재하시는 하나님께 영광을 돌리는 찬송이 송영입니다. 오늘 말씀을 마치며 하나님께서 여러분과 우리 교회에 베풀어 주신 은혜를 감사하며 영광을 돌리며 다시 한 번 영광송 1절을 함께 부르며 말씀을 마치려고 합니다.

하늘에 가득 찬 영광의 하나님
온 땅에 충만한 존귀하신 하나님
생명과 빛으로 지혜와 권능으로
언제나 우리를 지키시는 하나님
성부와 성자와 성령 삼위의 하나님
우리 예배를 받아주시옵소서

(찬송가 9장)

적용

ⓐ 오늘 말씀의 주제 파악하기:

ⓑ 오늘 말씀 중 은혜 받은 부분 나누기:

ⓒ 삶에 구체적으로 적용하기:

함께 드리는 기도 제목

1. 하나님께의 은혜가 늘 가득한 가정 되게 하옵소서.
2. 하나님의 사명을 감당하기에 부족함 없는 교회 되게 하옵소서.
3. 하나님께 영광 돌리는 성도와 교회 되게 하옵소서.

46.

귀하게 쓰이는 그릇

» **본 문:** 예레미야 18장 1-6절
» **찬 송:** 393장(오 신실하신 주, 통 447장)
» **요 절:** "여호와의 말씀이니라 이스라엘 족속아 이 토기장이가 하는 것같이 내가 능히 너희에게 행하지 못하겠느냐 이스라엘 족속아 진흙이 토기장이의 손에 있음같이 너희가 내 손에 있느니라"(렘 18:6)

예레미야는 북 이스라엘이 멸망하고 남 유다도 멸망의 길로 나아가는 민족적 위기의 시대에 활동했던 선지자입니다. 당시 세계정세는 이집트와 바빌로니아가 서로 첨예하게 대립되어 있었고, 이러한 강대국의 틈바구니에서 유다는 이집트를 의지할 것인가, 바빌로니아를 의지할 것인가에 대해 정치권의 의견이 엇갈리고 있었습니다. 이러한 국론분열의 시대에 하나님께서는 예레미야를 부르셨습니다. 국론이 분열되고 종교는 영적인 지도력을 상실하고 형식적인 종교인들이 득세하고 있었습니다. 유다는 이제 하나님의 진노와 임박한 심판만을 남겨 놓고 있습니다. 이때에 하나님께서는 선지자 예레미야를 보내셔서 백성에게 경고하시고 죄에서 돌이키라고 말씀하십니다.

결국 유다는 하나님의 뜻을 깨닫지 못하고 선지자를 통해 주시는 하나님의 음성을 듣지 못하다가 멸망당하고 맙니다. 예레미야는 이 시기에 눈물로 유다의 회개를 촉구했습니다. 그래서 예레미야를 가리켜 '눈물의 선지자'라고 부릅니다. 예레미야는 하나님께로부터 부름을 받았습니다. 하나님께서는 민족을 위하여 시키시는 대로 어디든지 가야 한다고 하면서 예레미야를 부르셨습니다. 민족과 국가를 위하여, 그리고 하나님을 위하여 생명을 내놓으라는 말씀이었습니다. 우리는 어려운 시기에 눈물로 하나님의 말씀을 증거했던 예레미야 선지자의 말씀을 통하여 하나님께서 오늘의 시대에 믿음의 사람들에게 주시는 음성을 듣고자 합니다.

믿음의 사람의 특징이 무엇입니까? 성경에 나타난 믿음의 사람들은 모두가 종말론적인 삶을 살았던 사람들입니다. 예수 그리스도의 재림이 임박했음을 믿고 살았던 사람들입니다. 예수님께서 곧 오실 것이라고 믿는 사람에게 신앙의 실패란 있을 수가 없습니다. 성경에 나타난 부자의 실패와 열 처녀의 비유에 나타난 실패는 임박한 종말을 잊고 살았다는 데에 있습니다. 성도 여러분, 오늘 주님이 오신다는 마음으로 살면 신앙에 승리할 수 있습니다.

1. 하나님의 부르심을 깨달아야 합니다

예레미야 1장은 예레미야 선지자의 소명장입니다. 1장 5절을 보니, "내가 너를 모태에 짓기 전에 너를 알았고 네가 배에서 나오기 전에 너를 성별하였고 너를 여러 나라의 선지자로 세웠노라"(렘 1:5)고 말씀하십니다. 이미 믿음의 사람들은 하나님께서 구별하셨고 선택하셔서 불러주셨다는 말입니다. 여러분, 내가 계획하고 내가 사는 것 같지만 이미 하나님께서 우리를 계획하시고 불러주셨다는 말입니다.

하나님의 부르심은 다양합니다. 엘리사 선지자는 밭에서 소를 끌고 밭을 갈고 있다가 부르심을 입었습니다. 에스겔은 뽕밭에서 일하다가 부름 받았습니다. 삭개오는 뽕나무 위에서 부르심을 받았습니다. 마태는 세관에서 일을 하다가 부르심을 받았습니다. 베드로와 야고보는 바다에서 고기를 잡고 있다가 부름을 받았습니다. 이들은 각자 자기 일을 하고 있다가 정하신 때에 부르심을 입었습니다. 그릇은 화려한 도자기만 있는 것이 아닙니다. 아무리 아름다운 대접도 물 마시는 데는 불편한 것입니다. 하나님께서는 각기 다른 모습으로 우리를 쓰시려고 부르셨습니다.

내가 다 도자기가 되려고 해서는 안 됩니다. 내가 다 금그릇이 되려고 해서는 안 됩니다. 쓰이는 용도가 다릅니다. 질그릇도 필요한 곳에 있으면 가장 귀하게 쓰임 받습니다. 예레미야는 제사장의 가문에서 태어난 사람입니다. 하나님께서 특별히 쓰시는 성경의 인물들을 보면 대개 경건한 가정에서 신앙의 훈련을 받은 사람들입니다. 자녀들은 부모의 믿음을 따라 성장합니다. 부모의 기도를 받고 자라납니다. 이것이 얼마나 행복한 것인지를 깨달아야 합니다. 여러분의 자녀들이 하나님께 크게 쓰임 받는 존재가 되기를 원하신다면 여러분이 먼저 경건한 존재가 되시기를 바랍니다.

신앙의 1세대가 중요합니다. 우상을 숭배하다가 처음 신앙을 가진 사람들은 참 어렵습니다. 사탄의 시험이 많습니다. 그 시험을 이길 만한 믿음도 없는데 사탄이 시험을 합니다. 그래서 교회가 중요한 것입니다. 교회는 믿음이 약한 자들을 품어주는 곳입니다. 상처 입은 자들을 치유해 주는 곳입니다. 새신자들은 스스로 기도하지 못합니다. 영안이 밝지 못합니다. 그래서 먼저 믿은 성도들이 이들을 위해서 기도해 주어야 합니다.

어떤 사람은 부모님에 의하여 부르심을 입은 사람이 있습니다. 이런 사람은 참으로 복된 사람입니다. 또 어떤 사람들은 이웃에 의해서 교회에 나오게 된 사람들이 있습니다. 어떤 특별한 계기에 의해서 신앙을 갖게 된 분도 있습니다. 그래서 '내가 교회에 한번 나가봐야 되겠다' 하고 마음을 먹게 되고 교회에 나오게 된 것이 만세 전부터 섭리하신, 복중에 있을 때부터 계획하신 하나님의 뜻이라는 사실을 기억하시기 바랍니다. 이것을 깨닫는 것이 소명입니다.

예레미야는 하나님께서 찾아오셨을 때에 "슬프도소이다"라고 말합니다. 이사야도 하나님의 성전에서 하나님의 영광을 보고 소명을 받을 때에 "슬프다"라고 했습니다. 무슨 말입니까? 죄인 된 내가 하나님의 영광을 보게 되었으니 나는 이제 죽게 되었다는 말입니다. 베드로도 예수님을 만났을 때에 "주여, 나를 떠나소서. 나는 죄인이로소이다" 하고 엎드렸습니다. 이것이 소명 받은 자세입니다. 나는 자격이 없고 부족한데 하나님께서 나를 찾아오시니 감당할 수 없다는 자세입니다. 그러니 주의 일을 할 때에도 감사하는 것입니다. 우리는 이런 소명을 받아야 합니다. 신앙생활에 끝까지 승리하는 비결은 이 소명을 끝까지 잊지 않고 살면 됩니다.

예레미야는 소명을 받고 나자 가치관이 변화되었고 삶이 변화되었습니다. 지금까지는 알려지지 않았던 농부에 불과했으나 소명을 받고 나서 이스라엘 민족을 위해 일하는 하나님의 도구가 되었습니다.

사랑하는 성도 여러분, 하나님께서 여러분을 불러 주심을 믿으십니까? 왜 불러 주셨습니까? 어디에 쓰시려고 불러 주셨습니까? 오늘이 시대에 도림교회에 불러 주신 것은 뜻이 있습니다. 그 뜻을 깨닫기 원합니다. 그리고 이 소명을 끝까지 간직하고 사시는 여러분이 되시기를 바랍니다.

2. 토기장이의 손에 있는 진흙과 같은 존재입니다

이것을 깨닫게 하시려고 하나님께서는 예레미야를 토기장이의 집으로 보내셨습니다. 토기장이의 집에 갔더니 그릇을 만들고 있습니다. 진흙이 녹로 위에서 돌아가는데 즉 회전 원반 위에서 돌아가는데 그릇을 만들었다가 마음에 안 들면 다시 부수어 다른 모양으로 만드는 것입니다. 토기장이의 손에 따라서 그릇이 되기도 하고 항아리가 되기도 하고 컵이 되기도 합니다. 왜 하나님께서 이것을 보여주십니까? '너희는 진흙과 같은 존재'라는 뜻입니다.

우리는 우리 인생을 내가 만드는 줄 압니다. 그래서 내가 사업하고 내가 진급하고 내가 농사짓는 줄 압니다. 그러나 이 모든 것이 하나님의 손에 있음을 깨닫게 해주시는 것입니다. 예수님께서도 이런 말씀을 하셨습니다. "너희를 그릇으로 만드는데, 그 선택권이 누구에게 있느냐? 토기장이에게 있지 않느냐? 진흙이 '나를 왜 접시로 만들었느냐, 혹은 항아리로 만들었느냐?'라고 주장할 권리가 있느냐?" 없다는 것입니다. 우리는 하나님께서 나를 잘 빚으시도록 순종하는 모습으로 맡겨야 합니다. 그러면 여러 가지 쓸모 있는 그릇들이 되어 나옵니다.

교회는 그릇을 빚는 곳입니다. 하나님께서는 성령님의 손으로 영적으로 빈 구멍을 메우고 구부러진 곳을 바르게 합니다. 그래서 곳곳에 쓰기 좋은 그릇을 만드십니다. 때로는 하나님께서는 내 그릇을 망치로 깨뜨리실 때도 있습니다. 내가 산산조각이 날 때 우리는 고통스러워합니다. 자존심이 상하기도 합니다.

여러분, 그러나 이것이 큰 축복입니다. 그릇이 깨지는 것은 광야와 같습니다. 하나님은 모세를 깨트리셨습니다. 그래서 광야로 보내셨습니다. 광야는 고통스러운 곳입니다. 나무와 풀도 살아남지 못합니다. 먼지가 날리고 마실 물이 없어 힘이 듭니다. 가시나무가 찌릅니다. 그러나 하나님께서 나를 광야로 내보내시는 것은 나를 깨트리시기 위한 것입니다. 우리가 인생의 광야에 있을 때 하나님의 음성을 빨리 듣는 것이 중요합니다. 그러면 이 광야에서 만나와 메추라기의 축복을 체험할 수 있습니다. 홍해가 갈라지는 기적도 체험할 수가 있습니다. 문제는 나를 하나님의 손에 맡기는 것입니다. 세상에서 그릇이 깨어지면 버리게 됩니다. 쓸모가 없습니다. 그렇습니다. 하나님께서는 내던져버릴 수도 있는 우리 인생을 다시 부르시고 품어 주시고 싸매어 주십니다.

말씀으로 새롭게 해주십니다. 하나님의 손에 여러분을 맡기십시오. "하나님, 나는 상처 입은 영혼입니다. 성령으로 나를 빚어 주십시오"라고 기도하면 우리 하나님은 얼마든지 여러분을 새로운 그릇으로 만드시는 분이십니다. 성도 여러분, 이 하나님의 전에서 복된 그릇들로 빚어지는 여러분이 되시기를 바랍니다.

이 좋은 성경의 인물론에 대해서 관심을 가지고 성경을 읽었습니다. '이것을 잘 깨달으면 내가 축복받는 인물이 되겠구나' 하는 것을 깨달았기 때문입니다. 그래서 내린 결론이 그릇에 대한 것입니다. 우리는 모두가 그릇입니다. 하나님께서 쓰시는 그릇입니다. 교회도 그릇이 되어야 부흥합니다. 그릇 이상으로 부흥하지 못합니다. 그래서 목사의 그릇이 커지도록 기도해 주셔야 합니다. 적어도 조용기 목사님보다도, 김삼환 목사님보다도 더 그릇이 커지도록 기도해 주셔야 합니다. 우리 성도들의 그릇이 커지도록 기도하셔야 합니다.

사람도 그렇습니다. 그릇 이상으로 쓰임 받지 못합니다. 내가 처음의 출발이 좀 부족해서 질그릇같이 만들어진 사람도 있습니다. 그러나 여기에 과일이나 과일을 담는 그릇으로 사용하게 되면 주인의 가장 사랑을 받는 그릇이 됩니다. 그러나 아무리 좋은 재료로 만든 그릇이라도 주인의 눈 밖에 나면 쓸모가 없게 됩니다. 그릇의 재료가 중요한 것이 아니라 어떻게 쓰느냐가 중요합니다. 우리가 하나님 앞에 쓰임 받는 그릇이냐가 중요합니다.

내 처음 출발이 시원찮았다고 낙심하지 마십시오. 하나님께 여러분의 그릇을 깨끗이 드리면 가장 귀하게 쓰임 받는 줄로 믿으시기 바랍니다. 우리 인생은 하나님이 쓰실 때에 가치가 있고 행복이 있고 존귀하게 여김을 받게 되고 축복이 임합니다. 하나님께서는 여러분을 빚으실 때에 이미 존귀하게 쓰시려고 불러 주셨습니다. 이 소명을 깨닫고 하나님이 쓰시는 그릇으로 드리시기를 바랍니다.

3. 순종해야 합니다

오늘 예레미야는 하나님의 말씀이 있을 때에 즉시 일어나 순종하고 토기장이의 집으로 내려갑니다. 그곳에서 하나님의 말씀을 듣는 것입니다. 우리가 순종할 때에 하나님의 음성을 들을 수가 있습니다. 내가 생각해서 하는 것은 순종이 아닙니다. 불합리하고 힘들어도 그냥 복종하는 것이 순종입니다.

옛날 어느 임금님이 신하의 순종을 시험하기 위하여 세 명의 신하들을 불렀습니다. "경(卿)들은 연못의 물을 길어다가 항아리에 채우시오." 항아리들은 다 깨어진 것들이었습니다. 그래서 두 신하는 조금 하다가 포기하고, 신하 한 명만이 상감의 어명(御命)이기에 끝까지 밤을 새워 물을 퍼다가 부었습니다. 몸이 기진맥진하고 연못물이 없어져 바닥이 났을 때에 번쩍이며 빛나는 것이 있었습니다. 그것은 바로 커다란 금덩어리였습니다. 이 신하는 임금님에게 그 금덩이를 드리며 사실을 얘기했습니다. 그랬더니 임금님은 "내가 다 안다. 내가 넣어놓았다. 이 금덩이의 임자는 충성스럽게 끝까지 순종한 너의 것이다" 하면서 그것을 상으로 주었다는 옛 이야기입니다.

깨진 항아리에 물을 퍼다 붓는다는 것은 말도 안 되는 이야기입니다. 그래서 두 명의 신하는 순종하지 않았습니다. 그러나 나머지 한 명의 신하는, 임금님의 명령인고로 신하된 입장으로서 그 명령에 끝까지 순종하여 큰 상급을 받았고 왕의 신임을 얻었고 이후에 크게 쓰임을 받았던 것입니다.

진흙이 굳어 있으면 아무리 대단한 토기장이도 그것으로 그릇을 빚을 수가 없습니다. 적당히 말랑말랑하여 손에 쏙 들어올 때에 그것을 원하는 대로 빚을 수가 있는 것입니다. 딱딱한 사람도, 날카로운 사람도, 불 같은 사람도 주님께서 빚으시도록 맡겨드려야 합니다.

여러분, 우리가 성령님의 감동하심으로 주님 앞에서 부드러워져야 합니다. "하나님 마음대로 빚으십시오. 나는 주님의 것입니다" 하는 신앙의 자세가 될 때에 하나님께서 마음대로 빚으십니다. 왜 여러분을 공무원으로 만드셨습니까? 회사원으로 만드셨습니까? 사업을 경영하게 하셨습니까? 혹은 각각의 일로 만드셨습니까? 하나님께서 쓰시려고 빚으신 줄로 믿으시기 바랍니다.

사랑하는 성도 여러분! 오늘 우리가 하나님의 말씀을 따라 산다는 것이 쉬운 일만은 아닙니다. 하나님의 말씀대로 사는 것이 어리석은 일같이 보일 수 있습니다. 그래서 자꾸만 세상의 가치관을 따라가고 내 생각으로 살아가려고 합니다.

누가 너희의 오른뺨을 치면 왼뺨을 내어주는 일이 어떻게 합리적입니까? 겉옷을 달라 하면 속옷까지 벗어주고, 오 리를 가자 하면 십 리를 가주는 것이 어떻게 합리적입니까? 내가 굶주리면서 내 먹을 것을 내어주는 오병이어의 삶이 어떻게 합리적입니까? 그러나 주님은 이러한 삶을 통하여 5천 명이 먹고도 남는 축복과 은혜의 역사를 이루어 나가시는 줄로 믿습니다.

나의 고집, 나의 욕심, 나의 방법을 성령의 불로 태우시기를 바랍니다. 이 교회가 무엇 하는 곳인 줄 아십니까? 여러분을 쓰시기 위하여 성령의 불로 여러분을 빚는 토기장이의 집입니다. 이곳에서 하나님께 맡기는 훈련을 하시기 바랍니다. 이곳에서 하나님의 들려주시는 음성에 순종하여 하나님께서 쓰시기에 합당한 그릇이 되어서 이 위기의 시대에 가정에서, 교회에서, 이 민족의 역사 속에서 귀하게 쓰임 받는 그릇들이 되시기를 바랍니다.

적 용

ⓐ 오늘 말씀의 주제 파악하기:

ⓑ 오늘 말씀 중 은혜 받은 부분 나누기:

ⓒ 삶에 구체적으로 적용하기:

함께 드리는 기도 제목

1. 하나님의 부르심을 깨달을 수 있게 하옵소서.
2. 우리 가정과 구역을 토기장이와 같이 세워 주시고 완성케 하옵소서.
3. 하나님의 뜻에 순종하는 교회와 성도가 되게 하옵소서.

47.

주님이 주인이신 교회

» **본 문:** 에베소서 2장 11-22절
» **찬 송:** 360장(행군 나팔 소리에, 통 402장)
» **요 절:** "그러므로 이제부터 너희는 외인도 아니요 나그네도 아니요 오직 성도들과 동일한 시민이요 하나님의 권속이라 너희는 사도들과 선지자들의 터 위에 세우심을 입은 자라 그리스도 예수께서 친히 모퉁잇돌이 되셨느니라"(엡 2:19-20)

교회에 대해서 고대로부터 많은 정의가 있어 왔습니다. 교회의 5가지 지표, 세 가지 조건 등 교회론에 대한 많은 정의가 있어 왔습니다. 그러나 '교회란 무엇이냐' 할 때 '교회란 이런 것이다'라고 한마디로 정의하기가 참으로 어렵습니다. 오늘 본문에는 이 교회에 대한 중요한 말씀을 성경을 통해 주시고 계십니다.

교회를 정의하는 가장 중요한 기준은 교회의 주인이 누구냐 하는 것입니다. 이 땅에 많은 교회가 있지만, 또한 수많은 교파와 교단이 있지만 변하지 않는 진리는 그 교회의 주인은 사람이 아니라 예수 그리스도라고 하는 것입니다.

오늘 본문을 주시는 배경이 있습니다. 에베소 교회에는 한 가지 심각한 문제가 있었는데 그것은 교회 안에 있는 갈등이 문제가 되었습니다. 본문에는 두 가지 종류의 사람이 나오는데 이방인과 유대인입니다. 이 둘 사이에는 심각한 갈등이 있었습니다. 그래서 14절을 보면 "그는 우리의 화평이신지라 둘로 하나를 만드사…중간에 막힌 담을 허셨다"라고 했습니다. 이 둘은 쉽게 생각하면 하나님과 우리 인간이라고 생각할 수가 있습니다. 그러나 이 둘은 하나님과 인간을 말하는 것이 아니라 유대인과 이방인을 말하는 것입니다. 유대인과 이방인 사이에는 막힌 담이 있었습니다. 이 담은 영적인 담인 동시에 실제로 존재하는 담이었습니다.

성전 뜰은 맨 가장자리로부터 이방인의 뜰, 여인의 뜰, 제사장의 뜰로 구분되어 있었습니다. 이것은 그 구분이 눈으로도 구별될 수 있도록 이방인의 뜰이 가장 낮았고 그 다음 뜰부터 약간씩 높게 되어 있었으며 가장 높았던 제사장의 뜰에는 성전 건물이 서 있었습니다. 이방인들은 첫째 뜰인 이방인의 뜰 이외에는 들어갈 수 없었습니다. 이방인의 뜰과 여인의 뜰 사이에는 담 또는 칸막이 같은 것이 세워져 있었는데, 거기에 헬라어로 "이방인은 더 이상 더 들어가면 즉시 죽임을 당하리라"고 경고한 비문이 있었습니다. 이와 같이 이방인과 유대인 사이에는 막힌 담이 있었습니다. 이 담은 무엇으로 생긴 것입니까? 이방인과 유대인은 무엇으로 구별지어졌습니까? 이것은 다음 아닌 율법에 의해서 생겨진 구별입니다.

유대인들은 이방인을 얼마나 멸시했던지 아기를 낳는 산모를 도와주는 것조차 죄로 간주가 되었습니다. 이방인들은 지옥불의 땔감으로 지음을 받았다고 생각을 했습니다. 그러니 이방인의 입장에서는 유대인을 얼마나 증오했겠습니까?

우리는 거꾸로 생각할 줄 알아야 지혜로운 사람입니다. 상대방의 입장에서 생각할 줄 아는 사람이 행복하게 살아가는 능력이 있는 사람입니다. 언젠가 가까운 사람이 한 사람을 비난하는 것을 보았습니다. 그 사람은 대화가 안 되고 꽉 막히고 이야기를 하면 다르게 알아듣고 힘들다고 합니다. 그래서 제가 그랬습니다. "그분이 못 배우고 가난하고 상대해 주는 사람도 없고 대화를 하면 못 알아듣고 그러는데, 그러는 그분은 이 세상을 살기에 얼마나 힘이 들겠냐. 당신보다 몇 배는 힘이 들지 않겠냐. 그런데 열심히 살지 않느냐. 그렇게 생각하고 좀 따뜻하게 바라볼 수 없겠냐"라고 이야기한 적이 있습니다. 상대방의 입장에서 생각하면 '얼마나 힘들겠나' 생각하며 오히려 손이라도 한번 잡아주고 싶은 마음이 들 것입니다.

모든 오해와 섭섭함이 자기 입장에서만 생각하니 생깁니다. 그러니 속상하고 미워하고 분노하고 분쟁이 생깁니다. 여당은 야당의 입장에서 생각해 보고 야당은 여당의 입장에서 생각해 보면 얼마나 좋겠습니까? 신앙생활을 정치처럼, 또는 게임처럼 해서는 안 됩니다. 신앙생활은 하나님 앞에서 하는 것입니다. 종교개혁자들은 '코람데오'를 외쳤습니다. '코람데오'란 '하나님 앞에서'라는 뜻입니다. 이들은 하나님 앞을 외치며 다섯 가지의 구호를 내걸었습니다. '오직 성경'(Sola Scriptura), '오직 믿음'(Sola Fide), '오직 은혜'(Sola Gratia), '오직 그리스도'(Solus Christus), '오직 하나님께 영광'(Soli Deo Gloria)입니다.

이 다섯 가지 주제는 듣기만 하여도 감동이 되고 은혜가 되는 단어들입니다. 이생의 문제, 교회의 문제의 해결이 다 여기에 있습니다. 오직 성경(Sola Scriptura)으로 돌아가면 문제가 다 해결됩니다. 창세기에서 요한계시록까지 하나님은 인생의 모든 문제의 해답을 성경 속에 다 담아주셨습니다. 오직 성경대로 살면 하나님께서 복을 주십니다. 죄악 된 세상이 문제가 아닙니다. 내가 오직 믿음(Sola Fide)으로 살면 세상을 이기는 성도가 됩니다.

경제가 어렵고 문화가 바뀌고 있습니다. 요즘은 여중생들이 골목에서 담배를 물고 있어도 뭐라고 했다가는 큰일 납니다. 쌍욕을 하며 덤벼들기에 한 대 올려붙였다가는 재판을 받고 합의금도 물어주어야 합니다. 요즘 세상이 참 무섭습니다. 도망가는 강도 잡는다고 쫓아가 발을 걸어 넘어뜨려 잡았지만 다쳤다고 집 팔아 치료비 물어 주는 세상입니다. 그러나 오직 은혜(Sola Gratia)로 살면 하나님께서 물댄 동산으로 인도해 주십니다. "여호와는 나의 목자시니 내게 부족함이 없으리로다." 여러분이 광야에 살아도 하나님께서 푸른 초장과 쉴 만한 물가로 인도해 주시기 때문입니다. 오직 예수님(Solus Christus)의 보혈을 의지하고 오직 하나님의 영광(Soli Deo Gloria)을 위하여 사는 것이 성도의 삶입니다. 그러면 이 세상에서 닫힌 문이 열리고 홍해가 갈라지는 은혜를 입게 됩니다. 광야에 살아도 만나와 메추라기를 경험하며 삽니다.

오늘 에베소 교회의 유대인과 이방인의 담은 점점 높아만 갔습니다. 해결할 수 없는 깊은 상처를 가지게 되었습니다. 그래서 예수님은 이방인과 유대인을 하나로 화목하게 하기 위하여 구별의 원인이었던 율법을 폐하셨다고 했습니다. 예수님께서는 갈등을 다 폐하시고 성전 휘장을 찢으시며 평화를 선포하셨습니다. 그러나 오늘날도 교회 안에 이 담이 여전히 존재한다면 다시 한 번 생각해 보아야 합니다. 예수님께서는 이 장벽을 허시기 위하여 오셨고, 그 일을 위해 목숨까지 주시며 우리에게 부탁하셨는데 우리는 다시 담을 쌓고 있는 일을 하고 있다면 이것은 예수님을 십자가에 다시 못 박고 있는 내가 오늘의 바리새인이요 내가 오늘의 로마 병사입니다.

예수님께서는 유대인과 이방인의 장벽을 허시고, 부한 자나 가난한 자나, 노인이나 어린아이나, 똑똑한 사람이나 좀 모자라는 사람이나 구별하지 않으시고 모두를 위하여 십자가를 지셨습니다. 우리 교회를 위하여 주님이 십자가를 지셨습니다. 여러분의 가정을 위하여, 아내를 위하여, 남편을 위하여, 자녀를 위하여 십자가를 지셨습니다. 내가 담을 쌓고 있는 사람을 위하여 주님이 십자가를 지셨습니다.

성도 여러분, 우리 안에 막힌 담들이 있습니까? 자존심이나 상처 때문에 서로에게 막힌 담의 문제가 있습니까? 서로 용서하십시오. 서로 화해하십시오. 예수님께서 그 담을 허시기 위하여 십자가를 지셨음을 기억하시기 바랍니다.

20절 말씀에 귀한 말씀이 기록되어 있습니다. 이 말씀은 오늘 말씀 전체의 결론과도 같은 말씀입니다. "너희는 사도들과 선지자들의 터 위에 세우심을 입은 자라 그리스도 예수께서 친히 모퉁잇돌이 되셨느니라." 왜 우리를 사도들과 선지자들의 터 위에 세우셨다고 했습니까? 우리의 교회는 사도들의 헌신적인 삶과 선지자들의 희생 위에 세워진 교회라는 말입니다. 사도들은 복음을 위하여 그들의 모든 것을 바쳤습니다. 선지자들은 진리를 지키기 위해 목숨을 버렸습니다. 그래서 우리의 교회가 세워진 것입니다.

여러분, 이 교회가 얼마나 귀한 교회인지를 깨달아야 합니다. 그래야 주님의 전에 나올 때 은혜가 있고 감동이 넘치는 것입니다. 우리 사도들과 선지자들이 목숨을 걸고 지킨 이 교회, 이 정신을 가지고 교회를 지켜나야 합니다. 사도와 선지자들의 정신이 없으면 교회는 순식간에 무너집니다. 하나님 일은 많은 수와 물질로 세워지는 것이 아니라 기도와 헌신과 눈물로 세워지는 것임을 우리는 알아야 합니다. 한국교회는 아직 헌신적으로 사는 목회자들이 있습니다. 또 있는 힘을 다하여 교회를 섬기는 성도들이 있습니다. 그래서 한국교회는 희망이 있습니다. 하나님께서 이 한국교회를 버리시지 않을 것임을 믿는 것입니다.

20절에 그리스도 예수께서 친히 모퉁잇돌이 되셨다고 했습니다. 모퉁잇돌은 잘 드러나지 않습니다. 화려하지도 않습니다. 우리 주님께서 든든한 기둥이 되신 것도 아니고, 화려한 벽이 되신 것도 아닙니다. 잘 보이지 않는 한구석에서 모퉁잇돌이 친히 되셨습니다. 이 말씀을 보면 예수님께서 제자들의 발을 친히 씻기셨던 장면을 생각하게 됩니다. 누가 시킨 것도 아니었지만 친히 제자들의 발을 씻김으로 그리스도를 따르는 것이 무엇인지를 몸소 가르쳐 주셨습니다. 모퉁잇돌은 드러나지 않지만 그 모퉁잇돌을 중심으로 건물이 지어져 갑니다. 이것이 교회의 원리입니다. 우리는 모퉁잇돌을 중심으로 교회를 지어가야 합니다. 내가 화려하다고 해서 내가 드러나면 그것은 교회가 아닙니다.

좀 모자라는 사람이 있어도, 좀 모가 나는 사람이 있어도 서로를 감싸주고 안아주면서 함께 쌓아져 가는 것이 교회입니다. 사회에서는 좀 부족한 사람은 공격을 받습니다. 능력이 없으면 경쟁에서 도태되고 맙니다. 그러나 교회의 원리는 그렇지 않습니다. 오히려 잘난 사람들이 뒤로 숨어 도와주고, 부족한 사람들을 이끌어 내고, 일꾼을 만드는 것이 교회의 모습입니다. 교회는 나를 감추고 내가 헌신하는 데서 하나님의 영광이 드러나야 합니다. 복음성가 중에 "예수님처럼, 바울처럼 그렇게 살 순 없을까. 남을 위하여 당신들의 온몸을 온전히 버리셨던 것처럼" 하는 가사가 있습니다.

그렇습니다. 이것이 교회입니다. 교회는 나를 버리는 훈련을 하는 곳입니다. 아니, 나를 죽이는 곳입니다. 예수님께서 십자가상에서 자신을 죽이셨던 것처럼 우리도 나의 몫의 십자가를 지고 나를 죽이는 것입니다. 예수님께서는 십자가를 지실 때 "베드로야, 네가 수석이니 네가 져라" 하시지 않았습니다. "마태야, 네가 똑똑하니 네가 져라" 하시지 않았습니다. "그래, 다 내가 지고 가겠다. 나를 죽이겠다" 하셨습니다. 우리는 영광의 자리에는 한발 앞서 나가면서 십자가를 질 일이 있으면 "네가 지라"고 합니다.

저는 이 말씀을 준비하면서 마음속에 감동이 왔습니다. 제가 은혜를 받았습니다. 주의 종의 십자가가 있는데 내 십자가를 안 지려 했던 것입니다. 죄 없고 흠 없으신 예수님은 바리새인들에게 모함을 받고 비난을 당하며 마지막에 십자가에서 못까지 박히셨는데 나는 누가 모함하는 것을 힘들어했던 것입니다. 그것이 내 십자가인데….

내 십자가를 지고 죽음의 자리로 갈 때 내 모든 문제가 해결됩니다. 내가 십자가에서 죽을 때 나의 분노와 상처와 욕심과 죄 된 모든 것이 함께 죽습니다. 그리고 주님이 부활하신 것처럼 나도 새로운 몸으로 사랑으로 은혜로 화평으로 새로운 존재로 살아나는 것입니다. 그러면 용서하지 않아도 저절로 용서가 됩니다. "주님, 평안을 주시옵소서" 하고 열심히 기도하지 않아도 그 마음에 이미 평안이 있습니다. 왜요? 내가 다 죽었기 때문입니다.

21-22절에 "그의 안에서 건물마다 서로 연결하여 주 안에서 성전이 되어 가고 너희도 성령 안에서 하나님이 거하실 처소가 되기 위하여 그리스도 예수 안에서 함께 지어져 가느니라"고 했습니다. 여기서 우리는 교회 성장의 원리를 발견하게 됩니다. 이 비유는 영적 공동체인 교회를 건물에 비유하여 말씀하신 것입니다.

① 한 장씩 쌓아 나간다는 것입니다.

건물은 아무리 큰 건물도 한꺼번에 짓는 것이 아니라 한 장씩 한 장씩 아래로부터 쌓아져 올라갑니다. 많은 벽돌 가운데 한 장의 흉한 것이 있어도, 또는 한 장이 빠지게 되어도 전체가 흉하게 보이게 됩니다. 성도 한 사람 한 사람이 너무나 소중하다는 말입니다. 나 하나가 대수롭지 않게 생각되지만 상처를 입고 빠져 버릴 때 교회 전체가 보기 흉하게 됩니다. 우리는 모두가 소중한 사람입니다. 우리는 서로에게 너무나 소중한 사람입니다.

② 서로 연결된다는 것입니다.

벽돌 한 장이 아무리 좋아도 서로 연결되어 쌓이지 않으면 건물을 이룰 수 없습니다. 개인 신앙이 아무리 좋아도 서로 협력하지 않으면 교회는 성장할 수 없습니다. 집사의 역할이 있고, 권사의 역할이 있고, 장로의 역할이 있고, 교역자의 역할이 있습니다. 이것이 서로 아름답게 조화되고 연결될 때 아름다운 건물이 지어져 가게 됩니다.

사랑하는 도림의 성도 여러분, 주 안에서 아름답게 연결되는 여러분이 되시기를 간절히 바랍니다. 이 건물은 무슨 건물입니까? 그냥 건물이라고 하지 않았습니다. 성전이라고 말씀하십니다. 우리가 나와 날마다 예배와 헌신으로 짓는 이 전이 바로 하나님이 거하시는 전입니다. 온 성도가 마음을 같이하여 날마다 짓는 이 공동체 속에 하나님이 거하신다고 생각하니 얼마나 감격스러운 일입니까? 개인이 연결되어 구역을 이룹니다. 구역이 연결되어 교회를 이룹니다. 개인이 연결되어 남, 여선교회를 이루고, 학생회를 이루고, 주일학교를 이룹니다. 찬양대, 각 봉사의 기관이 서로 잘 연결되어 자라는 것이 교회가 자라는 것입니다.

아름다운 교회는 어떤 교회입니까? 내가 지으려고 하면 아름답지 않습니다. 이 종도 오늘 하루 말씀을 전하면서 내가 한다고 생각하면 실패합니다. '하나님은 왜 나 같은 사람을 세우셨나. 내가 부족하구나' 하는 사람들이 하나님 보시기에 아름다운 것입니다. 내 허물을 볼 줄 알아야 합니다. 하나님은 우리의 허물을 다 아시지만 긍휼 베푸시기를 기뻐하시는 하나님입니다.

사탄 마귀는 인생을 넘어뜨리는 것이 일입니다. 오늘 이 시대에 교회 안에 들어온 사탄의 흉계를 주의해야 합니다. 물질주의, 권력주의, 명예심이 성도를 서서히 병들게 만듭니다. 내가 은혜 받고 매

주일 죄를 씻김 받고 구원 얻은 백성으로 살기 위해 하나님 집에 나오면서 병이 들면 다 잊어버립니다. 기도도 잊어버립니다. 눈물의 기도가 사라집니다. 순종이 사라지고 은혜가 사라집니다. 내가 믿는 줄 압니다. 내 영혼이 병들어 있는 것도 모릅니다. 병든 사람이 살려면 수술을 받아야 합니다. 상처입고 곪은 부위를 도려내야 합니다.

여러분, 예배는 심령을 치료하는 시간입니다. 썩고 냄새나는 영혼을 드러내는 영적 수술의 시간입니다. 은혜를 받고 축복을 받는 시간입니다. 이 시간에 교회를 이끌어 가시는 예수님을 바라볼 수 있기를 원합니다. 여러분이 성전에 나아올 때에 두 팔 벌려 맞아주시는 주님의 모습을 볼 수 있기를 원합니다. 이 교회의 머리요 주인이신 예수 그리스도를 바라보며 이 시대에 깨어 있는 성도들이 되시기를 바랍니다.

적용

ⓐ 오늘 말씀의 주제 파악하기:

ⓑ 오늘 말씀 중 은혜 받은 부분 나누기:

ⓒ 삶에 구체적으로 적용하기:

함께 드리는 기도 제목

1. '코람데오' 하나님 앞에 서 있다는 마음으로 신실한 삶이 되게 하옵소서.
2. 우리 구역이 모퉁잇돌이 되어 주님의 교회를 든든히 세워나가게 하옵소서.
3. 온 성도가 믿음 안에서 이해하며 감싸주고 조화를 이루는 교회가 되게 하옵소서.

48.

기다림의 신앙

» **본 문:** 누가복음 2장 25-35절
» **찬 송:** 179장(주 예수의 강림이, 통 167장)
» **요 절:** "예루살렘에 시므온이라 하는 사람이 있으니 이 사람은 의롭고 경건하여 이스라엘의 위로를 기다리는 자라 성령이 그 위에 계시더라"(눅 2:25)

오늘은 대림절 둘째주일입니다. 대림절은 우리 주님께서 오셨던 것을 생각하고, 또 그 주님께서 다시 오실 것을 기다리는 절기라는 뜻입니다. 우리는 지금 이 땅에 다시 재림해 오실 예수님을 기다리고 있습니다. 역사적으로 교회들은 이 대림절에 어느 때보다도 절제의 삶을 강조하고, 우리의 죄 된 모습을 회개하고 경건하게 사는 그리스도인의 삶을 살도록 노력해 왔습니다.

본문에서 우리는 예수님을 기다리며 살았던 모범적인 인생을 발견하게 됩니다. 시므온의 신앙과 삶을 통하여 하나님의 은혜가 여러분에게 충만하게 임하시길 원합니다.

시므온은 의롭고, 경건하고 이스라엘의 위로를 기다리는 사람, 성령 충만한 사람이었습니다. 의롭다는 것은 하나님의 말씀대로 살기를 힘쓰는 사람이었다는 뜻이고, 경건하다는 것은 하나님 앞에서 두렵고 떨림으로 살았다는 말입니다. 성경책을 끼고 조용히 걷는다고 해서 그것이 경건한 것이 아니고 그 마음의 중심에 늘 하나님의 말씀이 흐르고 있고, 그 마음의 방향을 하나님이 주장하셨다는 것입니다. 우리가 하나님의 말씀대로 살기 위해서는 날마다 나 자신과 싸워야 합니다. 하나님의 말씀을 내 속에 자꾸 채워야 합니다. 그래서 은혜가 흐르도록 해야 합니다.

은혜가 떨어지면 우리의 심령이 사막이 됩니다. 사막은 점점 더 커지는 특징을 가지고 있습니다. 한번 사막이 되면 보통 비가 내려서는 안 됩니다. 중국과 몽골이 사막지대가 넓어지고 있습니다. 그래서 황사가 일어나고 아래로 바람이 불면 우리나라에까지 날아옵니다. 영적으로도 그렇습니다. 은혜를 못 받아 심령이 사막같이 되면 점점 사막이 커집니다. 은혜를 조금 받아도 흔적 없이 사라집니다. 주변에 다른 사람까지 피해를 줍니다. 영적으로 은혜 받지 못하도록 강퍅한 마음이 됩니다. 그래서 쉬지 않고 은혜 받기 위해 애를 써야 합니다. 더 열심히 예배에 참석하고 은혜 받기 위해 기도로 몸부림쳐야 합니다. 우리 하나님은 은혜 받기 위해 기도하며 애쓰는 자를 긍휼히 여겨주십니다. 그래서 다시 나무가 자라고 호수가 생기도록 풍성한 은혜를 주십니다.

사도 바울은 "내 마음에는 항상 두 개의 내가 싸우고 있다"라고 했습니다. 그런데 "원치 아니하는 일을 하게 된다" 했습니다. 즉 하나님을 따라가려고 하는 나는 의롭고 경건한 삶을 향해 나아가려고 애쓰지만, 악한 영이 인도하는 마음은 자꾸만 나를 가서는 안 될 방향으로 이끄는 것입니다.

우리 몸속에 나쁜 균이 들어오면 백혈구가 나서서 싸움을 합니다. 병균을 둘러싸고 함께 죽는 것입니다. 이 백혈구가 제 기능을 못하면 백혈병에 걸리게 됩니다. 그러면 보통 균이 들어와도 잘 견디지 못하게 됩니다. 작은 질병에도 휘청거립니다. 영적으로 보면 백혈구는 여러분의 몸을 보호하는 은혜와 같습니다. 그러므로 영적인 몸이 약해지지 않도록 쉬지 않고 말씀과 기도에 힘써야 합니다.

오늘 성경에 나오는 시므온은 의롭고 경건하며 성령 충만한 삶을 살았다고 했습니다. 시므온은 세상적으로 본다면 부족함이 없는 사람이었을 것입니다. 이스라엘의 유명한 율법사인 힐렐의 손자요 당시 최고의 석학 가말리엘의 아버지로 알려져 있습니다. 본인 역시 당대의 유명한 학자였습니다. 가말리엘은 우리가 잘 아는 바와 같이 사도 바울의 스승입니다. 그가 죽었을 때 이스라엘에 태양이 사라졌다고 이스라엘 백성들은 거리에 나와 통곡하였습니다. 이스라엘 역사상 최고의 민족적 스승으로 추앙받는 가말리엘이 그저 된 것이 아니라 경건한 시므온에게 주신 하나님의 은혜입니다. 하나님은 경건한 자의 자녀들에게 복을 주십니다.

자녀들에게 물질을 많이 남겨준다고 해서 복이 되는 것이 아닙니다. 내 마음대로 되는 것이 아닙니다. 자녀들이 잘되기를 원한다면 두 가지를 명심하셔야 합니다. 첫째는 믿음을 심어주어야 합니다. 믿음이 있으면 축복의 길을 걸어가기 때문입니다. 둘째는 부모가 심고 자녀가 거두게 하는 것입니다. 하나님을 위하여, 교회를 위하여 심는 것입니다. 경건한 부모 밑에서 자녀가 복을 받는 것입니다.

시므온이 무엇이 부족해서 성전에 살며 고생스런 삶을 살았겠습니까? 그 대답이 25절 하반절에 있습니다. "이 사람은 의롭고 경건하여 이스라엘의 위로를 기다리는 자라 성령이 그 위에 계시더라." 성령님께서 함께 하시기에 예수님의 나심을 알았고, 이스라엘의 위로를 기다리는 자였기에 하나님께서 그 만남을 허락하셨던 것입니다.

이스라엘은 당시 위로가 필요한 민족이었습니다. 이들은 하나님의 특별한 선택을 입었지만 방자하게 행하다가 400년 동안이나 나라 없는 설움을 겪게 되었습니다. 신앙이 조금이라도 있으면 고통스런 세월이 찾아올 때에 하나님을 찾게 됩니다. 이스라엘이 그랬습니다. 이들에게 조그마한 믿음의 뿌리가 남아 있었습니다. 그래서 이들은 고통의 삶을 지내며 하나님께 부르짖었고 하나님은 그 음성을 들으셨습니다. 메시아의 약속을 주신 것입니다. 이 약속을 믿고 경건하게 살아가는 소수의 사람들이 있었습니다. 본문의 시므온이 바로 그런 사람입니다. 본문 뒤에 나오는 안나 선지자나 양치는 목자들이 바로 그런 사람들입니다. 그러기에 이들만이 이 땅에 오시는 예수님을 만날 수 있었습니다.

여기서 시므온이 예수님을 만났던 장소를 주목해야 합니다. 성전입니다. 만일 그가 자기 집 안방이나 거리나 골목에 있었다면 그토록 기다리던 예수님을 만나지 못했을 것입니다. 안나도 예수님이 오시기를 기다리는 사람이었는데 성전을 떠나지 않고 금식하며 기도하다가 성전에서 예수님을 만났습니다. 성전은 주님을 만나기에 가장 좋은 장소입니다. 백화점이나 식당에서 주님을 만나기 어렵습니다. 이 좋은 우리 교회 찬양대가 찬양할 때에 많은 은혜를 받습니다. 찬양대가 기도로 찬양을 준비하여 찬양을 할 때에 덤덤하게 앉아 있는 분들을 보면 참 안타깝습니다. 이 찬양을 병원이나 교도소 같은 데서 한 번만 불러주어도 눈물을 흘리며 회개할 영혼들이 너무나 많은데 매주일 성전에서 찬양을 들으면서 은혜 못 받는 분들을 보면 안타깝습니다.

하나님께서 은혜의 기회를 주실 때에 놓치지 않기 바랍니다. 성전에 나오기를 힘쓰는 사람은 그만큼 주님을 사모하고 만나기를 열망하는 사람입니다. 성전에 나오기를 힘쓰고 모이기를 힘쓰시기를 바랍니다. 수요예배에 나오시고 심야기도회에 나오시고 성경공부에 열심을 내시기 바랍니다. 그만큼 주님을 만날 기회가 많아지게 됩니다. 그래서 히브리서 10장 25절에 "모이기를 폐하는 어떤 사람들의 습관과 같이 하지 말고 오직 권하여 그날이 가까움을 볼수록 더욱 그리하자"라고 권면하고 있습니다. 시므온은 성전에 들어가 예수님을 만났습니다. 성령님의 인도하심에 따라 들어가 예수님을 만났습니다.

성경에 나오는 위대한 인물은 모두가 성령님께서 함께 하신 사람들입니다. 다윗은 성령님께서 함께 하셨을 때 양 치던 목동이 골리앗을 넘어뜨리고 이스라엘의 왕이 될 수 있었습니다. 마리아는 성령으로 잉태하여 예수님을 낳았고, 사도 바울은 성령님의 감동하심으로 선한 싸움을 싸우고 달려갈 길을 마쳤다고 고백하고 있습니다. 성도 여러분, 오늘도 성령님의 인도하심을 따라 주의 전에 나와 이 예배를 통하여 주님을 만나는 기쁨을 누리시기를 바랍니다.

26절에 시므온은 그리스도를 보기 전에는 죽지 아니하리라는 성령의 지시를 받았다고 했습니다. 하나님과 교통하는 삶을 살았기에 하나님의 음성을 들을 수 있었습니다. 하나님과 교통하는 사람이 하나님의 음성을 듣습니다. 그러나 하나님과 교제가 끊어진 사람은 악한 영의 소리를 듣습니다. 이단에 빠진 사람들이 참 불쌍하고 안타깝습니다. 2천 년 동안 수많은 이단들이 나타났습니다. 그러나 교주가 죽으면 이리저리 흩어지고 맙니다. 이들은 악한 영의 소리를 듣는 것입니다. 성령님과의 통로가 막혀 있는 것입니다.

성령님의 음성은 하나 되게 하는 역사가 일어납니다. 우리 모두에게 평화와 기쁨을 줍니다. 그러나 악한 영의 소리는 성도를 분열시킵니다. 남편과 아내에게 분쟁을 주어 갈라지게 하고, 나라와 민족을 갈라지게 합니다. 교회에도 들어와 교회를 분열시키려 합니다. 마귀는 우리가 하나님의 형상대로 평안하게 사는 것을 제일 싫어합니다.

세계적으로 유명한 독일의 신학자요, 희망의 신학자로 알려진 몰트만이라는 신학자가 있습니다. 몰트만은 악한 영의 소리가 이 땅의 권력자들을 유혹한다고 했습니다. 그래서 이 땅에 전쟁을 일으켜 수많은 사람들을 고통과 기아에 몰아넣는다고 지적합니다. 그러므로 믿음의 사람들은 나라와 민족을 위한 기도를 쉬지 않고 드려야 합니다. 악한 영은 교회 안에도 역사합니다. 미워하는 사람은 늘 미워하는 일을 쉬지 않습니다. 의심하는 사람은 늘 의심합니다. 교만한 사람은 늘 교만합니다. 이러한 악한 영을 불어넣어 악한 사람을 이용하는 것입니다.

그래서 하나 된 공동체를 분열시키고 하나님의 역사가 일어나는 것을 방해합니다. 부흥의 불길이 일어나는 것을 기를 쓰고 방해합니다. 이것을 누가 이길 수가 있습니까? 기도하는 성도들이 이깁니다. 시므온도 성령님의 지시를 기도하는 가운데 받았습니다. 지금도 그렇습니다. 기도하는 성도, 기도로 깨어 있는 성도가 악한 영의 유혹에서 보호받을 수가 있습니다. 기도하지 않고, 말씀을 듣지 않고 하나님의 뜻대로 살 수 있다고 하는 것은 속는 것입니다. 기도하지 않는 순간 하나님의 영이 떠나갑니다. 바로 그 순간 악한 영의 유혹에 넘어가게 됩니다. 성도 여러분, 하나님의 영의 지시를 받고 사는 성도가 되기를 원하십니까? 하나님과 깊은 영적인 교제를 나누시기를 바랍니다.

28절 이하에 시므온은 평생의 소원인 메시아를 목도하게 됩니다. 그래서 메시아를 안고 하나님을 찬송합니다. "주재여, 이제는 말씀하신 대로 종을 평안히 놓아 주시는도다." 시므온이 말한 "종을 평안히 놓아 주시는도다"라는 말은 "이제는 죽어도 평안히 눈을 감을 수 있습니다"라는 뜻입니다. 이유는 그토록 고대하고 기다렸던 주님을 만났기 때문입니다. 이스라엘의 소망을 이제 이루게 되었다는 것입니다.

우리가 어떤 해결되지 못한 문제를 안고 살아갈 때에 얼마나 마음이 답답합니까? 결혼해야 할 자녀의 문제를 안고 살아가는 부모는 늘 자녀 생각에 마음이 무겁습니다. 해결되지 못한 직장의 문제를 안고 살아갈 때에 얼마나 괴롭습니까? 시므온이 그랬습니다. 내버림받은 민족을 생각할 때 늘 무거웠는데, 이제는 구원을 보았다는 것입니다. 이제는 평안을 얻었다는 것입니다. 그렇습니다. 여러분, 오늘도 말씀을 듣고 예수님을 만나셨습니까? 그러면 여러분의 마음속에 평안이 임합니다. 세상 짐과 죄에 지친 삶이 자유를 얻고 새로운 소망을 바라보게 됩니다.

예수 믿는 사람은 마음이 평안해야 합니다. 물론 세상을 살다보면 마음이 괴로울 때가 있습니다. 그것이 인간입니다. 그러나 그럴 때마다 하나님 앞에 나와 기도하고 하나님의 음성을 듣고 마음의 평안과 위로를 얻게 됩니다. 그런데 마귀는 어떻습니까? 우리에게 평안을 빼앗아갑니다. 병을 주고 고통을 줍니다. 마귀는 점점 더 괴롭히고 괴롭히다가 마지막에는 지옥으로 인도합니다.

그러나 예수님은 믿음이 깊어질수록 마음에 평안을 주십니다. 예수 믿는 것이 점점 더 쉬워집니다. 그래서 주님께서는 마태복음 11장 29절에 "나는 마음이 온유하고 겸손하니 나의 멍에를 메고 내게 배우라 그리하면 너희 마음이 쉼을 얻으리니"라고 말씀하셨습니다. 예수 믿으면 믿을수록 그 마음에 평안이 주장하게 됩니다. 예수 믿기 전에 나를 얽어매던 것들이 이제는 문제가 되지 않습니다. 사탄 마귀는 옛날에 지은 죄를 가지고 지옥까지 끌고 가려고 합니다. 한번 붙잡으면 불독처럼 놓지를 않습니다. 사탄 마귀는 늘 원망하고 불평하게 만듭니다.

돈 때문에 불평하는 사람은 돈이 많아지면 불평이 멈추는 것이 아닙니다. 더 불평합니다. 교회에 대해 불평하는 사람은 한경직 목사님이 와서 목회하면 불평을 멈추는 줄 아십니까? 아닙니다. 계속해서 불평하는 것입니다. 이런 사람은 사도 바울이 와서 목회해도 또 불평합니다. 예수님이 오셔도 불평하는 것입니다. 우리는 불평이 누가 주는 것인지를 깨달아야 합니다. 불평이 사라지면 감사가 나오고 찬양이 나오고 평안이 그 마음에 채워지게 됩니다. 성도 여러분, 우리 주님이 주시는 참 평안을 얻으시기를 바랍니다.

31절 이하에 시므온은 예수님을 품에 안고 이 아기는 "만민 앞에 예비하신 것이요 이방을 비추는 빛이요 주의 백성 이스라엘의 영광"이라고 노래했습니다. 유대인들은 철저하게 선민의식을 가지고 있습니다. 자기들만이 구원을 받았다고 생각했습니다. 그런데 오늘 시므온의 노래를 보시기 바랍니다. 이 예수님은 만민을 위해 오신 분이요, 이방을 비추는 빛이라고 외칩니다. 이것은 유대인의 사고로서는 굉장한, 감히 상상할 수 없는 혁명적 고백입니다. 유대인들의 지금까지 가져온 생각과 믿음을 뛰어넘는 이 놀라운 고백은 시므온에게 성령님께서 임하셨다는 확증이 됩니다. 성령의 사람은 자신의 지식과 경험을 뛰어넘습니다. 그래야 성령께서 역사하십니다. 교회가 부흥하는 비결이 어디에 있습니까?

하나님의 역사하심이 이 땅에 나타나게 하는 방법이 어디에 있습니까? 내 경험과 내 지식을 뛰어넘어야 바로 그 자리에 성령께서 역사하시고 부흥을 주십니다. 예수님은 이스라엘의 영광이라고 했습니다. 지금 이스라엘은 어떻습니까? 이스라엘의 국가 수입은 크게 세 가지입니다. 그것은 집단농장에서 재배해 내는 농산물, 다이아몬드 가공, 관광입니다. 관광의 경우 그 나라는 구경거리가 없는 나라입니다. 특별히 지형적으로 산이 아름다운 나라도 아니요 바다나 호수가 아름다운 나라도 아닙니다.

그런데 전 세계 사람들이 이스라엘을 관광합니다. 그 이유는 한 가지입니다. 예수님이 사셨던 나라이기 때문입니다. 만일 이스라엘에 예수가 나시지 않았더라면 벌써 저들은 거지가 됐거나 굶어 죽었을지도 모릅니다. 예수님을 못 박아 죽인 이스라엘이지만 저들은 지금 철저하게 예수님 때문에 먹고 살고 있습니다. 그런데도 영적으로 바리새인이 되면 감사한 줄 모릅니다. 이들이 오늘 예수님의 은혜를 입고 있지만 깨닫지도 못하고 감사할 줄도 모릅니다. 이스라엘이 예수님을 배척했지만 오늘 예수님이 이스라엘을 대표합니다. 예수님이 이스라엘의 영광입니다.

예수님께서 오신 날이 첫 번째 크리스마스요, 우리를 구원하시기 위해 다시 오시는 그날이 두 번째 크리스마스입니다. 다시 오시는 그날이 믿지 않는 이들에게는 두려움과 공포의 날이겠지만 믿는 자들에게는 기쁨과 영광의 날입니다. 바로 그날이 주님이 다시 오실 두 번째 크리스마스입니다. 성도의 삶이란 기다리는 삶입니다.

우리는 대림절 두 번째 주일을 지내고 있습니다. 이 대림절에 주님을 기다리는 신앙을 다시 한 번 회복하게 되시기를 바랍니다. 그래서 초대교회 성도들처럼 이렇게 주님의 오심을 외치는 성도님들이 되시기 바랍니다. "아멘, 주 예수여! 오시옵소서."

적 용

ⓐ 오늘 말씀의 주제 파악하기:

ⓑ 오늘 말씀 중 은혜 받은 부분 나누기:

ⓒ 삶에 구체적으로 적용하기:

함께 드리는 기도 제목

1. 은혜가 넘치게 하시고 경건의 삶으로 재림을 기다리게 하옵소서.
2. 성령의 능력을 힘입는 구역 되게 하시어 승리하게 하옵소서.
3. 초대교회 성도들과 같이 "마라나타! 주님, 오시옵소서"라고 고백하는 성도들 되게 하옵소서.

49.

주님을 기다리는 사람들

» **본 문:** 마태복음 24장 32-37절
» **찬 송:** 92장(위에 계신 나의 친구, 통 97장)
» **요 절:** "이와 같이 너희도 이 모든 일을 보거든 인자가 가까이 곧 문 앞에 이른 줄 알라 내가 진실로 너희에게 말하노니 이 세대가 지나가기 전에 이 일이 다 일어나리라"(마 24:33-34)

대림절은 대강절이라고도 하는데 예수님의 강림을 기다리는 절기입니다. 세상의 달력은 1월부터 시작되지만 교회력은 대림절로부터 시작이 됩니다. 강단에는 네 개의 보라색 양초와 중앙에 하나의 흰색 양초가 밝혀지는데 이 촛불은 예수님의 오심을 기다리는 마음을 표현한 것입니다. 대림절에는 목사의 스톨도 보라색입니다. 보라색은 참회의 색을 뜻하고 있습니다.

대림절에는 각자의 죄를 돌아보고 참회하며 주님의 오심을 기다리는 절기입니다. 예수님께서 이 땅에 오셨을 때 예수님을 기다리는 사람들만이 이 땅에 오신 예수님을 만났습니다. 동방 박사들이 예수님을 만났습니다. 이들은 예물을 들고 오시는 예수님을 만나기 위해 먼 길을 걸어 마구간까지 찾아왔습니다. 들판에서 양을 치던 목자들이 예수님을 만났습니다. 이들은 식민지 유다의 고통스런 삶 속에서 오실 메시아를 고대하던 사람들이었습니다. 시므온이 예수님을 만났고, 안나가 예수님을 만났습니다. 이들의 공통점은 한결같이 예수님을 고대하고 기다리던 사람들이었습니다. 오늘도 기다리는 사람들만이 다시 오시는 예수님을 만날 수가 있습니다.

예수님께서는 부활하신 후 승천하시면서 다시 재림하실 것을 약속하셨습니다. 오늘 말씀에 "무화과나무의 비유를 배우라 그 가지가 연하여지고 잎사귀를 내면 여름이 가까운 줄을 아나니 이와 같이 너희도 이 모든 일을 보거든 인자가 가까이 곧 문 앞에 이른 줄 알라"고 하셨습니다. 재림에는 징조가 있다는 것입니다. 무화과나무를 보면 봄에 가지가 자라고 새로운 잎사귀가 나옵니다. 그러면 여름이 가까워지는 것입니다. 이것을 모르는 사람은 없습니다. 예수님께서 이 말씀을 하신 이유는 "너희가 다 알지 않느냐? 너희가 무화과나무에 잎사귀가 나오는 것을 보면 여름이 가까이 온 줄 알면서 왜 너의 인생에 다가올 재림을 준비하지 못하느냐?"라는 것입니다.

주님이 오실 것을 믿고 기다리는 사람은 악하게 살 수 없습니다. 그런데 주님이 언제 오신다고 말씀해 주셨으면 좋았을 텐데 "그날과 그때는 아무도 모르나니 하늘의 천사들도, 아들도 모르고 오직 아버지만 아시느니라"고 말씀하셨습니다. 그렇게 기다린 세월이 2천 년을 지났습니다. '2천 년이나 안 오셨으니 이십 년쯤은 안 오시겠지. 적당히 세상 사람들처럼 살고 적당히 죄도 짓고 살다가 나이 들어 그때 예수 잘 믿으면 되겠지'라고 생각할 수 있습니다.

그런데 여러분, 성경을 통하여 하나님을 잘 아셔야 합니다. 하나님은 만홀히 여기심을 받지 않으시는 하나님이시라고 했습니다. '만홀히'라는 말을 개역개정 성경에서는 "스스로 속이지 말라 하나님은 업신여김을 받지 아니하시나니 사람이 무엇으로 심든지 그대로 거두리라"고 갈라디아서 6장 7절에 말씀하고 있습니다.

'만홀'이라는 말은 국어성경에 소홀히 여긴다는 뜻으로 나와 있는데, 헬라어 성경을 보면 '뮉테리조'라는 단어입니다. 비웃고 조롱한다는 뜻입니다. 속인다는 뜻입니다. '뭭테리조'는 '돼지코'라는 단어에서 나온 단어입니다. 수천 년 전 옛날에도 아이들이 자기 코를 눌러서 돼지코를 만들어 상대방에게 '돼지코' 하고 놀렸던 모양입니다. 하나님은 피조물에게 속는 분이 아니십니다. 나중에 때가 되면 잘 믿겠다고 생각하는 사람의 꾀를 하나님께서 모르시는 것이 아닙니다. 하나님께서는 참고 기다리시는 것을 깨달아야 합니다.

교통사고 동영상을 본 적이 있습니다. 수많은 교통사고 동영상을 모아놓은 것인데, 멀쩡하게 길을 달리고 있는데 갑자기 반대편에서 차가 달려와 두 동강을 내어버립니다. 신호를 받고 출발을 하는데 건너편에서 엄청난 속도로 차가 달려와 받아 버립니다. 사람이 횡단보도에 서서 신호를 기다리고 있는데 갑자기 트럭이 달려와 밟고 지나갑니다. 내가 안전운전을 한다고 되는 일이 아닙니다. 내가 신호를 잘 지킨다고 안전한 것이 아닙니다.

친구 목사님이 횡단보도에 서 있는데 어떤 할머니가 앞에 와서 길을 물어보더랍니다. 그래서 저쪽으로 가시라고 손을 들어 가리키고 쾅 하는 소리에 돌아보니 할머니가 없어졌습니다. 고개를 돌려 방향을 가리키는 순간 차가 달려와 할머니를 치고 상점 안으로 밀고 들어간 것입니다. 할머니와 거리가 1미터도 안 되었다는 것입니다. 우리는 내일 일을 아무도 모릅니다. 그래서 늘 준비하는 인생을 살아야 합니다. 예수님의 열 처녀 비유를 주신 이유가 바로 여기에 있습니다. 매일 준비하고 사는 사람은 하나님 앞에 바로 설 수가 있습니다.

루드비히 공작은 독일의 바바리아 성의 성주였습니다. 이 사람은 아주 성격이 포악하여 성 안의 백성들이 모두 두려워하였습니다. 어느 날 루드비히 공작이 사냥을 나갔다가 숲속에 작은 예배당에 들어가게 되었습니다. 오랫만에 기도하려고 마음을 먹었는데 갑자기 예배당 벽에 환상이 보였습니다. '3'이라는 숫자가 보였습니다. '3'이 무슨 뜻일까 고민이 되었습니다. 3일인지 3달인지 3년인지 모르지만 지금까지 살아오면서 죄를 많이 지었던 루드비히 공작은 나름대로 해석하기를 '이제 3일 후면 내가 하나님 앞에 서게 될 것이라'고 해석했습니다. 그리고 3일 동안 아내와 부하들에게 백성들에게 잘해주었습니다. 그리고 3일 후 하나님 앞에 갈 준비를 하며 기도하며 기다렸습니다. 그런데 3일이 지나도 아무 일도 일어나지 않았습니다. '아, 3일이 아니라 3달이었구나!' 그래서 3달 동안 또다시 백성들에게 선행을 베풀고 부하들에게도 덕을 베풀었습니다. 그런데 3개월이 지났는데도 죽지 않는 것입니다. '3년이었구나!' 그래서 또 3년을 열심히 살았습니다.

그러던 어느 날 독일 왕실에서 사절단이 이 성으로 찾아왔습니다. 이 나라의 가장 훌륭한 성주인 루드비히 공작을 독일의 황제로 삼기 위해서였습니다. 3일, 3개월, 3년을 하루같이 하나님의 심판대 앞에 설 것을 기다리며 살았기에 그 훌륭한 모습이 독일 전역에 소문으로 퍼져 나갔던 것입니다.

우리가 주님이 오실 날을 기다리고 살면 누구나 의롭고 경건하게 살 수 있습니다. 초대교회 기독교인들은 매일 '마라나타'를 외치며 살았습니다. '마라나타'란 '주여, 오시옵소서!'라는 뜻입니다. 우리나라 초대교회 성도들도 주님이 오실 날을 기다리며 살았습니다. 어릴 때 교회에서 '주님 고대가'란 찬양을 어른들과 함께 많이 불렀습니다. 그렇게 주님이 오시기를 기다리며 살았다는 이야기입니다.

1. 낮에나 밤에나 눈물 머금고
내 주님 오시기만 고대합니다
가실 때 다시 오마 하신 예수님

오 주여 언제나 오시렵니까
2. 고적하고 쓸쓸한 빈 들판에서
희미한 등불만 밝히어 놓고
오실 줄만 고대하고 기다리오니
오 주여 언제나 오시렵니까
3. 먼 하늘 이상한 구름만 떠도
행여나 내 주님 오시는가 해
머리 들고 멀리 멀리 바라보는 맘
오 주여 언제나 오시렵니까
4. 내 주님 자비한 손을 붙잡고
면류관 벗어들고 찬송 부르면
주님 계신 그곳에 가고 싶어요
오 주여 언제나 오시렵니까
5. 신부 되는 교회가 흰옷을 입고
기름 준비 다 해놓고 기다리오니
도적같이 오시마고 하신 예수님
오 주여 언제나 오시렵니까
6. 천 년을 하루같이 기다린 주님
내 영혼 당하는 것 볼 수 없어서
이 시간도 기다리고 계신 내 주님
오 주여 이 시간에 오시옵소서

'먼 하늘 이상한 구름만 떠도 내 주님이 다시 오시는가' 하는 이 가사 속에는 주님을 기다리는 마음이 잘 표현되어 있습니다. 그런데 요즘 교인들은 잘 기다리지 않습니다. 예배를 드려도 1시간이 넘어가면 몸을 비틉니다. 약속이 있다는 것입니다. 요즘 기독교인들은 헛된 것에 너무나 정신이 팔려 있습니다. 여자들은 다 S라인이 되려 합니다. 성형수술 열풍이 불고 있습니다.

어떤 20대 여성이 교통신호를 무시하고 길을 건너다가 사고를 당해 하늘나라에 가게 되었답니다. 이 여성에게 하나님께서는 "너는 아직 올 때가 안 되었는데, 왜 벌써 왔느냐? 어서 돌아가거라" 하시면서 "넌 100살까지 살 것이다" 했답니다. 그래서 이 여자가 예쁜 얼굴로 오래오래 살고 싶어 성형수술을 했답니다.

그런데 얼마 지나지 않아 이 여성이 죽어 천국에 가게 되었습니다. "아니, 하나님! 100살까지 산다고 하셔서 많은 돈을 들여 리모델링을 했는데 어떻게 된 겁니까?" 그랬더니 하나님께서 하시는 말씀이 "네가 너무 많이 고쳐서 못 알아봤다. 미안하다" 하셨답니다. 정 목사 보고도 눈 밑에 다크서클이 있어 영상을 볼 때 얼룩이 진다고 수술 일정을 잡을 테니 수술하자고 합니다. 정 목사도 아직 할 일이 많이 남아 있는데 혹시 못 알아보시면 어떡합니까?

기독교인들도 너무 좋은 것을 가지려고 합니다. 어떤 분이 넥타이를 선물하시면서 "목사님, 이 넥타이가 세상에서 제일 비싼 메이커입니다" 하시는 것입니다. 목사님에게 좋은 것을 드리고 싶어 명품을 선물하는 분도 있는데, 앞으로는 하나님께 명품을 드리십시오. 정 목사는 명품 할 줄 모릅니다. 정 목사는 밥을 먹어도 부대찌개와 국밥, 설렁탕 먹는 것을 좋아합니다.

강남에 좋은 집에서 아는 분들이 만나자고 하여 식사를 하고 내가 내겠다고 계산을 하다가 깜짝 놀랐습니다. 금액이 상상을 초월하는 것입니다. 식사 한 끼 값의 그 돈이면 아프리카, 동남아의 굶는 아이들 수십 명이 1년 동안 굶지 않고 먹을 수 있는 금액입니다. 여러분은 앞으로 이 종과 식사하려면 부대찌개 집, 김치찌개 집을 정하시기 바랍니다. 우리는 옷을 입어도, 밥을 먹어도, 사람을 만나도 주님을 생각하며 살아야 합니다. 그것이 주님을 기다리는 삶입니다.

여러분, 교회는 주님을 기다리는 곳입니다. 우리가 봉사를 해도 주님을 기다리는 것이고, 예배를 드려도 주님을 기다리며 예배하는 것입니다. 주님을 기다리며 살면 우리의 언어가 바뀝니다. 불평과 부정적인 말이 나올 수가 없습니다. 얼굴빛이 바뀝니다. 기다리는 사람은 행복합니다. 군대 간 아들이 첫 휴가를 나오는 날 어머니의 얼굴은 아침부터 행복합니다. 이 종이 군에 갔다가 첫 휴가를 나왔을 때 어머니가 맨발로 마루에서 마당으로 뛰어나오던 그 광경을 지금도 기억합니다. 우리가 주님을 기다리다가 만날 때에는 이것보다 더 행복해야 되지 않겠습니까? 믿음의 사람들은 기다릴 줄 아는 사람들입니다.

일본의 천하통일을 이루어 막부시대를 연 도쿠가와 이에야스는 기다릴 줄 아는 사람으로 알려져 있습니다. 강력한 카리스마를 가진 오다 노부나가, 천재적인 능력이 있던 도요토미 히데요시와 함께 일본의 3대 영웅으로 알려진 도쿠가와 이에야스를 설명한 재미있는 글이 있습니다. '새장의 새가 울지 않으면 어떻게 할 것인가?'라는 질문에 오다 노부나가는 울지 않는 새를 죽여 버리고, 꾀가 많은 도요토미 히데요시는 어떻게 하든 새를 울게 만든다는 것입니다. 그런데 도쿠가와 이에야스는 새가 울 때까지 느긋하게 기다린다는 것입니다. 결국 도쿠가와 이에야스가 승리했습니다.

성경은 하나님의 사람들에게 기다림을 명하십니다. 아브라함에게 "아들을 주겠다"라고 약속하시고 무려 25년이나 기다리게 하셨습니다. 다윗에게 왕이 될 것이라고 기름을 부으신 후에 십여 년이 지나 유다 왕이 되었고 통일왕국의 왕이 되기까지는 20년을 기다리게 하셨습니다. 요셉에게 부모와 형들이 절하는 꿈을 주신 후 그 꿈을 이루기까지 13년을 기다리게 하셨습니다. 이들의 공통점은 믿음으로 기다렸다는 것입니다. 하나님의 약속이 반드시 이루어질 줄 믿고 소망 중에 기다렸습니다.

여러분은 무엇을 기다리며 살고 있습니까? 병자가 기다리는 것은 병이 다 나았다는 의사의 선언입니다. 배고픈 사람은 식탁을 기다립니다. 목마른 사람은 물을 기다리고, 영적으로 갈급한 성도는 하나님의 말씀을 고대하며 기다리는 것입니다. 오늘 여러분은 하나님의 말씀을 기다리며 예배하기 위해 이곳에 온 줄로 믿습니다.

성경은 기다림의 책입니다. 구약은 메시아 예수 그리스도께서 오실 것을 기다리는 책입니다. 신약은 이 땅에 오신 예수님께서 부활하신 후 다시 오실 것을 기다리는 책입니다. 우리 주님은 다시 오리라고 분명히 약속해 주셨습니다. 오늘 말씀에도 "천지는 없어질지언정 내 말은 없어지지 아니하리라"고 하시면서 다시 오실 것을 분명하게 말씀해 주셨습니다. 그리고 그날은 아무도 모른다고 하셨습니다. 그때는 37절에 "노아의 때와 같이 인자의 임함도 그러하리라"고 하셨습니다.

37절 이하에 노아의 때에 대한 설명이 나오는데 사람들은 노아가 방주에 들어가고 홍수가 날 때까지 먹고 마시고 장가들고 시집가고 있으면서 홍수가 나서 그들을 다 멸하기까지 깨닫지 못하였다고 하시며 인자의 임함도 그러하리라고 하셨습니다. 주님은 도둑같이 오신다고 하셨습니다. 도둑이 어느 때 오는 줄 알고 있으면 깨어 문을 잠그고 들어오지 못하도록 방비를 할 것입니다. 도둑맞은 적 있습니까? 도둑은 우리가 알지 못한 때에 옵니다.

우리 집도 한 번 도둑이 든 적이 있는데 집에 들어가 보니 이것저것 다 뒤집어 놓았습니다. 방바닥에는 부엌에서 가져온 식칼이 놓여 있었습니다. 누구든지 들어오면 찌르겠다는 것입니다. 그런데 가져갈 것이 없습니다. 우리 집에는 금붙이가 하나도 없습니다. 반지도 없습니다. 가만히 보니 방구석에 작은 향수병이 떨어져 있었습니다. 도둑이 물건을 찾다가 주머니에서 향수병이 빠진 것입니다. 그래서 도둑이 놓고 간 그 향수를 잘 썼습니다. 도둑과 같이 주님이 오신다는 것은 먼 미래를 이야기하는 것이 아닙니다. 주님의 재림의 때가 언젠가 올 것이지만 여러분 각자에게 도둑과 같이 올 것이라는 의미로 알아야 합니다.

마태복음 25장에 열 처녀의 비유를 말씀하시면서 "그런즉 깨어 있으라 너희는 그날과 그때를 알지 못하느니라"고 말씀하셨습니다. 주님은 대림절에만 기다리는 것이 아닙니다. 언제나 주님을 기다리며 살아야 합니다. 우리의 영의 등불에 기름을 가득 채우고 오실 주님을 예비하며 살아야 합니다. "주님, 조금 더 있다 오면 안 됩니까? 지금 너무너무 재미있는데, 지금 오라 하시면 어떡합니까?" 혹은 "주님, 지금 오라 하시면 안 됩니다. 지금 회개할 것이 너무 많아서 조금 있다 오십시오" 하는 성도들이 되어서는 안 됩니다. 주님을 사랑하며 기다리는 성도는 지금이 행복합니다. 사랑하는 도림의 성도 여러분, 대림절을 맞이하며 주님이 오실 날을 생각하면 가슴이 설레고 행복한 성도들이 되시기를 바랍니다.

적 용

ⓐ 오늘 말씀의 주제 파악하기:

ⓑ 오늘 말씀 중 은혜 받은 부분 나누기:

ⓒ 삶에 구체적으로 적용하기:

함께 드리는 기도 제목

1. 대림절 소망으로 오실 주님을 바라보는 믿음이 있게 하옵소서.
2. 재림 신앙으로 하루하루 최선을 다해 사는 구역이 되게 하옵소서.
3. 온 성도가 다시 오실 주님을 기다리는 기쁨의 성도가 되게 하옵소서.

50.

예수, 귀한 그 이름

» **본 문:** 마태복음 12장 9-21절
» **찬 송:** 91장(슬픈 마음 있는 사람, 통 91장)
» **요 절:** "상한 갈대를 꺾지 아니하며 꺼져 가는 심지를 끄지 아니 하기를 심판하여 이길 때까지 하리니 또한 이방들이 그의 이름을 바라리라 함을 이루려 하심이니라"(마 12:20-21)

십계명의 제4계명이 안식일에 대한 계명입니다. 유대인들은 하루의 시작을 일몰을 중심으로 보았기 때문에 이들은 금요일 저녁부터 안식일을 지켰습니다. 안식일의 계명은 십계명 안에 있는데 여기에도 다른 율법들이 첨가되었습니다. 10계명을 가지고 613개의 율법을 만들었습니다. 613개의 율법을 읽어 보면 세부적인 것까지 다 정해 놓았습니다. '유월절 고기는 집 안에서만 먹어야 된다. 양고기의 뼈를 꺾어서는 안 된다. 동물의 기름은 먹지 못한다. 농작물을 거둘 때는 조금 남겨두어야 한다. 집에 크고 작은 두 개의 되를 가지고 있어서는 안 된다.' 그리고 마지막 613번째 율법은 '율법을 써서 간직하고 있어야 한다' 등 이런 내용들이 613개가 있습니다.

여기에다가 율법을 해석하는 조항도 필요하게 되었습니다. '노동하지 말라고 했으면 노동이 어디까지인가?' 하는 것입니다. '아령을 몇 개를 들어야 거기서부터 노동이 되는가? 걸어가면 얼마만큼 걸어야 노동이 되는가?' 하는 문제입니다. 그래서 이들은 또 하나하나의 법령을 만들었습니다. 이것을 가지 율법이라고 합니다. 빵을 먹을 때에는 손을 씻어야 한다는 율법이 있습니다. '그러면 손을 씻는 것이 도대체 무엇이냐?' 하는 것입니다. 그래서 물의 양이 나옵니다. 타조알로 물의 양을 재어서 손을 씻어 팔꿈치까지 물이 흘러야 손을 씻은 것이라는 법을 만들었습니다. 물의 양이 부족하여 팔꿈치까지 물이 흐르지 않으면 손을 씻지 않은 것입니다. 율법을 범한 것입니다.

그러니 얼마나 피곤하겠습니까? 움직이면 다 율법에 걸립니다. 일을 할 수가 없습니다. 율법의 정신은 하나님의 말씀을 지키며 살라는 것인데, 이것이 오히려 자유로운 생활을 규제하게 되었습니다. 그러다 보니 율법을 피해 사는 방법들도 만들어 내게 되었습니다. 몇 km 이상을 걸으면 노동으로 간주하기 때문에 움직일 수가 없습니다. 그러나 걸어가는 동안에 식사를 하면 다시 시작하는 것으로 계산합니다. 그래서 정한 거리만큼 걸어간 다음에 종들을 시켜 빵을 가져다 놓게 합니다. 그리고 빵을 먹고는 다시 또 걷습니다. 그래서 자기들이 원하는 곳을 다녀옵니다. 종들은 안식일을 지키지 못하게 하면서 자신들은 교묘한 법을 만들어 마음대로 다니며 안식일을 지켰다고 생각했습니다.

예수님이 보실 때 이것은 우스운 일이었습니다. 코미디였습니다. 부모에게 효도를 해야 하는데, 먹을 것을 드려야 하는데 하나님께 바쳤다고 하면 면제가 되었습니다. 이것을 '고르반'이라고 합니다. '하나님께 드렸다'는 뜻입니다. 예수님께서는 마가복음 7장에서 "너희는 이르되 사람이 아버지에게나 어머니에게나 말하기를 내가 드려 유익하게 할 것이 고르반 곧 하나님께 드림이 되었다고 하기만 하면 그만이라"고 말씀하신 것이 바로 이 말씀입니다.

"'부모님께 효도하라' 한 것이 하나님께서 명하신 정신인데, 너희는 말로 '고르반' 하고 부모님께 효도하지 않는다, 하나님께서 원하시는 것이 이것이 아니다"라고 말씀하신 것입니다. 오늘도 전통적인 유대인들은 율법을 철저히 지킵니다. 안식일에는 불을 피워서는 안 된다는 율법 때문에 지금도 유대교인들은 안식일이 되면 불을 못 피웁니다. 그런데 어떻게 하느냐 하면 불은 피워야 되니 한국인 유학생들이 이스라엘에 살면서 대신 아르바이트로 불을 피워준다는 것입니다.

예수님께서는 하나님께서 왜 십계명을 주셨는지 그 정신을 말씀하셨습니다. 그래서 십계명을 두 가지로 요약하셨습니다. 마태복음 22장 37-40절에 "예수께서 이르시되 네 마음을 다하고 목숨을 다하고 뜻을 다하여 주 너의 하나님을 사랑하라 하셨으니 이것이 크고 첫째 되는 계명이요 둘째도 그와 같으니 네 이웃을 네 자신같이 사랑하라 하셨으니 이 두 계명이 온 율법과 선지자의 강령이니라"고 말씀하셨습니다. 십계명의 정신은 첫 번째에서 네 번째까지가 하나님께 대한 계명인데, '주 너의 하나님을 사랑하는 것'입니다. 다섯 번째에서 열 번째까지가 인간에 대한 계명인데, 이것은 이웃을 자기 몸같이 사랑하라는 것입니다. 모든 것이 사랑에서 나오는 것입니다. 오늘도 법에 갇혀서 말씀을 제대로 이해하지 못하는 일들이 많습니다.

오늘도 제칠일 안식교나 자칭 하나님의 교회라고 하는 안상홍증인회 같은 이단이 안식일을 주장하는 것이 바로 이런 이야기입니다. 안상홍증인회 같은 경우는 안상홍이 하나님이라고 합니다. 어처구니 없는 이런 종교를 많은 사람들이 따라갑니다. 똑똑한 사람들도 따라갑니다. 석사, 박사들이 따라갑니다. 정명석 교주 같은 이를 이화여대 학생들이 얼마나 많이 따라다녔습니까? 사람들이 똑똑한 것 가지만 그렇게 어처구니가 없습니다.

우리도 마찬가지입니다. 하나님께서 영혼을 지켜주시지 않으면 따라가게 됩니다. 이단에 빠진 사람들이 미련해서 빠진 것이 아닙니다. 또한 이단을 따라가지 않아도 세상을 따라가는 사람들이 많습니다. 마귀에게 속아서 가는 것입니다. 그러므로 우리는 늘 감사해야 합니다. 사람이 대단한 것이 아닙니다. 내가 대단하여 예수 믿는 것이 아닙니다. 내가 대단해서 이단에 안 빠진 것이 아닙니다. 감사해야 은혜를 입게 됩니다.

바리새인들이 마음속으로는 하나님을 사랑하지 못하고 하나님의 말씀을 지키지 못하면서 계명으로 서로를 판단하고 정죄하고 자기는 의롭다고 하는 것을 보시며 예수님은 바리새인들의 죄를 지적하셨습니다. 그러니 바리새인들은 예수님을 미워했습니다.

오늘 말씀의 배경도 그렇습니다. 예수님께서 회당에 들어가셨을 때에 거기 손 마른 사람이 있었다고 했습니다. 손이 말랐다는 것은 요즘으로 말하면 중풍에 걸렸다는 말입니다. 예수님 앞에 중풍 걸린 사람이 있는 것을 보고 미리 시험을 합니다. 예수님은 분명히 중풍병자를 불쌍히 여기시고 고쳐주실 것입니다. 바리새인들이 예수님을 율법에 걸기 위해 질문을 합니다. "안식일에 병 고치는 것이 옳습니까?" 안식일에 병을 고치는 것은 율법에 어긋나는 일인데, 지금 어떻게 하는지 두고 보자는 말입니다.

11절을 보면 "예수께서 이르시되 너희 중에 어떤 사람이 양 한 마리가 있어 안식일에 구덩이에 빠졌으면 끌어내지 않겠느냐 사람이 양보다 얼마나 더 귀하냐 그러므로 안식일에 선을 행하는 것이 옳으니라"고 하였습니다.

어떤 사람이 양이 있는데 두 마리도 아니고 한 마리입니다. 그러니 그 한 마리가 얼마나 귀한 한 마리입니까? 전 재산입니다. 그 양이 안식일에 구덩이에 빠졌습니다. "그러면 너희는 안식일이라고 죽게 내버려두겠느냐? 당연히 끌어내어 살리지 않겠느냐? 양에게도 그렇게 하는데, 사람은 양보다 더 귀하다" 하고 말씀하십니다.

예수님은 사람을 사랑하십니다. 그래서 십자가를 지시기 위해 이 땅을 찾아오셨습니다. 예수님은 사람을 사랑하시기 때문에 병든 자들을 보며 안타까워하시며 고쳐 주셨습니다. 죽음으로 고통 받는 사람을 보며 눈물도 흘려 주셨습니다. 예수님께서는 바리새인들이 율법으로 공격하려고 하는 사실을 아시면서도 이 병자에게 손을 내밀라고 하셨습니다. 우리는 오늘 말씀에서 예수님을 미워하고 죽이려 하는 바리새인들과 예수님을 믿고 예수님을 기다리고 있는 손 마른 환자의 모습을 볼 수가 있습니다. 손 마른 환자는 예수님을 기다리고 있었습니다. 예수님을 만나면 인생의 문제가 해결될 줄로 믿었습니다.

오늘도 중풍에 걸린 분들을 보면 참 안타깝습니다. 한 손을 사용하지 못합니다. 발도 자유롭지 않습니다. 입도 돌아갑니다. 건강한 사람도 힘이 드는데 한쪽을 못 쓰니 삶이 지치고 힘이 듭니다. 이런 환자를 주님께서는 만나주셨습니다. 그리고 "네 손을 내밀라"고 하셨습니다. 여러분, 이 말씀이 중요합니다. 손 마른 사람은 손을 내어밀 수가 없습니다. 손에 신경이 없습니다. 지금까지 경험으로 손을 내어밀 수가 없었습니다. 그런데 예수님은 손을 내어밀라고 하십니다. 건강한 손이 아닙니다. 병든 손입니다.

여러분, 그렇습니다. 우리의 병든 손을 주님 앞에 내어밀 때 역사가 일어나는 것입니다. 우리 도림의 성도들도 질병으로 고통당하고 내 경험으로, 내 힘으로 할 수 없었던 것들을 이 시간 주님 앞에 내어미시기 바랍니다. 여러분의 해결할 수 없었던 질병이 이 시간 주님께 내 손을 내어밀 때 치유되는 역사가 있기를 바랍니다. 여러분의 해결할 수 없었던 문제들이 이 시간 내 손을 내어밀어 치유되는 역사가 있기를 바랍니다.

바리새인이 오히려 율법 환자입니다. 하나님을 진실로 사랑하면 율법주의자가 될 수가 없습니다. 오늘 한국교회에도 율법주의자들이 많습니다. 서로가 하나님을 바르게 믿는다고 합니다. 그래서 교회가 갈라집니다. 한국교회만큼 많이 갈라진 교회가 없습니다. 내 뜻과 다르면 다른 사람을 정죄합니다. 내가 옳다는 것입니다. 예수 믿는 것은 내가 죄인임을 깨닫는 것입니다. 그래서 주님만 생각해도 감사하고, 교회만 바라보아도 눈물이 나옵니다.

성경 찬송이 새로 번역되어 나온 지 얼마 되지 않았는데 또 성경 찬송을 새로 번역하겠다고 합니다. 하나님 앞에 어떤 심판을 받으려고 하나님 말씀을 가지고 교회를 분열시키고 장사하려고 하는 사람들이 있다는 말입니까! 가만히 보면 이 사람들이 하나님을 안 믿어요. 믿으면 절대로 그렇게 할 수가 없어요. 안 믿는 거예요. 교회를 분열시키고, 주님을 아프시게 하는 사람들을 가만히 보면 하나님을 안 믿는 거예요. 살아 계신 하나님을 믿으면 그렇게 할 수가 없어요.

어떤 사람들은 "왜 일요일만 주일이냐. 일주일이 주일이지"라고 합니다. 이런 말을 하려면 일주일을 주일처럼 살아야 합니다. "십일조는 구약의 이야기다. 모든 물질이 하나님의 것이지, 십일조만 하나님의 것이냐?"라고 이야기하는 사람들은 자신에게 주신 물질을 십일조처럼 바치면서 그런 말을 해야 합니다. 우리는 주일을 주신 하나님의 뜻을 깨달아야 합니다.

하나님은 6일 동안 천지만물을 창조하시고 마지막 하루를 쉬셨습니다. 그리고 이날을 거룩하다고 하시며 안식일을 지키라고 하셨습니다. 이날은 감사하는 날이요, 이날은 하나님께 영광을 돌리는 날이요, 이날은 휴식의 날입니다. 주일이 없으면 어떻게 하겠습니까?

쉬지 않고 일할 것입니다.

1980년대에 힘들게 일할 때에 어떤 노동자가 예배기도를 드리는데 "하나님, 주일을 만들어 주셔서 감사합니다. 하나님께서 주일을 만들어 주시지 않았더라면 우리는 하루도 쉬지 못하고 일할 텐데 감사합니다" 하는 기도를 듣고 눈물이 난 적이 있습니다. '그렇구나. 하나님께서 우리를 위해 주일을 주셨구나.' 노동자가 아니더라도 하나님께서는 우리에게 쉬면서 안식하라고 은혜를 주신 것입니다. 과학자들이 연구해 보니 사람의 사이클이 있는데 일주일을 주기로 돌아가게 되어 있다는 것입니다.

6일을 일하고 하루를 푹 쉬면 몸이 건강하게 되어 있다는 것입니다. 기억도 일주일이 지나면 잊어버립니다. 그래서 일주일을 주기로 하나님 앞에 나와 예배를 드리라는 것입니다. 우리 초신자들을 보면 한 주를 결석하게 되면 부목사님들이 다음 주일에 전화합니다. 왜냐하면 2주일을 넘어가게 되면 잊어버리기 때문입니다. '내가 하나님의 은혜를 받아야 되는구나, 내가 말씀대로 살아야 되겠구나. 내가 죄의 길로 가면 안 되겠구나, 내가 구원받아야 되겠구나' 하는 것을 잊어버리게 되는 것입니다. 그래서 세상으로 가버립니다.

하나님은 우리를 창조하셨기 때문에 우리를 너무나 잘 아십니다. 그래서 매주일 하나님을 기억하고 예배하며 안식하라고 하셨습니다. 그러므로 주일이 되면 감사한 것입니다. '하나님께서 나 때문에 주일을 주셨구나' 하는 생각에 감동이 되는 것입니다. 성도는 일주일 동안 주일을 위해 삽니다. 그리고 주일에 주님 앞에 나와 예배하고 은혜를 받고 축복을 받고 그 힘으로 세상을 살아갑니다.

대림절 세 번째 주일을 맞으며 무슨 말씀을 전할까 기도하는 중에 오늘의 말씀을 주셨습니다. 예수님께서 왜 이 땅에 찾아오셨느냐

하는 질문입니다. 예수님께서 왜 여러분에게 찾아오셨느냐 하는 질문입니다. 예수님은 불쌍한 우리를 위해 찾아오셨습니다. 병든 자들을 위해 찾아오셨습니다. 예수님은 약자들을 찾아오셨습니다. 죄인을 찾아오셨습니다. 바리새인들은 자신들이 약자라고 생각하지 않았습니다. 죄인이라고 생각하지 않았습니다. 늘 자신들만이 옳다고 생각했습니다. 그래서 이들은 주님을 모실 마음의 빈 방이 없었습니다.

이 대림절 기간에 우리는 손 마른 환자와 같이 주님을 만나 내 인생의 문제를 해결 받는 은총을 입어야 합니다. 우리 인생은 다 문제가 있습니다. 그래서 주님 앞에 나와야 합니다. 예수님은 수많은 병자들을 고쳐주시고 자기를 나타내지 말라고 말씀하셨습니다. 예수님은 단순히 질병만을 고치기 위해 찾아오신 분이 아니시기 때문입니다. 복음에 방해가 되기 때문입니다.

오늘 말씀 18절 이하에 예수님이 오신 이유가 나옵니다.

> "보라 내가 택한 종 곧 내 마음에 기뻐하는 바 내가 사랑하는 자로다 내가 내 영을 그에게 줄 터이니 그가 심판을 이방에 알게 하리라 그는 다투지도 아니하며 들레지도 아니하리니 아무도 길에서 그 소리를 듣지 못하리라 상한 갈대를 꺾지 아니하며 꺼져 가는 심지를 끄지 아니하기를 심판하여 이길 때까지 하리니 또한 이방들이 그의 이름을 바라리라 함을 이루려 하심이니라."

예수님은 이방에 심판을 알리려 오셨습니다. 예수님은 다투지도 들레지도 아니하신다고 했습니다. 약장사처럼 떠들썩하게 전하는 것이 아니라 조용히 누룩처럼 이 세상을 변화시키셨습니다. 십자가에 달려 돌아가셨으나 십자가에 못 박은 이들을 오히려 용서하시고 이들에게 구원의 날을 선포하셨습니다. 그러므로 우리는 사람을 미워해서는 안 됩니다. 공산주의자들도 미워해서는 안 됩니다. 이들도 구원받아야 할 불쌍한 영혼들입니다. 겨울에 눈이 많이 내리면 산에 짐승들이 먹을 것이 없어 굶어 죽게 됩니다. 그럴 때 헬리콥터에 먹을 것을 실어 먹이를 뿌려 줍니다. 짐승들이 굶는 것도 불쌍히 여기는데, 어찌 북한 땅에 아이들 굶어 죽어 가는 것을 불쌍히 여기지 않을 수 있겠습니까?

이단에 빠진 사람들도 미워해서는 안 됩니다. 예수님이 오늘도 찾아오신다면 공산주의에서, 이단에서 이들을 구원하시기 위해 그곳에 가셔서 핍박을 당하시고 또 십자가를 지실 것입니다. 사람을 미워해서는 안 됩니다. 우리는 모두가 예수님의 뒤를 따라 복음을 전할 형제요 자매들이기 때문입니다. 예수님은 마지막 심판이 임할 것임을 알리러 찾아오셨습니다. 심판은 반드시 있습니다. 대림절은 주님이 오시는 날을 기다리며 준비를 훈련하는 시간입니다. 예수님은 상한 갈대를 꺾지 않으시고 꺼져 가는 심지를 끄지 않으시는 분입니다. 약한 자들, 상처 입은 사람들, 병들어 지치고 소망을 잃은 사람들을 외면하지 않으시고 이들에게 천국의 소망을 주기 위하여 찾아오신 분이 예수 그 귀한 이름입니다. 그러므로 대림절은 약한 자들이 새 힘을 얻고, 병든 자들이 치유를 얻고, 죄인들이 은총을 입고, 희망이 없는 자들이 소망을 가지는 절기입니다.

이제 대림절 세 번째 주일을 지나고 있습니다. 이 대림절에 다시 심판주로 오실 주님을 기억하며 매주일 주님 앞에 나와 은혜를 누리고 주님을 기다리는 성도들이 되시기를 바랍니다.

적 용

ⓐ 오늘 말씀의 주제 파악하기:

ⓑ 오늘 말씀 중 은혜 받은 부분 나누기:

ⓒ 삶에 구체적으로 적용하기:

함께 드리는 기도 제목

1. 나를 위해 오신 예수님의 은혜에 감사하며 살게 하옵소서.
2. 우리 구역과 가정이 "사랑하라" 하신 주의 말씀대로 살게 하옵소서.
3. 모든 성도들이 연약한 자들을 위해 오신 예수님의 사랑을 본받아 이웃을 섬기는 교회가 되게 하옵소서.

51.

이 땅에 구주가 나셨다

» **본 문:** 누가복음 2장 8-14절
» **찬 송:** 123장(저 들 밖에 한밤중에, 통 123장)
» **요 절:** "천사가 이르되 무서워하지 말라 보라 내가 온 백성에게 미칠 큰 기쁨의 좋은 소식을 너희에게 전하노라 오늘 다윗의 동네에 너희를 위하여 구주가 나셨으니 곧 그리스도 주시니라"(눅 2:10~11)

대림절 네 번째 주일을 지나가고 있습니다. 이제 내일 모레면 성탄절입니다. 예수님께서 오신 이야기는 초라하기 그지없습니다. 이 땅에 메시아로 오시는 예수님께서 좀 극적으로 오시든지, 대단한 모습으로 오셔야 하는데 예수님은 초라한 마구간, 냄새나는 마구간에 오셨습니다. 이건 좀 심합니다. 하늘에서 예루살렘 성으로 대낮 같은 불을 밝히며 천사들의 나팔소리와 함께 오시든지, 로마의 한가운데 하늘에서 번갯불과 함께 하얀 말을 타고 오시든지 하면 예수님의 미래가 얼마나 쉽습니까? 그런데 예수님은 그렇게 오시지 않았습니다. 예수님은 멋진 모습으로 오시지 않았습니다.

유럽이나 중국, 몽골, 에스키모 등 모든 나라에는 개국신화가 있습니다. 일본이나 한국에도 개국신화가 있습니다. 우리나라만 해도 고조선의 단군신화가 있잖아요. 곰이 사람이 되어 아들을 낳고 그 아들이 고조선을 건국했다는 것입니다. 신라에도 박혁거세가 알에서 나왔다는 신화가 있고, 고구려도 주몽이 알에서 나왔다는 신화가 있습니다. 자기들의 나라를 좀 더 멋있게 보이기 위하여 이런 신화들을 만들었습니다.

그런데 예수님은 그런 이야기가 없습니다. 아기를 낳을 곳이 없어 마구간에서 낳았습니다. 요셉의 집안에서 태어나셨는데 요셉도 가만히 보면 한심한 사람입니다. 아내가 배가 불러오면 예루살렘에 호적을 하러 가면 어떤 일이 일어날지 짐작이라도 해야 맞습니다.

좀 힘 있는 사람이라도 연결하여 호텔이라도 하나 잡아놓으면 얼마나 좋습니까? 아니면 민가라도 하나 빌려놓았으면 마리아가 그 고생을 안 해도 될 것입니다. 산달이 다가온 아내를 데리고 준비도 없이 길을 가게 만든 요셉은 능력이 없는 사람입니다. 이런 가운데 태어나신 예수님이 어떻게 큰 기쁨의 좋은 소식이 될 수가 있습니까?

그런데 2천 년 전 식민지 유대 땅의 마구간에 오신 아기 예수님의 탄생을 지금은 전 세계 나라들이 축하하고 있습니다. 러시아나 베트남 같은 공산주의 국가에서도 성탄절을 큰 축제로 지냅니다. 말레이시아나 인도네시아 같은 이슬람 국가에서도 성탄의 계절이 오면 크리스마스 트리가 곳곳에 세워집니다. 성탄의 계절이 오면 제일 좋아하는 나라가 중국이라고 합니다. 성탄 트리, 성탄 전구, 장식 등을 판매하여 전 세계에서 가장 많은 돈을 버는 나라가 중국입니다. 공산주의 국가에 성탄절이 등장할 줄 아무도 예측을 못했습니다.

복음은 계속해서 땅 끝까지 퍼져 나갈 것입니다. 공산주의 국가에도, 이슬람 국가에도, 아프리카의 오지에도, 남미에도 우리의 선교를 통하여 복음은 계속해서 퍼져 나갈 것입니다. 북한 땅에도 성탄이 찾아오는 날이 반드시 올 줄로 믿습니다.

1. 이천 년 전 예수님은 목자들에게 찾아오셨습니다

예수님은 마구간에서 탄생하시면서 제일 처음 목자들을 만나주셨습니다. 이것은 중요한 의미가 있습니다. 목자들은 메시아를 가장 고대하던 사람들입니다. 이들은 들판에서 양을 치고 있었는데 당시 대부분의 목자들은 자기 양을 치는 것이 아니었습니다. 양의 주인은 주로 예루살렘의 부자들이었고 목자들은 이들에게 고용되어 추운 밤을 지새우며 양을 지켰습니다. 혹시라도 양이 없어지거나 짐승들에게 물려가면 그 양을 변제해 내야만 했습니다. 그래서 이들은 밤을 새워 교대하며 양을 지켰습니다. 가난한 사람들이었고 천대를 받고 희망이 없는 사람들이었습니다. 바리새인들은 "목자들이 한 것은 다 죄다"라고 공공연히 말했습니다. 그러기에 이들은 메시아를 고대하고 있었습니다.

밤중에 갑자기 복통이 나서 숨도 쉴 수 없을 때 병원에 실려 가게 되면 의사 선생님을 기다립니다. 맹장염이 발생해 병원에 실려 가도, 어디를 크게 다쳐 병원에 실려 가도 의사 선생님을 간절히 기다립니다. 응급실에 환자가 많아 복도에 누워 있을 때 누구를 기다립니까? 오로지 의사 선생님을 기다립니다. 다른 사람은 필요 없습니다. 다쳤다고 사람들이 찾아와도 반갑지 않습니다. 그러다가 의사 선생님이 다가오면 평소에는 관심도 없던 의사 선생님이 그렇게도 반가울 수가 없습니다. 남편보다 아내보다 더 반갑습니다. '이제 살았구나' 하는 마음이 드는 것입니다.

누가 주일을 기다립니까? 영적으로 말씀이 갈급한 사람들이 주일을 기다립니다. 말씀이 그립기 때문입니다. 주님의 위로와 말씀이 필요하다고 느끼는 사람은 주일이 너무나 반갑습니다.

몇 년 전 하얀 말티즈라는 개를 키워본 적이 있습니다. 이 개의 이름이 장미인데 얼마나 저를 잘 따르는지 밖에 나가면 온통 장미 생각입니다. 고기를 먹다가도 '장미 줘야지' 하는 생각이 나고, 집에 들어가다 보면 장미 생각이 납니다. 왜 그런가 하면 이 강아지가 나만 보면 좋아서 미치는 겁니다. 너무 좋아서 오줌을 싸면서 달려듭니다. 얼마나 좋으면 그러겠어요. 서재에 문만 열어놓으면 달려와서 장난을 치려고 합니다. 며칠이라도 집을 비웠다 오면 온몸으로 두 손 들어 환영을 하는데 막 미친 것 같아요. 그러니까 생각이 나는 것입니다.

지금까지 목회하면서 이 종을 우리 장미만큼 환영하는 사람을 아직 못 보았어요. 장미를 보다가 문득 드는 생각이 '주의 종에게 교회를 맡겨주셨는데, 귀한 영혼들을 맡겨주셨는데 강아지만큼도 교인들을 생각하지 못하면 어떻게 하겠나' 하는 생각에 아이들에게는 미안하지만 아는 사람에게 주었습니다. 교회 생각하고 교인 생각하기에도 힘이 모자라는데 강아지 생각하고 살아서 되겠느냐 하는 것입니다.

그리고 이 년쯤 지난 뒤에 장미가 보고 싶어 그 집에 찾아갔는데 이 장미가 멈칫 하더니 달려와 또 미친 듯이 환영을 하는 것입니다. 바뀐 주인이 오라고 해도 안 갑니다. 돌아오면서 눈물이 핑 돌았습니다. '개도 이렇게 주인을 잊지 않고 좋아하는데 소는 그 임자를 알고 나귀는 그 주인의 구유를 안다고 했는데 우리 인간이 하나님의 사랑을 모르는구나!' 깨달았습니다. 환자는 의사를 간절히 기다리고 애완견은 주인을 간절히 기다립니다.

2천 년 전 유대 땅에 메시아를 가장 간절히 기다린 사람들은 목자들이었습니다. 메시아가 와서 이 고난을 해결해 주시기를 기다렸습니다. 오늘 말씀에 천사가 이들에게 나타났습니다. 그리고 그리스도 주께서 나셨다는 큰 기쁨의 좋은 소식을 이들 목자들에게 가장 먼저 알려주셨습니다. 그렇습니다. "나는 주님이 없어도 살 수 있다"라는 사람에게 주님은 가까이 오시지 않습니다. 오늘도 주님은 말씀을 사모하고 그리워하는 자에게 찾아오십니다. "나는 주님이 필요해요. 주님이 없으면 살 수 없어요. 주님, 도와주세요" 하는 사람에게 찾아오십니다. 오늘도 목자와 같이 주님을 간절히 기다리는 사람이 주님을 만날 수 있습니다. 성도 여러분, 대림절을 지나며 주님의 오심을 간절히 기다리는 성도들이 되시기를 바랍니다.

2. 큰 기쁨의 좋은 소식을 주셨습니다

그냥 기쁨이 아닙니다. '큰 기쁨'입니다. '좋은 소식'은 '유앙겔리온'에서 나온 단어로 '복음'이라는 말입니다. 예수님이 오신 소식은 슬픔을 당한 자에게 큰 기쁨의 소식입니다. 늘 힘들고 어려운 소식만 들었던 사람에게 좋은 소식입니다. 메시아가 오셨다는 소식은 큰 기쁨의 소식입니다. 목자들이 평소에 듣는 소식 가운데 좋은 소식이 별로 없었을 것입니다. 양이 도망갔다는 소식, 로마군이 가족을 못살게 굴었다는 소식 등 늘 나쁜 소식이 이들을 괴롭혔습니다.

지금도 우리 주위에는 나쁜 소식이 참 많습니다. 물가가 올라간다는 소식, 경제가 어려워지고 정치적으로 불안하다는 소식들이 늘 뉴스에 나옵니다. 세상의 뉴스는 늘 상대적입니다. 어려운 나라가 있으면 좋아하는 나라가 있고, 집값이 오르면 한숨 쉬는 사람이 있고 한편에는 좋아하는 사람이 있습니다. 사람이 많이 죽으면 누가 좋아하겠는가 생각하지만 좋아하는 사람들이 많습니다. 꽃을 키우는 농가에서 좋아하고 꽃집에서 좋아하고 장의사들이 좋아하고 묘지에서는 일하는 사람들이 좋아합니다. 좋아하는 사람들이 많습니다. 이 사람들에게는 사람이 안 죽으면 나쁜 뉴스입니다. 그러나 예수님이 이 땅에 오신 소식은 만인에게 좋은 소식입니다.

예수님은 이 땅에 슬픔을 당한 사람에게 기쁨을 주고, 짐 진 자들에게 짐을 풀어주시고, 목마른 자에게는 생수를 주시는 분이십니다. 예수님의 소식은 누구에게나 다 기쁜 소식입니다. 예수님은 무엇보다 우리를 위해 십자가를 지시러 오셨습니다. 우리의 죄의 문제를 해결해 주시기 위해 찾아오셨습니다.

사형수가 기다리는 가장 기쁜 소식은 특사의 소식입니다. 특사의 소식을 받기만 하면 이제 죽지 않아도 됩니다. 매일같이 악몽을 꾸지 않아도 됩니다. 사형수로 있는 동안은 밥을 먹어도 밥맛이 아니요, 잠자리에 누워도 오늘 밤이 마지막 밤이 될지 몰라 잠이 안 옵니다. 그런데 특사의 소식이 들려온 순간 밥맛이 돌기 시작하고 잠이 오기 시작합니다. 여러분, 죄에 매여 있는 순간은 매일 사탄에게 끌려갑니다. 죽는 날만 기다리며 삽니다. 그런데 우리 예수님께서 특사로 오셔서 우리를 죄에서 해방시켜 주셨습니다. 주님을 붙잡기만 하면 죄로 끌고 가는 사탄이 꼼짝 못합니다.

큰 기쁨의 좋은 소식은 몇 사람에게만 주는 소식이 아닙니다. 공산주의 국가나 이슬람 국가에, 혹은 불교를 믿는 사람들에게도 해당되는 소식입니다. 누구든지 예수를 믿기만 하면 누구에게나 큰 기쁨을 주는 좋은 소식입니다. 그러므로 우리는 이 좋은 소식을 듣지 못한 사람들에게 가서 전해야 합니다. 대림절은 기쁜 소식의 절기입니다. 먼저 믿는 우리들은 더욱 정결하게 주님을 만날 준비를 하고 깨어 있는 절기입니다.

“주님, 좀 기다려 주십시오. 지금은 내가 잘 못하지만 지금은 주님을 모시지 못하고, 지금은 세상을 따라가지만 나중에 주님께로 오겠습니다” 하는 사람에게 주님은 속지 않으십니다. 지금 준비해야 합니다. 오늘 준비해야 합니다. 은혜도 지금 받아야 합니다. 내일 은혜를 받겠다는 사람에게 내일은 늘 있는 것이 아닙니다. 하나님께서는 늘 우리에게 기회를 주십니다.

어떤 사람이 홍수가 나서 지붕 위에 고립이 되었는데 점점 물이 불어납니다. 그래서 이 사람이 하나님께 기도했습니다. "하나님, 살려주십시오. 하나님의 능력이 나타날 줄로 믿습니다." 그런데 멀리 보트가 다가왔습니다. 손을 내밀며 빨리 옮겨타라고 해도 이 사람은 거부합니다. '하나님께 기도했으니 하나님께서 구해주실 것이다' 라고 생각했습니다. 물살에 밀려 위험하게 되자 보트도 떠나갔습니다. 조금 후 헬기가 날아와 사다리를 내려주며 붙잡으라고 했습니다. 그런데 이 사람은 거부하고 앉아 있습니다. 그러다가 물살이 급해지며 집을 무너뜨리고 이 사람이 죽게 되었습니다. 하나님 앞에서 이 사람이 원망을 합니다. "하나님, 제가 간절히 기도드렸는데, 왜 응답하지 않으셨습니까?" 하나님께서 대답하시기를 "야, 네 기도를 듣고 내가 보트도 보내고 헬기도 보냈는데 네가 거절하지 않았느냐. 네가 거절하는데 어떻게 하겠느냐?" 하셨습니다.

여러분, 지금 이 종이 말씀을 통하여 여러분의 인생에 도움의 보트를 보내는 것입니다. 헬기를 보내는 것입니다. 그런데 듣지 않으면 기회가 늘 있는 것이 아닙니다. 은혜도 지금 받아야 합니다. 봉사도 지금 해야 합니다. 대림절은 하나님을 알지 못하는 이들에게 가서 복음, 곧 기쁜 소식을 전하는 절기입니다. 우리만 기쁜 소식, 생명의 소식을 알고 있어서는 안 됩니다. 살 길이 있다고 죽음의 길에 있는 사람들에게 가서 소식을 전해주는 절기가 대림절입니다. 사랑하는 성도 여러분, 정결하게 준비하여 주님을 기다리는 절기로, 복된 소식을 알지 못하여 죽음의 길로 가는 이웃들에게 생명의 소식을 전하는 대림절의 기간이 되기를 바랍니다.

3. 천군과 천사들이 "하나님께는 영광이요 땅에서는 하나님이 기뻐하신 사람들 중에 평화로다"라고 찬송했습니다

예수님이 이 땅에 오신 것이 왜 하나님께는 영광이요 사람들 중에는 평화입니까? 예수님은 십자가 사역을 위해 이 땅에 오셨습니다. 십자가를 통해 인류의 죄의 문제를 해결해 주실 것입니다. 그러므로 사람들은 하나님께 영광과 존귀를 돌릴 것이기 때문에 예수님의 탄생이 하나님께 영광이 됩니다. 이 말씀은 오늘도 성탄은 하나님께 영광을 돌리는 절기여야 한다는 말씀입니다.

성탄의 계절이 되면 많은 사람들이 성탄을 즐거워합니다. 외식을 하고 선물을 주고받습니다. 예수 믿지 않는 연인들이 성탄에 선물을 주고받습니다. 아이들도 성탄을 기다립니다. 용돈이 생기고 특별한 음식을 먹습니다. 백화점에는 선물을 준비하느라 분주합니다. 그런데 이러한 일들은 성탄과 관계가 없습니다. 성탄은 하나님께 영광을 돌리는 절기여야 하기 때문입니다. 우리는 성탄을 기다리며 하나님께 영광을 돌려야 합니다. 우리의 몸으로, 마음으로, 예물로, 찬양으로, 기도로 우리가 할 수 있는 모든 것을 다하여 하나님께 영광을 돌리는 것입니다. 하나님은 영광 받기에 합당하신 분이요 영광 받으시기를 기뻐하신다고 했습니다.

영광이라는 것이 북한에서 말하는 '민족의 지도자이시고 영도자이신 경애하는 민족의 태양' 뭐 이런 것은 아닙니다. 가정에서 어린 자녀들이 "아빠! 사랑해요, 아빠가 있어서 행복해요, 아빠! 건강하세요, 이 세상에서 우리 아빠가 제일 잘생겼어요" 하고 아빠를 신뢰하면 아빠는 그저 행복한 것입니다. 어린아이는 아빠가 이 세상에서 가장 강하고 든든하고 최고인 줄로 믿습니다. 친구들에게 "우리 아빠가 최고야!" 하고 자랑합니다. 아빠는 그렇게 믿어주니 행복합니다. 그렇습니다. 성도들이 "주님, 사랑해요, 하나님이 함께 하시니 든든해요" 하고 고백하면 하나님은 그저 한없이 행복해하십니다. 이것이 하나님께 영광 돌리는 것입니다.

어린아이가 아빠를 보고 "아빠!" 하고 넘어질 듯이 뛰어가 아빠 품에 안기면 아빠는 두 팔을 벌려 안으며 그것이 그렇게 기쁩니다. 하나님께서도 그렇습니다. 하나님께 어린 자녀와 같은 성도들이 주일날 "하나님!" 하고 달려오면 하나님은 기뻐서 두 팔을 벌려 여러분을 안아주십니다. 이 하나님의 마음을 깨달아야 하나님께 영광 돌리는 자녀가 됩니다. 우리 성도들은 날마다 하나님께 영광 돌리는 성도들이 되시기를 바랍니다.

그 다음 "땅에서는 하나님이 기뻐하신 사람들 중에 평화로다"라고 했습니다. 예수님이 이 땅에 찾아오신 것은 평화가 없는 이 땅에 평화를 주시기 위해서입니다. 세상의 평화는 힘의 평화입니다. 내가 힘이 있어야 평화가 있습니다. 힘이 없으면 여기저기서 못살게 굽니다. 평화를 지키기 위해 무력을 기르고 무기를 구입해야 하는 것이 세상의 평화입니다. 내가 강하면 상대방을 누릅니다. 국가는 무한정 강해지려는 속성이 있습니다. 회사도 무한정 커지려는 속성이 있습니다. 직장에서도 서로가 누르려고 합니다. 내가 상대방을 누르고 살아남아야 하겠다는 것입니다. 회사에서는 사주와 노조가 대립을 합니다. 잘해주어서 가만히 있는 것이 아닙니다. 사람들은 힘이 없기에 가만히 있습니다.

힘만 있으면 더 많이 가지려고 하는 것이 사람의 속성입니다. 사람은 만족함이 없습니다. 가정에서도 한쪽이 강하면 다른 한쪽은 꼼짝 못합니다. 여기에는 진정한 평화가 없습니다. 평화는 나를 내어줄 때, 내가 포기하고 낮아질 때 평화가 임합니다.

예수님은 십자가로 평화를 선포하셨습니다. 우리 가운데 평화가 없는 것은 죄 때문임을 깨달아야 합니다. 죄가 있는 곳에는 평화가 없습니다. 분쟁이 있고 시기가 있고 불평과 원망이 있습니다. 주님이 우리 마음에 오시면 죄가 도망갑니다. 평화가 주장하기 시작합니다.

그러므로 우리로부터 평화를 빼앗아가는 죄와 싸워야 하는 것입니다. 그러기에 오늘 말씀은 '하나님께서 기뻐하시는 사람들 가운데 평화'라고 했습니다. 죄를 떠나 하나님께로 달려오는 사람들, 은혜를 받고 죄를 이긴 사람들에게 평화가 임한다는 말입니다.

사랑하는 성도 여러분, 우리는 대림절 네 번째 주일을 지나며 주님이 오신 성탄을 기다리고 있습니다. 이 성탄을 진정으로 준비하는 사람들은 주님이 주시는 평화를 소유하게 되는 줄로 믿습니다. 오늘 메시아를 간절히 기다리는 목자들과 같이 주님의 오심을 간절히 기다려 주님을 만나고 하나님께 영광 돌리고 주님의 평화가 여러분 가운데 임하시기를 바랍니다.

적 용

ⓐ 오늘 말씀의 주제 파악하기:

ⓑ 오늘 말씀 중 은혜 받은 부분 나누기:

ⓒ 삶에 구체적으로 적용하기:

함께 드리는 기도 제목

1. 목자들에게 찾아오신 예수님, 오늘 우리의 삶에도 찾아오시옵소서.
2. 주님의 오심이 나에게 기쁨의 소식 되게 하옵소서.
3. 온 교회는 영광을 돌리고 온 땅에는 하나님의 축복이 임하게 하옵소서.

52.

내일을 아는 지혜

» **본 문:** 야고보서 4장 13-17절
» **찬 송:** 490장(주여 지난밤 내 꿈에, 통 542장)
» **요 절:** "내일 일을 너희가 알지 못하는도다 너희 생명이 무엇이냐 너희는 잠깐 보이다가 없어지는 안개니라"(약 4:14)

내일 일어날 일을 알 수 있다면 오늘의 삶이 바뀔 것입니다. 내일 내 종말이 올 것을 미리 안다면 오늘 주의 전에 와서 기도하며 마지막 하루를 보낼 것입니다. 그러나 우리 인생은 내일 일을 모릅니다. 하나님께서는 우리에게 내일을 아는 것을 허락하시지 않았습니다. 그래서 사람들은 미래에 대해 궁금해합니다.

우주선이 달나라를 가고 화성 탐사를 하는 이 첨단과학시대에 사람들은 비행기를 사놓고 돼지머리를 놓고 고사를 지냅니다. 첨단 장비가 달린 자동차를 사서 트렁크에 북어대가리를 실에 묶어 놓고 다니는 사람도 보았습니다. '정말 돼지머리가 비행기를 지켜준다고 믿는 것일까? 마른 북어가 정말 자동차의 안전을 지켜준다고 믿는 것일까?' 하고 궁금한 생각이 들 때가 있습니다.

사실은 불안하기 때문입니다. 미래를 알 수 없기 때문에 불안해합니다. 그래서 사람들은 내일에 대해 알고 싶어 합니다. 첨단과학시대에 점집들이 유행하고 젊은이들이 보는 일간 스포츠신문에 무당과 점집 광고들이 가득 실리는 것은 지금 젊은이들도 내일이 불안하기 때문입니다. 우리는 불확실성의 시대, 미래가 불안한 시대에 살고 있습니다. 옛날에는 열심히 일하면 먹고 살 수 있는 방법이 있었습니다. 그러나 지금은 오히려 직장이 불안하고 미래가 불안하고 영적으로 불안합니다.

오늘의 말씀은 불안한 시대를 살고 있는 우리에게 주시는 하나님의 말씀입니다. 오늘 말씀은 야고보 사도가 디아스포라에 있는 즉 고향을 떠나 그리스, 로마, 시리아 각지에 흩어져 살고 있는 유대인들에게 보낸 서신입니다. 이들은 핍박을 피하여 고향을 떠나기도 하였고 더 잘살아 보려고 고향을 떠나기도 하였습니다. 외국에 나가 보면 교포들을 만나게 되는데 참 대단한 사람들입니다.

한국 사람들은 어느 나라에 가든지 훌륭하게 정착을 합니다. 민족성도 있고, 더 이상 물러설 곳이 없는 여건도 있지만 가장 중요한 이유 중의 하나는 대한민국 사람들에게는 교회가 있기 때문입니다. 다른 민족에게는 없는 것입니다. 세계 어느 곳에 가도 이민교회가 있습니다. 불교를 믿는 사람도 교회에 모여듭니다. 처음 외국에 나간 사람도 교회만 가면 그곳에서 서로 위로를 받고 정보를 교환하고 친교를 나눕니다. 대한민국이 외국에서 성공할 수 있었던 비결이 교회에 있음을 깨닫고 우리는 교회를 통하여 축복을 주시는 하나님께 감사해야 합니다.

유대인들이 그랬습니다. 유대인들은 세계 어느 곳을 가든지 회당을 세웠습니다. 그곳에서 서로 정착에 대한 정보를 나누고 영적인 힘을 얻습니다. 유대인의 상술은 예수님 당시에도 유명했습니다. 유럽과 아프리카로 상권을 확대해 나갔고 지금도 유대인들이 전 세계 상권을 장악하고 있습니다. 유대인들은 물질적 이익에 굉장히 빠릅니다. 셰익스피어의 소설 '베니스의 상인'에도 샤일록이라는 악착 같은 유대인이 나옵니다. 어쨌든 유대인들은 장사를 잘했습니다.

오늘 말씀에도 어떤 새로운 도시에 가서 거기서 장사를 하여 많은 돈을 벌겠다고 계획을 세웠습니다. 어떤 도시로 가겠다는 분명한 계획이 있었습니다. 일 년이란 명확한 기간도 있습니다. 장사를 하겠다고 했습니다. 이렇게 분명한 계획을 세운다고 해서 인생이 계획대로 되는 것이 아니라는 것을 오늘 성경은 말씀해 줍니다.

야고보는 예수님의 제자들 가운데 특별히 자신감이 많았던 사람입니다. 남자다운 사람이었습니다. 별명이 '우레의 아들'이라 붙을 만큼 성격이 불 같은 사람이었습니다. 야고보는 사마리아 사람들이 복음을 받지 않자 사마리아 마을에 불을 질러 버리자고 했던 아주 다혈질의 사람입니다. 예수님을 좇지 않는 사람들은 예수의 이름을 사용하여 귀신을 쫓지 못하도록 하자고 말했던 공격적인 사람입니다. 예수님께서 긴밀한 일이 있을 때에는 야고보와 요한을 대동하셨는데 그만큼 예수님의 신임을 받는 사람이었고 행동대장 같은 사람이었습니다.

그런데 예수님의 십자가 사건 이후 야고보는 성격이 180도로 변했습니다. 교회를 지키며 순교자의 길을 피하지 않았습니다. 이런 야고보가 14절에 "내일 일을 너희가 모른다. 생명이 안개와 같은 것이다" 하고 철학자와 같은 말을 합니다. 내일 일을 우리는 알지 못합니다. 열심히 농사를 지었는데 태풍이 불어와 모든 농작물을 다 쓸어갈 줄 알았다면 처음부터 농사를 짓지 않았을 것입니다.

성경은 인생을 여러 가지로 표현합니다. 나그네라고 말하기도 하고 아침 이슬과 같다고도 합니다. 쏘아버린 화살과도 같다고 합니다. 바람과도 같다고 합니다. 오늘 말씀에는 '잠깐 보이다가 없어지는 안개'라고 했습니다. 김포 지역으로 가면 안개가 굉장합니다. 앞이 보이지도 않습니다. 앞차의 불빛조차 보이지 않아 아주 조심스럽게 운전해야 합니다. 언제든지 브레이크를 밟을 준비를 하고 운전을 해야 합니다. 안개가 대단한데 조금 지나서 보면 안개가 다 없어져 버립니다. 조금 전에는 아무것도 보이지 않을 만큼 대단했는데 순식간에 사라져 버립니다. 인생이 그렇게 덧없습니다.

정치하는 사람들 보세요. 온 세상을 흔드는데 그것도 순식간입니다. 정치하는 사람들이 그렇게 이리 왔다 저리 갔다 합니다. 권력이 무상합니다. 돈 좀 있다고 해서 힘을 주고 다니는 사람들이 있는데 그거 오래 가는 것이 아닙니다. 어느 날 없어지는 것이 돈입니다. 어느 집사님이 옛날에 돈을 하도 많이 벌어서 밤새 세다가 못 세고 그냥 자루에 묶어 넣어둔 날이 많았다는 이야기를 들었습니다. 그런데 그 돈이 지금 다 어디 갔습니까? 그랬더니 웃어요. 이세상의 것은 다 유한한 것입니다. 잠깐 보인다는 말은 헬라어로 반짝인다는 말입니다. 즉 반짝하고 없어진다는 말입니다.

우리 인생을 백 년 이내로 만드신 것은 참 의미가 있습니다. 스무 살까지는 배우고 공부하고, 그 다음부터 40년은 일하고, 그 다음은 내 인생을 돌아보면서 귀한 일을 하고 하나님을 만나고 오라는 뜻입니다.

시편 90편 12절을 보면 "우리 날 계수함을 가르치사 지혜로운 마음을 얻게 하소서"라고 고백을 했습니다. 공부할 때에는 공부를 열심히 해야 합니다. 일할 때에는 아프면 안 됩니다. 열심히 일을 해야 합니다. 인생을 돌아볼 나이에는 자기의 인생을 잘 돌아보아야 합니다. 지금까지 선한 일을 못했으면 선한 일도 하고, 믿음으로 살지 못했으면 믿음생활을 잘하고, 이제 하나님 앞으로 갈 준비를 잘해야 합니다. 이것이 시간을 계수하는 지혜요 내일을 아는 지혜입니다. 인생이 유한한 것을 잘 알아야 합니다. 그러므로 하나님 앞에서 우리는 충성도 오늘 해야 합니다. 감사도 오늘 해야 합니다. 내일 하겠다는 것을 하나님께서는 우습게 여기십니다.

누가복음에 나오는 어리석은 어떤 부자가 농사가 잘되어 많은 추수를 했습니다.

'지금 창고 가지고는 안 되겠다. 더 창고를 짓자.' 그리고 창고를 지어 그 창고에 추수한 곡식을 가득 채웠습니다. 그리고 '내 영혼아, 여러 해 쓸 것을 쌓아두었으니 먹고 마시고 즐거워하자'라고 혼자 말합니다. 이 부자가 어떻게 해야 한다는 말입니까? 하나님께 감사하고 함께 나누고 그러면 얼마나 좋겠습니까? 자기 중심으로 생각하는 이 부자에게 그날 밤 하나님께서 찾아오셨습니다. "오늘밤 네 영혼을 도로 찾으리니, 그러면 네가 예비한 것이 누구의 것이 되겠느냐?" 하나님은 말씀하셨습니다. 이 부자는 미래를 잘 계획했지만 오늘 밤의 일을 알지 못했습니다.

어떤 교회에 집사님이 예배를 드리는데 그렇게 눈물을 흘리고 또 기도를 하더래요. '저 빤질이 집사가 이상하다' 했는데 그만 집에 가다가 교통사고로 돌아가신 것입니다. 안 믿는 사람들은 교회 다니다가 죽었다고 말하겠지만 그 빤질이 집사님이 왜 그날따라 은혜를 받고 눈물을 흘리며 기도했겠습니까? 하나님께서 오늘 그 영혼을 데려가시려고 회개를 시키신 것입니다. 그렇다고 은혜가 되려고 하는데 '아이고, 회개하면 죽는구나'라고 생각하고 다른 생각을 하지 마시기 바랍니다. 우리 인생은 안개와 같이 순식간에 사라지는 것이기 때문에 하나님 앞에서는 하루하루 최선을 다해야 합니다.

'고든 리리'라는 사람이 있습니다. 그는 자신을 강하게 하기 위해 훈련을 했습니다. 쥐를 잡아 구워 죽이는 잔인한 훈련을 하기도 했습니다. 무엇이든 마음만 먹으면 된다고 믿는 신념의 사람이었습니다. 그는 비행기 조종사가 되기도 했고, FBI에 들어가 수사관이 되기도 했습니다. 변호사가 되기도 했습니다. 무엇이든 그가 하려고 하는 일을 막을 것은 없었습니다. 그는 닉슨 대통령의 최측근 보좌관이 되어 세상을 흔들었습니다.

그런데 그가 워터게이트 사건으로 22년형을 언도받고 감옥에 가게 되었습니다. 감옥에 찾아간 찰슨 콜슨 목사님이 예수님을 전할 때 말도 못 붙이게 했습니다. 4년 만에 감옥에서 나와 사업을 하여 굉장한 돈을 순식간에 벌었습니다. 그는 두려운 것이 없는 사람이었습니다.

그러던 어느 날 데이브 래터맨 토크쇼에 출연하게 되었습니다. 그때 래터맨이 물었습니다. "우리가 죽으면 어떻게 될까요?" 이 말을 들은 그는 생각 없이 "죽으면 뭘 어떻게 됩니까? 썩어서 벌레 먹이가 되지요"라고 대답했습니다. 그 후 자기가 대답한 말이 그의 마음을 괴롭게 했습니다. 그 후 가까운 분이 초대한 성경공부에서 성경을 공부하다가 예수님이 내 죄를 대신 져주신 그리스도라는 사실이 믿어졌습니다. 성경공부를 마치고 그는 외쳤습니다. "여러분이 믿거나 말거나 나는 그리스도인입니다." 그 후 리리는 《의지》라는 책을 썼습니다. 이 책에서 그는 "예수님이 원하시는 것이 무엇이고 내가 원하는 것이 무엇인지를 구별하는 것이 가장 어렵습니다"라고 말했습니다. 그는 그 후 순간순간 예수님이 원하시는 것이 무엇인지를 생각하며 종말론적으로 살았습니다.

세상에는 내일을 모르고 사는 불쌍한 사람들이 많습니다. 내일을 모르고 수고하고 땀을 흘립니다. 지혜로운 사람은 내일을 준비하며 사는 사람입니다. 안이숙 사모님은 일제 강점기에 일본 국회에 들어가 하나님의 뜻을 전하며 일본은 회개하라고 외쳤던 분입니다. 그분이 지은 복음성가가 있습니다. "내일 일은 난 몰라요. 하루하루 살아요. 불행이나 요행함도 내 뜻대로 못해요"라고 고백했습니다.

어떤 목사님은 오늘이 마지막일지 모른다는 마음으로 하루를 살며 복음을 전하고 옷을 갈아입어도 죽은 후 다른 사람에게 깨끗하게 보이려고 옷을 매일 아침, 저녁으로 갈아입었다고 합니다. 종말의 마음으로 살면 하나님 앞에서 선하게 살 수밖에 없습니다. 이 종은 말씀을 전할 때마다 "하나님, 오늘 이 시간이 마지막 시간인 것처럼 전하게 해주십시오" 하고 기도하고 단에 섭니다.

'1부 예배 시간에는 목도 상태가 좋지 않은데 1, 2부는 좀 살살해야 마지막 예배까지 성대가 온전한데 오늘은 좀 살살해야지…' 하고 마음을 먹지만 기도하는 순간 그것이 안 됩니다. 다시는 말씀을 들을 수 없는 성도가 있으면 어떻게 합니까? 그래서 "이 말씀이 구원의 말씀이 되게 하시고 능력의 말씀이 되게 해주십시오" 하고 기도하며 외칩니다.

지난 6월에 새생명 축제를 통해 재등록한 성도님이 어제 심장마비로 세상을 떠났습니다. 하나님께서 이분을 구원하시려고 다시 불러주신 것입니다. 우리는 오늘이 종말인 것을 깨닫고 살아가면 실패가 없습니다.

15-17절 말씀에 "너희가 도리어 말하기를 주의 뜻이면 우리가 살기도 하고 이것이나 저것을 하리라 할 것이거늘 이제도 너희가 허탄한 자랑을 하니 그러한 자랑은 다 악한 것이라 그러므로 사람이 선을 행할 줄 알고도 행하지 아니하면 죄니라"고 했습니다. 주의 뜻이면 우리가 살기도 하고 이것이나 저것을 하리라는 말이 무슨 뜻입니까? 내가 계획을 다 세워놓고 주님의 뜻이면 이것도 하고 저것도 하겠다고 자랑한다는 말입니다. "사실은 내가 다 계획을 세우고 준비

하고 주님이 원하시면 하고…" 이렇게 형식적으로 말하는 것입니다.

입으로만 "하나님 하나님" 하면서 그 마음은 하나님에게서 멀고, 계획도 자기가 세우고, 일도 자기가 하고, 영광도 자기가 받고 이런 사람에 대하여 오늘 하나님은 "너희가 허탄한 것을 자랑한다. 그 자랑은 다 악한 것이라"고 말씀하십니다. 우리는 하나님을 위하여 일한다고, 하나님 일은 이렇게 해야 한다고 말하면서 사실은 주님의 사업이 필요할 때에는 인색했습니다. 내 자녀를 위해서는 아까운 생각이 들지 않으면서 하나님 일에는 돈이 아까웠습니다. 내 일에는 새벽부터 시간 내는 것은 아까워하지 않고, 일주일에 한두 번 주님을 만나는 시간은 내기 어려웠습니다. 그러면서 입으로는 "하나님, 하나님" 하는 것이 악하다는 말입니다.

하나님께서 사명을 주셨는데 그 사명을 감당하지 않으면 이것이 죄라고 말씀합니다. 달란트의 비유가 바로 그런 것입니다. 한 달란트 받은 종은 주인에게 해를 끼친 것이 하나도 없습니다. 그 한 달란트를 땅속에 묻어둔 것뿐입니다. 달란트를 주었는데 사용하지 않은 것입니다.

이 종에게 주인은 '악하고 게으른 종'이라고 했습니다. 악하기도 하고 게으르기도 하다고 하였습니다. 하나님께서 주신 사명이 있으면, 즉 선을 행해야 하나님께 옳은 줄 알면 행해야 합니다. 그렇지 아니하면 죄라고 말씀하십니다. 내가 다른 사람 앞에 드러날 죄를 지어야만 죄가 아닙니다. 하나님이 말씀하시는 죄는 그런 죄를 말씀하시지 않습니다. 우리 모두에게 직분도 주시고 그 직분에 합당한 달란트도 주셨습니다. 그런데 그것을 묻어 두었다는 것이 죄입니다. 우리는 선을 행하며 살아야 합니다. 세상 사람들처럼 악해지면 안 됩니다. 하나님의 전에 나와 하나님의 말씀을 들으며 결심해야 합니다. '나는 말씀을 따라 살겠다, 좁은 길을 걸어가겠다'고 결심해야 합니다.

하나님의 뜻대로 살아가는 사람에게는 축복의 약속이 있습니다. 죄의 길을 떠나 사는 사람은 그 길이 좁은 길이요, 복된 길입니다. 죄의 길을 걸으며 그 길이 어디로 향하는지 모르고 망하는 길인 줄 모르는 사람이 불행한 사람입니다. 하나님의 뜻대로 사는 사람은 기도의 응답을 받습니다. 하나님께서 세상 가운데서 지켜 주십니다. 주의 지팡이와 막대기가 보호해 주십니다. 세상 가운데서 하나님께 영광을 돌리고 살도록 복을 주십니다.

성경에 나오는 많은 인물들이 이러한 복을 받았습니다. 요셉같이 복을 받은 사람도 있고 아브라함같이 다윗같이 복을 받은 사람도 있습니다. 주의 뜻대로 선하게 사는 사람에게는 천국에 가기까지 인도해 주십니다. 이것이 하나님께서 주의 뜻대로 순종하며 살아간 자녀들에게 주시는 선물입니다.

성도 여러분, 하나님의 뜻을 깨닫고 그 뜻대로 살아 복된 삶이 되시기를 바랍니다.

적 용

ⓐ 오늘 말씀의 주제 파악하기:

ⓑ 오늘 말씀 중 은혜 받은 부분 나누기:

ⓒ 삶에 구체적으로 적용하기:

함께 드리는 기도 제목

1. 유한한 것에 얽매이지 않고 무한한 하나님의 은혜로 살게 하옵소서.
2. 오늘이 마지막인 듯 하루하루 최선을 다해 신앙생활을 하게 하옵소서.
3. 모든 성도들이 하나님 뜻에 합당한 삶을 사는 성도 되게 하옵소서.

개정증보판

말씀과 기도가 있는 구역 만들기5

비전을 이루는 사람들

1판 1쇄 인쇄 _ 2019년 11월 1일
1판 1쇄 발행 _ 2019년 11월 5일

지은이 _ 정명철
펴낸이 _ 이형규
펴낸곳 _ 쿰란출판사

주소 _ 서울특별시 종로구 이화장길 6
편집부 _ 745-1007, 745-1301-2, 747-1212, 743-1300
영업부 _ 747-1004 FAX 745-8490
본사평생전화번호 _ 0502-756-1004
홈페이지 _ http://www.qumran.co.kr
E-mail _ qrbooks@gmail.com / qrbooks@daum.net
한글인터넷주소 _ 쿰란, 쿰란출판사
페이스북 _ www.facebook.com/qumranpeople
인스타그램 _ www.instagram.com/qrbooks
등록 _ 제1-670호(1988.2.27)
책임교열 _ 김영미 · 최진희

 ISBN 979-11-6143-303-5 93230